Compendium of
ACADEMIC LIBRARY
Modernization in New Era

新时代大学图书馆现代化论纲

陈建龙 ◎著

北京大学出版社
PEKING UNIVERSITY PRESS

图书在版编目(CIP)数据

新时代大学图书馆现代化论纲/陈建龙著. —北京：北京大学出版社，2023.10
ISBN 978-7-301-33713-4

Ⅰ. ①新… Ⅱ. ①陈… Ⅲ. ①院校图书馆—图书馆管理—现代化管理—研究
Ⅳ. ①G258.6

中国国家版本馆 CIP 数据核字（2023）第 191667 号

书　　名	新时代大学图书馆现代化论纲 XINSHIDAI DAXUE TUSHUGUAN XIANDAIHUA LUNGANG
著作责任者	陈建龙著
责任编辑	王华
标准书号	ISBN 978-7-301-33713-4
出版发行	北京大学出版社
地　　址	北京市海淀区成府路 205 号　100871
网　　址	http://www.pup.cn　新浪微博：@北京大学出版社
电子邮箱	zpup@pup.cn
电　　话	邮购部 010-62752015　发行部 010-62750672　编辑部 010-62765014
印 刷 者	天津中印联印务有限公司
经 销 者	新华书店
	730 毫米×1020 毫米　16 开本　22 印张　382 千字
	2023 年 10 月第 1 版　2023 年 10 月第 1 次印刷
定　　价	88.00 元

前　言

本书可谓是水到渠成之作，而不是事先规划和设计的研究成果，内容的系统性特征不够突出、实际成效不够充分，但也体现了我的管理心得和信息服务学理论在大学图书馆实践中的应用策略，以及关于新时代大学图书馆现代化的主要学术思考和发展思想。我想补充说明几点：

一是 2017 年夏天兼任北京大学图书馆馆长以来，深感责任重大、任务艰巨，唯有全身心投入。北大图书馆的工作，不仅是本校单个馆的工作，还有带领全国高校图书馆行业创新发展、促进国家图书馆事业协调发展等重任，也因此我又陆续兼任了教育部高校图书情报工作指导委员会主任、中国图书馆学会副理事长、国家图书馆第一届理事会理事等职务。正因如此，我从 2019 年起每年都得参加 20 多场国际性、全国性和区域性学术会议并作不同题目的主旨报告或专题报告。这给了我极大的压力，几乎占满了节假日和周末时间，同时也给了我极好的学习、思考、交流的机会，无疑丰富了我的学识和见识。

二是本书围绕大学图书馆现代化问题的主要方面选取了 31 篇正式发表的文稿，不含同主题的致辞、报告、讲话、邮件和其他文稿等内容。文稿中有一小半是与同仁合著，我作为通讯作者，出题目、定大纲、改文稿，征得他们同意，一并出版。这些文稿均已在学术期刊公开发表，其内容聚焦于新时代大学图书馆现代化，包括整体现代化、馆员现代化、服务现代化和治理现代化，立足于新兴的信息服务学理论和北京大学一流图书馆建设的生动实践，揭示了大学图书馆现代化发展的基本学理和时代命题，阐释了图书馆最基本的整体性特征和北京大学图书馆“价值引领，馆员为先”的基本思想、“用户导向，服务至上”的基本理念、

“斯文在兹，道隐无名”的基本方针，偏宏观，欠具体，故以“论纲”定位。

三是承蒙诸多同仁的美意和纪念北京大学图书馆建馆125周年的良机，结集出版以便交流，以资纪念。诸多本馆和他馆的同仁提议出版我的文集，有的还建议把报告的PPT和成效案例一并成书。考虑到这些文稿只是阶段性成果，有的表述前后有变化，有的观点还在完善中，尚不敢以“文集”面世；还考虑到篇幅，只选了这些文稿，其他的另选渠道。北大图书馆拟举办系列学术活动，庆祝建馆125周年，我很幸运、很高兴以此书献礼。

本书得以编辑出版，盖因多方的指教和帮助，我还要表达诚挚的谢意：

感谢北京大学给予的机会和舞台！

感谢北京大学信息管理系老师们的关心和支持！

感谢北京大学图书馆同仁的倾情奉献和至臻追求！

感谢国内外众多图书馆同仁的先进做法和成功经验！

感谢文稿合著者的智慧和友善以及支娟同志的精心选稿和核校！

感谢北京大学出版社王华同志的辛勤劳动和专业精神！

感谢家人的理解和厚爱！

“行之力则知愈进，知之深则行愈达。”我喜欢用南宋张栻在《论语解・序》中的这句话来勉励自己，努力坚持理论与实践相结合、战略与策略相对接，努力做到学思用贯通、知信行统一。无论是学界还是业界的读者，哪怕得到一丝的启发，我将倍感欣喜！若能批评指正，我将无比感激！

陈建龙

2023年8月28日于燕园

目　　录

CONTENTS

一　整体现代化

二　馆员现代化

三 服务现代化

四 治理现代化

一　整体现代化

大学图书馆的本来、外来和未来

——以北京大学图书馆为例*

陈建龙

北京大学图书馆是属于北京大学的，也是属于中国和世界的。谨以此文纪念北京大学图书馆建馆 120 周年[1]，希冀梳理中国大学图书馆从哪里来、到哪里去。

1 大学图书馆的本来：北京大学图书馆的文化底蕴

北京大学图书馆 120 年的历史还很短，但承载了延续 5000 年的中华文明史，传承了历经 2500 年的典籍管理和利用史[2]，珍藏了存世 1600 多年的重要古文献[3]，透过其深厚的文化底蕴，足以洞见大学图书馆的本来根基。

北京大学图书馆的前身是创办于 1898 年的京师大学堂藏书楼。李昭炜被任命为首任藏书楼提调，校园中心的原和嘉公主寝殿被用作楼舍，开办次年便积书 5 万余册。后曾改称为京师大学堂图书馆，继而随着辛亥革命的胜利，于 1912 年又因为京师大学堂更名为北京大学校而改为现名。在 1909 年筹建京师图书馆（中国国家图书馆的前身）之前， 京师大学堂藏书楼和京师大学堂图书馆实际代行国家图书馆的部分职能。

1918 年李大钊就任北京大学图书馆主任。他既是中国共产主义运动的先驱

* 陈建龙．大学图书馆的本来、外来和未来——以北京大学图书馆为例[J]．大学图书馆学报，2018（6）：7-12．

者、伟大的马克思主义者、中国共产党的主要创始人之一，毛泽东在他的安排和引领下进馆在报纸阅览室工作并迅速成长为马克思主义者，传为革命佳话；李大钊又是学识渊博、先知先觉的著名学者和励精图治、成就卓著的图书馆领导，被国际上尊称为“中国现代图书馆之父”，北京大学图书馆在他的领导和治理下成功转型为功能齐备、蜚声中外的现代大学图书馆，留下深远影响。

中华人民共和国成立后，全国高校于 1952 年进行院系调整，北京大学成为一所以文理基础教学和研究为主的综合性大学。北京大学图书馆在向达、蓝芸夫等多位馆长的带领下，众志成城，紧密结合学校教学科研和文化传承需要，取得了包括各类珍贵文献在内的文献采访、标准化的分类编目、规范化的读者服务、科学化的规章制度建设等方面的长足进步，还在周恩来总理关怀下，于 1975 年在校园中心建成了当时国内条件最好的馆舍，跻身校园三景，与未名湖、博雅塔并称“一塔湖图”，奠定了社会主义新型大学图书馆的独特地位。

改革开放以来，北京大学进入了一个前所未有的大发展、大建设的新时期。北京大学图书馆在谢道渊、庄守经、林被甸、戴龙基、朱强这五任馆长的带领下，勇于担当，改革创新，积极履行学校使命和应对社会变革，无论是自身的全方位发展和现代化建设，还是携手全国高校图书馆共同发展，取得了累累硕果，进步喜人，成为世界一流的研究型图书馆。由总馆与校内各单位分馆 400 多人组成的全校馆员队伍和业务体系，切实地做出了助力学校建设、发展图书馆事业等方面的应有贡献；馆藏近 1000 万册（件）的纸质书刊和众多数据库等各类信息资源，尤其是 2008 年成为国务院遴选的首批国家重点古籍保护单位，有力地保障了用户的学习、教学和科研活动；参考咨询、情报分析、信息素养培育和网络设施平台等各种信息服务，有效地满足了广大师生解决实际问题时的信息需要；于 1998 年新建并入选 2016 年由中国文物学会和中国建筑学会联合发布的“首批中国 20 世纪建筑遗产”的图书馆东楼和 2017 年落成的古籍馆，以及 1979 年开始研发的图书馆自动化集成系统和 2006 年正式运行的数字图书馆网络门户，极大地拓展了图书馆的发展空间；通过国际图书馆协会联合会、国际研究型大学联盟馆长会议、环太平洋数字图书馆联盟（后改名为环太平洋研究图书馆联盟）等国际组织和校际交流等渠道参与的国际活动，积极地推进了国际化步伐；长期承担全国高等学校图书馆工作委员会（后来演变为教育部高等学校图书情报工作指导委员会）、中国高等教育文献保障系统（CALIS）、中国高校人文社会科学文献中心（CASHL）

等行业组织和重大项目的建设和管理任务，不断增强了全国高校图书馆的资源保障和服务能力；以《中文核心期刊要目总览》等成果和《大学图书馆学报》等刊物为标志的科学研究工作，全面促进了图书馆的科学发展。

通过以上对北京大学图书馆历史的节点式回顾，已经能够感受到北京大学图书馆在发展中积累的博大精深的文化底蕴。那就是中华优秀传统文化、革命文化、社会主义先进文化在这里汇聚，思想文化、科学文化、信息文化在这里交融，并在图书馆炼成了一个国家、一个民族发展中更基本、更深沉、更持久的力量，也就是文化自信。

这样的文化底蕴似乎还说明了大学图书馆不仅是物，而且是人，一个博古通今、顶天立地、穿越时空的圣人。美国图书馆界著名专家霍尔曼（William Holman），在退休后的一次访谈中说，“图书馆就像是一个人，有它鲜明的个性”，并针对自己曾经担任馆长的旧金山公共图书馆“新主馆”建设所引发的激烈争论，谈了自己的看法：“现在看这个问题，我觉得他们太热衷于筹款而忘记了基础。”[4]

这样的文化底蕴更说明了大学图书馆的本来和根基就在于人类知识和世界文明的揭示、组织和利用，既为学校使命服务，又为文化传承服务。具体包括：一是资源，指形式多样、内容丰富的各类信息资源及其保障水平；二是馆员，指从事图书馆相关业务和管理的各类工作人员及其专业精神；三是校园，指师生为主的现实的或潜在的各类用户及其信息获取、处理、使用的场所设施；四是因缘，指图书馆发展规律与学校发展的有机结合及其初心和文脉。

大学图书馆的本来根基是历史形成的，是我们壮大自己、发展自己的工作基础和逻辑起点，是我们内涵发展、特色发展的根本保障和长久之计。没有基础，就像无源之水、无本之木，长不了，也长不了；没有起点，就像无米之炊、无需之助，为不了，也为不了。

因此，固本培元是我们的基本使命，珍爱根基是我们的基本态度，人文互美是我们的基本底色。我们要持续努力，夯实基础，并不断挖掘和培育新的基础；要珍视历史，紧抓根本，并不断发现和构筑新的根基；要深化服务，以文化人，并不断继承和弘扬人类文明。

2 大学图书馆的外来：北京大学图书馆的价值体系

120 年来，尤其是中国改革开放 40 年以来，北京大学图书馆内外兼修、科学发展。对内坚持改革创新，以人为本，竭尽所能，追求卓越，成就了崇高的图书馆事业；对外坚持开放共享，和谐共处，勇担责任，成人之美，开辟了广阔的用武之地。在不断改进和加强自身能力建设的同时，最大程度地处理好多方面的关系，满足了多样化的需要，积累了一些经验。凭其丰富的价值体系，足以理清大学图书馆的外来关联。

一是处理好隶属关系，努力满足学校教育和行业发展的决策需要，得到上级领导机关和业务部门的重视、支持、帮助和鼓励。改革开放初期，在谢道渊和庄守经馆长领导下，北京大学图书馆顺应时代潮流，勇担历史责任，多方奔走，于1981年促成了全国高等学校图书馆工作委员会的成立，秘书处设在北京大学图书馆。北京大学图书馆的发展得到了党和国家领导人的深切关怀：1978年，邓小平同志为北京大学图书馆亲笔题写馆名；1992年，时任中共中央总书记、国家主席江泽民同志为北京大学图书馆90年馆庆题词“几代英烈，百年书城，发扬传统，继往开来”；2008年5月3日，中共中央总书记、国家主席胡锦涛同志到北京大学考察，并到图书馆与学生们亲切交谈；2018年5月2日，中共中央总书记、国家主席习近平到北京大学考察期间，来到国际马克思主义文献中心，并与青年学子亲切交谈。

这方面的经验给我们的启示是，我们要忠诚于崇高的图书馆事业，忠诚于神圣的教育事业，忠诚于伟大的社会主义现代化事业，努力为高等教育事业的发展、为中华民族的伟大复兴多做贡献。

二是处理好供需关系，努力满足用户学习、教学和科研活动的信息需要，坚持把用户的需求、需要和待解问题作为服务工作的出发点和归宿。1918年3月4—16日，《北京大学日刊》分11次连载了文科哲学门学生顾颉刚所作《上北京大学图书馆书》。顾颉刚就当时图书馆的目录编纂、丛书分类、书目分配等21个问题提出了意见、建议，带动了学生参与图书馆建设的良好风气，他本人毕业后留校，担任图书馆编目员，对李大钊改进图书馆工作起到了重要作用。近年来，图书馆指导的学生社团“图书馆之友”，以“耐心引导同学，热心帮助同学，义务服务同学”为宗旨，组织开展了大量与读书和图书馆有关的活动。

这方面的经验给我们的启示是，我们要亲近各类用户，直至为每个用户画像，切实了解和理解用户，最大程度听取他们的意见建议，也就是要努力为用户提供亲切的服务环境、亲切的服务态度和亲切的服务过程。

三是处理好能效关系，努力满足用户履职尽责和全面发展的绩效需要，切实帮助用户解决实际问题并取得积极效果，让用户满意。我们经常会收到用户的意见和建议。当收到批评和质疑意见时，第一时间解释或改进，同时也为用户的监督倍感珍惜； 当收到表扬和建议时，第一时间表示感谢，同时也为能够有效帮助用户而感到高兴。

这方面的经验给我们的启示是，我们要以用户是否满意来检视自身功能，实实在在地帮助用户解决问题，确保用户对服务结果满意，对图书馆职能满意。

四是处理好交互关系，努力搭建传统与现代、国内与国外交流互鉴的桥梁，传承和弘扬图书馆事业优良传统，学习和借鉴国内外先进经验。2013 年，在教育部、财政部以及学校领导和相关部门的大力支持下，北京大学图书馆成功回购了原日本大仓文化财团所藏的中国古籍珍品，共计 931 部、近 3 万册，建立了“大仓文库”，经整理将陆续出版，嘉惠学林。我们的研究馆员沈正华老师 2011 年退休后，与其他同行一起，敏锐地了解到国际编目专家最新研究成果《资源描述与检索》（Resource Description & Access，简称 RDA），并以最快的速度开展翻译出版和业务培训工作，深受国内编目界同行赞赏。

这方面的经验给我们的启示是，我们要以包容的态度对待人类文明成果、国内外先进做法和成功经验，坚持包容性发展，确保信息文明惠及所有用户，尤其是信息素养较弱的用户。

五是处理好协同关系，努力搭建跨学校、跨行业的合作互赢的平台，集成多方力量培育新能效。李大钊就任馆长后，积极开展与其他学校图书馆的交流协作，于 1918 年底成立北京图书馆协会。1998 年和 2004 年，中国高等教育文献保障系统（CALIS）、中国高校人文社会科学文献中心（CASHL）两大项目分别全面启动，其管理中心均设在北京大学图书馆，这又是中国高校图书馆的创举，实现了各类图书文献的联合编目，建设了规模空前的各种类型的文献数据库，建立了全国高校文献信息资源共建共享机制，促进了我国图书馆的网络建设能力和技术水平的提高。

这方面的经验给我们的启示是，我们要以大格局、大开放的姿态，坚持问题导向，深化同行间的业务合作，加强新技术应用和跨界协同创新，努力解决大学图书馆发展中面临的具有普遍性的重大问题，尽善尽美，追求高善。

上述历史经验反映了北京大学图书馆丰富的价值体系，那就是，在不断充实自身的本来根基和崇高事业的同时，积极地为国家、为学校、为高校图书馆事业、为社会作出贡献，忠诚于国家和学校的教育、科学技术及文化事业，让广大用户感到亲切和满意，坚持包容性发展，追求高善。

这样的价值体系反映了大学图书馆的外来和关联就在于其外部发展环境和服务坐标系，可谓是四面八方，既吸收来自四面八方的成功经验和先进做法，又满足四面八方的机构和个人用户对图书馆的服务需要。具体包括：校内师生和其他单位或系统，校外同行和学人，社会组织和关联产业，国家或地方机关和部门。

大学图书馆的外来关联是逐步建立的，是我们创造价值的试验田和试金石，是我们追求人与信息的和谐关系的用武之地，是我们持续发展、创新发展的指南针。

因此，协同创新是我们的使命担当，善作善成是我们的行为准则，人信共济是我们的价值追求。我们要开放办馆，多方协同，不断提升信息服务的能力和水平；要积极作为，坚持用户导向原则，不断提升用户满意度和获得感；要服务育人，确保信息安全，不断促进人的全面发展。

3 大学图书馆的未来：北京大学图书馆的战略思考

今天，我们步入了新时代，踏上了新征程。展望 2035 年，我国将“基本实现社会主义现代化”，北京大学将“跻身世界一流大学前列”，图书馆要建立新的坐标系。一年来，北京大学图书馆全体馆员老师畅想 2035 年愿景，讨论今后若干年的行动纲领，形成了初步共识。汇集众人智慧的战略思考，似可管窥大学图书馆的未来前景。

我们思考并讨论了以自身文化底蕴和价值体系为基础的战略方向、工作理念和行动方针。我们将积极融入学校的“双一流”建设战略和国家的社会主义现代化建设伟业，坚持“用户导向、服务至上”的理念，坚持“固本应变、服务转型、综合改革、立杆引领”的方针。

我们对标国际国内先进的大学图书馆，进行了自身的 SWOT（Strengths Weaknesses Opportunities Threats）分析。我们在许多方面与先进水平还有较大差距，尤其是数据长期保存[5]和融入式信息服务[6]等方面的差距。迎接挑战、虚心学习、努力追赶、奋发有为是我们的选择。

我们对照国家与学校对图书馆的需要，进行了直接关系到大学图书馆的性质、地位、作用和责任的 5W2H[①]分析。教育部于 2015 年底发布的《普通高等学校图书馆规程》认为："高等学校图书馆是学校的文献信息资源中心，是为人才培养和科学研究服务的学术性机构，是学校信息化建设的重要组成部分，是校园文化和社会文化建设的重要基地。"这一规程在具体的高校落地，图书馆要处理好"名正言顺"与"有为而有位"、"所能"与"所需"、"能"与"效"、职责范围与条件保障等多方面的关系。

我们重点思考并讨论了北京大学图书馆的 2035 年愿景、使命和 2019—2022 年行动纲领。关于愿景，我们期待着届时能够为学校实现"双一流"建设目标和师生享受美好生活作出重要贡献，能够为高校图书馆创建新的价值体系和人类享用信息化生态作出重要贡献，并因此能够成为高等教育人才培养体系的"第三课堂"、学校改革创新的"第二生命"、校园信息文化的"第一圣地"。

关于使命，我们将承担五个方面的历史责任：一是信息资源保障，担当集成各类信息资源的职业能手；二是信息服务创新，担当融通师生履职尽责的专业助手；三是信息文化培育，担当建设校园信息文化的行家里手；四是人类文明弘扬，担当传承人类精神文明的当然旗手；五是行业发展推进，担当引领全国高校同行的有为舵手。

关于行动纲领，我们将主动跟上学校"双一流"建设的伟大征程，精准跟进师生学习方式、教学模式、科研范式的变化，始终坚持全心全意服务用户的宗旨，分别在"固本应变""服务转型""综合改革"和"立杆引领"等四个方面推出十多个行动和数十个重点项目，努力实现以下阶段性总目标：

（1）成为学校"双一流"建设中学术保障的信息集散地、师生校园生活中治心治学的精神栖息地、教育事业发展中立德树人的服务共善地。

（2）成为推进和带动高校图书馆信息化和现代化的策源地。

（3）成为世界一流的综合性、创新型、智能化、标杆位大学图书馆。

我们还将进一步征求学校有关单位、师生代表和同行专家的意见建议，形成更具前瞻性和可行性、更加完善和美好的行动指南。

我们的战略思考自然是关于未来和美好前景的思考，尽管未来和前景有其不

---

① 七问分析法，指：为什么(Why)；做什么(What)；何人做（Who）；何时（When）；何地（Where）；如何（How）；多少（How Much）。

确定性，甚至对发展趋势的识别和判断也存有风险，但是文化底蕴与本来根基、价值体系与外来关联是我们任何时候都要思考的主题、讨论的专题和解决的问题。有深入的思考、有专门的讨论、有适度的解决，大学图书馆就有未来，就有美好前景。文化底蕴和本来根基是积累形成的，又是可培植发展的；价值体系和外来关联是相互需要的产物，又是可协同构建的。

大学图书馆的未来和前景是整体而言的，因为决定事物性质的是整体而不是局部。就单个馆来说，既要统筹兼顾内部各业务部门之间、业务与管理之间的关系，又要积极对接应有的与学校和相关部门的“块块”及“条条”关系，在学校整体事业中求发展；就图书馆行业来讲，同样需要各馆之间加强交流合作和共同体建设，避免单兵作战，并与其他行业，尤其是关联产业加强沟通交流，共建良好生态。

大学图书馆的未来前景需要良好的基础，更需要不断地夯实基础；需要科学合理的规划，更需要执着的追求和坚定的执行；需要充分应用新一代信息通信技术，更需要加强自身的工作和研究成果在师生教学科研活动中的推广应用。

因此，以人为本是我们的重要遵循，综合改革是我们的前行动力，人机融合是我们的美好期待。我们要加强馆员队伍建设，培育有价值的文化，创造有文化的价值；要维护整体利益，综合施策，协调发展；要处理好人与机器的关系，相得益彰，融合发展。

4 在创新型国家和“双一流”建设中推进大学图书馆现代化

上述关于大学图书馆的本来、外来和未来的讨论，让我们分别看见了大学图书馆的发展根基、价值关联和美好前景。有研究表明：120 年前的“维新运动”，其本意就是一次推动中国现代化的运动[7]。中国从此开启了现代化进程，并将于 21 世纪中叶建成富强民主文明和谐美丽的社会主义现代化强国。结合北京大学和北京大学图书馆 120 年来与国家和民族同呼吸、共命运、心连心的实践和探索，大学图书馆又何尝不是中国现代化的产物和社会主义现代化的重要成分！大学图书馆现代化更何尝不是一项长期的战略任务，必将在创新型国家建设和“双一流”建设中砥砺前行！

大学图书馆的现代化要融入国家发展战略，尤其是创新型国家建设战略。我国的创新型国家建设，将瞄准世界科技前沿，强化基础研究，实现前瞻性基础研究、引领性原创成果重大突破；将加强应用基础研究，拓展实施国家重大科技项目，为建设科技强国、质量强国、航天强国、网络强国、交通强国、数字中国、智慧社会提供有力支撑；将加强国家创新体系建设，强化战略科技力量；将深化科技体制改革，建立以企业为主体、市场为导向、产学研深度融合的技术创新体系；将倡导创新文化，强化知识产权创造、保护、运用。不难想象，大学图书馆迎来了重大的历史机遇和广阔的用武之地。

大学图书馆的现代化要融入高等教育发展战略，尤其是“双一流”建设战略。“双一流”建设将全面深化高等教育改革，探索一流大学建设之路，包括增强服务重大战略需求的能力、优化学科布局、建设高素质教师队伍、提升科学研究水平、深化国际合作交流、加强大学文化建设、完善中国特色现代大学制度等；将强化内涵建设，打造一流学科高峰，包括明确学科建设内涵、突出学科优势与特色、拓展学科育人功能、打造高水平学科团队和梯队、增强学科创新能力、创新学科组织模式等。不难发现，大学图书馆迎来了重大的历史使命和强烈的战略需求。

假以时日，我们不仅是具有资源、馆员、校园、因缘等方面优势和文化底蕴的一个机构或单位，更是一项崇高、忠诚、亲切、满意、包容、高善的大学图书馆现代化事业，一项具有丰富价值体系和美好发展前景的高等教育事业。

5 在信息化生态和时空穿越中携手善行

研究表明，信息化生态是信息化发展到人与信息的关系需要重点处理阶段的产物。信息化生态包括信息化生态系统和信息化生态位两方面含义。信息化生态系统是指由信息技术、信息资源和信息服务组成的基本结构在某阶段的特定环境下以人为本的动态调节和整体发展系统。信息化生态位是指信息化生态系统在更大的经济社会系统中发挥支撑和引导作用的独特地位[8]。随着信息化进程的加快以及由此带来的经济社会组织变革和人的思想观念、思维方式、行为习惯的变化，处在传播和创造新知识、新技术、新思想最前沿的大学图书馆在构建自身的信息化生态系统时，信息技术在其基本结构中的比重将更加平衡，阶段特征及其发展环境将成为重要因素，动态调节和整体发展将是基本策略；在发挥信息化生态位意义时，价值体系的建设显得尤为重要。

印度的诺贝尔文学奖获得者泰戈尔在《图书馆》一文中写道：最早发现天堂的伟人对聚集在四周的人说：“你们全是天堂的儿子，你们身居仙境阆苑。”伟人洪亮的声音变成各种文字，袅袅飘过千年，在图书馆里回响。确实，图书馆凭其穿越时空的文化底蕴和价值体系，令人倍感亲切或顿生敬畏。人们对图书馆可谓是百感交集、千恩万谢！

“善学者尽其理，善行者究其难。”图书馆还是那个图书馆，有波折也有顺遂，就像电视剧《篱笆・女人和狗》的主题曲《篱笆墙的影子》歌唱的那样，在艰难岁月“咋那么长？”，在幸福时刻“还那么长！”但图书馆的概念有了重大的发展，而且还将迎来更大的发展。图书馆已不仅仅是物的图书馆，更是人的图书馆，还将是人文互美、人信共济、人机融合的图书馆！

《道德经》第四十章有两句著名的话：“反者，道之动；弱者，道之用。”意思是说，辅助异常事物回到它们自身，是道的活动方式；对待事物柔和是道发挥作用的方式[9]。这反映了老子的辩证思维和“转化”法则。让我们珍爱根基，善作善成，综合改革，且行且珍惜，在大学图书馆现代化道路上，在信息化生态和时空穿越中携手善行！

参考文献

[1] 最新发现文献将北京大学图书馆历史上溯至 1898 年[EB/OL]．[2018-10-18]．http://pkunews.pku.edu.cn/xywh/2013-11/15/content_279783.htm.

[2] 李大钊．在北京高等师范学校图书馆二周年纪念会上的演讲[M]//李大钊．李大钊全集：第 3 卷．中国李大钊研究会，编．1996:172-174.

[3] 朱雷．吐鲁番出土北凉赀簿考释[J]．武汉大学学报（哲学社会科学版），1980（4）：33-43.

[4] 巴斯贝恩．永恒的图书馆[M]．杨传纬，译．上海：上海人民出版社，2011:55.

[5] Digital Preservation Oxford and Cambridge[EB/OL]． [2018-10-18]． https://www.dpoc.ac.uk/.

[6] Lamb K,Tumelty N. Embedding library services in an engineering research group[R/OL]. 2017. https:/doi.org/10.17863/CAM.12154.

[7] 罗荣渠．现代化新论：中国的现代化之路[M]．上海：华东师范大学出版社，2013.

[8] 陈建龙，申静．信息服务学导论[M]．北京：北京大学出版社，2017:236-237.

[9] 王中江．老子[M]．北京：国家图书馆出版社，2017:17.

大学图书馆现代化转型发展刍议*

陈建龙

2005 年，我很能理解美国有的图书馆因到馆人数少导致预算锐减而被迫“关门”，也很赞赏其他图书馆引以为戒，纷纷想方设法吸引人们到馆使用文献资源以外的设施设备和研习空间。2011 年，我关注到“图书馆消亡论”的讨论时，很着急地做了一番了解，但难以做出认知性评价。2017 年，我来到北京大学图书馆担任馆长，很自觉地思考“用户”“馆员”“文献”“馆舍”等基本概念，也很冷静地分析作为热点之一的关于大学图书馆转型发展的讨论和实践情况。本文仅就大学图书馆安身立命的价值体系、转型发展的现代化研究范式和方向、大学图书馆现代化的含义和路径、可取的态度等问题，谈点个人认识和看法，请同仁们批评指教。

1 大学图书馆的价值体系

价值和价值体系是大学图书馆安身立命的根本问题。大学图书馆的历史传统表明，通过馆员的努力工作，大学图书馆可以而且确实为学生和教师的学习、教学活动发挥不可替代的积极作用，也就是大学图书馆具有独特的价值。《拟奏京师大学堂章程》规定：“今拟设一大藏书楼，广集中西要籍，以供士林流览而广天下风气[1]。”《京师大学堂藏书楼章程》明确指出：“藏书楼之设所以研究学问，增长

---

* 陈建龙．大学图书馆现代化转型发展刍议[J]．大学图书馆学报，2020（1）：5-12．

智慧。”被国际上尊称为“中国现代图书馆之父”的李大钊先生于1919年在北京高等师范学校图书馆二周年纪念会的演说辞中，敏锐地指出：“现在图书馆是研究室，管理员不仅只保存书籍，还要使各种书籍发生很大的效用，所以含有教育的性质。现在图书馆已经不是藏书的地方，而是教育的机关，所以和教授法有密切的关系[2]。”久而久之，大学图书馆出现了“藏”与“用”的矛盾，在单个馆的实践中出现了重“藏”轻“用”的做法，并以此强调图书馆之所能，而轻视所能之“效”。也就是说，大学图书馆的“研究学问、增长智慧”的“效用”初心发生了动摇。因此，没多少人入馆而被关门、教育教学效用和独特价值缺失而被“尸检”等现象和观点也就不难理解了[3]。

新时代大学图书馆迎来了固本应变、奋发图强、大有作为的新的历史方位。应对师生学习方式、教学模式、科研范式的深刻变化是必须的，只是不能忘本，需要切实做到而不是泛论藏用统一、能效贯通；在实现富强民主文明和谐美丽的社会主义现代化强国战略和“双一流”建设伟大征程中实现效用、发挥积极作用、完善和发展自身功能是必须的，只是不能懈怠，需要发挥优势、发现需求、培育特色、坚持创新；遵循创新协调绿色开放共享新发展理念而追求内涵发展和整体发展是必须的，只是不能自大，需要牢记初心使命、重组事业体系、明晰主责主业、创新服务模式、构建价值体系。大学图书馆新的历史方位意味着广阔的用武之地和发展空间。只要我们审时度势、与时俱进、群策群力，何愁消亡被替、转型无门？

大学图书馆的价值体系是在价值创造基础上形成的反映图书馆用户导向的各种关联的整体效用坐标系。这里的价值创造指的是图书馆在国家的高等教育发展和文化繁荣中发挥重要的不可替代的积极作用，用户导向强调的是图书馆的作用维系于各类现实和潜在用户，各种关联强调的是图书馆复杂的供需关系，整体效用突出的是图书馆工作绩效的整体性和协同性，坐标系表明的是图书馆事业发展的引领性和目标性。这样的价值体系是社会主义核心价值体系在大学图书馆事业中的体现，是大学图书馆转型发展的共同思想基础。其核心价值观包括：

（1）崇高。图书馆事业是十分崇高的。习近平总书记给国家图书馆老专家回信中指出：“图书馆是国家文化发展水平的重要标志，是滋养民族心灵、培育文化自信的重要场所。”作为我国图书馆事业重要组成部分的高校图书馆，越来越自觉地融入立德树人这一高校的根本任务而确立其发展理念和工作格局，越来越主动地立足国家高等教育事业、科技事业和文化事业而提升其价值定位和服务效用[4]。在现代化强国征程中的教育强国、文化强国、体育强国、人才强国等战略实施，赋予了大学图书馆十分崇高的使命。

（2）忠诚。图书馆员对图书馆事业是十分忠诚的。一代代图书馆员心系国家、矢志前行、爱岗敬业、辛勤奉献的精神品质，尤其是他们在砥砺奋进中揭示知识的聪明才智和创新发展的磅礴力量，在各行各业中有口皆碑。新时代的高校图书馆员，越来越自觉地坚守高校图书馆的初心，承担图书馆员和教育工作者、文化传播者等多重职责，越来越主动地关注和满足青年人在“学习知识、增长才干、放飞梦想”等方面的需求，深受师生的好评。新时代呼唤我们要做有精神、有本领、有智慧、有情怀的“四有”大学图书馆员。

（3）亲切。图书馆是特别亲切的。北京大学图书馆建馆 120 周年的纪念短片《力量》有句旁白：“泛黄的书页，充盈着人类亿万年积聚的智慧；风干的油墨，镌刻了世界上最新的思考；跳动的字节，链接出东西方文明的广袤宇宙。每一束光的下面，都不止一个故事；每一把椅子的上面，都不止一个身影；每一本书的背后，都不止一段传奇[5]。”袁行霈先生在“北京大学人文学科文库”总序中设问：“试想，如果我们的心灵中没有诗意，我们的记忆中没有历史，我们的思考中没有哲理，我们的生活将成为什么样子[6]？”大学图书馆富集的文献资源孕育出了充满哲理智慧、历史故事、诗意传奇、思考身影的广袤宇宙，加上和蔼可亲、热情真切的图书馆员，令人倍感亲切。

（4）满意。用户对图书馆是特别满意的。较为普遍的是，我国高校图书馆的大多数主馆坐落于校园和校区的中心或显眼位置，而且往往是学校的标志性建筑，体现了图书馆的重要性和学校的高度重视。图书馆也成了校园中有人现场服务的开门时间最长、人流最密集的研习场所，图书馆员的亲切服务不负众望，令人难忘，在学校众多机构的服务满意度测评中名列前茅。当前，“用户导向，服务至上”理念的深入贯彻落实，线下线上服务和而不同，泛在便捷的分布式服务网点，都将进一步提升用户的满意度。

（5）包容。图书馆工作是非常包容的。一方面，图书馆通过精准采集、揭示、组织、利用、传承人类知识和世界文明，集成了中华优秀传统文化、革命文化和先进文化，汇聚了世界多元文化。另一方面，图书馆坚持以人为本的包容性发展，惠及各类用户。针对当前面临的信息资源（尤其是外文全文数据库资源）的商业垄断对持续使用的战略风险、图书馆转型发展中遇到的各种类型的文献和数据集以及承载于文献和数据集中的主题知识等多源信息融合、信息资源与服务一体化、图书馆员与师生用户的伙伴关系、图书馆转型与“双一流”建设的协同发展、校园泛在便捷服务与社会共享服务结合等实际问题，大学图书馆将迎来政产学研用协同创新的新局面。

（6）高善。图书馆的发展是非常高善的。服务一直是图书馆的主旋律，尽善尽美、善作善成、成人之美、助人为乐是图书馆员的真实写照。针对当前师生用户学习方式、教学模式、科研范式的重大变化以及政治、经济、社会、文化、技术、信息等环境的重大变革，构建由馆员和用户共同参与的、信息由数字化经数据化到资源化、服务由网络化经个性化到协同化、技术由智能化经智慧化到人格化的多源融合、多方协同信息服务体系，切实创造图书馆的新型价值，为学校发展和文化繁荣作出新的贡献，是大学图书馆的历史选择。

可以说，以崇高、忠诚、亲切、满意、包容、高善等核心价值观构成的价值体系，不仅是大学图书馆历史形成的价值取向，也是大学图书馆现代化的根本参照。

2　大学图书馆转型发展的现代化方向

转型发展和现代化方向是大学图书馆建功立业的战略问题。转型发展可谓是图书馆永恒的主题。历代图书馆员和有关研究者审时度势、因需应变、鼎新革故，推进图书馆持续发展。从卡片目录到机读目录、本地目录到联合目录、英美编目条例（AACR）到资源描述与检索（RDA）、自动化系统到信息集成系统、以文献为中心到以用户为中心，表现出了在资源建设与保障、文化传承与教育、服务拓展与创新、新技术方法应用、新需求问题发现等方面的跨越式发展。可以说，图书馆转型发展是固本应变中的应变战略，是价值创造与实现方式的转型，是文献保障、文化教育和信息服务等基本职能的发展。近些年来，以数字化、网络化、智能化为特征的信息化浪潮蓬勃兴起，我国处于近代以来最好的发展时期，世界处于百年未有之大变局，大学图书馆迎来了前所未有的机遇和挑战，新一轮转型发展势在必行，融合发展、协同发展和整体发展的战略任务逐渐清晰。

现代化方向可谓是大学图书馆一贯的命题。历史学家罗荣渠先生创建的现代化理论，“突破了西方社会学的非历史的现代化理论，从宏观史学角度探讨了现代化的实质是向现代化工业社会的全球转变过程，对此总趋势进行了历史论证，并运用多学科方法建立了现代社会发展的宏观理论架构，提出了编写世界史的新思路[7]。”该理论认为，现代化作为一个世界性的历史过程，是指人类社会从工业革命以来所经历的一场急剧变革；它使工业主义渗透到经济、政治、文化、思想各个领域，引起深刻的相应变化；它是落后国家采取高效率的途径，通过有计划的经济技术改造和学习世界先进，带动广泛的社会改革，以迅速赶上先进工业国和适应现代世界环境的发展过程；它既有“时间尺度”，又有“价值尺度”；1898 年的维新运动，其本意“就是一次推动中国现代化的运动”[8]。从这个意义上讲，我国的大学及其图书馆本身就是现代化的产物，大学图书馆现代化同样经历了追赶先进的跟跑和变革过程，就像有研究表明，“正是在中外文化的交流和冲突中，中国图书馆事业逐步从封闭走向现代化[9]。”

随着我国改革开放的不断深化和综合国力的不断提升，社会的主要矛盾已经转化，发展的历史方位已经更新，新时代的新征程已经开启，一个体现富强民主文明和谐美丽的价值体系的社会主义现代化强国将在本世纪中叶屹立于世界东方。从实践角度看，我国的现代化发展不仅在有些科学技术和产业领域与世界先进水平相比处于并跑甚至是领跑状态，更重要的是，现代化的总体战略目标和教育强国、科技强国、社会主义文化强国、人才强国、网络强国等众多强国路径，已经为各行各业的发展指明了方向。大学图书馆事业必须扎根中国大地，融入国家的现代化强国战略，紧跟时代步伐，与其他事业同步发展。

结合现代化理论和当前实际，大学图书馆的现代化转型发展需要建立以价值体系为参照的多维发展方向。发展维度至少包括：

（1）理论与方法论维度。主要是指大学图书馆的新发展理论及其在现代化测度中的应用。我国大学图书馆的发展与许多领域一样，经历了模仿世界先进做法求发展、总结自身成功经验促发展等阶段，已经到了创建新发展理论指导实践的新时代。大学图书馆的新发展理论要以中国特色社会主义理论和新发展理念为指导，以图书情报与档案管理、管理科学与工程、计算机科学与技术、新闻传播学、网络空间安全等一级学科的基本理论方法为基础，精准反映大学图书馆的历史使命和现代化实践，深入揭示大学图书馆的现代性及实质论、历史性及阶段论、条件性及关系论等基本问题。同时，在新发展理论的指导下，开展大学图书馆现代化测度等应用研究，确立衡量现代化进程的客观标志、指标体系和计量方法等。

（2）战略规划维度。主要是指大学图书馆的转型模式及其在现代化规划中的布局。大学图书馆的转型发展固然与所属大学的使命、学科专业结构、发展目标等息息相关，与自身的历史传统、馆员队伍、发展条件等息息相关，各有特点，需要坚持特色发展；但各馆都有立德树人大业中的共同坚守，都有精准采集、揭示、组织、利用、传承人类知识和世界文明的共同任务，都有如何成为高校人才培养体系的重要组成部分和国家文化发展水平的重要标志等共同命题，需要坚持内涵发展和共同发展。处理好内涵发展、特色发展、共同发展三者之间的关系，构建和布局合适的转型模式，自然就成了大学图书馆战略选择和现代化规划的完整意义。

（3）治理体系维度。主要是指大学图书馆的整体创新及其在现代化运动中的施行。刘国钧先生的图书馆学思想有丰富的内涵，其中的"整体性思想"依然光芒四射，他指出："图书馆工作是一个整体。图书馆工作的整体性是图书馆学基本原则之一[10]。"大学图书馆事业同样要思考"坚持和巩固什么""完善和发展什么"等问题。"整体性"恐怕是最要紧的内容。我们可以在文献保障、文化教育、信息服务等基本职能方面分别有创新，在队伍建设、制度建设、技术应用、考核评估等管理方面分别有创新，取得局部或部分的创新发展，但整体创新是根本，是整体发展的需要，是图书馆独特价值的源泉。大学图书馆要坚持整体性思想和整体创新，注重现代化建设中有关方面的时空比较、关联分析和综合保障，推进治理体系和治理能力现代化。

大学图书馆在上述维度的提升，都可以逐步发展成为独特的理论与方法视角、战略规划视角和治理体系视角，多个视角的形成就能确保大学图书馆价值体系的实现和提升，就能确保大学图书馆的转型发展符合自身发展规律，就能整体推进大学图书馆的现代化。

3 大学图书馆现代化的含义

大学图书馆现代化是指在人类社会发展的现代化进程中，大学图书馆适应现代世界发展趋势而不断革新的历史过程。也就是说，大学图书馆现代化不是孤立的，是与人类社会发展的现代化进程同向同行的，与大学、国家等现代世界紧密关联的；不是自然的，是主动适应世界"百年未有之大变局"的对标先进、比学赶超过程，主动对接国家战略的厚积薄发、立杆引领过程；不是短程的，是战略目标指引的长期、艰苦的努力变革过程，总体布局要求的多方、复杂的协同创新过程。

略有遗憾的是，文献检索结果表明，关于大学图书馆现代化或高校图书馆现代化的专门研究的热度、广度和深度及其充分性、持续性和有效性，与问题的重要性和我们的预期相比，还有较大差距。

根据上文关于价值体系和现代化方向的讨论，大学图书馆现代化的研究和实践主要有以下内容：

（1）工作理念现代化。包括先进理念的树立及其在图书馆业务和管理工作中的思想引领地位的确立。我们积极倡导和践行“用户导向，服务至上”工作理念，更多地发挥个体、群体、整体师生用户的素质导向、问题导向和效用导向作用，以信息服务为核心履职尽责，努力构建崇高、忠诚、亲切、满意、包容、高善的价值体系。

（2）理论方法现代化。指的是指导图书馆实践和事业发展的理论和方法的升华。图书馆的实际工作，有的是从文献资源出发，围绕文献资源的采集、揭示、组织和利用展开，这也是传统工作的主要内容；“用户导向，服务至上”理念指引下的实际工作已转变为从用户的素质条件、待解问题、预期效用出发，协同用户开展条件确认、问题识别、产品定制、服务跟进等工作。也就是说，新的理论方法需要着眼和着力以线下和线上图书馆为场景的人际关系、人与机器的关系、人与信息的关系、人与文化的关系等问题的研究和解决。

（3）战略目标现代化。包括图书馆对学校发展和文化繁荣的贡献目标、促进行业发展的目标和自身发展目标等多重目标的战略定位和逐步实现。到本世纪中叶，还有 30 年，教育、文化、网络、科技等各方面都强起来的富强民主文明和谐美丽的社会主义现代化强国建设目标，为图书馆的战略定位和价值实现提供了基本遵循。世界顶级的大学图书馆将扎根中国大地，享誉世界图书馆行业，服务人类社会。

（4）发展根基现代化。指的是图书馆根植人类知识和世界文明的独特基础的固本培元。历史经验告诉我们，大学图书馆的独特基础由专业馆员、信息资源、大学校园和文化姻缘等组成[11]。其中，各类专业馆员及其组成的馆员队伍是首要根基，各类信息资源及其承载的文化知识是粮草，各类高端用户和服务设施构成的大学校园是主要用武之地，各类文脉凝聚的文化姻缘是养分。基础不牢，地动山摇；根基不稳，颓纲弃本。我们要培养符合新时代要求的专业馆员，深挖蕴藏于信息资源的文化知识，融合广大师生用户，接续美好初心文脉。

（5）历史使命现代化。包括图书馆事业历史形成的重大责任和重要角色的担当。上百年的发展历史表明，大学图书馆的基本使命可以概括为“扎根中国大地，精准采集、揭示、组织、利用、传承人类知识和世界文明，既为学校发展服务，又为文化繁荣服务。” 担当起这样的使命，就要力行信息资源保障，担当集成各类信息资源的职业能手；力行信息服务创新，担当融通师生履职尽责的专业助手；力行信息文化培育，担当建设校园信息文化的行家里手；力行人类文明弘扬，担当传承人类精神文明的当然旗手。担当起这样的使命，就能为广大师生用户的学习、教学和科研作出重要贡献，就能为学校的立德树人、学科建设和事业发展作出重要贡献，就能为滋养民族心灵、培育文化自信和促进文化繁荣作出重要贡献。

（6）治理体系现代化。指的是图书馆各方面有效集成的整体跨越。在发展根基上成长起来的图书馆，是多面体、多形态。基于专业馆员和信息资源，可以形成资源采集、揭示、组织、利用、传承和服务等长链条、宽领域的业务体系；基于专业馆员和大学校园，可以形成崇高、忠诚、亲切、满意、包容和高善的价值体系；基于大学校园和文化姻缘，可以形成适用于指导大学图书馆实践的理论体系；基于信息资源和文化姻缘，可以形成独具特色的文化体系；基于专业馆员、信息资源、大学校园和文化姻缘，可以形成复杂的管理体系和开放的生态体系。这六大体系构成图书馆的整体，并能在坚持中不断完善，在巩固中不断发展，实现图书馆的整体跨越式转型发展。

（7）重点领域现代化。包括图书馆事业发展战略中的重点领域的协同创新。不同阶段，图书馆事业的发展重点会有不同领域。当前，通过馆员全面发展、资源全面升级和用户全面受益，力行服务空间优化、科研布局优化和事业生态优化，实现服务管理转型，恐怕是许多大学图书馆的重点领域。这些领域的发展，需要馆内协同治理，需要政产学研用协同创新。

上述现代化的工作理念、理论方法、战略目标、发展根基、历史使命、治理体系和重点领域构成了大学图书馆现代化较为完整的含义，其中工作理念、战略目标、历史使命和重点领域的现代化需要更多地结合本馆本校实际，理论方法、发展根基和治理体系的现代化需要更好地吸纳社会力量的参与。

4 大学图书馆现代化的路径

在明确大学图书馆现代化众多方向和丰富内涵的基础上，如何实现呢？有多种形式和类型可供选择。

大学图书馆现代化的表现形式多种多样。用户是图书馆服务对象的统称，用户的信息效用获得是图书馆价值实现的前提。信息效用理论认为，“信息效用是指用户使用信息所取得的效果，它是信息消费的效益尺度、问题解决的结果表征和用户价值目标的总称[12]。”根据图书馆与用户的效用关系，我们可以识别出大学图书馆现代化的若干表现形式，包括支应形、支持形、支撑形、交互形、交汇形和交融形。

支应形效应关系表现为图书馆业务主要是提供给用户所需的文献及其他信息资源，比如图书借还阅览等，反映的是图书馆与个体用户的供需关系，俨然“我有，我供应”。随着用户通过本人购买、网络下载、人际互借等获取文献及其他信息资源渠道的增多，或者说图书馆资源独有性降低，多数图书馆的外借量持续下降，似乎图书馆不那么重要了，当然电子资源的下载量持续攀高。其实，如果我们改进图书文献的提供方式，比如以更快的速度上架外借阅览、上门服务，如果我们增进与教育教学活动的结合，比如加大课外阅读量和教参服务，图书文献的外借量可以止跌回升。许多图书馆的实践已经证明了这种可能的变化。

支持形效用关系表现为图书馆业务主要是凭其专业技能辅助用户解决问题，比如目录检索服务、决策支持服务等，反映的是图书馆与群体用户的关系，俨然“我能，我支持你”。随着用户信息素质的不断提高和检索工具的不断升级，支持的方式方法也要不断改进。比如网络版的图书目录就可以增加封面和提要等图片，从而揭示出比卡片式目录更多的形式和内容特征，帮助用户更好地选择图书；对各学科领域的多源文献内容进行深度语义挖掘，可以开发出适用的主题知识库，从而揭示出比全文数据库和事实数据库更多的知识关联，帮助用户更好地理解知识。

支撑形效用关系表现为图书馆业务主要是凭其独特职责保障整体运行，比如文献保障服务、资源共享服务等，反映的是图书馆与整体用户的关系，俨然“我行，算我一个”。随着高等学校“双一流”建设的推进和本科教育的质量革命，本校图书馆的信息资源建设成了学科建设支撑体系的重要组成部分，资源采购的经费投入和寻访的人力投入得到了加强，但文献保障率的提高总是难以跟上优势学科和新兴学科的需求。在这种情况下，通过全球、全国或区域平台实现馆际互借和文献传递，研发数字学术工具和数据集，实现依法共享，从而在更大程度上满足全校师生学习、教学、科研和生活的需要，就显得越来越重要。

交互形效用关系表现为图书馆业务主要是开辟体验良好的物理空间和网络空间，促进人际、人与机器、人与信息间的交流互动，比如学术交流服务、实时在线咨询服务等，反映的是图书馆与个体用户的新型关系，俨然“你我一家亲”。用户的根本目的是为了获取有针对性的特定的服务和信息，并求得当前面临的实际问题的解决。用户导向的信息服务要求作为服务者的图书馆与用户之间充分交流，视沟通交流为用户达成目的的前提。

交汇形效用关系表现为图书馆业务主要是协助解决源自学校发展和文化繁荣中具体的共性问题和群体需求，比如阅读服务、数据管理服务等，反映的是图书馆与群体用户的新型关系，俨然“你我不谋而合”。不同类别的用户各自指向相应的待解问题。解决这些问题需要用户、图书馆和有关部门各有侧重，共同努力，形成合力。

交融形效用关系表现为图书馆业务主要是积极融入学校立德树人根本任务所需的多方协同体，并承担相应责任，比如科研协同创新服务、个性化信息素质教育服务等，反映的是图书馆与整体用户的新型关系，俨然“你我休戚与共”。信息社会不仅是信息先行现象，更是以信息为劳动对象，某种意义上为图书馆提供了广阔的用武之地。大学图书馆能否进一步成为高等教育人才培养体系的重要组成部分，令人期待。

上述六种形式是可以并存的，存在形式的多样化是现代化应有之义；每种形式也是可以演变的，创造出新的更大的价值；从支应形到支持形再到支撑形，或从交互形到交汇形再到交融形，能反映出图书馆在与用户的伙伴关系中从供应者到支持者再到合作者的进步，以及图书馆整体效用的显现；从“支”到“交”的转变，或支应形与交互形、支持形与交汇形、支撑形与交融形的结合，能反映出图书馆现代化更加丰富的内涵，以及图书馆价值体系的完善。

大学图书馆现代化的渠道类型也是多姿多彩。《国家信息化发展战略纲要》指出：“没有信息化就没有现代化。适应和引领经济发展新常态，增强发展新动力，需要将信息化贯穿我国现代化进程始终，加快释放信息化发展的巨大潜能。以信息化驱动现代化，建设网络强国，是落实‘四个全面’战略布局的重要举措，是实现‘两个一百年’奋斗目标和中华民族伟大复兴中国梦的必然选择。”不难想象，信息化生态的概念特征和实际表现逐步突出。信息化生态理论认为，“信息化生态包括信息化生态系统和信息化生态位两方面含义。信息化生态系统是指由信息技术、信息资源和信息服务组成的基本结构在某阶段的特定环境下以人为本的动态调节和整体发展系统。信息化生态位是指信息化生态系统在更大的经济社会系统中发挥支撑和引导作用的独特地位[13]。”据此，我们可以识别出大学图书馆现代化的若干渠道类型，包括源自信息化生态系统基本结构中信息技术渠道的智能型、智慧型和人格型转型发展，信息资源渠道的数字型、数据型和资源型转型发展，信息服务渠道的网络型、个性型和协同型转型发展，以及体现图书馆信息化生态位意义的主导型转型发展。

从信息技术应用角度看，以智能化技术为特征的智能型图书馆建设已取得长足进展，自助借还系统辅助图书借还业务便捷化，条形码和射频识别（RFID）技术辅助图书流通和管理业务高效化、二维码技术辅助信息处理业务精准化，信息管理集成系统辅助统计业务及时化等，智能技术还将不断升级，在更大程度上辅助馆员提高工作效率、辅助用户更好地使用图书馆。

智慧型图书馆已初见端倪，数字对象唯一标识符（DOI）和数字对象体系架构（DOA）及 Handle 解析系统等的应用对期刊论文和数据集的作者与用户关联进行精准揭示，融媒体技术的应用实现信息流动的多源融合、多点相通，图书馆服务平台的 FOLIO 架构实现开源、开放式的服务提供等。看得出，智慧技术不是单一技术，而是多技术兼容、多应用集成，解决的是更细颗粒度的信息资源及其与用户之间的关联揭示、更有针对性地信息服务及其与用户的关联对接。智慧图书馆不仅是智慧技术的应用，还有信息流、工作流的重构与优化，整体上确保更高水平地拓展馆员和用户的信息获取、处理和使用行为。

人格型图书馆已现曙光，不仅是更加智能化和智慧化的技术应用和劳动替代，而且是图书馆的人格化。人格型图书馆将不仅是事物，更是人，成为个性鲜明、博古通今、顶天立地、穿越时空的圣人，成为如影随形、谏言献策的友人，为用户的全面发展和人类社会的全面进步提供服务保障。

从信息资源保障角度看，以数字化资源为特征的数字型图书馆已普遍存在，馆藏资源数字化及其合理应用蓬勃发展；数据型图书馆已在紧锣密鼓地建设中，随着文字、图像和声音的机器精准识别技术的发展，数字资源的数据化以及数据资源的采集、揭示、组织和利用方兴未艾；资源型图书馆等待出发，随着图书馆管理方式的变革，对各类资源的可知性、可信性、可靠性、可用性和可测性要求与日俱增，对资源与服务一体化要求的呼声渐起。

从信息服务创新角度看，以网络化服务为特征的网络型图书馆显示了更强的生命力，随着信息通信技术的发展和分布式服务网点的完善，图书馆的网络化特征将更加明显；个性型图书馆的服务力已经彰显，在长期以来关于个别化和个性化信息服务的研究基础上，运用大数据技术方法，定制服务、推荐服务、计算服务等将发挥更大的作用；协同型图书馆的创新力令人期待，图书馆的各类业务和综合管理都将更深入地与各类用户联系在一起，更广泛地与学校各领域融合在一起，更开放地与社会有关方面结合在一起，协同创新是大学图书馆现代化转型发展的必然选择。

从信息化生态位角度看，在学校教育和社会发展的大局中，在人才培养体系和国家治理体系的大系统中，大学图书馆可以发挥越来越重要的支应、支持、支撑、保障等作用，作出应有的贡献。如果我们去想象："一座图书馆的力量，小到可以影响一个人，一所大学；大到可以改变一个国家，一个民族，乃至整个世界。"我们是否可以在信息化生态中主导解决国家现代化的某个前沿问题、强国战略中高等教育发展和文化繁荣的某个重大需求呢？我们对主导型图书馆拭目以待。

同样道理，上述 10 种类型也可以并存的，渠道类型的多样化是现代化应有之义；每种类型也是可以演变的，创造出新的更大的价值；从智能型到智慧型再到人格型，从数字型到数据型再到资源型，从网络型到个性型再到协同型，从图书馆自身的现代化到主导型生态位，能反映出大学图书馆现代化的发展阶段和价值体系的完善程度。

总之，在大学图书馆现代化的路径选择中，支应形、支持形、支撑形、交互形、交汇形和交融形等 6 种形式与智能型、智慧型、人格型、数字型、数据型、资源型、网络型、个性型、协同型和主导型等 10 种类型，可以形成许多"形"或"型"之间、"形"与"型"之间的组合。每种组合都可以是各具特色的单个馆现代化、某类馆现代化或整个行业的现代化，交融形的人格型、资源型、协同型组合，将是大学图书馆现代化转型发展的主导型。

5 我们的态度

在大学图书馆现代化转型发展中，我们要以积极的态度，去识别、创造和迎接美好的前景。

首先，处理好与传统的历史关系，切实扎根中国大地，发挥传统助力，创建理论体系，坚持内涵发展。

我们要深入开展大学图书馆的历史研究。研究总结大学图书馆历史形成的比较优势、历史沉淀的文化底蕴和现代化的历史经验，强化文献保障、文化教育和信息服务职能和责任，准确回答“我是谁”“我从哪里来”等问题。

我们要大力开展大学图书馆发展理论研究。针对大学图书馆现实中的工作理念、理论方法、战略目标、发展根基、历史使命、治理体系和重点领域等方面的具体问题，在充分揭示的基础上，提出指导性对策建议，确保内涵越来越丰富，而不是外延越来越扩张。

其次，处理好与信息化的关联关系，切实培植发展根基，发挥技术推力，构建技术体系，坚持特色发展。

我们要深入开展大学图书馆的信息化研究。积极构建信息化生态，坚持以馆员和用户为中心，优化信息技术、信息资源和信息服务组成的基本结构，发展新优势，树立新形象，准确回答“依靠谁”“和谁在一起”等问题。

我们要大力开展大学图书馆技术标准研究。针对大学图书馆信息化进程中存在的核心技术和设备受制于人、数字信息资源开发利用标准不一、馆际业务差异和差距比较明显、信息化服务于学校发展和文化繁荣的潜能释放得不充分等实际问题，在推荐性技术标准试点应用基础上，制定强制性技术标准。

第三，处理好与大局的融合关系，切实制定发展战略，发挥全局合力，共建价值体系，坚持共同发展。

我们要深入开展大学图书馆的发展环境研究。及时准确理解并融入学校和高等教育全局、行业和国家发展全局、人类知识和世界文明全局，坚持服务拉动，加强规划及其管理，追求整体效用和开放共享，准确回答“为了谁”“到哪里去”等问题。

我们要大力开展大学图书馆的价值实现研究。针对大学图书馆信息服务创新中存在的知识产权创造、运用、保护、管理和服务能力不足，以及信息效用测评的复杂性和相对性、服务行为的实在性和一致性等实际问题，培育共同价值观，实现合作共赢。

完全相信，只要我们创造独特的价值体系，坚定现代化方向，优化转型发展路径，采取积极态度，固本应变，奋发图强，大有作为，厚积薄发，善作善成，必有所成，大学图书馆的跨越式转型发展和现代化进程将展现美好的未来。

参考文献

[1] 张国有．大学章程（第一卷）[M]．北京：北京大学出版社，2011：004.

[2] 李大钊．在北京高等师范学校图书馆二周年纪念会上的演讲[M]//李大钊．李大钊全集：第3卷．中国李大钊研究会，编．1996：172-174.

[3] Sullivan, Brian T. Academic library autopsy report, 2050 [EB/OL]．[2019-10-18]．https://www.chronicle.com/article/ Academic Library Autopsy/125767.

[4] 陈建龙．勇担新的文化使命 力推善的阅读服务[J]．中国图书馆学报，2019（5）：10-11.

[5] 纪念北京大学图书馆建馆 120 周年视频[EB/OL]．[2019-10-8]．http://media.lib.pku.edu.cn/index.php?m=content&c=index&a=show&catid=33&id=7301.

[6] 袁行霈．总序[M]//陈晓明．无法终结的现代性：中国文学的当代境遇．北京：北京大学出版社，2018.

[7] 林被甸，董正华．中国现代化研究的现状[J]．中国特色社会主义研究，2003（1）：18-23.

[8] 罗荣渠．现代化新论：世界与中国的现代化进程[M]．北京：商务印书馆，2004.

[9] 程亚男．跨文化交流与中国图书馆现代化[J]．图书情报工作，1997（1）：11-14（47）.

[10] 刘国钧．图书馆学概论[J]．图书情报工作，2007（3）：6-10.

[11] 陈建龙．大学图书馆的本来、外来和未来——以北京大学图书馆为例[J]．大学图书馆学报，2018（6）：7-12.

[12] 陈建龙．信息市场经营与信息用户[M]．北京：科学技术文献出版社，1994：190-191.

[13] 陈建龙，申静．信息服务学导论[M]．北京：北京大学出版社，2017：236-237.

斯文在兹　道隐无名

——在北京大学图书馆东楼重启仪式上的欢迎辞*

陈建龙

尊敬的邱水平书记，各位领导，各位来宾：

上午好！今天是 2020 年 12 月 1 日，请记住这个日子！碧空如洗，风轻云淡，我们沐浴着八九点钟的冬日暖阳，期待着图书馆东楼修缮后的重启！

东楼修缮是一项民生工程。工程与全校师生息息相关，备受关注。今年 7 月 29 日，学校党委专门为图书馆项目设立临时党支部和工作专班，全力推进工程进度。

东楼修缮也是一项系统工程。工程涉及方方面面、点点滴滴，仅就书刊而言，修缮前搬出 200 多万册（件）古籍和普通书刊，修缮后搬进近 200 万册（件）特色馆藏和常用书刊。

东楼修缮还是一项图书馆转型工程。工程为图书馆转型发展提供了契机，图书馆已经从以建筑和文献为中心的馆舍型、资源型向以用户为中心的服务型转变。

东楼重启，意味着学校标志性建筑的重新启动，就像计算机，在装载新的软件或硬件后需要重新启动，以恢复正常运行。东楼的建筑结构做了局部调整和加固，外立面和周边环境修葺一新，服务功能布局因需、因时、因地做了较大调整，东西两楼统筹安排，服务业务和文献组织多有创新。

---

* 陈建龙．斯文在兹　道隐无名——在北京大学图书馆东楼重启仪式上的欢迎辞[J]．大学图书馆学报，2021（1）：32．

东楼重启也意味着师生用户所需服务的重新启用，就像吃饭，在食饱问题解决后，人们对食物的色香味等品质就有了新要求。全校12万多师生员工都是图书馆的主要服务对象，他们对图书馆服务的需求发生了巨大变化。图书馆将坚持“用户导向、服务至上”这一基本理念，算力赋能基本服务，新型服务陆续登场，为教学科研服务向专业化和价值链高端延伸，为学习生活服务向高品质和多样化升级。

东楼重启还意味着图书馆内涵式发展的重新启示，就像盲人摸象，都对也都不对，局部描述对了，整体定性错了。图书馆将更加注重结构优化、质量提高、实力增强和整体发展，坚守为学人研究学问、增长智慧、创造价值、创新发展服务的初心，勇担“扎根中国大地，精准采集、揭示、组织、利用、传承人类知识和世界文明，既为学校发展服务，又为文化繁荣服务”的使命。

东楼重启更意味着北京大学文献保障和信息服务事业现代化的重新启航，就像航空母舰，需要驱逐舰、护卫舰、补给舰、潜艇等协同，才有强大战斗力。图书馆将积极融入学校事业大局和民族复兴伟业全局，以有精神、有本领、有智慧、有情怀的专业馆员队伍，成就有格局、有模样、有气象、有担当的人格化图书馆，全面建设世界顶级的大学图书馆!

各位老师、各位同学，美学大师朱光潜先生写道:“人生乐趣一半得之于活动，还有一半得之于感受。”“世界上最快活的人不仅是最活动的人，也是最能领略的人。”著名学者袁行霈先生设问:“试想，如果我们的心灵中没有诗意，我们的记忆中没有历史，我们的思考中没有哲理，我们的生活将成为什么样子？”

我想说，来吧，尊敬的老师、亲爱的同学！图书馆是您重要的活动场所，人类知识和世界文明、中华优秀传统文化、革命文化和社会主义先进文化在这里汇聚，科学文化、思想文化和信息文化在这里交融。这里是文明的沃土！

来吧，尊敬的老师、亲爱的同学！图书馆是您难得的感悟空间，美颜和声的感官感受、诗意般的心灵感受、历史性的美好记忆、哲理级的思考领略，让人百感交集，思接千载，视通万里。这里是精神的家园！

来吧，尊敬的老师、亲爱的同学！图书馆是您美丽的生活面貌，徜徉书海，品味书香，穿越时空，书写人生，每天14小时的馆员相伴、16小时的埋头研修、大中型交流研讨、高雅艺术鉴赏、与大师同室、与博雅塔同框、与友人同行、与自我同心，总能成为您的生活方式。这里是壮丽的桥梁！

来吧，您呐！

庄守经先生的图书馆现代化思想初探*

陈建龙

2021 年 2 月 23 日，九十高寿的庄守经先生溘然长逝。高山景行的庄守经先生临终还关心着高校图书馆事业的发展，并期待着教育部高校图工委成立 40 周年的纪念活动。近四年来，我多次拜访他并当面聆教，还研读了他的诸多著述，慢慢地感受到了庄守经先生的高大形象：他是我国高校图书馆事业继往开来的领头羊，是北京大学图书馆德高望重的领导者，为我们创立了内涵丰富的图书馆现代化思想。有些认识没来得及当面与庄守经先生交换看法，请大家批评指正。

1　继往开来的庄守经先生

我国高等教育和高校图书馆的现代化实践相较其他领域似乎起步更早些。历史学家罗荣渠先生研究认为：1898 年的“维新运动”，其本意就是一次推动中国现代化的运动[1]。从这个意义上讲，京师大学堂及其藏书楼的创办，开启了我国的现代化进程。1902 年制定的《京师大学堂藏书楼章程》，开宗明义“藏书楼之设所以研究学问、增长智慧”，第四节又规定：“藏书楼所储各种书籍、图报，本应无论何人概许观阅”。无论是新式服务制度的制定，还是 1904 年以图书馆之名取代藏书楼，京师大学堂都是引领重藏轻用的藏书楼向藏以致用的现代化图书馆转型的先锋，对全国各类型图书馆起到表率作用。

---

* 陈建龙．庄守经先生的图书馆现代化思想初探[J]．大学图书馆学报，2021（3）：6-10．

1918 年李大钊就任北京大学图书馆主任。他既是中国共产主义运动的先驱者、伟大的马克思主义者、中国共产党的主要创始人之一，又是学识渊博、先知先觉的著名学者，还是励精图治、成就卓著的图书馆领导，被国际上尊称为“中国现代图书馆之父”，北京大学图书馆在他的领导和治理下成功转型为功能齐备、蜚声中外的现代大学图书馆，留下深远影响，奠定了北京大学图书馆的历史地位。

1978 年，谢道渊馆长力邀革命战友庄守经同志到图书馆工作，并一起畅想“用十年左右的时间，把北京大学图书馆在它的光荣传统基础上，建设成为现代化的图书馆，能够达到世界先进水平”①。正是北京大学图书馆的历史地位和持续发展，以及谢道渊馆长的情谊和慧眼，肖自力同志的热情和才识，再次激发了庄守经同志的责任感和事业心。北京大学图书馆迎来了继往开来的庄守经先生！

庄守经先生把人生分成三个阶段，即上学期、创业奉献期和晚年期[2]。在此用他喜欢的“三”字概括他在图书馆领域的创业和奉献。

一是“三条原则”三足鼎。

1978 年在重新工作之前，庄守经先生给自己的后半辈子定了三条行为原则②。

第一条就是“在政治方向上，坚持搞建设，搞现代化，实现参加革命时候的理想，就是做振兴中华的事情。”

第二条就是“在具体工作上，要搞专业、干实事。”

第三条就是“在人生和个人修养方面，要独立思考，独立自主，活出自己。”

庄守经先生分别在北京大学图书馆、全国高等学校图书馆工作委员会、北京大学图书馆学系担任领导职务，凭其高超的学习能力和领导能力，创造性地推进了全国高校图书馆行业和北京大学图书馆事业的现代化发展，奇迹般促成了我国高校图书馆鼎立于世界图书馆之林。

二是“三次会议三本书”。

庄守经先生在教育部高校图工委经历了三次全国性的会议，编辑出版了三本书。

第一次会议是 1981 年 9 月在北京召开的全国高等学校图书馆工作会议。图工委秘书处编辑了《全国高等学校图书馆工作会议文集》（1981）。

---

① 来源于庄守经先生口述史。

② 来源于庄守经先生口述史。

第二次是 1984 年 4 月在西安召开的全国高等学校图书馆工作经验交流会。图工委秘书处编辑了《全国高等学校图书馆工作经验交流会文集》(1984)。

第三次是 1987 年 6 月在北京召开的全国高等学校图书馆工作会议。图工委秘书处编辑了《全国高等学校图书馆工作会议文集》(1987),并由大连工学院出版社正式出版。

三是“三个认识三句话”。

庄守经先生虚心好学,用心体验,真心向善,很快就形成了关于图书馆的深刻认识。

第一个是关于图书馆的意义地位和作用的认识。认识到图书馆工作的意义,在于它是人类文明积存、传承的一个集中体现的地方,不是简单的借书还书工作,图书馆工作要有一个高度。

第二个是关于图书馆事业的认识。认识到高校图书馆事业,绝不只是一家单独一个一个的图书馆,所有的文献情报机构是个大系统,应该有系统的观念,并进一步认识到图书馆事业的整体性和加强宏观管理的重要性。

第三个是关于北京大学图书馆历史责任的认识。认识到北京大学图书馆被全国高校图书馆寄予厚望,在高校图书馆这个事业当中,应该起到领头羊的作用,促进教育部加强对高校图书馆的领导,并深切感受到自己在被历史召唤。

“三句话”指的是《中华人民共和国高等学校图书馆工作条例》中关于大学图书馆的性质、地位、作用的提法:第一句,高校图书馆是高等学校的图书资料情报中心;第二句,是为教学和科学研究服务的学术性机构;第三句,它的工作是教学和科研工作的重要组成部分。 他说,这三句琢磨了很长时间,就是怎么提,才能又精炼,又能够针对问题、解决问题,并提高认识。

四是三番讲话“三件事”。

庄守经先生在图书馆领域的许多场合讲过很多话,其中的三番讲话,促成了影响广泛、意义深远的“三件事”。

第一番是 1981 年全国高校图书馆工作会议上的发言,题目是“关于修订《中华人民共和国高等学校图书馆工作条例》的几点说明”。

第二番是 1982 年 12 月全国高校图书馆工作委员会第二次全体委员会上的工作报告,题目是“振奋精神 齐心协力 开创高校图书馆事业的新局面”。

第三番是 1984 年全国高校图书馆工作经验交流会上的总结,题目是“在全国高等学校图书馆工作经验交流会上的总结”。

第一件事指组建了全国高校图书馆工作委员会，形成了网络化的图书馆事业管理系统；第二件事指图书馆员有了自己的职称体系；第三件事指图书馆独立开课，当时是文献检索和利用课。“三件事”产生了国际影响，让许多国际同行羡慕不已；“三件事”更是持续至今，必将不断完善和发展。

五是三大贡献三春晖。

庄守经先生几乎把他后半生的全部时间和精力献给了图书馆事业，在我于2020年12月26日去医院探望他时，他还关心高校图工委的情况，并答应参加今年高校图工委成立40周年的活动。他的贡献是全方位的、全过程的，有许多是开拓性的、历史性的、奠基性的，在此试着概括其三大贡献。

第一大贡献是成功召开1981年的全国高校图书馆工作会议并取得了开拓性重要成果。包括推出并切实贯彻了《中华人民共和国高等学校图书馆工作条例》，成立了全国高校图书馆工作委员会及其秘书处，并开展了强有力的工作，创新了图书馆学专业教育、用户教育和馆员在职培训工作等。

第二大贡献是出色领导北京大学图书馆现代化的生动实践和科学发展并巩固了北京大学图书馆事业的历史地位。包括在基础业务、读者服务、内部管理、队伍建设、自动化、国际国内交流合作等方面取得的重大成绩和赢得的高度赞誉，实现了北京大学图书馆工作的历史性跨越。

第三大贡献是全面形成图书馆现代化思想并引领了全国高校图书馆行业的整体发展，奠定了图书馆现代化建设的思想根基。

庄守经先生的卓越贡献，就像和煦的春光，普照大地，令人欣喜，催人奋进，硕果累累，恩情满满。

2 庄守经图书馆现代化思想的内涵

在党的十一届三中全会的方针路线和小平同志“三个面向”指示的指引下，庄守经先生深入实际，主动实践，积极探索，不断积累并形成了图书馆现代化思想。

庄守经先生关于图书馆现代化的重要意见和论述，思想内容广泛、深刻，主要包括：

庄守经先生在1981年8月13日的《人民日报》上发表署名文章《加强高等

学校图书馆建设》[3]，针对当时高校图书馆的落后状况，从高等教育事业发展大局出发，提出高等学校图书馆的建设要“充分认识高校图书馆工作的重要性”“加强领导”“努力建设一支又红又专的专业干部队伍”“大力改进图书馆的服务工作，最大限度地满足师生的要求”，并呼吁“要根据需要和可能，从我国实际出发，逐步实行图书情报工作手段现代化，可先在少数有条件的图书馆进行计算机检索试验和培训有关干部”。

庄守经先生在 1981 年全国高校图书馆工作会议上所作的“关于修订《中华人民共和国高等学校图书馆工作条例》的几点说明”[4]，明确指出：“现代高等教育要求图书馆从被动的低水平的服务发展为主动的高水平的服务，要求图书馆在原有基础上大力加强和发挥教育职能和传递情报职能，这是传统图书馆向现代化图书馆过渡的一个重要标志。”“为了适应从传统图书馆向现代化图书馆过渡的新形势，要求图书馆工作在原有基础上提高服务水平，管理水平，协作水平，学术水平。”

庄守经先生在 1982 年 12 月全国高校图书馆工作委员会第二次全体委员会上的工作报告中指出：“通过多种方式把历来分散孤立的图书馆联成一体是现代图书馆的重要特征。作为一项整体事业，一要有统一规划，二要有统一的规范要求，三要有一批重点馆作为中心和骨干，四是各馆的协作协调要形成正常制度，五是需要一批共用的现代化设施和社会服务中心[5]。”

庄守经先生在 1984 年全国高校图书馆工作经验交流会上的总结中指出：“采用电子计算机等现代技术手段，以提高服务水平和工作效率，是图书馆向现代化发展的必然趋势。”“我们要坚信，通过改革，实现现代化的目标，是大势所趋，人心所向，不可逆转的[6]。”

庄守经先生在《谱新时代篇章 走现代化道路——北京大学图书馆十年工作回顾（1983—1992）》一文中指出：“从 1983 年到 1992 年，对北京大学图书馆来说，是经过整顿恢复之后，有计划地从传统图书馆向现代化图书馆逐步过渡的十年，是努力探索、实践建设具有中国特色的现代化大学图书馆之路的十年，是不断改革、开拓前进的十年[7]。”

庄守经先生在《面向 21 世纪的高校图书馆》一文中写道：“高校图书馆只有适应时代要求，积极投入信息化进程，并在此过程中，将自己改造、建设成为现代化文献信息中心，才能在新的时代，使自己得以立足得以发展，继续成为高等学校不可缺少的重要基础单位，而且发挥比传统图书馆更加重大的作用。”“力争用较短的时间，全面完成对传统图书馆的改革，在全国范围内建立起整体化、自动化、网络化的现代文献信息服务体系[8]。”

庄守经先生关于图书馆现代化的思想，揭示了图书馆的发展规律，意义深远、宏大。初步总结，其主要内涵包括：

一是关于图书馆现代化的方向。

坚持图书馆现代化的社会主义方向，立足时代，放眼世界。认为图书馆现代化的主要内容是服务水平、新技术应用水平、管理水平和人才队伍水平等各方面的极大提高，产生质的飞跃，因而要及时响应时代召唤，努力跻身世界先进之林。

二是关于图书馆现代化的目标。

明确图书馆现代化的整体目标，立足现实，综合推进。认为图书馆现代化是综合性的，是图书馆各项业务工作与管理工作全面发展和提高的总体标志，因而是一项系统工程，是一个历史进程。

三是关于图书馆现代化的理念。

服务是现代图书馆的基本职能和实现社会价值的首要渠道。认为“现代图书馆的主要标志就是服务水平的极大提高”[7]，要不断深化服务内容，拓宽服务范围。

新技术应用是现代图书馆事业发展能力建设的关键举措。认为“‘科技是第一生产力’的论断同样适用于图书馆事业，以计算机为核心的新技术在图书馆的应用是图书馆现代化的关键环节”[7]，要积极主动对待，大胆切实应用。

管理是现代图书馆自身发展活力提升的整体性保障。认为“现代化科学管理的主要目标是增强基层单位和广大人员的活力，提高效率”[7]，要不断加强管理能效，改进管理模式。

人才队伍是现代图书馆内涵发展动力的根本性基础。认为“图书馆现代化的核心是人的现代化，是专业队伍建设”[7]，要持续加强人才培养，优化队伍结构。

四是关于图书馆现代化的路径。

脚踏实地，循序渐进，攻坚克难，开拓创新。认为图书馆现代化的可行之路是“传统职能与现代化职能并存，逐步转化；传统服务与现代化服务结合，逐步提高；传统技术与现代化技术公用，逐步更新”[7]，要抓住主要矛盾，理顺各种关系。

五是关于图书馆现代化的态度。

加强学习，提高认识；坚定信念，深化情感；充分准备，积极作为。认为“21世纪将是图书馆事业大变革、大发展的世纪，是图书馆工作者大有作为的世纪。面向21世纪，面对信息化的汹涌浪潮，我们图书馆工作者应科学地分析图书馆事业的发展趋势，恰当地为自己定位，应当面向未来、面向世界、更新观念、坚持改革、脚踏实地、开拓前进、主动投入、积极推进全国以至全球信息化进程，同时实现图书馆自身的改革、更新，完成历史赋予我们这一代图书馆工作者的使命”[8]。要增强战略定力，谋求美好未来。

3 庄守经图书馆现代化思想的光芒

庄守经图书馆现代化思想，为全国高校图书馆带来了“春天”。

庄守经图书馆现代化思想，引领了当时近700所院校图书馆快速恢复秩序、提高认识、加强领导、改善条件、推进工作、谋划未来，并伴随着我国高等教育的发展，滋润着当前2700多所高校图书馆的发展雄心。

庄守经图书馆现代化思想，还引领了教育部高校图工委40年来一直坚守初心、勇担使命、不畏艰难、奋发有为，相信我国本科教育受到高度重视的新时代，高校图工委将迎来更多的用武之地。

庄守经图书馆现代化思想，更是引领了北京大学图书馆40多年来持续发展、内涵发展、特色发展和整体发展，强化了北京大学图书馆的历史责任和社会责任。后续的几任馆长都在新的时代条件和实践基础上，继承和发展庄守经图书馆现代化思想。

林被甸馆长曾指出：“要以兴建新馆为契机，为北京大学图书馆的现代化建设带来质的变化和新的飞跃[9]。”

戴龙基馆长曾指出：“图书馆文化把图书馆精神和图书馆价值观作为核心和基石，强调了图书馆工作人员对图书馆的工作价值的认同，热爱图书馆的工作，并愿意在图书馆内部创造一种和谐一致、积极向上的工作氛围，实现了从强调制度管理、目标管理到强调文化管理的一个重要过渡。这是现代图书馆管理的一个重要变化[10]。”

朱强馆长曾指出：“要使一批重点学科和若干所重点建设的大学在21世纪初达到或接近国际先进水平，必须大力充实高等学校的文献信息资源，装备先进的文献信息检索与供应的设施，办好一批具有一流水平的现代化大学图书馆[11]。”

确实，在庄守经图书馆现代化思想的引领下，北京大学图书馆从世纪之交以来，在现代化道路上取得了馆员队伍专业化、文献资源数字化、管理系统智能化、信息服务网络化、交往交流国际化、整体发展生态化等多方面的重大进展。

庄守经图书馆现代化思想，为中国图书馆事业带来了难得的国际影响。他本人于 1995 年获美国华人图书馆员协会授予的“杰出服务奖”[12]。

庄守经图书馆现代化思想，是一笔弥足珍贵的精神财富，必将在新时代的新阶段，在我国全面建设社会主义现代化国家新征程上引领图书馆现代化的更大进步。

4 德高望重的庄守经馆长

庄守经馆长 1993 年离休后，继续为北京大学图书馆和全国高校图书馆的未来发展牵线搭桥、出谋划策。尤其是 1995 年下半年到 1996 年初，主持国家教委人文社会科学研究项目，对我国高校图书馆整体化、自动化、网络化建设进行了一次专项研究，撰写了《关于建立我国高等学校文献信息保障体系的研究与建议》的研究报告，并于 1996 年 4 月由国家教委社科司主持、国内专家组成的鉴定委员会对研究报告进行了评审、鉴定。这项充分体现其图书馆现代化思想的研究成果对促进中国高等教育文献保障系统（CALIS）的国家立项和规划发展起了重要作用。

《庄子·人间世》有言：“其作始也简，其将毕也必巨。”整整十年的馆长职位，庄守经先生带领全馆同志不畏艰难、孜孜以求，完成了艰巨任务，取得了非凡成就，值得我们骄傲和自豪。北京大学图书馆事业的现代化初心要坚守，复杂而艰巨的使命要勇担。唯有如此，北京大学图书馆方能一往无前、勇立潮头。

德高引松风，望重出榜样。庄馆长喜欢松风，在他家的客厅墙上，挂着书法家钱绍武先生书写的作品“松风”二字。无论是历代诗人借喻的“松林之风”，还是陶铸先生赞美的“松树的风格”，我们都能领略到庄守经馆长的内心坚强、胸怀豁达、思虑深远、理想远大、追求执着、“要求于人的甚少，给予人的甚多”等崇高品德。也正因此，庄馆长在全体馆员和同仁中树立了威望，赢得人们的尊重和爱戴，成了我们的学习榜样。

我们学习德高望重的庄守经馆长，就要努力学习中共党史、新中国史、改革开放史、社会主义发展史，不忘初心，勇担使命，服务社会，服务国家；就要努力成为有精神、有本领、有智慧、有情怀的“四有”馆员，即“心系国家、矢志前行、爱岗敬业、辛勤奉献、真善为美”的高贵精神，“同舟共济、善解人意、一专多能、善贷且成、创新引领”的高强本领，“识大体、顾大局、知敬畏、守底线、闻大道”的高超智慧，“知馆、爱馆、荣馆、念馆、强馆”的高尚情怀；就要努力建设一支尚德集智、尚贤育能、尚实助人、尚美创新的专业馆员队伍，在图书馆现代化新征程上创造出崇高、忠诚、亲切、满意、包容、高善的价值体系；就要努力践行“用户导向 服务至上”的基本理念和“斯文在兹 道隐无名”的基本方针，朝着“世界顶级大学图书馆”的目标砥砺前行！

黄庭坚的《张益老十二琴铭》第八首《舞胎仙》写道：“白鹤归来见曾玄，垄头松风入朱弦。”时代在发展，世事在变迁，我们遇上了世界百年未有之大变局，我们要胸怀中华民族伟大复兴战略全局，迎难而上，积极应变，以图书馆现代化转型发展中的新业绩、新成就、新格局，来体现对庄守经馆长的永远怀念！

参考文献

[1] 罗荣渠．现代化新论：世界与中国的现代化进程[M]．北京：商务印书馆，2004．

[2] 张筱钰．庄守经：一生燕缘[M]//马春英．君子志道——北大：那些人，那些事．北京：北京大学出版社，2016．

[3] 庄守经．加强高等学校图书馆建设[N]．人民日报，1981-08-13．

[4] 庄守经．关于修订《中华人民共和国高等学校图书馆工作条例》的几点说明[C]//全国高等学校图书馆工作委员会秘书处．全国高等学校图书馆工作会议文集．1981．

[5] 庄守经．振奋精神 齐心协力 开创高校图书馆事业的新局面——全国高等学校图书馆工作委员会第二次全体会议上的工作报告[J]．大学图书馆通讯，1983（Z1）：13-23．

[6] 庄守经．在全国高等学校图书馆工作经验交流会上的总结[J]．大学图书馆通讯，1984（3）：8-12．

[7] 庄守经，周龙祥，朱强，等．谱新时代篇章 走现代化道路——北京大学图书馆十年工作回顾（1983-1992）[G]//纪念建馆九十周年北京大学图书馆同人论文集．北京：北京大学图书馆，1992．

[8] 庄守经．面向 21 世纪的高校图书馆[J]．津图学刊，1996（4）：17-32．

[9] 林被甸．百年书城 时代新篇[J]．北京图书馆馆刊，1996（2）：26-30．

[10] 戴龙基，关志英．构筑图书馆文化，提升图书馆软实力[J]．大学图书馆学报，2008（5）：5-10．

[11] 朱强．关于高等学校文献信息服务系统建设的几个问题[J]．大学图书馆学报，1996（1）：1-6．
[12] 吴晞．实干家的足迹——记北京大学图书馆庄守经教授[J]．大学图书馆学报，1996（1）：58-63．

大学图书馆现代化指南针报告*

陈建龙　邵　燕　张慧丽　张　璐　李　峰　王新才　党跃武　陈大庆　王　波

1　引言

指南针古称“司南”，是中国古代的四大发明之一，常在军事、礼仪、祭祀、出行等活动中用以确定方位，其发明对人类的科技进步和文明发展起到了无可估量的作用。古人常以“事之司南”来表示指点迷津、指引方向的工具，“指南”一词也常用来表示指导或准则之意。

当前，我国大学图书馆处于现代化转型和内涵式发展的关键时期，机遇与挑战并存。如何审时度势、因需应变，推动国内大学图书馆乃至全行业的整体发展，是大学图书馆界积极探索和思考的重要命题。值此教育部高等学校图书情报工作指导委员会（以下简称教育部高校图工委）成立40周年之际，由教育部高校图工委和北京大学图书馆合作研制《大学图书馆现代化指南针报告》（以下简称《指南针报告》），旨在总结历史经验，展望未来发展趋势，为全国大学图书馆提供一份扎根中国、融通中外、立足时代、面向未来的趋势报告，成为新时代新征程上大学图书馆谋划新思路、推动新发展、构建新格局的“指南针”。

---

* 陈建龙，邵燕，张慧丽，张璐，李峰，王新才，党跃武，陈大庆，王波．大学图书馆现代化指南针报告[J]．大学图书馆学报，2022（1）：22-33．

1.1 研究背景

2021 年是“十四五”开局之年，全面建设社会主义现代化国家的新征程已经开启。到 2035 年，我国将基本实现社会主义现代化，实现国家治理体系和治理能力现代化，国民素质和社会文明程度达到新高度，国家文化软实力显著增强[1]。《国家创新驱动发展战略纲要》[2]《中国教育现代化 2035》[3]《统筹推进世界一流大学和一流学科建设总体方案》[4]等一系列国家规划纲要的发布为高等教育现代化和大学图书馆的现代化发展提供了政策保障和方向指引，《5G 应用“扬帆”行动计划》[5]《关于推进教育新型基础设施建设构建高质量教育支撑体系的指导意见》[6]等通知文件的出台加速了教育新型基础设施体系和高等教育数字化转型的建设步伐，也为大学图书馆现代化建设提供了重要的创新驱动力。而随着科技浪潮带来的学习和教学科研模式的变革，学校师生的信息和服务需求也将随之发生巨大变化，如何优化资源配置、创新服务模式，满足用户在先进性、便捷性、知识化、智能化等方面的要求，成为大学图书馆现代化转型发展最直接的需求驱动力。

放眼全球，大学图书馆的转型发展一直是国际图书馆界关注的焦点。国际图书馆协会联合会（International Federation of Library Associations and Institutions, IFLA）定期发布《IFLA 趋势报告》[7]和《IFLA 战略报告》[8]，为了解全球图书馆的环境变化、明确发展方向提供重要参考；新媒体联盟（New Media Consortium, NMC）和美国高等教育技术协会（EDUCAUSE）每年发布《地平线报告（高等教育版）》[9]和《地平线报告（大学图书馆版）》[10]（2017 年之前），跟进全球高等教育和大学图书馆所面临的技术环境变化；美国大学与研究图书馆协会（Association of College and Research Libraries, ACRL）每两年发布一份《学术图书馆发展趋势报告》，隔年发布《学术图书馆环境扫描报告》[11]，为美国的大学和研究图书馆提供发展参考；欧洲研究图书馆协会（Association of European Research Libraries, LIBER）每五年左右发布一次战略发展报告[12]，为欧洲研究图书馆指明战略发展方向；联机计算机图书馆中心（Online Computer Library Center, OCLC）不定期发布图书馆发展报告[13]，对影响全球图书馆发展的一些共性问题进行探讨。在学习借鉴国外研究成果的基础上，教育部高校图工委也一直在思考和探索我国的大学图书馆现代化应该如何立足中国国情实现转型发展。

教育部高校图工委成立40年来，引领、指导全国大学图书馆不断进行理论探索和实践创新，在机构建制与组织完善、全国文献信息资源的共建共享、服务创新迭代以及馆员队伍专业化建设等方面完成了一系列重大变革，有力推动了我国大学图书馆的现代化进程。进入新时代，大学图书馆迈进了固本应变、奋发图强、大有作为的新的历史时期。如何立足新发展阶段、贯彻新发展理念，以全新的姿态迎接新征程上的新使命和新挑战，融入国家和高等教育现代化进程，助力大学“双一流”建设和“立德树人”根本任务的实现，成为大学图书馆现代化发展的内生驱动力。

1.2 研究目的和意义

1.2.1 研究目的

教育部高校图工委和北京大学图书馆联合研制《指南针报告》，旨在借助科学的研究方法，汇聚全国大学图书馆业界、图书情报与档案管理等学界资深专家的集体智慧和宝贵经验，建立起大学图书馆现代化发展的前瞻视野和宏观体系，分析和研判大学图书馆未来发展的主要趋势，为大学图书馆在人才队伍建设、用户关系构建、信息资源升级、服务创新优化、发展理论研究、治理能力保障、事业生态明晰等方面的具体工作提供方向指引和参考指南，成为新时代新征程上大学图书馆现代化发展的“指南针”。

1.2.2 研究意义

《指南针报告》是针对大学图书馆现代化建设专门研制的纲领性趋势报告，完整反映大学图书馆的现代化内涵和宏观发展趋势，是立足中国国情、具有中国特色的大学图书馆现代化发展道路的探索成果，将为大学图书馆树立新目标、注入新动能、开拓新局面提供积极和现实的启示。

《指南针报告》的发布将引发全国范围内对于大学图书馆现代化的深入探讨，掀起全国高校加快图书馆现代化建设的热潮，为实现社会主义现代化强国目标、服务学校建设目标和中心工作、落实高等教育“立德树人”根本任务，作出图书馆应有的贡献。

《指南针报告》不仅可以用于指导大学图书馆的发展规划、业务创新和管理优化，还将为大学图书馆开展业务评估、绩效评估和效用评估等工作提供重要参考，实现大学图书馆现代化理论发展与实践应用的相互促进，推动中国图书馆事业整体健康有序发展。

1.3 研究内容和研究方法

1.3.1 研究内容

大学图书馆现代化是指在人类社会发展的现代化进程中，大学图书馆适应现代世界发展趋势而不断革新的历史过程[14]。大学图书馆的现代化发展涉及到多个方面，既需要统一思想理念，又要有科学的理论和方法指导；既要放眼长远发展，也要立足当前现实；既要抓住主要矛盾和核心要素，实现可持续发展，也要协调和处理好新发展格局中的各方面关系，实现整体发展。

因此，本研究将重点考察大学图书馆现代化发展的核心理念、主要目标、实际问题、理论问题、关键要素和生态关系等方面内容，分别涉及大学图书馆现代化的价值体系、发展方向、关键领域、实践指导、发展根基和定位基准。这些方面相互关联，互为补充，共同构成了大学图书馆现代化的研究内容。

1.3.2 研究方法

本课题研究过程中以文献调研法为基础，主要采用了专家调查法（德尔菲法）。在具体研究和相关分析中运用了自动文本分析、人工标引和数据统计分析等方法。

文献调研法：课题组在开展专家调查之前通过对政策文件、学术文献和网络资源进行了充分调研，形成了三份调研报告：大学图书馆现代化发展相关的政策综述、全球大学与研究图书馆发展趋势研究综述和德尔菲法在大学图书馆的应用概述。基于这些研究成果，课题组设计了包含八个开放式问题的第一轮专家征询表。

专家调查法（德尔菲法）：本研究主要采取专家调查法，对来自全国大学图书馆业界、图书情报与档案管理等学界资深专家进行了意见调查，调查过程和问卷处理过程严格匿名化。专家调查工作拟开展四轮、历时六周，实际推进过程中，专家意见在第三轮结束时已经非常集中，达到了预期目标，调查因此提前终止，实际共开展三轮、历时五周。

自动文本分析：第一轮专家答复没有统一体例标准，意见相对比较分散，课题组分别采用了 TextRank、LDA、Word2Vec 和层次聚类四种算法对开放式的专家答复进行了关键词、关键短语和关键句抽取，将抽取结果作为人工标引的重要参考。

人工标引：课题组基于自动文本分析结果，对第一轮专家的原始答复进行了人工标引，最终形成了第一轮专家意见汇总表。

数据统计分析：第二、三轮专家意见征询表为结构化问卷，因此问卷回收后课题组运用数据统计分析方法进行了问卷数据的录入、验证、汇总分析，并利用 SPSS 软件对问卷结果进行了信度和效度检验。

1.3.3 研究过程

本研究历时三个月，具体过程如下：

2021 年 9 月 2 日—20 日，成立课题组，开展文献调研，讨论研究方向、研究方法、研究内容等。随后，经过多轮讨论和修订，拟定第一轮专家意见征询表。

2021 年 9 月 21 日—29 日，课题组进行了第一轮专家意见征询表的发放和回收，共发放 49 份问卷，收到 34 份回复，回收率 69.4%。

2021 年 9 月 30 日—10 月 10 日，课题组对 34 份专家问卷答复先后进行了计算机自动文本分析、人工标引和归纳提炼，形成了第一轮专家意见汇总表。据此，课题组将问卷整合提炼为 6 个问题，拟定了第二轮专家意见征询表，包括结构化的多选题（选项维度和答案均提炼自专家反馈意见）和开放式意见补充两种形式。

2021 年 10 月 11 日—18 日，课题组进行了第二轮专家意见征询表的发放和回收。共发放 34 份问卷，收到 34 份回复，回收率 100%。

2021 年 10 月 19 日—24 日，完成了第二轮专家问卷答复的统计分析，同时结合专家选项和补充意见对各维度的分解选项进行了修改和补充，形成了第三轮专家意见征询表，全部为结构化多选题。

2021 年 10 月 25 日—29 日，课题组进行了第三轮专家意见征询表的发放和回收。共发放 34 份问卷，收到 34 份回复，回收率 100%。

2021 年 10 月 30 日—11 月 3 日，完成第三轮专家问卷答复的汇总和统计分析，无专家提出补充意见，课题组经讨论决定终止专家调查，撰写最终报告。

2021 年 11 月 4 日—30 日，撰写报告，讨论、修改、定稿。

2 结果及分析讨论

综合三轮调查的结果，专家们对大学图书馆现代化发展的意见和建议主要体现在核心理念、主要目标、实际问题、理论问题、关键要素和生态关系等六个方面。本研究根据集中程度将专家意见划分为三类：高度集中的专家意见（85%以上）、相对集中的专家意见（50%～85%）和少数专家意见（50%以下）。

2.1 关于核心理念

大学图书馆现代化核心理念事关大学图书馆的内涵式发展，包括三个维度：（一）“创新、协调、绿色、开放、共享”新发展理念在大学图书馆的贯彻落实；（二）“双一流”建设理念在大学图书馆的具体体现；（三）反映大学图书馆内涵和专业性的理念。

2.1.1 新发展理念在大学图书馆的贯彻落实

关于“创新、协调、绿色、开放、共享”新发展理念在大学图书馆的贯彻落实，高度集中的专家意见有两个选项：（1）全方位的创新驱动；（2）各环节的协同服务。“创新”涵盖理念、理论、制度、管理、文化、资源、服务、空间、技术等多方面，“协同”既涉及大学图书馆与学校各部门的合作、业内机构协作、区域范围协作，也包含图书馆资源、服务和馆员等多要素间的协同发展。

相对集中的专家意见有四个选项：（1）服务质量变革；（2）依法共享（法规、交易合同、协议等）；（3）全方位开放服务；（4）节能减排。大学图书馆可开展数据管理、人才评价、情报分析等服务，不断深化已有服务内容，更好地支持学校教学科研等各项事业发展。图书馆要依据相关法规、合同、协议在行业、联盟、地域等范围内继续推进资源、人才、技术等方面的共建共享。图书馆可利用馆藏资源和人力资源面向公众提供开放服务，以彰显其社会责任。图书馆还要贯彻绿色环保发展理念，建设智能化楼宇，实时调整设备设施运行状态，满足节能减排要求。

少数专家还提到了大学图书馆开放办馆、信息安全和馆藏质量变革等理念。开放式问题常与协同、共享等问题相互关联，图书馆应以更加开放的姿态，广泛开展与社会机构和国际同行的合作与协同创新，博采众家之长。

2.1.2 “双一流”建设理念在大学图书馆的具体体现

关于“双一流”建设理念在大学图书馆的具体体现，高度集中的专家意见有三个选项：（1）服务学校学科建设；（2）服务学校科研创新；（3）融入学校人才培养体系。图书馆要成为学校学科建设支撑体系的重要组成部分，提高对优势学科和新兴学科的资源保障率，为打造一流学科高峰提供更强有力的支撑。图书馆要与学校的科研创新协同相适，通过资源建设与服务为学校提供融入式支撑。根据学校人才培养目标和学生成长成才需要，图书馆要成为学校人才培养体系的重要阵地。

这一维度相对集中的专家意见有两个选项：（1）服务专业和课程建设；（2）构建师生精神家园。此外，也有少数专家提出“双一流”建设理念还体现在协作共赢、追求卓越、师生参与图书馆共建共管等选项。

2.1.3 反映大学图书馆内涵和专业性的理念

关于反映大学图书馆内涵和专业性的理念，高度集中的专家意见有四个选项：（1）用户导向、服务至上；（2）自身发展与学校发展相统一；（3）淬炼馆员队伍；（4）资源与服务一体化。图书馆要积极践行“用户导向、服务至上”理念，围绕师生用户的需求，以信息服务为核心，尽职尽责。大学图书馆内嵌于大学这一生态系统，在贯彻新发展理念时要与学校的整体发展目标相融，成为学校发展的重要支撑力量。图书馆要加强馆员队伍建设，重视馆员培训，提升其专业知识和综合技能，优化其学科与知识结构，打造专业化的馆员队伍。资源是图书馆发展的基础，要把资源的潜力转化为服务的现实能力，以服务推进馆藏资源的有效利用。

这一维度相对集中的专家意见有两个选项：（1）文献保障与文化教育相统一；（2）厚植文化氛围。此外，还有少数专家认为强化价值引领和坚守初心使命也是能够反映大学图书馆内涵和专业性的理念。

2.2 关于主要目标

大学图书馆 5 年后的主要目标事关大学图书馆的整体发展，包括三个维度：（一）为现代化强国建设作出更大贡献；（二）为所在学校高质量发展作出更大贡献；（三）取得大学图书馆现代化建设新成就。

2.2.1 为现代化强国建设作出更大贡献

关于图书馆如何紧跟时代步伐、为社会主义现代化强国建设作出更大贡献，高度集中的专家意见有两个选项：（1）服务文化强国目标的通识教育、文化传承；（2）服务教育强国目标的多元素质教育。大学图书馆可依托资源、服务、空间等优势开展通识教育，通过多种形式提高学生综合素质，同时积极引导师生了解和传承独特的校园文化、中华优秀传统文化、革命文化以及先进文化。随着信息化社会的快速发展，图书馆要着眼于培养师生的信息素质、科学素质、写作素质、数据素质等，通过多元素质教育助力教育强国目标的实现。

这一维度相对集中的专家意见有三个选项：（1）服务科技强国目标的创新基地和新型智库；（2）服务人才强国目标的学术交流服务体系建设；（3）服务知识产权强国目标的知识产权信息服务。

2.2.2 为所在学校高质量发展作出更大贡献

关于为所在学校的高质量发展作出更大贡献，高度集中的专家意见有三个选项：（1）建设高质量、智能化的文献资源与数据情报保障体系，实现对各类资源的整合及对知识内容的深度挖掘，以完备高效的资源布局满足学校学科发展的需要；（2）在大学精神、校园文化建设和传承中担当重任，成为学校的文化交流中心和师生校园生活的精神家园；（3）支撑学校的科研创新和“双一流”建设，保持大学的学术核心地位。

这一维度相对集中的专家意见有一个选项，即围绕大学“立德树人”根本任务，打造文化教育和实践基地。图书馆要落实“立德树人”的根本任务，与校内外相关文化机构合作、广泛开展文化教育，成为高等教育事业发展中“立德树人”的重要场所。

2.2.3 取得大学图书馆现代化建设新成就

关于取得大学图书馆现代化建设新成就，高度集中的专家意见有四个选项：（1）改革用人机制，提升整体素质，组建梯队化、专业性、创新型的馆员队伍；（2）建立完善高效的知识服务体系，为学校教学、科研及学科建设提供有力支撑；（3）以大数据、人工智能等新一代信息技术提升服务能力、构建全面信息化管理平台，实现智能化、智慧化创新发展；（4）基于数据分析进行资源采购，深度揭示和组织各类型资源，建立纸电一体、保值增值、开放共享的信息资源体系。

这一维度相对集中的专家意见有两个选项：（1）提升在学校和行业中的话语权和影响力；（2）建立有独特组织文化支撑的科学化管理体系。

2.3 关于实际问题

大学图书馆现代化 5 年内亟待突破的实际问题事关大学图书馆高质量发展，包括八个维度：（一）队伍建设；（二）服务创新；（三）经费保障；（四）资源建设；（五）技术应用；（六）治理体系和治理能力建设；（七）空间建设；（八）图书馆地位与话语权。

2.3.1 队伍建设问题

队伍建设是大学图书馆高质量发展的首要问题。关于 5 年内大学图书馆队伍建设亟待突破的具体问题，高度集中的专家意见有三个选项：（1）领导班子专业化与管理能力建设；（2）新型馆员培育（包括研究型、数据型馆员等）；（3）馆员专业能力提升。大学图书馆的现代化高质量发展迫切需要以馆长为核心的专业化领导班子的引领，需要领导班子树立现代化发展理念，具有战略视野，提升管理能力；迫切需要适应学科建设、技术发展和数据服务需求，加快培育和发展包括数据型、研究型等在内的新型馆员；迫切需要结合培训学习、业务交流、应用实践等多种途径提升馆员在基本理论、业务技能、科研素养等多方面的综合素质与专业能力。

相对集中的专家意见有两个选项：（1）加强组织文化建设，建立统一的文化价值观，增强馆员的认同感、归属感与使命感；（2）优化岗位设置与岗位体系，建立合理的馆员梯队，为馆员提供更广阔的发展空间。另有少部分专家认为大学图书馆也要持续开展馆员思想政治素质培育工作。

2.3.2 服务创新问题

服务创新是大学图书馆高质量发展的关键问题。关于 5 年内大学图书馆服务创新的重点领域，高度集中的专家意见有三个选项：（1）融入教学科研的学科化知识服务；（2）支撑科技创新的情报咨询与智库服务。（3）建立面向用户新需求的智慧服务体系。为支撑“双一流”建设，大学图书馆应面向不同学科师生的实际问题，融入教学科研的全周期，提供全方位、多层次的知识服务；为服务科技强国目标，集成大学图书馆的空间、文献、数据、技术与人才，面向国家和学校的科技创新和决策需求提供情报咨询和智库服务；为满足用户动态变化的新需求，利用智能技术，融合多源数据，建立线上与线下相结合的个性化智慧服务体系。

相对集中的专家意见有两个选项：（1）基于新一代信息技术创新信息素质等多元素质的教育服务；（2）积极开展落实“立德树人”目标的通识教育与文化服务创新。另有少部分专家认为大学图书馆应持续关注应对全球疫情、自然灾害等公共危机的服务创新。

2.3.3 经费保障问题

大学图书馆的高质量发展离不开经费的保障。关于 5 年内大学图书馆经费保障的具体问题，高度集中的专家意见有两个选项：（1）充足持续的经费投入；（2）加强有限经费的科学预算。

大学图书馆在资源建设、空间建设、人才培养、信息化建设、阅读服务、日常运维等各方面均需要充足持续的经费投入，政府要增加购买服务的经费投入；同时，结合经费投入和建设目标，定期做好科学预算的编制工作。

相对集中的专家意见有三个选项：（1）寻求校内外组织与个人的捐赠；（2）申请专项经费；（3）改进成本控制。积极通过多种渠道扩大经费来源，降低成本，提高经费使用效益。

2.3.4 资源建设问题

资源建设是大学图书馆高质量发展的重要基础。关于 5 年内大学图书馆资源建设亟待突破的具体问题，高度集中的专家意见有两个选项：（1）特色馆藏（特藏）资源建设；（2）纸电资源一体化。大学图书馆应结合所在学校与自身特色开展特藏资源的体系化建设，丰富特藏资源的内容与类型，加强特藏资源的揭示、挖掘与整理，加快特藏数据库建设，形成独特的资源优势与品牌，提升核心竞争力；也要从用户需求和服务角度出发，加强纸质资源与电子资源的整合、统一揭示与管理，推进纸电一体资源的标准化与智慧化建设。

相对集中的专家意见有七个选项：（1）文献资源的配置、保障与评价；（2）知识资源组织、推送与发现；（3）数据资源增值服务；（4）开放获取资源建设；（5）教学资源的定制化、个性化、整体化服务；（6）资源的长期保存；（7）资源的共建共享。另有少部分专家认为大学图书馆还应关注到文献资源的数字化问题。

2.3.5 技术应用问题

应用大数据、人工智能等创新技术实现大学图书馆的全方位升级与转型是其适应快速发展的技术环境的必然要求。关于5年内大学图书馆技术应用亟待突破的具体问题，高度集中的专家意见有四个选项：（1）用户导向的图书馆新型管理系统研发；（2）人工智能等新技术的应用；（3）数据管理平台建设；（4）智慧图书馆与智慧校园的融合。大学图书馆应以用户需求与偏好为导向，加强教学、科研、用户、资源等各个模块新型管理系统的研发，提升用户体验；推进人工智能等新技术在自动编目与标引、用户咨询、智能推送、行为数据挖掘等各个场景的实际应用；承担数据管理的职责，开展科研数据、开放数据等平台建设，逐步实现数据资源的汇聚、管理与服务体系布局；认清智慧图书馆的实质，与智慧校园建设有机融合。

相对集中的专家意见有四个选项：（1）智能设备与基础设施建设；（2）移动与微服务平台建设；（3）数字学术（含数字人文）基础设施建设；（4）信息安全技术应用。大学图书馆要利用智能技术加强设备、设施与平台建设，并保障信息安全。

2.3.6 治理体系与治理能力建设问题

关于大学图书馆治理体系与治理能力建设的具体问题，高度集中的专家意见有三个选项：（1）构建科学的评估体系；（2）修订、制定业务规范与行业标准；（3）优化管理机制与制度。为实现整体转型发展，大学图书馆5年内应从投入产出、综合影响力、发展规划的落实等多方面构建系统科学的评估体系，以评促建，以评促改；从国家、教育部高校图工委、CALIS等不同层面制定并完善现代化建设的行业标准、技术标准和业务规范，实现标准化管理；利用现代化管理手段优化图书馆业务流程与管理机制，改进总分馆制建设模式，改革用人机制，完善资源管理等各项规章制度，实现规范、高效、人性化管理。

相对集中的专家意见有两个选项：（1）形成用户与专家参与的治理结构；（2）加强包括知识产权等在内的法治保障。另有少部分专家认为应主动从目标市场、用户需求与满意度等角度加强图书馆营销。

2.3.7 空间建设问题

关于5年内大学图书馆空间建设亟待突破的具体问题，高度集中的专家意见有两个选项：（1）实体空间的开放共享；（2）高密度储存空间。随着信息化进程的加快和馆藏量的增加，大学图书馆必然要改变传统以藏书为中心的空间服务模式，重新思考馆舍空间的功能定位，利用智能技术，面向不同类型用户开放共享温馨舒适、功能齐备的实体空间，同时压缩资源存储空间，加强高密度储存空间建设。

相对集中的专家意见有五个选项：（1）交互式学习空间；（2）数字学术与协作空间；（3）沉浸式文化空间；（4）虚拟空间；（5）创新、创意与创客空间。另有少部分专家认为大学图书馆也要关注到绿色空间环境与可持续性发展的相关问题。

2.3.8 图书馆地位与话语权

关于大学图书馆的地位与话语权的具体问题，高度集中的专家意见有两个选项：（1）师生心目中的地位；（2）学校层面的能见度。大学图书馆应发挥自身优势，在教学科研、学习交流、知识资源等各方面挖掘师生对图书馆的内在需求，增强师生对图书馆的信赖，从而不断提升自身在师生心目中的地位；融入学校整体发展规划，参与到学校人才培养、学科建设与科学研究的进程中，提高决策咨询能力，从而显著提升自身在学校层面的能见度。

相对集中的专家意见有五个选项：（1）社会服务的影响力；（2）大学图书馆联盟的影响力；（3）区域馆际合作的实质作用；（4）国际地位与影响力；（5）资源谈判与采购的话语权。

2.4 关于理论问题

大学图书馆5年内急需钻研的理论问题事关大学图书馆的科学发展，包括四个维度：（一）事业发展史；（二）基础理论；（三）方法论；（四）成果应用。

2.4.1 事业发展史

关于大学图书馆事业发展史研究的具体问题，高度集中的专家意见有一个选项：高等教育中的图书馆史。大学图书馆作为高等教育的重要组成部分，应积极从高等教育发展进程入手开展历史研究，总结大学图书馆历史形成的优势与经验，明确其在高等教育中的基本使命与责任。

相对集中的专家意见有五个选项：（1）积极开展有关校史中的图书馆史；（2）“四史”中的图书馆史；（3）图书馆文化史；（4）图书馆口述史的理论研究；（5）图书馆的机构发展史研究。

2.4.2 基础理论

关于大学图书馆基础理论研究的具体问题，高度集中的专家意见有三个选项：（1）大学图书馆的功能与定位；（2）大学图书馆现代化发展的顶层设计与战略定位；（3）大学图书馆现代化的内涵与理念。未来 5 年，大学图书馆科学发展要正确理解和认识什么是图书馆现代化，认清新时代大学图书馆在资源、人才、文化、空间、服务等各层面的功能与地位；要有现代化发展的顶层设计，切实抓好“十四五”发展规划与 2035 年远景目标的制定和实施，明确在强国建设、学校发展、行业发展、自身发展等各方面的战略定位；要注重内涵式发展，树立先进的发展理念，构建新时代大学图书馆现代化发展的价值体系。

相对集中的专家意见有两个选项：（1）包括馆员管理理论、动力机制等在内的新发展理论体系建设；（2）大学图书馆的形态变迁。另有少部分专家认为还应关注大学图书馆的性质问题。

2.4.3 方法论

关于大学图书馆方法论研究的具体问题，高度集中的专家意见有两个选项：（1）情报分析方法；（2）业务方法创新。大学图书馆应立足现实发展问题，面向不同领域不同目标群体的实际需求，有效利用多学科的技术工具，探索包括专利分析等在内的情报分析新方法；着眼线上线下图书馆的应用场景，在业务流程的各环节开展方法创新，提高管理服务的工作效率。

相对集中的专家意见有三个选项：（1）探索计量学领域的新方法论和新工具；（2）促进包括图书情报与档案管理、计算机科学与技术、市场营销、新闻传播学、网络空间安全在内的多学科合作研究；（3）探究包括开放数据管理方法在内的开放科学生态等问题。另有少部分专家认为大学图书馆也要注重方法论体系建构。

2.4.4 成果应用

关于大学图书馆成果应用研究的具体问题，高度集中的专家意见有三个选项：（1）图书馆业务绩效评估体系；（2）高等教育评估中与图书馆相关的指标构建；（3）图书馆用户效用评估体系。5 年内，大学图书馆应依据已有的评价理论基础，结合新时代大学图书馆现代化发展要求与自身发展特点，建立包括综合绩效与单项绩效在内的完善的业务绩效评估体系，定期开展各项业务与馆员绩效评估；立足大学图书馆在新时代高等教育中的定位，不断完善高等教育评估中与图书馆相关的指标设计，有效评估图书馆整体的服务效能；以用户为中心，从需求、体验、满意度、影响力等多层面入手构建图书馆用户效用评估体系。

相对集中的专家意见有一个选项，即图书馆质量评估体系构建，要从资源、服务、产品、平台等多方面对图书馆工作质量进行有效评估。

2.5 关于关键要素

大学图书馆的关键要素事关大学图书馆的可持续发展，包括五个维度：（一）馆员；（二）信息资源；（三）用户；（四）服务；（五）文化。

2.5.1 馆员

馆员是保障大学图书馆可持续发展的关键要素，信念坚定、结构合理、业务精湛、素质优良的馆员队伍是现代图书馆内涵发展动力的根本性基础[15]，馆员现代化是图书馆现代化的灵魂。关于馆员这一要素，高度集中的专家意见有三个选项：（1）高度的职业认同和文化自信；（2）多元的业务能力；（3）具有现代化理念和领导力的馆长班子。馆员应该对图书馆事业有热情，有高度的职业情怀和文化自信，同时还应具有与图书馆现代化发展和业务创新需求相适应的多元业务能力。而大学图书馆的馆长应该具有深厚的专业素养、丰富的管理经验、前瞻性的治馆理念和统筹全局的战略眼光，这也是事关大学图书馆发展方向和发展水平的关键力量。

相对集中的专家意见有七个选项：（1）合理的团队结构；（2）扎实的专业知识；（3）开拓创新的理念；（4）良好的团队协作；（5）高度的敬业与职业精神；（6）主动服务意识；（7）国际化视野。少数专家还指出，大学图书馆也应该制定职业标准和能力框架，加强对馆员的系统化培养，建设创新型馆员队伍，促进馆员队伍的全面和可持续发展。

2.5.2 信息资源

信息资源是推动大学图书馆可持续发展的关键物质基础。关于信息资源这一要素，高度集中的专家意见有五个选项：（1）特色馆藏（特藏）资源；（2）电子资源（数字资源）；（3）数据资源；（4）纸质文献资源；（5）开放获取资源。特藏资源是具有鲜明独特性的图书馆收藏，承载着区域、学校或者图书馆特色；数字资源是开展网络服务的资源支撑，是图书馆馆藏体系的重要组成；数据资源和开放获取资源是目前图书馆新兴的资源类型，也是图书馆服务创新的产物；纸质文献资源尽管排名略靠后，但仍然是大多数图书馆信息资源体系的核心构成。这些资源互为补充、融合发展，是大学图书馆支持“立德树人”和“双一流”建设目标、保存文化遗产和传承文明的重要载体，是大学图书馆服务创新的坚实保障和动力来源。

相对集中的专家意见有一个选项：网络资源。还有少数专家提出，知识资源也是大学图书馆信息资源的重要组成部分。它们与其他资源共同构成了图书馆的文献保障体系。

2.5.3 用户

用户是图书馆服务对象的统称，用户需求是图书馆一切工作的出发点和归宿，大学图书馆要坚持“以人为本”的理念，以用户为导向，实现可持续发展。关于用户这一要素，高度集中的专家意见有两个选项：（1）用户需求；（2）用户满意度。图书馆要切实了解和理解用户的需求、需要和待解决问题，努力满足用户履职尽责和全面发展的绩效需要，让用户满意。

相对集中的专家意见有三个选项：（1）用户体验；（2）用户参与度；（3）用户行为与偏好。图书馆要不断优化用户在获取图书馆资源与服务过程中的体验，同时充分调动用户的积极性参与图书馆的建设与发展，与用户建立合作伙伴关系，了解和理解用户，针对用户的行为特征和偏好来改进和完善服务。还有少数专家指出，不断拓展用户范围与类型，将大学图书馆服务延伸至社会也是非常重要的。

2.5.4 服务

图书馆是为教学、科研和管理服务的学术性机构，现代图书馆的主要标志就是服务水平的极大提高。关于服务这一要素，高度集中的专家意见有三个选项：（1）学科化知识服务；（2）信息素质教育；（3）多元化空间服务。基于学科需求开展各类新型知识服务能够更加有效支持大学的教学科研，已经成为大学图书馆的普遍服务。面向全媒介、多元素养的信息素质教育有助于提升师生在信息时代的终身学习和学术研究能力，凸显图书馆在人才培养体系中的作用。图书馆现代化发展需要多元化的空间规划和功能布局，包括但不限于交互式学习空间、数字学术空间、创新创意空间、文化休闲空间等。

相对集中的专家意见有六个选项：（1）知识产权服务；（2）数据管理服务；（3）创新型智库服务；（4）文化通识教育服务；（5）阅读服务；（6）融媒体信息服务。这些服务中，既有大学图书馆已开展多年、相对成熟的服务项目的拓展，如文化通识教育服务、阅读服务和融媒体信息服务，也有近年来大学图书馆紧跟新技术发展和师生需求不断探索的一系列创新服务，如知识产权服务、数据管理服务、创新型智库服务等。

2.5.5 文化

文化是体现图书馆团队精神、组织特色和制度先进性的核心和基石。从强调制度管理、目标管理到强调文化管理的过渡，是现代图书馆管理的一个重要变化。关于文化这一要素，高度集中的专家意见有四个选项：（1）积极向上的团队精神；（2）开拓创新的组织文化；（3）科学规范的制度文化；（4）高效协同的管理体系。专家意见相对集中在两个方面：（1）具有区域特色、学校特色和专业特色的图书馆文化；（2）先进实用的技术文化。还有少数专家认为，严谨务实的工作氛围也是文化要素的重要组成部分。

上述这些要素相互渗透、相互影响，共同形成图书馆特有的文化内涵，对于提升图书馆的核心竞争力、增强馆员凝聚力和推动大学图书馆持续发展具有重要作用。

2.6 关于生态关系

大学图书馆要处理好的生态关系事关大学图书馆新发展格局的构建，包括四个维度：（一）图书馆内部生态；（二）图书馆与外部生态环境；（三）条件与目标；（四）传统与现代。

2.6.1 图书馆内部生态

关于图书馆内部生态，高度集中的专家意见有三个选项：（1）馆员职业发展与图书馆事业发展；（2）部门间合作与发展；（3）制度建设与人性化管理。图书馆现代化离不开高素质的馆员队伍，馆员的职业发展也是伴随着图书馆的事业发展而实现的；图书馆的现代化进程伴随着内部组织结构的迭代和变革，要统筹兼顾内部各业务部门的发展需求，加强跨部门横向交流与协作、核心业务与外包服务的协调等；治理体系的现代化需要高效的管理机制和规范的制度保障，也要兼顾馆员的需求，在追求制度效率的同时不能忽略人性化管理，切实提高馆员的归属感和获得感。

相对集中的专家意见有两个选项：（1）馆员间的沟通与协作；（2）党建与业务的关系。图书馆不仅要注重馆员个体的提升与发展，还要营造馆员间的良好沟通与协作氛围，促进整体发展；党建和思想政治工作要促进业务工作的发展，业务工作要贯彻党的路线方针政策。同时，少数专家还指出，在职馆员与离退休馆员的关系也是大学图书馆现代化发展格局中要处理好的关系。

2.6.2 图书馆与外部生态环境

关于图书馆与外部生态环境的关系，高度集中的专家意见有四个选项：（1）图书馆与学校发展目标的关系（包括“立德树人”“双一流”建设和治理体系现代化等）；（2）图书馆与用户的关系（包括校内师生、校友、校外读者等）；（3）图书馆与校内相关主体的关系（包括学校决策者、各职能部门及各院系等）；（4）图书馆与业内机构的关系（包括其他大学图书馆、公共图书馆和行业学协会等）。

相对集中的专家意见有四个选项：（1）图书馆与商业机构的关系（包括出版商、信息机构、技术服务商等）；（2）图书馆与国家发展战略的关系（包括教育强国、科技强国、文化强国、知识产权强国等）；（3）图书馆与上级相关部门的关系（包括教育部、地方政府等上级主管和经费来源部门）；（4）图书馆与地方经济文化和社会发展的关系。

大学图书馆的现代化是伴随着国家的现代化、大学的现代化进程而实现的，因此图书馆要积极融入国家发展战略和高等教育发展战略，处理好与上级相关部门的隶属关系、与地方经济社会发展的融入关系，与学校发展相一致，与学科发展相适应，与行业发展相衔接，与用户需求相吻合。

2.6.3 条件与目标

关于条件与目标的关系，高度集中的专家意见有三个选项：（1）人力、技术和馆藏资源相对不足与高标准服务的关系；（2）有限经费与持续发展的关系；（3）开放共享与知识产权保护的关系。相对集中的有两个选项：（1）发展规模与效能提升的关系；（2）扩大开放与节能环保的关系。

这些选项都是由于现实条件与理想目标或发展方向之间的差距造成的。如何协调、解决这些矛盾，用有限的资源、经费和能力尽可能满足高标准和持续发展的需求，正是对图书馆治理体系和治理能力现代化的考验。

2.6.4 传统与现代

关于传统与现代的关系，高度集中的专家意见有两个选项：（1）传统服务与新型服务的关系；（2）传统图书馆与数字图书馆的关系。相对集中的专家意见有三个选项：（1）文献资源与数据资源的关系；（2）图书馆优良传统与创新发展理念的关系；（3）优秀传统文化传承与现代化服务手段的关系。

传统资源、服务和文化是大学图书馆的现代化的工作基础和逻辑起点，立足图书馆深厚的文化积淀和历史经验之上，不断继承和创新，才能筑牢现代化建设的根基。

2.7 分析讨论

上述研究结果是根据三轮德尔菲法获取的专家意见概括总结出来的，接受征询的专家是全国大学图书馆业界、图书情报与档案管理等学界的资深专家，对于大学图书馆现代化发展有丰富的经验、独到的见解和深入的思考，专家们的集体智慧是课题研究结论有效性的重要保障。同时，课题调研过程严格遵循德尔菲法的规范，问卷一对一发放和回收，并由专人进行问卷验收和匿名化处理，在问卷内容拟定和汇总整理过程中，课题组坚持以专家意见为准，确保如实、准确获取和反映专家的真实想法和宝贵建议，确保所收集专家意见的可靠性。三轮问卷的回收率高（其中两轮为 100%），专家答复认真，研究过程严谨，结果具有科学性。

课题组将维度/选项的被选择率作为衡量专家意见集中程度和该维度/选项重要程度的主要参考指标。在维度层面，第二轮专家意见的一致程度平均值为

89.8%，部分维度高达 100%（专家们全部选中），并且只有 4 个维度低于 85%，专家选中率最低的维度也超过了半数（73.5%）。在选项层面，从第二轮到第三轮的专家意见集中过程中，仅少部分维度的个别选项出现了排序变化，得到半数以上专家同意的选项占总选项数的 89.5%，呈现出了高度集中的特征，体现了专家意见的一致性。

同时，课题组通过问题、维度和选项之间的横向分析来交叉验证专家意见的集中度和关联度。在问题和维度层面，核心理念和主要目标的关联度很高，“反映大学图书馆内涵和专业性的理念”与“大学图书馆 5 年后为所在学校高质量发展作出贡献以及自身现代化建设取得新成就的目标”的各选项之间也呈现了这种关联和一致性；实际问题和关键要素的多个维度也是相互关联的，比如馆员队伍建设、资源建设、服务等，既是大学图书馆现代化发展的关键要素，也是未来 5 年内图书馆亟待突破的重要实际问题，这些维度上专家意见的排名也基本趋于一致。在具体选项层面，有多个选项之间存在着关联和一致性。比如“馆员队伍建设”是关乎大学图书馆现代化发展进程的重要问题，“淬炼馆员队伍”是反映大学图书馆内涵和专业性的重要理念，“组建一支梯队化、专业性、创新型的馆员队伍”是大学图书馆 5 年后要实现的整体发展目标之一。与此相一致的是，“馆员”在保障大学图书馆可持续发展的关键要素中排名第一，“队伍建设问题”也是未来 5 年大学图书馆高质量发展面临的一系列实际问题中专家意见集中度最高的。

需要进一步说明的是，专家意见集中度较低的选项并非不重要，而且可能很快会成为共识。

3 结论

基于上述研究结果，课题组主要综合专家意见中高度集中的 27 个路径维度、75 个主题选项，系统分析大学图书馆现代化发展的 6 个主要问题及其内在联系，结合大学图书馆现代化进程中的内涵式发展、整体发展、高质量发展、科学发展、可持续发展、新发展格局构建等方面，把握大学图书馆现代化发展的总体趋势，同时也总结了研究存在的局限和今后的努力方向。

3.1 发展趋势

大学图书馆现代化的发展趋势主要表现在：

（1）大学图书馆现代化是中华民族伟大复兴的战略全局和世界百年未有之大变局中的重要命题，将进一步通过内涵式发展、整体发展、高质量发展、科学发展和可持续发展，不断构建和优化新的发展格局，实现新时代大学图书馆的独特价值。

大学图书馆现代化与人类社会发展的现代化进程同向同行，与国家的现代化发展紧密相连，与大学的现代化事业同频共振。大学图书馆在现代化进程中要准确识变，科学应变，主动求变，坚守初心，勇担使命，以自身的内涵式发展为特质追求，以整体发展为目标方向，以高质量发展为时代主题，以科学发展为创新指针，以可持续发展为战略路径，立足新发展阶段，贯彻新发展理念，构建新发展格局，在社会主义核心价值体系指引下确立大学图书馆的价值体系，在创新型国家和“双一流”建设中作出大学图书馆的独特贡献。

（2）大学图书馆内涵式发展需要更为明确地树立和巩固核心理念，先进的核心理念要贯彻落实国家新发展理念、高等教育发展理念和“双一流”建设理念，反映大学图书馆的专业特征和时代特征。今后一个时期，核心理念主要由创新、协同、服务、用户、资源、馆员、大学等基本概念及其操作定位的关联而形成。

在“创新、协调、绿色、开放、共享”的新发展理念指导下，大学图书馆将坚持全方位创新驱动、各环节协同服务；在高等教育发展战略指引下，大学图书馆将全力服务学校学科建设、服务学校科研创新、融入学校人才培养体系；在今后一个时期，大学图书馆将坚持用户导向、服务至上，自身发展与学校发展相统一，淬炼馆员队伍，资源与服务一体化，不断推进内涵式发展，建成全校师生治学治心的精神家园和文化殿堂。

（3）大学图书馆的整体发展需要科学地制定长期性和阶段性目标，更高的发展目标要紧密结合现代化强国目标、学校高质量发展目标和图书馆自身使命。今后 5 年，大学图书馆将在馆员人才队伍建设、用户信息素质教育、文献资源纸电一体化、数据资源增值服务、新一代信息技术应用、学科知识服务体系建设、图书馆现代化理论建设、绩效评估体系优化、校内外协作关系等方面取得新的更大的成就。

在服务文化强国、教育强国、人才强国过程中，大学图书馆将大力加强通识教育服务、文化传承创新服务、信息素质教育服务；在服务高等教育和学校高质量发展中，大学图书馆将全面升级文献保障体系、文化教育体系和信息服务体系，全面融入学校教学、科研和社会服务等中心工作；在履行自身使命过程中，大学图书馆对各类信息资源的精准采集、揭示、组织和利用将全方位应用新一代信息技术和相关协作机制，统一标准规范，极大提高工作效率，对各种信息服务的设计、开发、创新和应用将全过程跟踪现实用户的需求及其变化和反馈，吸纳用户参与，极大促进服务公平。通过上述三条路径，大学图书馆将更有作为，赢得更高地位。

（4）大学图书馆的高质量发展需要不断突破老大难问题和时代命题。5年内，队伍建设中的领导力和执行力、服务创新中的协同度和贡献率、经费保障中的充足性和持续性、资源建设中的特色化和数字化、技术应用中的开放性和安全性、治理体系建设中的体制和机制、空间设计的共享性和交互性等问题将明显改观，图书馆工作成为学校人才培养体系的组成部分和国家文化繁荣的重要标志等时代命题的共识度将明显提升。

大学图书馆的高质量发展，就是在数量规模增长和组织结构优化中突出并提升质量效益和整体实力。大学图书馆将树立并巩固先进的发展理念，加强并增加便捷高效的服务供给，调动多方积极性，补齐短板，强化弱项，提高整体发展中的综合效益。为此，在加强顶层设计和总体规划并形成统一的目标、标准和要求的基础上，图书馆要深入、及时、动态地梳理发展中形成和待解的各种问题，包括队伍建设问题、服务创新问题、经费保障问题、资源建设问题、技术应用问题、治理体系和治理能力问题、空间建设问题、地位和话语权问题等，坚持目标导向与问题导向相统一，坚持创新引领与综合评价相统一，坚持馆员能力与用户需求相统一，坚持文献服务与文化建设相统一。同时，图书馆还要主动宣传沟通，积极争取学校领导和上级有关部门的理解、重视和支持。

（5）大学图书馆的科学发展需要更加有力的图书馆现代化理论的指导。5年内，图书馆现代化研究将出现多学科合作研究的局面，就图书馆现代化的历史、基础理论、方法工具及其成果应用等开展深入研究。

大学图书馆的科学发展，需要从历史研究中传承和发展大学图书馆的本来和根基，从基础理论研究中确立现代化发展的内涵理念与战略布局，从图书情报与档案管理、管理科学与工程、计算机科学与技术、市场营销、新闻传播学等多学科合作研究中创新现代化方法论。同时，切实运用相关研究成果，既为实际工作和具体业务提供理论指导，又能结合内涵式发展、整体发展和高质量发展的内在要求，确立衡量大学图书馆现代化进程的客观标志和评估体系，确保大学图书馆继往开来、持续发展。

（6）大学图书馆的可持续发展需要进一步坚持若干关键要素的基础性和战略性地位。这些关键要素包括馆员、资源、用户、服务和文化等，在先进理念的指引和科学理论的指导下，在相应的目标追求中不断巩固地位和突破发展。

信念坚定、结构合理、业务精湛、素质优良的馆员队伍是大学图书馆可持续发展的首要根基，多源融合、充分便捷、特色鲜明、开放共享的信息资源及其承载的文化知识是大学图书馆可持续发展的能量源泉，以用户为导向确保用户满意和以服务为天职坚持服务创新是大学图书馆可持续发展新征程上的不懈追求，积极向上的团队精神、开拓创新的组织文化、高效协同的管理体系和科学规范的制度文化等图书馆文化建设是大学图书馆可持续发展的基础保障。这些关键要素相互协调、相互促进，共同构成了大学图书馆可持续发展的支撑体系。

（7）大学图书馆的新发展格局构建需要进一步围绕主责主业、综合协调和理顺多方面的关系。这些关系包括内部的融洽关系和外部的关联关系、自身条件与目标要求的关系、传统与现代的关系等，在现代化进程中因势利导，共创美好未来。

大学图书馆现代化发展离不开良好的内外部环境，同时也要处理好供需关系、发展与改革的关系。构建大学图书馆新发展格局，要统筹馆员发展、部门发展和事业发展，构建和谐融洽的图书馆内部生态；要融入国家和学校发展、行业和社会发展，打造开放合作、高度互联、协同发展的图书馆外部生态；要创新发展思路，解决图书馆资源与经费的有限供给与高质量、可持续发展的现实矛盾；要立足发展、深化改革，实现资源、服务和图书馆建设中传统与现代的协力共进和融合发展。

3.2 研究局限与努力方向

本课题研究采用专家调查法对全国大学图书馆现代化发展趋势进行研究，研究过程严格遵循专家调查法的规范，同时综合运用了多种研究方法进行研究结果的处理和分析，研究过程客观严谨，归纳总结全面细致，研究结果科学有效，研究结论具有宏观指导价值。但由于时间和篇幅等方面的限制，研究中也存在一些局限，比如：受征询的专家范围有限，对专家意见的解读可能会存在个别疏漏，某些维度和选项并未充分展开，也未能从应用场景的角度进行具体阐述，基于机器学习的文本分析方法还需进一步优化等。

下一步，在研究方法上，课题组将不断扩大征询专家数量和范围，引入情景分析、技术路线图等技术预见方法，提高自动文本分析和人工标引的效率，结合研究实际不断完善问卷设计与分析过程，为大学图书馆提供动态的趋势预测；在研究内容上，在宏观研究的基础上增加具体的、专项的工作研究和场景化应用，挖掘并推广各地建设中出现的优秀案例和先进典型；在成果应用上，我们将从报告所建立的大学图书馆现代化研究框架入手，不断补充、完善大学图书馆的新发展理论体系；同时，基于报告成果研制大学图书馆现代化发展评估指标，改进和完善全国高校图书馆事实数据库建设，加强与全国各省市区高校图工委的深入合作，定期分析评估全国各级各类大学图书馆的现代化发展进程，及时把握不同类型图书馆现代化发展中存在的共性和个性问题，形成理论指导与实践推动的良性循环，扎实推进大学图书馆的现代化发展。

致谢： 衷心感谢34位全国大学图书馆业界、图书情报与档案管理等学界资深专家接受本课题组征询并积极反馈，为本研究贡献了宝贵经验和智慧，同时也特别感谢北京大学信息科学技术学院张明亮同学在自动文本分析等方面为课题组提供的重要技术支持。

参 考 文 献

[1] 中华人民共和国中央人民政府．中华人民共和国国民经济和社会发展第十四个五年规划和2035 年远景目标纲要[EB/OL]．[2021-09-18]．http://www.gov.cn/xinwen/2021-03/13/content_5592681.htm.

[2] 中华人民共和国国务院新闻办公室．国家创新驱动发展战略纲要[EB/OL]．[2021-09-12]．http://www.scio.gov.cn/xwfbh/xwbfbh/wqfbh/33978/34585/xgzc34591/Document/1478339/1478339.htm.

[3] 中华人民共和国中央人民政府．中国教育现代化 2035[EB/OL]．[2021-09-12]．http://www.gov.cn/xinwen/2019-02/23/content_5367987.htm.

[4] 中华人民共和国中央人民政府．统筹推进世界一流大学和一流学科建设总体方案[EB/OL]．[2021-09-15]．http://www.gov.cn/zhengce/content/2015-11/05/content_10269.htm.

[5] 中华人民共和国工业和信息化部．5G 应用“扬帆”行动计划（2021-2023 年）[EB/OL]．[2021-09-15]．https://www.miit.gov.cn/zwgk/zcwj/wjfb/txy/art/2021/art_8b833589fa294a97b4cfae3

2872 b0137.html.
[6] 中华人民共和国教育部．教育部等六部门关于推进教育新型基础设施建设构建高质量教育支撑体系的指导意见[EB/OL]．[2021-09-18]． http://www.moe.gov.cn/srcsite/A16/s3342/202107/t20210720_545783.html.
[7] IFLA. IFLA Trend Report[EB/OL]. [2021-09-12]. https://trends.ifla.org/.
[8] IFLA. IFLA Strategy 2019-2024[EB/OL]. [2021-09-12]. https://www.ifla.org/strategy.
[9] EDUCAUSE.Horizon reports[EB/OL]. [2021-10-12]. https://library.educause.edu/resources/2021/2/horizon-reports.
[10] Adams B S, Cummins M, Davis A, et al. NMC horizon report:2017 library edition[EB/OL]. [2021-10-12]. https://www.learntechlib.org/p/177969/.
[11] ACRL.White papers and reports [EB/OL]. [2021-10-18]. https://www.ala.org/acrl/issues/whitepapers.
[12] LIBER. Research libraries powering sustainable knowledge in the digital age: LIBER Europe strategy 2018-2022[EB/OL]. [2021-09-13]. https://libereurope.eu/strategy/.
[13] Lynn S C, Ixchel M F, Brittany B, et al. New model library: pandemic effects and library directions [EB/OL]. [2021-11-12]. https://www.oclc.org/research/publications/2021/oclcresearch-new-model-library.html.
[14] 陈建龙．大学图书馆现代化转型发展刍议[J]．大学图书馆学报，2020，38（1）：5-12.
[15] 陈建龙．庄守经先生的图书馆现代化思想初探[J]．大学图书馆学报，2021，39（3）：6-10.

大学图书馆现代化的前沿课题和时代命题*

——《大学图书馆现代化指南针报告》解读

陈建龙　邵　燕　张慧丽　张　璐

0　引言

2021年12月24日，教育部高等学校图书情报工作指导委员会（以下简称“高校图工委”）40周年学术研讨会[1]在京召开。会上，高校图工委与北京大学图书馆联合发布了《大学图书馆现代化指南针报告》（以下简称《指南针报告》）[2]。该研究运用德尔菲法，汇聚了全国大学图书馆业界、图书情报与档案管理等学界资深专家的集体智慧和宝贵经验，为大学图书馆在人才队伍建设、用户关系构建、信息资源升级、服务创新优化、发展理论研究、治理能力保障、事业生态明晰等方面的工作提供方向指引和参考指南，是新时代新征程上大学图书馆谋划新思路、推动新发展的“指南针”。

近年来，国外图书馆界协会和行业组织相继开展了多方面的图书馆发展趋势研究。其中，国际图书馆联盟的《IFLA趋势报告》[3]、联机计算机图书馆中心的《新型图书馆——疫情影响和图书馆发展》[4]等研究主要关注全球图书馆发展的共性问题，新媒体联盟的《地平线报告（大学图书馆版）》[5]（2017年之后不再更新）

---

* 陈建龙，邵燕，张慧丽，张璐．大学图书馆现代化的前沿课题和时代命题——《大学图书馆现代化指南针报告》解读[J]．中国图书馆学报，2022（1）：17-28．

主要针对新技术应用对大学图书馆发展的影响，而美国大学与研究图书馆协会发布的《学术图书馆发展趋势报告》[6]基于“学生成功”理念，分析美国学术图书馆的发展方向。相比之下，高校图工委和北京大学图书馆发布的《指南针报告》汇集了34位专家学者的集体智慧，是一份立足我国大学图书馆现实需求、具有鲜明时代特色、着眼大学图书馆未来发展的综合性趋势报告，有助于建立中国大学图书馆现代化发展的前瞻视野和宏观体系，推动全国高校图书馆现代化建设的整体发展。

《指南针报告》经过三轮专家调查，总结了图书馆业界和学界领域专家们关于“大学图书馆现代化”的主要观点和建议，主要聚焦于5年内大学图书馆现代化发展的核心理念、主要目标、实际问题、理论问题、关键要素、生态关系六个前沿课题。报告通过27个路径维度和181个主题选项对上述六个前沿课题进行了具体阐述，并结合专家意见高度集中的27个路径维度和75个主题选项提炼出大学图书馆现代化发展的7个发展趋势。为便于大家更深入理解报告内容，并有效利用该报告指导大学图书馆现代化建设，本文将结合《指南针报告》原文对大学图书馆现代化的六个前沿课题进行内容解读，并从更长远视角提出大学图书馆现代化的三个时代命题。

1 大学图书馆现代化的前沿课题

1.1 前沿课题一：树立核心理念，促进内涵式发展

《指南针报告》中指出：“大学图书馆内涵式发展需要更为明确地树立和巩固核心理念，先进的核心理念要贯彻落实国家新发展理念、高等教育发展理念和‘双一流’建设理念，反映大学图书馆的专业特征和时代特征。”大学图书馆现代化新征程中内涵式发展的核心理念包含三个层面：国家层面上，大学图书馆现代化要与国家的现代化发展战略相一致，贯彻落实“创新、协调、绿色、开放、共享”的新发展理念；高等教育发展层面上，大学图书馆现代化发展要遵循高等教育发展的战略指引，与大学现代化事业同向同行，贯彻落实“双一流”建设理念；图书馆层面上，大学图书馆要以自身内涵式发展为特质追求，通过贯彻反映自身内涵和专业性的理念来体现其现代化发展的专业特征和时代特征，确立大学图书馆现代化的价值体系。

（1）关于“创新、协调、绿色、开放、共享”的新发展理念在大学图书馆的

贯彻落实。大多数专家认为，创新是大学图书馆现代化发展的动力源泉，大学图书馆要与时俱进、坚持创新，进行服务质量变革，以创新激发图书馆的发展活力，满足用户不断增长和变化的需求。协同是大学图书馆现代化发展的内在需求，大学图书馆要与业内机构协作、与学校各部门合作，实现馆内不同部门之间以及资源、服务、馆员等要素之间的协同耦合，以此实现大学图书馆的全面整体发展。绿色理念是为图书馆实现可持续发展提供保障，大学图书馆要运用绿色技术和智能技术实现“节能减排”，同时也要通过充分利用文献、空间、经费、人力等各类资源以及围绕效益目标进行资源配置和服务创新来贯彻更深层次的绿色发展理念。开放意味着图书馆资源和服务的可获得性，大学图书馆要通过资源的开放、人员的流动、思想的交汇等来维系其作为一个发展中的有机体所应具有的健康生机。此外，大学图书馆还要在资源、服务、人才、技术等方面依法（法规、交易合同、协议等）共享，通过建立共享机制推进自身的可持续发展。只有逐一落实好这五大发展理念，大学图书馆才能勇立潮头、不断推进内涵式发展。

此外，少数专家提到大学图书馆要尝试进行“开放办馆”，通过向公众提供开放服务彰显其社会责任，这也是大学图书馆贯彻开放理念的重要方面；还提到要重视信息存储、发布、分析、处理过程中的安全问题，为大学图书馆的高效平稳发展保驾护航。

（2）关于“双一流”建设理念在大学图书馆的具体体现。在高等教育发展理念和“双一流”建设理念指引下，大多数专家认为大学图书馆要重点在三个方面着力：服务学校学科建设，为优势学科和新兴学科提供资源保障，切实提高学科服务和支撑能力；服务学校科研创新，搭建各类融入式创新支撑平台，成为学校科研创新基础设施的一部分；融入学校人才培养体系，创新型人才培养是大学“双一流”建设的核心议题，图书馆应当积极履行教育职能，服务学校专业和课程建设，提高学生的双创能力，成为学校创新人才培养的重要基地。

此外，少数专家提到大学图书馆应当与校内各机构广泛协作，吸纳师生参与图书馆共建共管，努力构建师生精神家园；通过不断追求自身卓越，为学校实现“双一流”建设目标做出独特贡献。

（3）关于反映大学图书馆内涵和专业性的理念。大多数专家认为，大学图书馆应坚决贯彻“用户导向、服务至上”的基本理念，更多地发挥个体、群体、整体师生用户的素质导向、问题导向和效用导向作用，以信息服务为核心履职尽责[7]，不断提升用户满意度和获得感；大学图书馆应将自身发展与学校发展相统一，积极对接与学校和相关部门的各种关系，贯通学校各方需求，与学校的教学科研创新协同相适，为学校整体发展提供融入式支撑。在体现大学图书馆的专业性方面，要淬炼馆员队伍，不断提升馆员的专业知识和综合技能，培养符合现代化发展要求的专业馆员队伍；要将资源与服务一体化，以资源建设促服务提升，以高水平服务带动资源的高效利用。

此外，还有专家认为大学图书馆应坚守初心使命，强化价值引领，厚植文化氛围，利用各类资源广泛开展文化教育，固本应变，奋发图强，在创新型国家和“双一流”建设中推进自身的现代化进程。

1.2 前沿课题二：明晰阶段目标，推动整体发展

《指南针报告》中指出：“大学图书馆的整体发展需要科学地制定长期性和阶段性目标，更高的发展目标要紧密结合现代化强国目标、学校高质量发展目标和图书馆自身使命。”大学图书馆 5 年后的阶段目标关乎大学图书馆的整体发展方向，具体包含三个层面：在国家层面要与国家的现代化发展紧密相连，为现代化强国建设做出更大贡献；在大学层面要与大学的现代化事业同频共振，为所在学校高质量发展做出更大贡献；在图书馆层面要科学应变，勇担使命，大学图书馆整体的现代化建设取得新成就。

（1）关于为现代化强国建设做出更大贡献。大多数专家认为，大学图书馆要紧跟时代步伐，以信息素质教育为依托开展通识教育，促进学生多元知识和能力及健全人格的培养，同时充分发挥图书馆的资源和空间优势，向师生提供精神文化服务，有力促进文化传承，服务国家文化强国目标；要抓住我国建设世界一流科技强国目标为大学图书馆发展带来的机遇，主动创新服务模式，成为服务国家战略的创新基地和新型智库，服务国家科技强国目标；要加强知识产权信息服务，为创新型企业和大学科研团队提供知识产权全流程咨询和服务，促进科技成果转移转化，支撑国家创新驱动发展战略和知识产权强国建设目标；要通过多元素质教育培养学生的自主学习能力和创新能力，关注开放数字网络环境下出版模式与学术交流体系的变化，通过创新协作转型为更加开放的学术系统，助力教育强国目标和人才强国目标的实现。

（2）关于为所在学校高质量发展做出更大贡献。大学图书馆的建设和发展应

与学校的建设和发展相适应，成为学校整体发展水平的重要标志。大多数专家认为，大学图书馆要根据学校规划和用户需求不断优化资源整体布局，全面升级文献资源与数据情报保障体系；要全力支撑学校的科研创新和“双一流”建设，营造深度融合教学科研需求的嵌入式服务场景，保持大学的学术核心地位；要融入校园文化建设，提升信息素质教育教学在人才培养中的基础性和互补性作用，升级图书馆文化教育体系，引领师生传承和弘扬大学精神，成为学校的文化交流中心和师生治心治学的精神栖息地；要围绕“立德树人”根本任务，打造文化教育和实践基地，成为学校教育事业发展中的服务共善地。

（3）关于取得大学图书馆现代化建设新成就。在资源建设与服务方面，大多数专家认为大学图书馆要建立“纸电一体、保值增值、开放共享”的信息资源体系，不断提升服务能力，探索服务转型路径，建立完善高效的知识服务体系；要积极利用新技术逐步实现智能化、智慧化的创新发展。在队伍建设与管理方面，大多数专家认为由各类专业馆员及其组成的馆员队伍是大学图书馆现代化发展的首要根基，图书馆要大力培养符合新时代要求的专业馆员，组建梯队化、专业性、创新型的馆员队伍；要锐意改革，建立科学合理的组织架构，推动图书馆服务的高效可持续开展，同时建立良好的组织文化，增强馆员对图书馆的认同感和责任感。通过上述路径，大学图书馆将更有担当和作为，不断提升在学校和行业中的话语权和影响力，在多方面取得现代化建设的新成就。

1.3 前沿课题三：聚焦实际问题，加快高质量发展

《指南针报告》指出：“大学图书馆的高质量发展需要不断突破老大难问题和时代命题，就是在数量规模增长和组织结构优化中突出并提升质量效益和整体实力。”每个大学图书馆都有自身独特的优势，也有需要弥补的短板和弱项。5 年内，大学图书馆要在核心理念和阶段目标的指引下，聚焦队伍建设、服务创新、经费保障、资源建设、技术应用、治理体系与治理能力、空间建设、地位与话语权八个方面，梳理发展中亟待解决的实际问题，促使“队伍建设中的领导力和执行力、服务创新中的协同度和贡献率、经费保障中的充足性和持续性、资源建设中的特色化和数字化、技术应用中的开放性和安全性、治理体系建设中的体制和机制、空间设计的共享性和交互性”得以明显改观，以加快大学图书馆高质量发展的进程。同时，大学图书馆在突破老大难问题过程中，应注重不同问题之间的关联性

与统一性，从更长远视角聚焦图书馆工作成为学校人才培养体系的组成部分、信息化生态的引领者、国家文化繁荣的重要标志等时代命题，全面提升大学图书馆的地位和话语权。

（1）关于队伍建设问题。新时代大学图书馆的高质量发展对馆员队伍的发展提出了新的要求，不仅需要领导班子和馆员队伍在专业技能上有显著提升，又要有一支具有前瞻视野和现代化管理能力的领导班子来引领发展，也要坚持馆员能力与用户需求相统一，加快培育一批包括研究型、数据型等在内的新型馆员来解决新需求与新问题。同时，要通过和谐统一的文化价值观和合理灵活的岗位体系来营造良好的组织环境和氛围，提升馆员的归属感、责任感与工作热情，建立合理的馆员梯队。此外，思想政治素质培育也是提高馆员精神动力，增强队伍凝聚力的重要保证。

（2）关于服务创新问题。大学图书馆服务创新是其高质量发展应高度关注的前沿课题，要坚持目标导向与问题导向相统一，既要围绕强国建设目标，面向国家和学校的科技创新与决策需求，发挥大学图书馆在文献情报搜集与分析方面的优势，强化情报咨询与智库服务；又要围绕高等教育事业与学校高质量发展目标，勇于承担并充分发挥教育职能，在学科化知识服务、多元素质教育服务、通识教育与文化服务方面深入探索创新实践，有效利用资源、技术与空间，充分融入学校教学科研与人才培养的各个环节，成为学校人才培养的组成部分；还要立足自身现代化发展目标，面向用户动态变化的新需求，利用智能技术持续开展服务转型与模式创新，建立智慧服务体系。此外，在全球疫情的背景下，也有少数专家认为大学图书馆要做好公共危机的灵活应对工作。

（3）关于经费保障问题。受国际关系等多方面因素影响，教育经费缩减是近两年高校面临的共同难题。如何积极争取教育部和学校对图书馆的重视，增加政府购买服务的经费，以保持充足持续的经费投入，是保障大学图书馆经费的关键；及时依据阶段目标、师生与学科发展需求、运营管理需要等因素定期做好科学预算的编制工作，促进经费效用最优化，是大学图书馆高质量发展长期面临的问题；大学图书馆也要主动利用自身力量通过寻求校内外组织与个人的捐赠、申请专项经费等策略来扩大经费来源，并改进成本控制，以尽可能保障经费的充足性和持续性。

（4）关于资源建设问题。在“十四五”规划和建党百年的重要节点上，大学图书馆的资源建设逐渐在标准化基础上向特色化数字化方向发展，要坚持文献服务与文化建设相统一。特色资源（特藏）资源建设被视为大学图书馆资源建设的最重要课题之一，需要大学图书馆结合所在学校与自身特色，形成特藏资源的优势品牌，提升核心竞争力。随着信息化进程的加快，大学图书馆要高度关注纸电资源一体化问题，探索纸电资源在采访、编目、揭示、利用等各环节的融合策略；也要在持续推进文献资源、知识资源、教学资源等传统资源的保障、管理与转型的同时，不断拓宽资源的范畴，创新数据资源、开放获取资源建设与增值服务，加强图书馆的协同创新，共同促进资源的长期保存与共建共享。

（5）关于技术应用问题。大数据、人工智能等新技术的发展始终是推动大学图书馆技术转型的重要驱动力。5 年内，在技术服务方面，大学图书馆将突破传统自动化系统的限制，以用户为中心在各模块管理系统、各场景智能应用、多源数据管理、移动与微服务平台等方面实现智能转型，提升用户体验，提高线上线下服务效率与质量；在技术设施方面，大学图书馆将逐步实现智能设备与基础设施的更新换代，关注数字学术（含数字人文）服务中的数据资源建设问题，提高信息安全质量，并与智慧校园建设有机融合。

（6）关于治理体系与治理能力问题。大学图书馆高质量发展需要坚持创新引领与综合评价相统一，持续关注治理体系与治理能力问题。在图书馆行业层面，教育部、高校图工委、CALIS、协会/联盟等要积极带动大学图书馆加强行业标准化与法治化建设，根据现代化发展需要制定、修订业务规范与行业标准，为图书馆事业提供包括知识产权等在内的法治保障，建立现代化治理体系；大学图书馆自身更要积极结合理论研究改进评价指标与流程，构建科学的评估体系，优化管理机制与制度实现规范化与人性化管理，提高用户和专家在图书馆评估与制度设计过程的参与度，形成用户与专家参与的治理结构，全面提升自身治理能力。另外，也有少数专家认为大学图书馆要结合市场营销等策略方法，围绕目标市场与用户需求做好图书馆营销。

（7）关于空间建设问题。5 年内，大学图书馆将进入从以文献存储和开架阅览为主导的传统空间向以学习服务和文化体验为主导的未来空间的转型过渡时期。重新思考定位馆舍空间的功能，着重通过高密度存储空间建设来释放实体空间，实现实体空间的开放共享是大学图书馆空间建设面临的首要问题；在此基础上，大学图书馆要挖掘用户新需求，关注空间建设的前沿问题，致力于多功能、多类型、智能化未来空间的设计与建设工作，结合学校与本馆特点，打造一批交互式学习空间、数字学术与协作空间、沉浸式文化空间、虚拟空间或是创新、创意与创客空间，更充分地发挥学习、学术、文化服务功能。

（8）关于地位与话语权问题。大学图书馆的高质量发展需要从更长远的角度关注现代化发展的时代命题，处理好与外部生态环境的关系，以不断提升图书馆的地位与话语权。具体来说，大学图书馆务必要找准自身在学校层面的定位，充分参与人才培养与高等教育事业发展，提高师生对图书馆的信赖和依赖，得到学校和教育部的重视；也要借助图书馆联盟、区域馆际合作的力量，不断提升整体影响力，在图书馆行业中以及与资源供应商的博弈中保持竞争优势，提升话语权；还要积极参与社会服务，服务国家发展目标，并树立全球视野，讲好中国图书馆故事，构建中国图书馆话语体系。

1.4 前沿课题四：加强理论指导，保障科学发展

《指南针报告》中指出："大学图书馆的科学发展需要更加有力的图书馆现代化理论的指导。5 年内，图书馆现代化研究将出现多学科合作研究的局面，就图书馆现代化的历史、基础理论、方法工具及其成果应用等开展深入研究。"现代化理论研究是大学图书馆科学发展的重要保障。大学图书馆要重点围绕事业发展史、基础理论、方法论、成果应用四个方面开展理论研究，以传承和发展大学图书馆的本来和根基，确立现代化发展的内涵理念与战略布局，创新现代化方法论，并建立衡量现代化进程的客观标志和评估体系。

（1）关于事业发展史。大学图书馆在高等教育事业和图书馆事业发展进程中都发挥着不可或缺的作用。5 年内，大学图书馆要着重从高等教育事业发展进程中总结历史经验，从所在学校、图书馆行业、所在机构等各个层面开展图书馆发展史研究，以明确基本使命与任务，传承大学图书馆的本来；要深入开展"四史"中的图书馆史、图书馆文化史与口述史研究，发展大学图书馆的文化根基。

（2）关于基础理论。5 年内，大学图书馆将进入"十四五"规划的重要发展阶段，其科学发展迫切需要包括内涵与理念、功能与定位、顶层设计、管理机制、形态与性质在内的现代化发展理论的指导。大学图书馆要结合自身特点，注重现代化的内涵与核心理念研究，形成新时代现代化发展的独特价值体系；明晰资源、空间、服务、人才、文化等各方面的功能优化方向；要依托"十四五"规划与 2035

远景目标做好顶层设计与战略规划，与社会主义强国、所在学校和高校图书馆事业协同发展；要通过管理理论、动力机制创新来提升内部运行效率，并结合图书馆学新发展理论与经典理论的融合研究建立新发展理论体系；要精准把握新时代大学图书馆的形态与性质变迁，处理好教育、服务与学术研究之间的关系，为大学图书馆科学发展提供理论依据。

（3）关于方法论。大学图书馆现代化发展中图书情报与档案管理、计算机科学与技术、市场营销、新闻传播学、网络空间安全在内的多学科合作将成为常态。大学图书馆要深入开展情报分析方法创新提高战略情报研究质量，注重通过业务方法创新提升管理效能，有效应用计量学领域的新方法与新工具开展科学评价与学科态势分析，利用开放数据管理、开放获取等方法解决开放科学生态问题，构建大学图书馆的现代化方法论体系，为大学图书馆解决实际问题提供科学的方法支持。

（4）关于成果应用。大学图书馆成果应用是其现代化发展进程的重要标志。5年内，教育部高校图工委、CALIS以及区域联盟要发挥引领作用，积极带动大学图书馆充分协作开展评价标准研究，结合新时代大学图书馆的发展要求与自身特点，积极融入高等教育评估体系，大力完善业务绩效评估体系和工作质量评估体系，将馆员、资源、用户、服务、文化、技术等因素纳入其中，弥补当前评估指标、计算方法与过程等方面存在的不足，并构建用户参与的效用评估体系，为大学图书馆现代化发展提供科学依据。

1.5　前沿课题五：立足关键要素，实现可持续发展

《指南针报告》中提出："大学图书馆的可持续发展需要进一步坚持若干关键要素的基础性和战略性地位。这些关键要素包括馆员、资源、用户、服务和文化等，在先进理念的指引和科学理论的指导下，在相应的目标追求中不断巩固地位和突破发展。"关键要素是大学图书馆最为基础和必要的组成部分，大学图书馆要密切关注馆员、资源、用户、服务和文化等关键要素，筑牢根基、抓住核心，使之相互协调、相互促进，推动实现大学图书馆的可持续发展。

（1）关于馆员要素。馆员是大学图书馆可持续发展的首要根基。大多数专家认为，大学图书馆的现代化必须要有一支信念坚定、结构合理、业务精湛、素质优良的馆员队伍做支撑。这支队伍结构合理，由具有现代化理念和领导力的馆长

班子带领，由具有高度职业认同、文化自信和敬业精神的馆员构成，馆员具有扎实的专业知识积累、开阔的国际化视野和多元的业务能力，开拓创新、团结协作，是大学图书馆可持续发展的根基和动力。

（2）关于信息资源要素。信息资源是大学图书馆服务教学科研工作的物质基础和保障。大学图书馆不仅要注重特色馆藏（特藏）资源、电子资源（数字资源）和纸质文献资源等传统馆藏资源体系的建设和保存保护，同时还要加强对数据资源、开放获取资源、网络资源等新型信息资源的组织、管理和开发利用，与时俱进，从而建立起多源融合、充分便捷、特色鲜明、开放共享的信息资源体系，为大学图书馆可持续发展提供能量源泉。

（3）关于用户要素。用户需求是图书馆一切工作的出发点和归宿。大学图书馆必须要了解用户所在，通过多种方式全面准确地了解用户需求，及时、敏锐地捕捉新技术和学习科研环境带来的用户需求和行为变化，借助各种新型技术和先进手段改进和完善资源供给和服务方式，不断优化用户体验，提升用户满意度，增强用户参与度，始终将以用户为导向、确保用户满意作为大学图书馆可持续发展新征程上的不懈追求。

（4）关于服务要素。服务创新是大学图书馆的永恒话题。大学图书馆要充分依托网络和新技术优势，全方位迎接用户需求变化，推动信息素质教育、多元化空间服务、文化通识教育服务、阅读服务等传统服务的转型发展，与时俱进地探索学科化知识服务、知识产权服务、数据管理服务、创新型智库服务、融媒体信息服务等新型服务，适应新时期新使命，推动大学图书馆的可持续发展。

（5）关于文化要素。文化是体现大学图书馆团队精神、组织特色和制度先进性的核心和基石。积极向上的团队精神和开拓创新的组织文化是大学图书馆提升团队凝聚力和组织效率的基础保障，科学规范的制度文化、高效协同的管理体系和先进实用的技术文化是大学图书馆治理能力现代化的重要标志，具有区域特色、学校特色和专业特色的图书馆文化是大学图书馆提高核心竞争力的有效途径，它们互为补充，共同为大学图书馆可持续发展提供了坚实的文化和制度保障。

此外，部分专家也提出，经费、技术等也是推动大学图书馆可持续发展非常重要的因素。

1.6 前沿课题六：理顺生态关系，构建新发展格局

《指南针报告》中提出："大学图书馆的新发展格局构建需要进一步围绕主责主业综合协调和理顺多方面的关系。这些关系包括内部的融洽关系和外部的关联关系、自身条件与目标要求的关系、传统与现代的关系等，在现代化进程中因势利导，共创美好未来。"大学图书馆要理顺内外部生态中各方面的隶属、交互与协同关系，积极应对现实条件和理想目标之间的差距，还要用发展的眼光来处理现代与传统的历史关系，加快构建新发展格局，明确大学图书馆现代化的路径选择。

（1）关于图书馆与内部生态环境。大学图书馆要理顺馆员、部门与图书馆发展之间的多元关系，要加大部门间合作与发展，重视馆员之间的沟通与协作，实现馆员职业发展与图书馆事业发展的协调统一，把握好制度建设与人性化管理之间的平衡，同时，加强党组织建设，以党建工作促进图书馆业务和事业发展，为大学图书馆现代化提供和谐融洽的内部生态环境。也有少数专家提出要处理好在职馆员与离退休馆员的关系。

（2）关于图书馆与外部生态环境。大学图书馆要以系统思维和全局视角来梳理自身与外部环境的关系，要将个体提升与大局发展相结合，围绕国家发展战略（包括教育强国、科技强国、文化强国等）、地方经济文化、社会发展需求、学校发展目标（包括"立德树人""双一流"建设和治理体系现代化等）来明晰自身定位，要处理好与用户（包括校内师生、校友、校外读者等）、上级相关部门（包括教育部、地方政府等上级主管和经费来源部门）、校内相关主体（包括学校决策者、各职能部门及各院系等）的服务隶属和协同关系，要搭建起与商业机构（包括出版商、信息机构、技术服务商等）和业内机构（包括其他大学图书馆、研究图书馆、公共图书馆和行业学协会等）的合作桥梁，打造与大学图书馆现代化发展相适应的、互联互促的外部生态环境。

（3）关于条件与目标。大学图书馆的现代化要以创新思维来面对和解决有限条件与高标准发展之间的矛盾，包括人力、技术和馆藏资源相对不足与高标准服务的关系、有限经费与持续发展的关系等，还要协调与平衡开放共享与知识产权保护、发展规模与效能提升、扩大开放与节能环保之间的关系，提质增效，逐步实现各方面关系的高水平动态平衡。

（4）关于传统与现代。大学图书馆要不断总结经验，将已有的文献资源、服务和深厚的文化积淀作为现代化建设的工作基础和逻辑起点，以创新发展理念为指引，以现代化技术为手段，立足发展、深化改革，守正创新，勇担新阶段新征程带来的新使命，实现传统与现代的协同高效发展。

2 大学图书馆现代化的时代命题

《指南针报告》根据 34 位专家高度集中的意见，对未来 5 年内大学图书馆现代化发展趋势进行了归纳。放眼未来，大学图书馆现代化必将随着社会主义现代化强国建设和高等教育改革等宏观形势的变化、随着学校“立德树人”和“双一流”建设等高质量发展需求的变化而面临新的机遇与挑战，因此，大学图书馆现代化发展趋势的研究还将持续开展，尤其要对大学图书馆在较长一个时期内所面临的时代命题进行分解研究和深入探索，不断明晰大学图书馆在新阶段新征程上的价值定位和使命担当。

在上述六个前沿课题的理论研究和实践探索中，我们除了加强战略规划和管理，还要想方设法调动校内外多方积极性，深入分析少数意见的概念前瞻性，充分发挥先进图书馆的行动创造性，尝试并回答如下三个时代命题。

2.1 时代命题一：大学图书馆是学校人才培养体系的组成部分

立德树人是教育的根本任务，人才培养是大学共同的首要使命，当然有的学校还有科学研究、社会服务、文化传承创新、国际交流合作等其他使命。从党和国家事业发展全局的高度看，为党育人、为国育才的根本要求表明，人才培养是一项系统工程，由具有共同目标的不同系统组合而成，也是一个有机整体，由具有共同职责的不同方面组合而成。也就是说，新时代人才培养已是一个体系。在这个体系中，思想道德教育、文化知识教育、社会实践教育各环节相融合，学科体系、教学体系、教材体系、管理体系建设各方面相衔接。

对照当前人才培养体系的组成部分，为实现人才培养的共同目标和职责，大学图书馆在哪个环节、哪个方面和多大能效上承担了不可或缺的任务呢？

教育部 2015 年发布的《普通高等学校图书馆规程》[8]（以下简称《规程》）指出：“高等学校图书馆是学校的文献信息资源中心，是为人才培养和科学研究服务的学术性机构，是学校信息化建设的重要组成部分，是校园文化和社会文化建设的重要基地。”这是有关图书馆的功能、性质和地位的描述。相比较 1981 年修订的《中华人民共和国高等学校图书馆工作条例》[9]，“文献信息资源中心”的功能定位和“学术性机构”的性质定位基本一致，“信息化建设的重要组成部分”与原来的“图书馆工作是教学和科学研究工作的重要组成部分”相比，其地位发生了变化，难以评判哪种“组成部分”的地位更高，但两者离“人才培养的组成部分”都还有差距。如果把《规程》的内容视作规定，显然有许多高校没有做到，其图书馆也还不是这样；如果把《规程》的内容视作努力目标，又会发现不少先进图书馆已经实现了。

因此，先进的大学图书馆要进一步融入学校人才培养的共同目标和职责，创造独特价值，承担人才培养不可或缺的任务，努力成为人才培养体系的组成部分，直至重要组成部分。在这个努力方向上，以下两点就显得尤为重要：

一是图书馆工作主动融入人才培养的思想道德教育、文化知识教育、社会实践教育等环节，如进一步加强意识形态阵地建设、信息素质等文化教育、学生志愿服务队伍建设等，同时，挖掘馆员的“老师”和“教育者”角色的潜能，以“带班馆员”角色长期指导学生的课外学习活动，以“指导老师”角色持续带领学生开展专题性学习活动，而不仅仅是为学生的自主学习提供支持性服务。

二是图书馆体系建设全校一盘棋，无论是实体馆的“总馆—分馆”体系，还是在线图书馆的统一架构，都具有其独特价值和比较优势，要全力支撑人才培养的学科体系、教学体系、教材体系、管理体系建设，如进一步加强学术情报服务、教学参考服务、教材知识服务、管理决策服务等，同时，挖掘和建设数据资源，提供增值服务。

2.2 时代命题二：大学图书馆是国家文化繁荣的重要标志

习近平给国家图书馆老专家的回信[10]指出：“图书馆是国家文化发展水平的重要标志，是滋养民族心灵、培育文化自信的重要场所。”这是对图书馆的肯定，更是对图书馆的希望。大学图书馆同样在国家文化发展中发挥着重要作用，同样要为国家文化繁荣做出更大贡献。

近些年来，大学图书馆响应党的十九大号召，努力“推动中华优秀传统文化创造性转化、创新性发展，继承革命文化，发展社会主义先进文化，”坚持以文献为载体的文化传承创新，在持续加强承载着社会主义先进文化的书刊文献资源建设和服务的同时，通过馆藏文献挖掘、专题采集等方式开拓性地建设革命文献资源，尤其是红色文献资源，切实继承红色文化，通过古文献整理出版、经典阅读服务等方式创造性转化和创新性发展中华优秀传统文化，教育部高校图工委还组织了全国性的经验交流会和工作研讨会。

在中国式现代化建设的伟大进程中，党坚持以社会主义核心价值观引领文化建设，注重用社会主义先进文化、革命文化、中华优秀传统文化培根铸魂，坚持把马克思主义基本原理同中国具体实际相结合、同中华优秀传统文化相结合。《中共中央关于党的百年奋斗重大成就和历史经验的决议》[11]指出："文化自信是更基础、更广泛、更深厚的自信，是一个国家、一个民族发展中最基本、最深沉、最持久的力量，没有高度文化自信、没有文化繁荣兴盛就没有中华民族伟大复兴。"

对照文化自信和文化繁荣的历史性与标志性意义，大学图书馆在以文献为载体的文化传承创新基础上，如何以习近平新时代中国特色社会主义思想为指引，为弘扬社会主义核心价值观做出更大贡献呢？以下两点必须取得更大成效。

一是传承和弘扬中华优秀传统文化。中华优秀传统文化是中华民族的突出优势，是我们在世界文化激荡中站稳脚跟的根基,我们必须结合新的时代条件传承和弘扬好，组织更大力量开展形式多样、内容专精的中华优秀传统文化普及共享和宣传教育工作。

二是继承和发展革命文化。革命文化是党和国家的宝贵精神财富，是激励人民奋勇前进的精神力量,我们必须结合新的时代条件继承和发展好，组织专门力量开展丰富多彩、生动活泼的革命文化学习引导和协同创新工作。

2.3 时代命题三：大学图书馆是信息化生态的引领者

信息化驱动现代化，没有信息化就没有现代化。在中华民族伟大复兴战略全局和世界百年未有之大变局的历史交汇点，信息化为中华民族带来了千载难逢的机遇。当前，世界各国的竞争聚焦在以信息技术生态优势、数字化转型势能、数据治理能力为核心的国家创新力和竞争力的角逐。我国信息化已进入加快数字化发展、建设数字中国的新阶段，数字基础设施体系、数字技术创新体系、数字经济发展质量效益、数字社会建设、数字政府建设、数字民生保障能力、数字化发展环境等方面将助推中国式现代化迅猛发展。

长期以来，大学图书馆在多类型文献的采集、揭示、组织、利用，以及信息和文化的传播、服务、管理等业务环节，积极应用新技术。信息识别技术、信息通信技术、信息处理技术、信息使用技术都对提升工作效率和用户体验等方面提供了极大帮助，对满足师生学习、教学、科研中的信息需要提供了极大便利，汇聚众多应用的复杂集成系统和数字图书馆更是成了信息化的重要应用场景，成了信息化生态系统的重要生态位。随着云计算、大数据、区块链、物联网、人工智能、虚拟现实和增强现实等数字技术和产业的发展，由信息技术、信息资源和信息服务组成的信息化生态基本结构，将带来人与信息、人与机器、人与人之间关系的巨大变革。

对照数字化进程的加快和信息化生态的扩大等情况，大学图书馆在进一步促进信息公平的同时，如何引导带领相关各方力量，为用户全面发展提供良好的信息环境和信息素质保障呢？以下两点要积极探索。

一是加强数字技术创新应用和数据资源增值服务。大学图书馆作为数字技术的应用场景，不单是某种技术在图书馆得到应用，更是师生所需的某项服务能由技术帮助实现。加强数字技术的创新应用，就要细分服务场景，优化信息流和工作流，就要与用户协同，在已有数字资源基础上挖掘形成数据资源、数据资产和数据要素，实现增值服务。

二是推进信息文化和信息文明建设。在信息爆炸或信息污染的环境中，人们对信息的需要不在量而在质。现在人们每天花费大量时间用来获取、处理和使用信息，无论是主动的还是被动的，其思想观念、思维方式和行为习惯都深受积极或消极的影响。如果从文化视角看，这种扎根于传统文化、在现代化进程中孕育、在信息化进程中成长起来的新型文化，可谓信息文化，它是信息资源深度揭示和融合组织形成的产品文化，也是调节“人-机-信”关系的信息服务文化。无疑，大学图书馆将作为信息文化的发祥地和集大成者，在信息文化发展和信息文明建设中大有作为。

上述这些时代命题与前述的前沿课题密切关联，对未来大学图书馆现代化发展格局的构建具有重要的战略意义（见图 1），期待着大家共同努力，尽早确立。

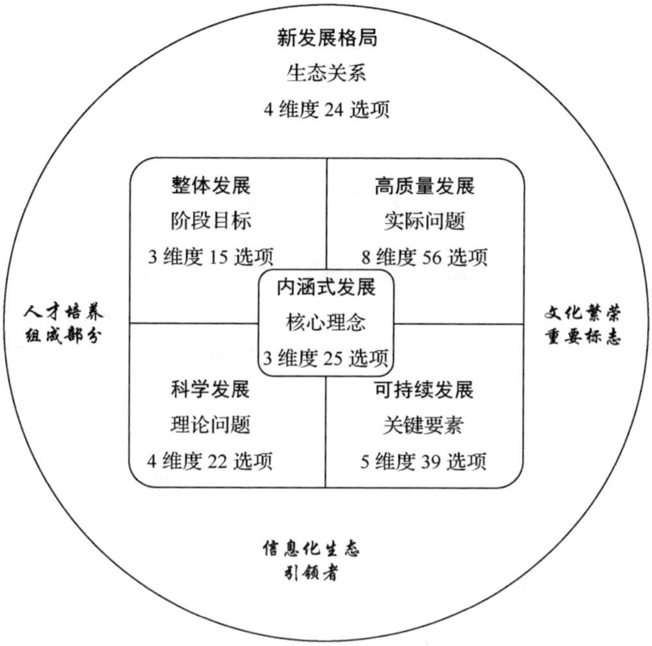

图 1 大学图书馆现代化新发展格局

3 结语

高校图工委和北京大学图书馆联合发布的《指南针报告》融合了业界与学界领域专家的集体智慧，提出了大学图书馆现代化新发展格局的基本框架，探究了未来 5 年大学图书馆现代化的六个前沿课题，研判了大学图书馆现代化的主要趋势对于大学图书馆制定发展规划、明确主要目标与任务、探索创新实践、优化业务评估等具有重要的指导和参考价值。各馆在应用过程中，可以结合本馆实际和目标定位进行筛选和取舍，从而制定更加符合馆情、切实可行的现代化发展规划和建设方案，共同探索新的时代命题。

未来，高校图工委还将以《指南针报告》的研制为契机，汇聚更广泛的专家力量，持续开展大学图书馆现代化的趋势研究，根据发展需求选择特定课题深化专题性趋势研究。同时充分利用现代化信息技术手段，以大学图书馆现代化新发展格局的框架为基础，围绕前沿课题及时追踪大学图书馆发展动态，及时把握需求变化并发现问题，加强对大学图书馆现代化建设的指导和评估。高校图工委将与全国的大学图书馆一起协力共进，开拓创新，围绕前沿课题，面向时代命题，不断探索具有中国特色的现代化建设方案，构建大学图书馆现代化新发展格局，在数字化转型中勇担使命，在现代化强国建设中开创未来，共创理论建设新境界、实践发展新高度、价值理性新贡献。

参 考 文 献

[1] 北京大学．庆祝教育部高校图工委成立 40 周年学术研讨会在北大举行[EB/OL]．[2021-12-31]．https://news.pku.edu.cn/xwzh/d4657495f0644868a459bf1e25ad885e.htm.

[2] 陈建龙，邵燕，张慧丽等．大学图书馆现代化指南针报告[J]．大学图书馆学报，2022，40（1）：22-33．

[3] IFLA.IFLA trend report [R/OL]. [2021-09-12]. https://trends.ifla.org/.

[4] Lynn S C, Lxchel M F, Britany B, et al. New model library: pandemic effects and library directions [EB/OL]. [2021-11-12]. https://www.oclc.org/research/publications/2021/oclcresearch-new-model-library.html.

[5] Adams B S, Cummins M, Davis A, et al. NMC horizon report:2017 library edition [R/OL].[2021-10-12]. https://www.learntechlib.org/p/177969/.

[6] ACRL. White papers and reports [R/OL]. [2021-10-18]. https://www.ala.org/acrl/issues/white papers.

[7] 陈建龙．大学图书馆现代化转型发展刍议[J]．大学图书馆学报，2020，38（1）：5-12.

[8] 教育部．普通高等学校图书馆规程[J]．大学图书馆学报，2016，34（2）：5-8.

[9] 教育部．中华人民共和国高等学校图书馆工作条例[J]．图书馆学通讯，1981（4）：13-16.

[10] 习近平给国家图书馆老专家回信[EB/OL]．[2022-01-05]．http://www.gov.cn/xinwen/2019-09/09/content_5428592.htm.

[11] 中共中央关于党的百年奋斗重大成就和历史经验的决议[EB/OL]．[2022-01-05]．http://www.gov.cn/zhengce/2021-11/16/content_5651269.htm.

中国式现代化新征程上高校图书馆事业的高质量发展*

陈建龙

党的二十大报告以“高举中国特色社会主义伟大旗帜，为全面建设社会主义现代化国家而团结奋斗”为总标题[1]，思想深邃，立意高远，内容渊博，鼓舞人心。经初步学习，感受到党的二十大报告进一步指明了党和国家事业的前进方向，是我们党团结带领全国各族人民在新时代新征程坚持和发展中国特色社会主义的政治宣言和行动纲领；领会到贯彻党的二十大精神就要牢牢把握过去 5 年工作和新时代 10 年伟大变革的重大意义，牢牢把握习近平新时代中国特色社会主义思想的世界观和方法论，牢牢把握以中国式现代化推进中华民族伟大复兴的使命任务，牢牢把握以伟大自我革命引领伟大社会革命的重要要求，牢牢把握团结奋斗的时代要求。现依据“以中国式现代化推进中华民族伟大复兴”“高质量发展”等时代号召，结合高校图书馆的初心使命，就中国式现代化新征程上高校图书馆事业的高质量发展，谈点粗浅的学习体会。

习近平总书记在庆祝中国共产党成立 100 周年大会上的讲话中指出：“我们坚持和发展中国特色社会主义，推动物质文明、政治文明、精神文明、社会文明、生态文明协调发展，创造了中国式现代化新道路，创造了人类文明新形态[2]。”党

* 陈建龙．中国式现代化新征程上高校图书馆事业的高质量发展[J]．大学图书馆学报，2022（6）：5-7．

的二十大报告阐述了中国式现代化的中国特色和本质要求。中国式现代化既有各国现代化的共同特征，更有基于自己国情的中国特色，其中国特色有：中国式现代化是人口规模巨大的现代化，是全体人民共同富裕的现代化，是物质文明和精神文明相协调的现代化，是人与自然和谐共生的现代化，是走和平发展道路的现代化；中国式现代化的本质要求是：坚持中国共产党领导，坚持中国特色社会主义，实现高质量发展，发展全过程人民民主，丰富人民精神世界，实现全体人民共同富裕，促进人与自然和谐共生，推动构建人类命运共同体，创造人类文明新形态[1]。以中国式现代化推进中华民族伟大复兴已成为新时代新征程党的中心任务，高质量发展是全面建设社会主义现代化国家的首要任务。高校图书馆事业要紧紧围绕党的中心任务，扎实推进高质量发展。

习近平总书记在给国家图书馆老专家的回信中指出："图书馆是国家文化发展水平的重要标志，是滋养民族心灵、培育文化自信的重要场所[3]。"在今年 4 月 25 日考察中国人民大学时强调，"加快构建中国特色哲学社会科学，归根结底是建构中国自主的知识体系[4]。"并在中国人民大学图书馆考察点指出"人民大学馆藏红色文献，鉴证了我们党创办正规高等教育的艰辛历程，是十分宝贵的红色记忆，要精心保护好，逐步推进数字化，让更多的人受到教育、得到启迪。""要运用现代科技手段加强古籍典藏的保护修复和综合利用""要加强学术资源库建设"。

我们认为，图书馆高质量发展指的是融入现代化强国建设的整体内涵式变革和切合用户美好生活需要的高阶信息化转型。图书馆事业是现代化强国建设中教育、科技、人才、文化、体育、健康、网络等众多事业的组成部分，因而也是中国式现代化的重要组成部分。高校图书馆要在中国式现代化新征程上为"加快建设中国特色、世界一流的大学和优势学科"服务中创造独特价值、提供有力支撑，进而为教育、科技、人才作为"全面建设社会主义现代化国家的基础性、战略性支撑"作出应有贡献、提供有力保障，并使自身成为现代化发展的生力军、信息化进程的主力军、数字化转型的先行军。图书馆事业在传播社会主义核心价值观、满足人民日益增长的美好生活需要、推进文化自信自强等方面大有作为，也是中国式现代化的社会主义文化重镇。高校图书馆要在中国式现代化新征程上为"推进教育数字化"服务中扎根中国大地、超越自身格局，进而为"建设全民终身学习的学习型社会、学习型大国"服务中共建精神家园、共享人类文明，并使自身成为高质量教育体系建设的文献中心、育人平台、文化殿堂。

针对高校图书馆高质量发展的整体内涵式变革和高阶信息化转型，我们要以昂扬奋进的精神状态、担当实干的工作作风，准确把握习近平新时代中国特色社会主义思想的世界观和方法论，切实坚持和运用人民至上、自信自立、守正创新、问题导向、系统观念、胸怀天下等立场观点方法，在以下几个方面持续发力，久久为功，续写高校图书馆高质量发展新篇章。

一是高校图书馆高质量发展要坚持“两类抓手”，持续促进人与信息、人与机器、人与人、人与文化等关系。

“两类抓手”包括“人”和“文”。“人”有馆员和用户，“文”指文献和文化。以服务为基本特征的高校图书馆，其关键要素有馆员、资源、用户、服务和文化等。这些关键要素可以进一步概括为人和文两类，在高校图书馆的现代化发展中居于基础性和战略性地位。

我们要着力于馆员全面发展、用户全面受益、文献全面升级、文化全面繁荣，确保服务水平不断提高，建立人信共济、人机交融、人际相助、人文互美的和谐关系。

二是高校图书馆高质量发展要夯实“四柱根基”，自觉增强主动识变应变求变等创新意识和能力。

“四柱根基”包括专业馆员、信息资源、大学校园和历史因缘。信念坚定、结构合理、业务精湛、素质优良的馆员队伍是大学图书馆可持续发展的首要根基，多源融合、充分便捷、特色鲜明、开放共享的信息资源及其承载的文化知识是大学图书馆可持续发展的能量源泉，以用户为导向确保用户满意和以服务为天职坚持服务创新是大学图书馆可持续发展新征程上的不懈追求，积极向上的团队精神、传承创新的组织文化、高效协同的管理体系和科学规范的制度文化等图书馆文化建设是大学图书馆可持续发展的基础保障。

我们要夯实根基，引培专业馆员，富集信息资源，根植大学校园，承续历史因缘，精准识变，科学应变，主动求变，创新驱动，不断改进资源产品、精进服务体验、增进用户信任，确保图书馆的内涵不断丰富，创新意识和能力不断增强。

三是高校图书馆高质量发展要完善“六方基本面”，全面提升质量效益和整体实力。

“六方基本面”包括业务体系、价值体系、理论体系、文化体系、管理体系和生态体系。业务体系主要构建于专业馆员和信息资源两柱根基之上，价值体系主要构建于专业馆员和大学校园两柱根基之上，理论体系主要构建于大学校园和历史因缘两柱根基之上，文化体系主要构建于历史因缘和信息资源两柱根基之上，管理体系和生态体系主要构建于上述四柱根基之上。这六大体系构成了高校图书馆的治理体系。

我们要完善体系，开放融合，优化馆员规模和结构，提升服务效益和实力，确保图书馆整体发展，在世界一流大学和优势学科建设中勇毅前行，协同创新。

四是高校图书馆高质量发展要构建“交融式数字图书馆”，深度应用新一代信息技术和揭示自主知识体系。

“交融式数字图书馆” 是新型的数字图书馆，其基本功能是线上实现人（用户和馆员等）、机器（计算机和智能终端等）、信息（数据和知识等）三者充分交互，深度融合，一体化发展。到 2035 年，我国发展的总体目标之一是“建成现代化经济体系，形成新发展格局，基本实现新型工业化、信息化、城镇化、农业现代化[1]。”信息化发展有其自身的阶段特征。交融式数字图书馆可谓是图书馆信息化建设中的数字化、网络化、智能化发展到一定阶段的产物，是更加便捷、灵活、智慧的随身图书馆，将为数字学术活动提供广阔的舞台和优质的服务。

我们要加快实现数字化转型，全面推进包括人机关系在内的多方面关系交互融合、和谐共生，确保大数据、人工智能等新一代信息技术在高校图书馆这一场景中真正发挥不可替代的作用，学术资源库、汉语知识库等数据资源服务成为中国自主知识体系建构的基础性和战略性支撑。

五是高校图书馆高质量发展要团结奋斗，切实树立先进理念、明确阶段目标、落实重点任务、突破老大难问题和时代命题。

各级、各类、各个高校图书馆尽管具体情况各异，但也有“两类抓手”“四柱根基”“六方基本面”等共同内涵和现代化、信息化、数字化转型等共同机遇。高校图书馆相关的行业组织在凝聚心力、鼓舞斗志、指导工作、组织交流、研究对策等方面大有可为。各个高校图书馆在积极融入所在学校和行业组织的过程中，全面贯彻新发展理念的同时切实树立自身发展理念，深度结合学校发展战略的同时明确自身阶段目标，勇于担当学校发展使命的同时落实自身重点任务，始终坚持内涵式发展的同时突破自身发展格局。

我们要在中国式现代化新征程上踔厉奋发，在内涵式发展中整体推进，在信息化进程中高阶立足，确保队伍建设中的领导力和执行力、服务创新中的协同度和贡献率、经费保障中的充足性和持续性、资源建设中的特色化和数字化、技术应用中的开放性和安全性、治理体系建设中的体制和机制、空间设计的共享性和交互性等老大难问题明显改观，图书馆工作成为学校人才培养体系的组成部分、国家文化繁荣的重要标志和信息化生态的引领者等时代命题的共识度明显提升，开创高校图书馆的高质量发展站高台、接地气、顶天际的良好局面。

参 考 文 献

[1] 习近平. 高举中国特色社会主义伟大旗帜 为全面建设社会主义现代化国家而团结奋斗——在中国共产党第二十次全国代表大会上的报告（2022 年 10 月 16 日）[M]. 北京：人民出版社，2022.

[2] 习近平. 在庆祝中国共产党成立 100 周年大会上的讲话（2021 年 7 月 1 日）[M]. 北京：人民出版社，2021.

[3] 新华社. 习近平在给国家图书馆老专家的回信强调 坚持正确政治方向 弘扬优秀传统文化[EB/OL].（2019-09-09）[2022-10-30]. http:// www.gov.cn/xinwen/2019-09/09/content_5428592.htm.

[4] 新华社. 习近平在中国人民大学考察时强调 坚持党的领导传承红色基因扎根中国大地 走出一条建设中国特色世界一流大学新路 王沪宁陪同考察[EB/OL]. https://www.gov.cn/xinwen/2022-04/25/content_5687105.htm.

全面建设世界一流的综合性创新型智能化标杆位大学图书馆*

——《北京大学图书馆 2019—2022 年行动纲领》实效综述

陈建龙　刘素清　刘宇初

2018 年，北京大学图书馆建馆 120 周年之际，举办了“用户导向的信息服务国际学术研讨会”等纪念活动，研究制定了面向 2035 年愿景的《北京大学图书馆 2019—2022 年行动纲领》（以下简称《行动纲领》）。

在《行动纲领》引领下，北京大学图书馆积极融入学校立德树人和“双一流”建设伟大征程，深刻理解师生教学模式、学习方式和科研范式的动态演变，牢固树立“用户导向、服务至上”基本理念和“价值引领、馆员为先”等重要理念，始终坚持“斯文在兹、道隐无名”基本方针和“固本应变、服务转型、综合改革、立杆引领”等重要方针，持续完善全校文献保障和信息服务体系，扎实推进图书馆治理体系和治理能力现代化，创新驱动图书馆事业现代化转型发展，百廿辉煌中接续奋斗，世纪疫情中砥砺前行,开创了发展根基更坚实、新型服务更有效、综合改革更深入、引领作用更突出的崭新局面，基本建成了世界一流的综合性、创新型、智能化、标杆位大学图书馆。

* 陈建龙，刘素清，刘宇初．全面建设世界一流的综合性创新型智能化标杆位大学图书馆——《北京大学图书馆 2019—2022 年行动纲领》实效综述[J]．中国图书馆学报，2023，49（267）：14-25．

1 固本培元，综合发展

全力推进文献资源协同保障、馆员队伍全面发展、服务设施智能化升级、用户关系多维拓展等基础性工作，为服务学校使命和文化传承奠定坚实根基。

1.1 不断夯实文献资源基础，大幅提升资源保障能力

全面深化文理工医学科文献资源采访，着力推进古籍与特色资源深度采访与整理出版，加强数字资源长期保存与长效利用,基本建成内容全面、揭示充分、特鲜明、效益显著的文献资源保障体系。

立足“双一流”学科建设，高质量完成文献资源采集与揭示任务。分学部设立学科采访馆员岗位，全面覆盖理学部、信息与工程科学部、人文学部、社会科学学部、经济管理学部、医学部和跨学科类，精细化保障各学部的学科文献资源需求。不断优化纸电资源结构，在加大对日益受到用户青睐的电子资源经费投入的同时，北京大学图书馆充分认识到纸本书籍承载的文化意义和历史价值，继续保持传统纸本资源的领先优势，以支撑学校卓越的人文社会科学研究，并担负起保存人类文化典籍的使命。纸本资源持续增长，2018—2022 年间，北京大学图书馆总馆采购中外文纸本图书共计 368 600 种、611 175 册，平均年入藏量 12.2 万册，且呈逐年增长趋势。中文图书人文社科类占比为 84.1%，外文图书人文社科类占比为 87.6%。根据用户需求及时调整报刊资源，中外文报刊订购量逐年删减，五年间减少了约 30%，目前，中文报刊订购量为 1 914 种，外文报刊订购量为 793 种，保持一定量的纸本期刊订购，既保障了本校重点学科报刊资源的连续性，也为构建国家人文社科外文期刊保障体系做出重要贡献。目前，北京大学图书馆馆藏纸本文献达 900 多万册，藏书的数量和质量与世界一流大学图书馆相当。

电子资源建设注重内涵式可持续高质量发展，加强电子资源采购的规范化，按照可知、可信、可用、可靠和可测原则采选和评估电子资源。截至 2022 年底，图书馆订购 469 个数据库平台的电子资源，其中原始档案数据库最多，共 185 个；其次是电子期刊，共 106 个数据库，收录期刊 111 855 种；再次是电子图书，共 104 个数据库，收录图书 4 839 067 余种，这些电子资源涵盖了世界主要学术出版商的出版物，在规模上与世界一流大学图书馆比肩。

除了做好学校“双一流”学科的电子资源建设外，从 2019 年起，北京大学图

书馆还加大了对学校“双一流”重点建设的、文献依赖型的跨学科、跨院系平台的文献资源建设的支持力度。以“区域与国别研究”为例，北京大学现有的区域与国别研究领域几乎覆盖世界上所有重要的国家和地区，拥有政治、历史、经济、语言、宗教等不同学科的、较大规模的研究团队。图书馆服务学校综合交叉学科建设和区域与国别研究，提高跨学科研究的文献保障能力，加强文献资源建设的系统性和前瞻性，全面引进英美著名学术出版商 Adam Matthew Digital、ProQuest、Taylor & Francis、Brill 等出版的与“区域与国别研究”相关的历史文献类系列数据库，建成了相对完备的西文历史档案文献资源体系。

此外，积极拓宽用户参与资源建设的渠道，不断推进院系建立资源建设小组，带动越来越多的师生参与学科文献采选、评估和论证，使文献资源建设更加契合学科发展的需求。积极协同学术出版社，开创新书单采模式，出版社直连图书馆，实现新书快速上架。通过学科分类和文献分类的映射，使高校学科专业与图书馆馆藏资源关联起来，提高了学科文献资源保障和评估的统计精度[1]。图书馆可以从高校学科视角出发，掌握馆藏资源对高校学科建设的总体保障情况、学科资源利用情况、影响力情况，从而逐步建立起可知、可用、可信、可靠和可测的文献资源建设体系和科学合理的评估体系，稳步提升文献资源的支撑度和保障率。

全面推进古籍资源的整理、揭示、修复与传承利用等工作，促进中华优秀传统文化创造性转化、创新性发展。启动并持续推进全校古文献收藏情况摸底清查工作，全力推进分馆古文献编校工作，完成儒藏分馆全部线装书审校。启动未编古籍、民国旧藏书刊的清点与编目工作，截至 2022 年底，已清理出部分明刻善本、珍贵特藏及名家专藏。古籍修复保护开启新征程，2019 年，创建古籍保护实验室，让现代科技助力古籍保护与利用;同时，逐步恢复古籍传统手工修复业务，加强古籍修复人才队伍建设，提升古籍修复能力。优化拓片采购收藏、著录发布等工作，联合北京大学中国古代史研究中心对金代珍本拓片进行整理。整理出版《北京大学图书馆藏“大仓文库”粹编》，包括 131 种、1 338 册，此外还编纂了《北京大学图书馆藏舆图汇刊》《北京大学图书馆藏未刊善本古文献丛书》等成果。

特色资源收集、挖掘、整理与研究可圈可点。图书馆不断拓展渠道、多方访求，广纳特色资源。先后接受美国历史学会前会长、哥伦比亚大学美国史研究资深教授方纳、著名历史地理学家侯仁之、著名历史学家邓广铭等多位名家藏书。邓广铭所收藏的 353 种、6 458 册线装书版本类别涵盖明、清至民国的刻本、抄本、活字本和石印本等多种形式，内容主要是宋代史籍和宋人文集，其中善本 55 种、507 册，保存完好，具有重要的文物价值和极高的文献价值。接受司徒雷登手稿文献 248 件（套），包括从 1928 年至 2009 年间司徒雷登在华期间和返回美国后的部分日记、手稿、信件，以及司徒雷登故去后，其家族同傅泾波先生家族的往来通信。

深入开展革命文献发掘、整理与研究工作，弘扬革命文化，传承红色基因。创建大钊阅览室，入藏万余册革命文献，以纪念李大钊同志在马克思主义传播、中国共产党创建、中国图书馆事业和北京大学图书馆的现代化转型等方面的丰功伟绩。对积压多年的未编旧藏清点整理，发现马克思的《工钱劳动与资本》等珍贵革命文献 100 余册。梳理“北京大学图书馆西文登录簿”（1919—1920 年）中的德文目录。整理 1915—1921 年间北京大学师生在各类报刊上发表的文章。完成包括《革命文献图录》在内的“北京大学图书馆特藏文献丛刊”第一批收录的特藏文献的整理与出版工作。

馆藏文献数字化和数字资源长期保存能力稳步提升。持续开展国家数字科技文献资源长期保存体系（National Digital Preservation Program，NDPP）北京大学节点工作，重点保存基础科学、跨学科领域和高科技领域的数字资源，也开展社会科学相关资源的长期保存。2021 年完成 Emerald 公司电子期刊长期保存远程审计工作。2022 年，全力推进 Elsevier 数字资源长期保存现场安全审查工作。同时，由图书馆信息化管理委员会统筹长期保存信息安全工作，建设了专用机房，配套双认证访问控制策略，实现了长期保存数据的物理隔离；建设了专用私有网络，配套严格的单向访问控制策略及防火墙策略，实现网络隔离；配套实施了数据访问授权、人员准入退出、信息披露、安全保密等一系列管理规定，形成了不断完善的北京大学图书馆数字资源长期保存工作安全管理体系。北京大学图书馆数字资源长期保存工作，为高校图书馆开展数字资源长期保存提供了借鉴，为国家科技文献战略安全做出了有益贡献。

1.2 全力建设基于创新力标准的专业馆员队伍，促进馆员全面发展

多渠道招聘、严标准筛选，馆员队伍规模持续扩大，结构不断优化，专业馆员培训体系逐步建立。截至 2022 年底，图书馆事业编制馆员中博硕士人员占比为 81%，副高级及以上职称人员占比为 51.35%，在“价值引领、馆员为先”理念指导下，图书馆通过“队伍建设年”“馆风建设年”“能力建设年”等活动，不断提

升馆员的职业素养和服务育人能力。通过制定《北京大学图书馆专业馆员系统培训方案》，提升馆员专业能力。对新入职馆员，首先开展为期两年的系统培训，设置通识课程、专业课程、综合课程三大模块12门课程，内容涉及馆藏布局、分类编目、数据分析、读者服务等多项业务技能，以及公文写作、职业规划等多项通用技能，同时开展业务见习轮岗，逐步建立起系统完备的专业馆员培训体系。对老馆员，通过鼓励在职攻读研究生学位、选修专业课程、参加学术研讨会、参与科研项目、海外访学等多种途径，全面提升其专业素质与技能。 新老接续传承，专业馆员队伍不断壮大。

进一步完善馆员激励体系，增强馆员创新力，推进北京大学图书馆可持续、创新发展。面向全馆员工设立并定期评选“4A创新力优胜奖”，着力提升馆员在图书馆业务与管理工作中展现的整体创新能力，通过创新意识（Awareness）、创新能力（Ability）、创新行动（Action）和创新效用（Avail）四项指标维度综合评价馆员创新力，扎实推进以创新力为标准的“四有馆员”队伍建设，促进争先创优。创立并持续优化图书馆“五四”创新力报告会制度，从2021年9月至2022年底，举办近50场创新力报告会，馆长及全馆各中心业务骨干结合业务创新及实践经验进行汇报分享，营造创新氛围。组织第十三届、第十四届“五四”科学讨论会、第十五届“五四”科学报告会，弘扬“五四”精神。每年举办寒暑期战略研讨会，启动图书馆重大实验项目招标和研发工作，提升高端创新能力。举办两届创新案例评选活动，共有27个团队报名，选出卓越创新奖4项和精进创新奖6项，给予业务经费支持，激发持续创新活力。

通过全方位建设基于创新力标准的专业馆员队伍，有力促进馆员专业技能、奋斗精神、服务智慧、职业情怀的整体提升。①专业馆员深度融入教学科研一线，开展学科情报跟踪、专利信息咨询、研究数据管理、课题成果转化咨询等学科信息服务;利用专业知识持续完善机构知识库（学术论文、专著等）、数字出版平台（学术期刊）、研究数据管理（研究数据/科学数据）、学者主页等学术信息资产体系和功能，使其成为学校学术交流生态系统的重要组成部分，从而拓展图书馆的价值。②专业馆员自主研发科研管理系统、文献资产管理系统，助力学校科研管理和文献资产管理数字化转型。③专业馆员通过信息检索课、常规讲座、专场讲座、信息素质游戏、带班图书馆员等多种形式，助力学校人才培养和学生信息素质培育。针对学生深度阅读和跨学科阅读的需求，推出阅读马拉松、北大读书讲座等品牌活动，协同“耕读社”“我们文学社”“北大剧社”等相关社团，推出以学生为主导的读书活动，提高学生人文素养和家国情怀，助力他们学以成人。④专业馆员主动服务并参与国家战略发展相关重点项目，承担国家数字资源长期保存任务、承接雄安新区大学园图书馆建设咨询重任、负责起草全国高校系统古籍保护规划、牵头制定相关专业标准等全国性工作。⑤专业馆员积极参加国内外学术交流活动，在分类编目、主题标引、信息检索、古籍特藏整理、大数据和人工智能应用、数字人文研究等方面积极引领开拓，与兄弟院校同仁共同推进我国高校图书馆迈向世界一流。

1.3 全局推进服务设施改造，不断提升用户体验和环境育人能力

数字时代，图书馆作为共享与联通的场所、空间和平台，其功能和价值越来越符合用户期望。图书馆通过空间改造、布局重构、设施更新和功能调整，大大提升了用户体验效果。

2018 年，北京大学古籍图书馆暨阿卜杜勒·阿齐兹国王公共图书馆北京大学分馆落成启用，百万余册古籍迁至恒温恒湿“新家”。2020 年 12 月，图书馆东区修缮后正式重启，面貌焕然一新，空间布局和功能进一步优化。设立书刊文献采编加工业务开放式工作场景和步入式新书展阅厅，这种“前店后厂”的融合模式拉近了用户与馆员的距离；设立大钊阅览室、名家阅览室等特色阅览室，让图书馆的场所精神和人文底蕴濡化用户；筹划设立通识阅览室，将遴选的通识教育文献集中在一起，供学生研读，助力他们学以成人；设立科学报告厅、艺术鉴赏厅以及和声厅，提高用户的科学素养、艺术修养和感知力；通过展厅、走廊等开设主题展览服务;东西区一体化统筹，设立了不同规模、满足不同需求的研讨室、研修专座，研修专座采取预约制，可预约时间较长，便于用户在一定时间内潜心研究。研修专座这一小举措，彰显了方便用户的大情怀，深受用户欢迎。

基于用户查找文献特点，重新规划和调整东西区文献布局，按学科范畴汇集文献，东区以自然科学、社会科学、特藏文献为主，西区以人文学科文献为主，重点打造文史哲文献基地。在文献排架上，突破传统按语种、文献类型集中排架的做法，将同一学科不同类型、不同语种的文献集中排架，方便用户按学科或专业查找文献。

重点实施信息基础设施改造及其拓展工程，推进智能化转型升级。启动图书

馆机房智能化升级改造工程，建立图书馆楼内万兆带宽的主干网络，整体完成 IPv6 网络部署及主要对外服务站点 IPv6 的改造。稳步推进计算服务平台建设，搭建服务器虚拟机 310 台，支撑在线图书馆各个业务系统，并逐步向云计算平台过渡。搭建桌面虚拟机近 100 台，为用户提供具有一定算力的高性能终端或虚拟化终端。多级数据存储体系初步建成，用以解决服务器和桌面虚拟化高性能存储等应用系统的不同需求，确保数据的安全性和可用性。

1.4 建立新型用户关系，实现用户全面受益

增设用户关系办公室，全面负责构建和维护用户关系，激发用户价值。首先，简化证卡管理规定，开发用户信息系统，规范用户数据，优化用户管理流程，建立对用户需求的快速反应机制，全面提升用户体验。其次，通过社群化渠道，构建与用户的伙伴关系。建立常态化学生志愿服务活动运营体系，充分发挥图书馆文化育人、劳动育人职能。以“图书馆之友”社团为纽带，积极收集与响应用户反馈；以图书馆视觉设计工作室为平台，鼓励用户参与到图书馆的管理与服务中，让用户通过话题的参与、内容生产以及彼此的互动，构建与图书馆的强信任关系。

校友是学校最可贵的潜在资源，也是图书馆重要的用户，面向校友定制设计预约入馆流程与系统，提升校友服务体验，吸纳校友关心与参与图书馆的管理与服务。

成立融媒体宣传小组，制定《北京大学图书馆融媒体宣传工作管理办法》，并积极拓展与学校平台及校外机构的合作，逐步建立起能够覆盖更大范围用户、针对更多类型用户群体的融媒体宣传体系。全媒体出击、多平台互动，让图书馆的资源和服务直达用户，将用户的需求和建议直接反馈给图书馆，通过用户与图书馆的交互关系实现价值共创。

2 服务强馆，创新问道

图书馆深入识别、理解、对接用户有待解决的重大问题和立德树人需求，不断夯实基础服务，大力推进育人服务、协同服务、计算服务、数据服务，着力构建信息服务新格局，全方位服务学校“双一流”建设。

2.1 大力夯实基础服务

转变思维，革故鼎新。推出保存本图书开放外借、用户可借书册数增加到 60

册、图书逾期使用费豁免等一系列新举措，大大提升了文献利用率。服务台口整合、提效，考试季延长开馆时间，预约书柜、还书箱增加，为用户提供便利的自助还书服务。

文献典藏实现重大变革。以传统的三线典藏制为基础，实行藏书布局的动态管理。按馆藏文献的利用率高低、新旧程度，结合图书馆的服务方式与方法，将馆藏文献中利用率最高的文献和新书放置在开架阅览区，利用率较高的文献放置在闭架书库，利用率较低文献以及复本放置在远程存储馆，并根据文献利用率动态调整文献典藏。这种模式既能满足用户需求，也能缓解纸本文献快速增长与空间不足的矛盾。

将服务送到用户身边。数字化时代，用户获取信息的方式和途径泛在化，传统的阵地服务方式已经不能满足用户需求，图书馆需要将资源和服务延伸至用户身边。为此，图书馆于 2018 年创立送书上门服务。在疫情防控期间，图书馆通过“送书到楼”服务项目，有力保障了留校学生的阅读需求和教师的教学科研需求。全体馆员踊跃参加，在加强防护确保安全的前提下，从 2020 年 2 月 3 日至 8 月 6 日，累计送书 2 680 单、9 605 种、10 361 册，服务师生 726 人，满足率达到 100%。2021 年开通昌平新校区送书服务，进一步扩大送书上门服务范围。通过不断的优化与完善，送书上门服务受到全校师生的广泛赞誉。

推进以综合服务为特色的融入式用户服务。在东、西区各阅览空间等人员流动汇集区域设立综合服务台口，由专业馆员、新入职馆员、学生志愿者组成服务团队，多点提供咨询、借阅服务，形成分布式服务格局。人性化的服务台设计，便于同用户形成平等的交互模式。综合服务台有助于馆员收集用户需求，有助于用户了解图书馆的资源和服务，拉近了用户与图书馆的关系，是图书馆综合服务举措的一次转型。

从总分馆组织体系到服务体系，分布型信息服务格局不断优化。在《北京大学文献保障与信息服务体系管理办法》（校发〔2020〕32 号）指导下，总分馆一体建设，统筹发展，协同服务，总馆通过学科馆员、带班图书馆员将服务嵌入师生的教学科研活动中，通过信息技术，将信息资源“一键式”送达师生的桌面；分馆推行“一馆一策”特色发展和多元化运行机制，直接面向用户需求，提供精准服务。总分馆目标同向、资源互通、运作协同，共同支撑全校师生文献资源保障和信息服务需求。

2.2 全面推进育人服务

配合学校人才培养核心使命，面向全校师生建立多层次、全方位、全媒体的信息素质教育体系。2020 年创新推出全程化、陪伴式、融入式的信息素质教育项目“带班图书馆员”，通过为新生班级配备专属馆员，帮助学生持续提升信息素质与学术研究技能，构建全员育人、全程育人、全方位育人的服务格局。截至 2022 年 9 月，服务实现了对校本部 2022 级所有本科新生班级的全覆盖。创建信息素质教育微课堂，设计开发“北京大学图书馆信息素质答题对战系统”，丰富信息素质教育形式，推动信息素质教育的多元化在线发展。 此外，为帮助学生提升写作能力，携手学校写作指导中心等部门和院系，共同推进写作指导服务的纵深发展。积极探索古文献助力教学服务，为相关课程提供古文献教学的原本和场地。同时，相关课程的古籍研究成果和资料也反馈给图书馆，形成“教学—研究—利用”联动机制。

拓展科学艺术文化交流服务，以美育人，以文化人，提高学生审美和人文素养。协同院系开展艺术鉴赏服务，以“科学与艺术”为题深挖不同学科的美育内涵，于 2021 年策划图书馆大型美育活动——大美课堂，比如生物之美、数学之美、化学之美等，系列讲座通过多个主流平台直播，并通过图书馆多媒体服务平台发布，供更多用户观看。开展“不忘初心、长忆峥嵘”主题电影赏析等几十场活动；与教育部中华优秀传统文化（昆曲）传承基地合作策划开展“中华传统艺术之美”系列活动。推出科艺文交流在线服务专题，定期整理推送高水平、高质量的讲座视频。建设北京大学图书馆图片视频资料库，进一步优化多媒体服务。

深化展览展示服务，发挥图书馆的社会教育职能。“图书馆和教育有密切的关系，和社会教育更有关系”[2]。展览服务是图书馆宣传馆藏文献、传播文化知识、发挥社会教育职能的重要服务形式之一。展览分常设展和阶段性主题展。常设展包括“可爱的中国书——中国书史展”，展现书籍从产生到发展的历程，用户从中可感受中华书籍文化脉络，倾听时光深处历史跫音。此外，“书香迢递，斯文在兹——北京大学图书馆馆史展”“李大钊与中国共产党”等常设展也备受关注和好评。主题展览内容丰富，规模浩大，比如“北京大学图书馆藏珍稀文献展”，首次将馆藏古文献和特藏文献的 102 种珍稀文献成规模地对全校师生公开展示，其中宋元善本、稿抄校本等古文献多为海内孤本。拂去尘埃，展现光华，师生们“经眼”这些文献，可领略中华优秀传统文化的智慧与魅力。“初心薪火相传 使命永担在肩——北京大学庆祝中国共产党成立 100 周年”主题展览多角度地展现了百年来北京大学与中国共产党同心同向同行的光辉历程。“喜迎二十大 奋进新时代——北京大学改革发展十年成果图片展”展示了北京大学自新时代以来改革发展和立德树人的丰硕成果。另外，还举办了“承学脉而开风气 致广大而尽精微——百年前北京大学学术系列展”“书翰留余韵，纸间现风云——泰康人寿捐赠司徒雷登文献展”“美伴人生——杨辛书法艺术展”“《工人之路》珍贵党史文献资料展”等展览。

作为学校的人文地标，图书馆一直致力于文明传承和文化传播，全力打造校园文化殿堂。每年推出迎新季、毕业季、文化工作坊、迎新春等特色系列活动。毕业季服务包括毕业墙、毕业留影、图书漂流、借阅纪念卡、学子阅读推荐等活动，营造温馨氛围，使用户对图书馆毕业活动情景的美好感知融化在他们的血液里，构成他们关于北京大学图书馆共同的场所记忆。迎新季推出在线新生教育平台，通过图文介绍和地图指引为新生指点迷津，另外，通过新生游戏、迎新墙、迎新打卡等活动，让新生快速了解图书馆。以小班级的方式开展文化工作坊活动，每期组织一项中国传统文化相关体验活动，丰富学生文化生活。春节推出“书香年味，春意满圕”图书馆迎新春系列活动，通过线下与线上相结合的方式，为留校学生送上新春祝福和温馨年味，让图书馆成为他们的心灵家园和文化殿堂。

打造阅读活动品牌，推进阅读服务体系和书香校园建设。图书馆的阅读服务一直在完善和创新，从字字入目到声声入耳（有声阅读），从两季一日活动到常态化服务，从图书馆单枪匹马到与相关部门协同，在精彩纷呈的阅读活动中逐步形成了自己的阅读品牌和体系。引人注目的“未名读者之星”评选，已成为校园里年度经典活动；由导师领读、学生深度参与的“阅读马拉松”已成为阅读辅导品牌活动；图文并茂的《北京大学学生阅读报告》展现北京大学学生年度阅读兴趣、取向，展示图书馆对学生阅读的引导；通过微信小程序打卡和微信读书群组织线上读书；与学校融媒体中心合作进行阅读讲座直播，扩大了图书馆阅读活动的影响力。2022 年创新举办“书香迢递，斯文在兹——共读《中华文明史》”阅读文化节，开展文化讲座、展览、影展、工作坊等系列活动，将每年围绕“世界读书日”举办的系列活动升级为围绕一个主题中心、时间上贯穿全年的活动矩阵，引导全校师生学习了解中华上下五千年的文明和历史，增强文化自信心和民族自豪感。

2.3 全力深化协同服务

升级拓展教参平台，促进教学协同服务。完成全新数字教学参考资料系统的开发及上线，实现了“课程”“资源”“用户”三者的信息链接和互通。新教参系统可同步全校课程的开设及选课情况，并增强了版权保护力度，严格按照课程选课范围开放对应资源的访问权限，加强对用户获取资源渠道的控制和对 PDF 文档阅览的支持，扩展了教学参考资料内容及形式，全方位支撑教学需要。同时，通过对用户行为日志的分析、整合，加强了对资源效用的评估，为教参管理员、教务管理部门提供更多数据，让教师能够掌握学生阅读教参书的情况，较好地促进教学支持服务。

开展精准化学科情报和战略情报服务，提供多样化信息服务产品。图书馆不断探索学科情报定制化服务，推出开题文献推荐、相似文献推荐、研究态势分析、研究前沿分析等情报分析和订阅服务。研究发布北京大学考古学发展方向分析、基于国家自然科学基金资助论文的材料科学领域研究热点探析、全球作物病毒研究态势分析、北京大学 ESI 高被引论文分析等学科情报分析。融入科研管理流程，协同院系及职能部门推出定制化的数据评估与分析服务。为研究生院提供基于第四轮学科评估指标体系的北京大学各学科成果数据；根据学校学科国际评估项目要求，提供第三方评估报告，增加评估可信度。

大力拓展知识产权信息服务，形成立足学校、辐射社会的知识产权信息服务体系。成立“北京大学知识产权信息服务中心”并获批首批国家高校知识产权信息服务中心，协同北京大学科技开发部助力北京大学申报并成功获批国家知识产权示范高校。建立基于知识产权生命周期的融入式协同信息服务，从知识产权动态跟踪，到专利布局，再到成果转移转化，全流程提供信息服务。协同北京大学科技开发部建设北京大学知识产权信息服务平台、协助搭建北京大学专利管理平台，完成《北京大学专利竞争力分析报告》《北京大学专利信息季（年）报》等信息产品，开展多种形式知识产权信息素质教育，全面提升师生知识产权信息运用能力。

2.4 精心打造计算服务

搭建基于 FOLIO 的下一代图书馆服务平台，构建算力驱动的计算服务体系。基于 FOLIO 微服务架构研发了一系列信息服务应用，包括送书上门服务平台、闭架图书叫号系统、保存本室内阅览管理平台、昌平储存馆报刊和工具书在线预约平台、储存图书馆架位码管理系统、古籍阅览室用户预约系统等，彰显了计算服务优势，提升了业务管理和服务的信息化水平。

建设可随时随地交互使用的交融式数字图书馆。开发并上线掌上用户服务平台，优化资源检索路径，构建以用户画像为基础的推荐引擎，全力打造用户参与的服务生态系统。全面实现与北京大学数字校园卡的联动，拓展用户无卡借阅文献途径，师生通过北京大学 App、图书馆微信小程序、手机 NFC 等方式均可享受图书馆的借阅服务。持续推进交融式数字图书馆的门户网站建设工作。

不断完善以机构知识库为代表的北京大学学术资产体系，全力支撑开放型学术交流服务生态体系建设。上线科研管理综合信息系统成果管理子系统，助力学校实现科研管理一站式服务，截至 2022 年底，成果数据总数达 65 万多条。为物理学院定制开发成果数据管理与评估系统，助力学院“双一流”学科评估和研究数据多维度监测，打造图书馆深入院系科研管理服务典范。

2.5 创新拓展数据服务

深入推进馆藏资源数字化、专题数据库建设和数据资源增值服务。圆满完成大仓文库、《北大日刊》《北大周刊》等文献的扫描工作，继续推进柳风堂旧藏拓片数字化工作，启动孑民图书室藏书等革命文献扫描工作。积极开展数字加工业务瓶颈问题攻坚专项行动，制定《文献数字化要求与操作规范》等文件，解决数字加工业务的痛点及难点问题，开发数字加工管理系统，实现数字加工过程可知、可信、可靠以及数字化资源可用、可测的管理目标，大幅提升了文献加工的数量和质量。

完成数据仓库平台建设，实现纸本资源数据的全流程管理，持续推进图书馆各种数据的采集和规范化处理。深化数据支撑服务，推出《图书馆运行数据月报》和个性化数据服务，为管理决策、工作优化提供精准、可追溯的数据统计和分析服务。完成“北京大学期刊网全文服务平台”一期建设，建成包含北京大学主办期刊和《中文核心期刊要目总览》收录的近 2 000 种期刊在内的中文期刊数据服务平台，提供期刊和文章资源集成检索。

推进开放研究数据平台升级，截至 2022 年底，平台共有数据集 626 个、数据文件 8 483 个，注册用户 6.1 万人，年平均访问量超过 10 万人次，累计下载量达到 100 万余次。

3 人本改革，智能驱动

图书馆充分把握行业发展脉搏，创新改革理念，以人为本，在战略管理、规章制度、人力资源管理等方面进行了一系列综合性改革，取得突破性进展和实质性成效，大力提升了图书馆治理能力现代化。通过算力赋能、数据驱动提高管理和决策的科学性，构建大学图书馆数智化管理新格局。

3.1 研究制定《北京大学图书馆章程》，确立治理体系现代化基本制度

《北京大学图书馆章程》（以下简称《章程》）是图书馆依法办馆、履行公共职能的基本准则，也是制定内部管理制度及规范性文件、实施办馆和管理活动、开展社会合作的基本依据。《章程》按照上级和学校有关规定，载明了北京大学图书馆的历史特征、机构性质、发展定位、使命目标、体制机制、基本职能、人员组成、内设机构、业务体系和社会责任等内容，《章程》的制定是对图书馆长期以来实践经验的总结，标志着图书馆治理体系现代化基本制度的确立和治理能力现代化的新进展。

3.2 研制发布系列指导性文件，擘画发展蓝图

研究制定《北京大学图书馆2035年愿景与2019—2022年行动纲领》《北京大学图书馆“十四五”发展规划》（以下简称《“十四五”规划》）、《基于创新力标准的馆员队伍建设规划》《文献资源服务一体规划》《交融式数字图书馆服务体系规划》等专项规划，擘画发展蓝图，全面开启图书馆现代化新征程。《行动纲领》明确了“固本应变、服务转型、综合改革、立杆引领”的建设方针，确立建设世界一流综合性、创新型、智能化、标杆位大学图书馆总目标。《“十四五”规划》明确了“十四五”时期图书馆高质量转型发展的方向与路径。

3.3 完善规章制度，着力提升内部控制管理水平

2019年深入开展“制度建设年”活动，基于图书馆的最新发展，对现行规章制度进行梳理与修订，通过“立、改、废”程序，建立了图书馆基本制度、重要制度、业务细则三级规章制度体系，建成的规章制度数据库可在线实时修订，确保制度的灵活性和新颖性。同时加强内部控制，提升监督管理效能。

3.4 稳步深化综合改革，全面推进治理结构和治理能力现代化

圆满完成图书馆行政领导班子和党委换届，完成图书馆学术委员会、岗位聘任委员会聘任工作。持续优化机构设置和岗位体系，加强资源与服务的紧密衔接。机构调整着重整合项目管理机构和研发服务机构，加强改革与发展领导工作、馆员发展、用户关系、安全保卫、受赠与合作等方面工作，首次实现事业编制和合同制馆员同步聘任。平稳完成项目聘任人员转劳务派遣的相关工作，促进规范管理。新设受赠与合作办公室，统筹协调全馆对外合作和受赠项目。除文献捐赠外，接受 1987 级校友回馈母校个人捐资，接受燕京大学北京校友会专项捐赠。

以“结构合理、增量适度、晋升有序、公正透明”为原则，制定并实施《事业编制馆员岗位级别晋升办法（试行）》，确立不同岗位级别晋升的途径与条件，以及不同类别人员岗位级别晋升的程序与办法，进一步激发馆员队伍的发展动力和活力。开展“队伍建设年”“馆风建设年”“能力建设年”主题活动，举办“身边榜样”“馆员探馆”“4A 创新力优胜奖”评选活动，全方位多途径推进馆员全面发展，逐步建立一支具有较强文献信息感知能力、学科前沿捕捉能力和信息化工具应用能力的高素质能动型引领式馆员队伍。

正式上线图书馆综合管理平台，加强信息化建设，优化流程，提升效率，推动决策向智能驱动转变、管理向数据驱动转变。进一步加强行政办公、财务资产、人力资源等科学化管理，稳步深化综合改革。

4 价值引领，标杆续航

积极履行教育部高等学校图书情报工作指导委员会（以下简称“高校图工委”）、中国图书馆学会高等学校图书馆分会（以下简称“中图学会高校分会”）主任委员和秘书处职责、中国高等教育文献保障系统（CALIS）和中国高校人文社会科学文献中心（CASHL）两大全国性项目管理者的重大责任，进一步加强高校图书馆发展理论和规范建设，深化资源和服务的共建共享，加强与国内外图书馆的交流与合作，以“崇高、忠诚、亲切、满意、包容、高善”的价值体系引领高校图书馆事业的创新发展[3]。

4.1 深入开展图书馆现代化发展理论研究，科学指引本馆并启示高校图书馆事业发展

2021 年，联合教育部高校图工委研制《大学图书馆现代化指南针报告》，建立了高校图书馆现代化发展的前瞻视野和宏观体系，分析和研判高校图书馆未来发展的主要趋势，为高校图书馆在人才队伍建设、用户关系构建、信息资源升级、服务创新优化、发展理论研究、治理能力保障、事业生态明晰等方面的具体工作提供了方向指引和参考指南[4]。2022 年研制发布《高校图书馆馆员队伍建设指南针报告》，为全国高校图书馆馆员队伍高质量发展提供决策参考和建设指南。主办刊物《大学图书馆学报》注重高校图书馆建设、学科服务、空间建设等主题，引领高校图书馆的学术研究方向。 注重加强对历史经验、环境变化和发展趋势的研究，强化问题意识，基于用户需求、场景应对、新科技应用，着眼和着力以线下和线上图书馆为场景的人际关系、人与机器的关系、人与信息的关系、人与文化的关系等问题的研究和解决，推动图书馆的服务效能、服务水平取得实质性提升。不断鼓励、引导、推动馆员在业务科研领域创新创造，培育重大科研项目和成果，支持优秀成果申报国家奖项，进一步促进高水平研究成果的研制。

举办学术盛会，加强与同行的学术交流与合作。2018 年 10 月，成功举办“纪念北京大学图书馆建馆 120 周年用户导向的信息服务国际学术研讨会”，并同期召开了“第四届全球高校东亚图书馆国际论坛”“第十二次中文文献资源共建共享合作会议”，来自美国、加拿大、新加坡等国以及海峡两岸专家学者和图书馆界代表 350 余人参加了会议。此外，还举办了“纪念图书馆学家刘国钧先生诞辰 120 周年学术研讨会”，促进业界交流，引领学术发展。

4.2 依托高校图工委、中图学会高校分会推动高校图书馆事业整体发展

牵头组建“2018—2022 年教育部高等学校图书情报工作指导委员会”，下设 8 个工作组，各组分工协作，分层有序推进全国高校图书馆的业务合作、协调管理与学术交流。联合举办了教育部高校图工委主任会议、年度工作会议及馆员队伍建设经验交流会、高校图书馆发展论坛等重要会议，切实发挥立杆引领作用。组织开展全国高校图书馆事实数据的年度填报和汇总工作。举办高校图工委成立 40 周年系列庆祝活动，包括成功举办“继承与创新：大学图书馆现代化新征程”学

术研讨会、教育部高校图工委40年成果展等。发布《大学图书馆现代化指南针报告》《图书馆的心脏——大学图书馆馆长采访书记/ 校长访谈录》《高校图工委 40 年文献汇编》等文献。

4.3 充分发挥 CALIS、CASHL 共建共享优势，引领行业发展

持续推进 CALIS、CASHL、DRAA（高校图书馆数字资源采购联盟）各项业务创新发展，切实发挥对全国高校资源服务共享体系建设的引领作用。CALIS、CASHL 秉承“共知共建共享”宗旨，面向不同层次成员馆、不同类型用户的差异化需求，推进资源和服务的共建共享；DRAA 致力于引进高质量学术资源。截至 2022 年底，CALIS 采集、整合千余所高校纸本资源和电子资源元数据 3.34 亿条，CASHL 可提供服务的各类型文献资源约 559 万种。DRAA 每年组织引进 140 多个集团采购数据库。

全面升级馆际互借与文献传递系统，持续深化联机合作编目服务体系，促进数据共建共享和规范化，开展“研学考评”；整合共享服务项目及商业化服务资源，将海内外合作机构高质量的学术资源纳入服务体系，全面提升了高校图书馆信息资源共建共享的服务能力。

建立信息安全等级保护三级体系，支撑图书馆服务生态建设;加强前沿学术研究和学术交流，参与制定国家标准和行业技术规范，积极推动行业有序发展和跨行业产业链融合，为我国图书馆创新发展提供新思路；注重以评促建、研讨培训和宣传推广，整合成员馆力量，同心同向实现高校图书馆的多层次共建共享，共谋高质量发展。

4.4 承担多项全国性重要任务，引领高校图书馆高质量发展

结合教育部高校古籍整理研究工作委员会（以下简称“古委会”）的职能扩充，积极参与古委会秘书处工作，牵头起草《高校系统古籍保护五年规划》，协调指导全国高校古籍保护与利用工作。承接雄安新区大学园图书馆的功能布局、精装修和智能化、数字图书馆以及运营方案等咨询重任。 按照全国信息与文献标准化技术委员会有关要求，设立文献存储要求与保存条件分技术委员会秘书处。作为“图书在版编目数据”（CIP）标准修订项目组的研制单位和技术负责人，完成该标准的修订任务。积极参与国家教育数字资源中心建设方案的起草和论证工作。这些全国性、战略性重要任务，对高校图书馆的高质量发展将产生积极影响。

4.5 开放思维，积极扩大国内外交流与合作

持续开展高校图书馆发展动向的跟踪调研，与国内外图书馆组织和机构建立多渠道合作交流关系。持续开展石河子大学、西藏大学的对口支援工作。与澳门大学图书馆签订《澳门特别行政区与内地学术图书馆葡语资源联盟的合作协议》，与澳门科技大学图书馆签订协议，深入开展教育合作与学术交流。积极参加国际图联（IFLA）的相关活动，参加国际研究型大学联盟（IARU）图书馆馆长联席会议，成为环太平洋研究图书馆联盟成员和中文文献资源共建共享合作会议理事会成员单位。

5 结语

经过接续奋斗，北京大学图书馆已经站在了迈向更高质量发展阶段的新起点上。但随着数字化转型浪潮的掀起，新的挑战也接踵而至，北京大学图书馆将与时俱进，致力于开拓创新，深入推进业务流程和服务模式的数字化转型；持续推进治理能力和治理体系现代化；继续增进用户关系，优化用户体验；精准完善文献中心、育人平台、文化殿堂和服务圣地的价值定位，开辟事业新领域，塑造行业新优势，全面建设世界一流的综合性、创新型、智能化、标杆位大学图书馆。

参 考 文 献

[1] 张俊娥，陈建龙. 高校图书馆基于学科映射的数据资源增值服务[J]. 大学图书馆学报，2023，41（3）：19-27，18.（ZHANG J E, CHEN J L. Value-added services of data resources in university libraries based on discipline mapping[J]. Journal of Academic Libraries, 2023, 41(3): 19-27, 18. ）

[2] 李大钊．在北京高等师范学校图书馆二周年纪念会上的演说辞[M]//中国图书馆学会．百年文萃：空谷余音．北京：中国城市出版社，2005：22-23.（LI D Z. Speech at the 2nd anniversary commemoration of the Beijing Higher Normal School Library[M]//Library Society of China. Centennial collection: echoes in the valley. Beijing: China City Press, 2005: 22-23. ）

[3] 陈建龙. 大学图书馆现代化转型发展刍议[J]. 大学图书馆学报，2020，38（1）：5-12.（CHEN J L. Discussion on the transformation of academic libraries modernization[J]. Journal of Academic Libraries, 2020, 38(1): 5-12. ）

[4] 陈建龙，邵燕，刘万国，等. 高校图书馆馆员队伍建设指南针报告[J]. 大学图书馆学报，2023，41（1）：28-36.（CHEN J L, SHAO Y, LIU W G, et al. Compass of academic library modernization (CALM) report on libarians[J]. Journal of Academic Libraries, 2023, 41(1): 28-36. ）

二　馆员现代化

融入大局作贡献　推崇学术谋未来*

陈建龙

“又是一年”，这四个字，还是一句话，在古今诗词歌赋、致辞讲话、散文随笔中经常出现。李大钊先生 1920 年的元旦献词还以此为题，“祝福诸位又开始了一段新生活”。以年为时间单位的思维似乎多发生于年度交替或规划更新之时，平时又往往被以事为单位的思维占用，记忆哪年有那些事与那事在哪些年似乎难以兼得，常常出现记事有余、记年不足的反省。《大学图书馆学报》创刊快 40 年了，哪年发表了什么文章，清晰可见，长年如一的坚定、坚守和坚持是什么呢？又有什么需要我们做出长期规划并为之奋斗呢？在此，祝福各位作者、读者和工作者新春有新梦想、新年有新气象！同时敦请大家一起思考并做出回答。

2019 年，新中国成立 70 周年，五四运动发生 100 周年。以爱国主义为核心的民族精神和以改革创新为核心的时代精神，在我们每个人的心中得到了升华。习近平总书记 9 月 8 日给国家图书馆 8 位老专家的回信，让我们倍感亲切和自豪，深受鼓舞和振奋，感受到了国家图书馆和我国图书馆事业取得的辉煌成就和任重道远，感受到了一代代国图人和我国图书馆人心系国家、矢志前行、爱岗敬业、辛勤奉献的精神品质和使命担当。

2019 年，我国高等教育事业在“双一流”伟大征程中，扎实推进一流本科教育建设，全面实施“六卓越一拔尖”计划 2.0，全力启动新工科、新医科、新农科、

* 陈建龙．融入大局作贡献　推崇学术谋未来．大学图书馆学报，2020（1）．

新文科建设和一流专业建设“双万计划”、一流课程建设“双万计划”。我们迎来了重大的发展机遇和难得的用武之地，更坚定了扎根中国大地、融入学校实际的价值取向对高校图书馆的重要意义。

2019 年，我国高校图书馆事业在新的历史方位走上了内涵式发展道路，纷纷把自身的转型发展与学校的发展改革相结合，与师生的学习方式、教学模式和科研范式的巨大变革相结合，与国家的发展战略相结合。无论是新一届教育部高等学校图书情报工作指导委员会开局之年的多场学术会议和工作会议，还是南开大学百年馆庆纪念和各馆的人员聘任、职责强化、业务拓展、机构调整等，都体现了高校图书馆的勃勃生机和创新动力。

这一年，《大学图书馆学报》刊登了 104 篇研究论文，反映出我们更加清晰地领悟了所处的大局，更加自觉地融入了大局，更加努力地守初心、担使命、找差距、作贡献。可圈可点，可喜可贺！

2020 年，又是一年！是我国“全面小康”宏伟目标的实现之年、“十三五”规划的收官之年、“三大攻坚战”的最后攻关之年，是社会主义现代化强国目标指引下的新阶段规划之年，是高等教育第五轮学科评估之年，当然也是我们转型发展的关键之年。我们要进一步思考和回答“坚持和巩固什么”“完善和发展什么”两大问题。

新的一年，《大学图书馆学报》将充实编务力量，强化各馆经验分享，开辟现代化研究、治理体系研究、校长和馆长笔谈等新栏目，引导馆员队伍建设、信息文化与信息行为、服务和管理战略转型等专题学术研究；将继续融入大局，大力推崇学术，为高校图书馆新的发展理论建设和多学科研究的交流合作全力奋进，为高校图书馆的价值实现和美好未来努力奋斗。

耕耘图界四秩始，繁荣学术新征程*

陈建龙

再写新年寄语，首先想表达的是对《大学图书馆学报》的各位作者、读者和工作者的衷心感谢和祝福，感谢大家的辛勤劳动、积极参与和大力支持！祝愿大家新春快乐！身体健康！万事顺意！

紧接着就想到了今年是《大学图书馆学报》创刊四十周年，自然地就联想到了孔子所说的"四十而不惑"。孔圣人用"志于学""立""不惑""知天命""耳顺""从心所欲不逾矩"凝练出其一生修行中几个阶段的不同境界。这些境界虽然难以理解，但世人大多愿意对号入座，或自我激励，或感慨人生。我倾向于把"不惑"理解为新阶段新目标的毕生追求，而不是已经达成的标志状态，也就是要在此前阶段修养的基础上，独立思考，综合判断，透过现象看本质，不被表象所迷惑。《大学图书馆学报》在庄守经、肖自力、高炳章、李晓明、朱强等前辈的努力耕耘和广大作者、读者和工作者的接续厚爱下，与中国图书馆事业和图书馆学情报学同进步共发展，奠定了坚实的基础，学术为本，蓄势待发。

作为重要基础，还得简要回顾一下 2020 年的相关工作.

2020 年，新冠肺炎疫情突如其来，疫情防控的人民战争、总体战、阻击战迅速打响，全国抗疫斗争取得重大战略成果，丰富了中国精神，壮大了中国力量，凸显了中国担当。党的十九届五中全会审议通过了《中共中央关于制定国民经济

---

* 陈建龙．耕耘圕界四秩始，繁荣学术新征程．大学图书馆学报，2021（1）.

和社会发展第十四个五年规划和二〇三五年远景目标的建议》，提出了到2035年基本实现社会主义现代化远景目标，明确了“十四五”时期我国发展的指导方针、主要目标、重点任务、重大举措。确实，全国人民度过了 “极不平凡”“每个人都了不起”的一年，也迎来了美丽的憧憬。

2020年，图书馆界同样经受住了大疫大考，湖北省图书馆在武汉方舱医院设立的“图书驿站”、北京大学图书馆开辟的“送书到楼”等服务感人至深，各大学图书馆迅速响应，转战线上，全力服务学校在线教学和科研活动，硕果累累。中国图书馆学会召开了第十次会员代表大会，完成换届工作。本届教育部图工委召开第三次工作会议，高校图书馆将紧紧围绕如何扎根中国大地、创造独特价值、超越自身格局等问题，科学制定“十四五”发展规划。可以说，广大图书馆员站上了新的历史起点，也期待着美好的未来。

这一年，《大学图书馆学报》刊登了101篇研究论文，进一步充实了编务和审稿力量，缩短了论文登载周期，进一步总结了四十年的宝贵经验，明确了繁荣学术的努力方向。

2021年，是我国全面建设社会主义现代化国家的起步之年，是“十四五”规划的开局之年，将迎来建党100周年、教育部“图工委”成立40周年，真可谓是具有特殊重要性的一年!

新的一年，《大学图书馆学报》将珍惜新的发展机遇，秉持新的发展理念，实事求是，追本求源，在繁荣学术的征程中谱写创新发展之歌、高质量发展之歌。一是凝聚学人，增进与作者和读者沟通，扩大学术队伍；二是服务学人研究学问、增长智慧，重点关注图书馆现代化及其进程中馆员全面发展、资源全面升级、用户全面受益、服务空间优化、事业生态优化等问题，优化学术成果；三是融入学界，加强应用场景建设，拓宽学术视野；四是服务学界发展学科、培育人才，重点关注图书情报与档案管理、计算机科学与技术、网络空间安全、心理学等学科视角的相关研究，丰富学术思想；五是引领学风，加强编审能力建设，美化学术道德。

新的追求，期待着大家的参与、指教和支持!

引领大图齐创新　发展学术成体系*

陈建龙

回顾2021年，气象万千的印记中闪耀着《大学图书馆学报》各位作者、读者和工作者的辛勤劳动、积极参与和大力支持。凝望2022年，信心满满的期待里祝愿大家新春快乐、幸福安康、吉祥如意！

意义非凡的2021年，我们见证了党和国家历史上具有里程碑意义的大事。“两个一百年”奋斗目标历史交汇，全面建设社会主义现代化国家新征程闳放开启。《中华人民共和国国民经济和社会发展第十四个五年规划和 2035 年远景目标纲要》为我们绘就了壮丽蓝图，《中共中央关于党的百年奋斗重大成就和历史经验的决议》为我们奏响了嘹亮号角。我们正昂首阔步行进在实现中华民族伟大复兴的道路上。

影响深远的2021年，我们亲历了高校图书馆事业发展史上具有重大影响的要事。教育部高校图工委成立40年庆祝活动如期举行，隆重召开了“继承与创新：大学图书馆现代化新征程”大型学术研讨会，全面总结了高校图工委40年奋进历程所取得的历史性成就、宝贵经验和规律性认识，大规模表彰了40年来高校图书馆事业的突出贡献者、榜样馆长和榜样馆员等先进人物，首次推出了中国图书馆人揭示发展趋势的《大学图书馆现代化指南针报告》。高校图工委将坚守初心，勇担使命，更自信地做好高校图书馆事业的研究、咨询、指导、协调等工作，更坚

* 陈建龙．引领大图齐创新　发展学术成体系．大学图书馆学报，2022（1）．

定地推进创新型、整体化、引领式的一流图书馆建设，更全面地完善现代化思想理论、整体化发展理念、智慧化服务理法、价值型思维理性，更精准地指导高校图书馆事业的现代化发展，更有效地促进人与信息的和谐同生关系。

这一年，《大学图书馆学报》编务人员认真学习领会习近平给《文史哲》编辑部全体编辑人员的回信精神，按照“高品质的学术期刊就是要坚守初心、引领创新，展示高水平研究成果，支持优秀学术人才成长，促进中外学术交流”的要求，刊登了101篇研究论文，组织了多次馆长笔会，发布了32篇馆长采访学校书记或校长的访谈录，取得了新的成绩。

2022年，中国共产党第二十次全国代表大会将在北京召开，新一轮世界一流大学和一流学科建设将深入推进。高校图书馆事业如何以优异成绩迎接党的二十大召开，如何在“双一流“建设中作出更多更大贡献，需要我们认真思考和有力回答。

新的一年，《大学图书馆学报》将紧跟实践变革，紧盯学术前沿，引领大学图书馆创新发展，推进大学图书馆学术体系建设。持续关注大学图书馆实践创新成果的同时，重点加强以下几个方面的理论建设：一是全面深化中国式的图书馆现代化思想理论。深入揭示高校图书馆现代化理论的多学科属性，充分反映中华优秀传统文化的思想内涵，综合分析高校图书馆工作的关键要素及其逻辑关系，准确把握高校图书馆的发展规律。二是全面更新新时代的图书馆整体化发展理念。树立并增强反映大学图书馆的专业特征和时代特征的核心理念。三是全面创新战略性的图书馆智慧化服务理法。在智慧技术的应用、信息流和工作流重构与优化等方面，坚守用户的出发点和落脚点意义，从国家战略和高等教育战线高度处理好局部创新与整体联动、单维发展与多方安全、科学义理与操作章法的关系。四是全面壮大创造性的图书馆价值型思维理性。高度重视图书馆精神动力和价值观念的总结、凝练、提高和弘扬，在增强实践理性的同时，全面壮大创造性的图书馆价值型思维理性，投身创新型国家建设，胸怀“国之大者”。

真诚期待大家继续关爱并共同办好高品质的《大学图书馆学报》！

迈向大学图书馆现代化新境界、新高度、新贡献的新理念*

陈建龙

2021 年 12 月 24 日，庆祝教育部高校图书情报工作指导委员会成立 40 周年的“继承与创新：大学图书馆现代化新征程”大型学术研讨会在北京大学隆重召开（详见《大学图书馆学报》2022 年第 1 期）。以此为新起点，大学图书馆事业将矢志不渝，开拓创新，“共创理论建设新境界、实践发展新高度、价值理性新贡献。”大会上首发的《大学图书馆现代化指南针报告》（中英文简版）认为，“大学图书馆内涵式发展需要更为明确地树立和巩固核心理念，先进的核心理念要贯彻落实国家新发展理念、高等教育发展理念和‘双一流’建设理念，反映大学图书馆的专业特征和时代特征。”本文结合北京大学图书馆近年来的相关经验，谈谈大学图书馆现代化新征程上需要树立和巩固的新理念。

一是“用户导向、服务至上”基本理念。服务转型，切实帮助师生用户解决教学科研和学习生活中的难题，是大学图书馆的必然趋势。用户是图书馆服务工作的出发点和落脚点，是图书馆的价值理性、实践发展和理论建设的试金石。

二是“价值引领、馆员为先”重要理念。大学图书馆的独特价值和比较优势依靠馆员来创造，要进一步强化“感人、融合、奉献、通变、至臻”的图书馆精

---

* 陈建龙．迈向大学图书馆现代化新境界、新高度、新贡献的新理念[N]．图书馆报，2022-05-20（10）．

神，优先培养有精神、有本领、有智慧、有情怀的专业馆员。

三是“人本传扬、资源奠基”重要理念。如何促进人的全面发展，成为学校人才培养体系的组成部分、国家文化繁荣的重要标志和信息化生态的引领者，是大学图书馆新的时代命题，要切实巩固文献、知识、情报、数据等多种形态的信息资源的基础性和战略性地位。

四是“流程优化、人机交融”重要理念。大学图书馆要以系统逻辑、业务逻辑、管理逻辑相统一的信息化主导人与机器的共生关系，大力推进交融式数字图书馆建设。

五是“概念关联、人信共济”重要理念。大学图书馆要以基于信息流规律的场景化增进人与信息的互动关系，大力推进概念级汉语知识库建设。

六是“整体联动、人际相助”重要理念。大学图书馆要以算力赋能、协同创新、开放包容的生态化促进馆员与用户的亲切关系，团结和带领用户的深度参与。

七是“效用善成、人文互美”重要理念。大学图书馆要以命运与共、文化交流、文明互鉴的全球化拓展人与文化的融合关系，领航人类信息文化和信息文明的发展。

理念是行动的先导。上述 1 个基本理念和 6 个重要理念，既综合反映了大学图书馆内涵式发展的规律和趋势，又可组合引导大学图书馆的特色发展，如基本理念与“价值引领、馆员为先”“人本传扬、资源奠基”重要理念的组合可引导创新型图书馆的建设和发展，基本理念与“流程优化、人机交融”“概念关联、人信共济”重要理念的组合可引导智能化图书馆的建设和发展，基本理念与“整体联动、人际相助”“效用善成、人文互美”重要理念的组合可引导引领式图书馆的建设和发展。

恰逢南京大学 120 周年校庆，真诚祝愿南京大学图书馆百尺竿头更进一步！百廿华章雄创一流！

踔厉奋发提质量　整合学术谱新篇*

陈建龙

又到年度回顾与展望的时刻，又有道谢与祝愿的感动。

高瞻远瞩的 2022 年，我们见证了党和国家历史上具有里程碑意义的大事。党的二十大胜利召开，擘画了全面建设社会主义现代化国家、以中国式现代化全面推进中华民族伟大复兴的宏伟蓝图 吹响了奋进新征程的时代号角。

人世沧桑的 2022 年，我们感受了人类发展全球化历史上跌宕起伏的巨变。疫情防控进入新阶段，曙光就在前头；百年变局加速演进，世界并不太平。“人间正道是沧桑”，我们在战胜前所未有的困难和挑战中淬炼成钢，砥砺前行。

引领发展的 2022 年，《大学图书馆学报》编务人员认真学习领会习近平总书记在中国人民大学考察调研时重要讲话精神，勇担中国特色、世界一流大学建设新征程的新使命，牢记 “要精心保护好馆藏红色文献”“要运用现代科技手段加强古籍典藏的保护修复和综合利用”“要加强学术资源库建设，更好发挥学术文献信息传播、搜集、整合、编辑、拓展、共享功能” 等指示，紧跟实践变革，紧盯学术前沿，刊登了篇研究论文，组织了多次馆长笔会，取得了推进大学图书馆学术体系建设的新成绩。

衷心感谢《大学图书馆学报》各位作者、读者和工作者的辛勤劳动、积极参与和大力支持！感谢学友们的关注、厚爱和奉献!

---

* 陈建龙．踔厉奋发提质量　整合学术谱新篇．大学图书馆学报，2023（1）．

2023 年，是我国全面贯彻落实党的二十大精神的开局之年、实施“十四五”规划的关键之年，也是建设中国特色、世界一流的大学和优势学科的关键之年。高校图书馆事业如何贯彻落实党的二十大精神，如何同步深化一流图书馆建设，如何互鉴共促馆员队伍建设，需要我们认真思考和有力回答。

我们将在新的起点上昂扬奋进，积极融入教育数字化转型大局，集智育能，推进图书馆事业高质量发展；努力增强馆员创新力和创造性，细分整合，开辟业务新场景和事业新领域；切实提升服务引领力和独特性，固本通变，塑造机构新特征和行业新优势。

我们将在新的征程中踔厉奋发，持续巩固推崇学术、繁荣学术、发展学术等方面的先进做法和成功经验，大力推进高校图书馆现代化相关的学术整合，大力加强馆员队伍建设相关研究。学术整合强调战略问题导向和整体目标导向，强调思想与学术、学科与专业、理论与实践、概念与名称的内在关系，推崇思想的学术基础和学术的思想内涵，促进与专业建设、实践发展和科学交流相结合的学科、理论和术语繁荣发展。馆员队伍建设的研究和交流，针对顶层设计和绩效评估指导、图书馆人事制度深化改革、班子领导能力和战略定力提升、馆员专业能力和创新动力提升、校内外用户深度参与等战略问题，在切实分析这些方面的当前状况与战略目标要求之间的差距基础上，深入探索精神传承和整体创新、价值传承和协同创新、经验传承和自主创新、理论传承和万众创新、技能传承和开放创新等方面的专门学理和具体举措。

真诚祝愿《大学图书馆学报》更高品质、更大格局、再开领域、再谱新篇！祝愿广大学友新年快乐、身体健康、万事如意、高才大学！

高校图书馆馆员队伍建设指南针报告*

陈建龙　邵　燕　刘万国　张　璐　李　峰

1　引言

2021年底，教育部高等学校图书情报工作指导委员会（以下简称教育部高校图工委）和北京大学图书馆联合发布了《大学图书馆现代化指南针报告》（2021简版）[1]，建立了高校图书馆现代化发展的前瞻视野和宏观体系，分析和研判了高校图书馆未来发展的主要趋势，为高校图书馆在人才队伍建设、用户关系构建、信息资源升级、服务创新优化、发展理论研究、治理能力保障、事业生态明晰等方面的具体工作提供了方向指引和参考指南。馆员现代化是高校图书馆现代化的灵魂，馆员队伍是保障高校图书馆可持续发展的关键要素，队伍建设也是高校图书馆高质量发展的首要问题。

2022年10月起，在教育部高等教育司的指导下，在各地高校图工委的协助下，教育部高校图工委和北京大学图书馆联合研制《高校图书馆馆员队伍建设指南针报告》（以下简称《队伍建设指南针报告》），以期为全国高校图书馆馆员队伍高质量发展提供决策参考和建设指南。

---

* 陈建龙，邵燕，刘万国，张璐，李峰．高校图书馆馆员队伍建设指南针报告[J]．大学图书馆学报，2023（1）：28-36．

1.1 研究背景

2022 年是实施“十四五”规划的攻坚之年，全面建设社会主义现代化国家的新征程正全面推进。党的二十大报告中指出，教育、科技、人才是全面建设社会主义现代化国家的基础性、战略性支撑[2]。高校图书馆的现代化建设也在紧锣密鼓地积极推进，以有力支持学校人才培养和现代化强国建设，并引领信息化生态发展。

教育部高校图工委在领导班子专业化与管理能力建设、馆员队伍专业化建设、岗位体系优化等方面积极进行理论探索和实践创新，探索合理的解决方案，以期引领、指导全国高校图书馆建设一支信念坚定、结构合理、业务精湛、素质优良的馆员队伍，助力高校图书馆现代化发展根本任务的实现。

1.2 研究目的和意义

1.2.1 研究目的

教育部高校图工委和北京大学图书馆联合研制《队伍建设指南针报告》，旨在依据全国各类型高校图书馆领导班子和各类型馆员的一手数据，全面掌握当前全国高校图书馆馆员队伍建设的现状，分析研判其未来发展趋势和面临的挑战，为高校图书馆馆员队伍高质量发展提供方向指引和参考借鉴，为高校图书馆的现代化发展提供坚实支撑。

1.2.2 研究意义

《队伍建设指南针报告》是针对高校图书馆现代化队伍建设专门研制的现状与趋势分析报告，多维度反映了高校图书馆领导班子与馆员队伍的整体情况与特点，并立足不同类型高校实际，全面把握高校图书馆馆员队伍高质量发展的方向，将为高校图书馆馆员队伍建立新标准、注入新血液、发展新活力提供参考。

《队伍建设指南针报告》将引发全国范围内对于高校图书馆馆员队伍高质量发展的深入讨论。本报告不仅能够为管理部门制定人力资源标准和政策、开展馆员评估提供数据支持，也能够为争取高校图书馆经费和发展支持、优化馆员队伍结构、提升馆员素质提供依据。

1.3 研究内容和方法

1.3.1 研究内容

本研究重点考察全国本科院校图书馆的馆员队伍建设情况，对馆领导班子和馆员队伍的数量、构成等相关特征进行整体画像，通过近 5 年的发展数据勾勒出高校图书馆馆员队伍的整体变化趋势，同时对不同类型高校图书馆进行比较分析，挖掘馆员队伍建设的行业标杆，为国内高校图书馆建设高质量馆员队伍提供参考借鉴。

1.3.2 研究方法

本研究主要采取了问卷调查法和专家咨询法，在问卷结果分析过程中采用了数据统计分析、人工标引等方法。

问卷调查：本研究采取线上问卷调查的方式，通过教育部高校图工委和全国各地高校图工委向全国各高校图书馆在线发放《馆员队伍建设情况调查表》，经过近 1 个月的时间，问卷回收达到预期目标，调查结束。

专家咨询法：本研究完成调查问卷设计初稿后，先后咨询了多名从事人事管理、图书馆建设的专家，并根据大家的意见对问卷进行了补充完善。

人工标引：由于问卷以开放式作答为主，部分选项各馆作答内容非常分散。为了便于开展结构化统计分析，课题组对问卷反馈进行了人工标引和数据规范，并对部分数值型字段进行了进一步核实。

数据统计分析：课题组运用多种统计分析方法对回收数据进行清洗、校验、汇总分析，并对问卷结果进行信度和效度校验，去除了明显无效和错误的数据。

1.3.3 研究过程

本研究历时两个半月，具体过程如下：

2022 年 10 月 7—31 日，成立课题组，讨论研究方向、研究内容等，随后，经过多轮讨论和多方专家意见征集后形成《馆员队伍建设情况调查表》。

2022 年 11 月 1—6 日，将调查表录入在线问卷系统，并进行小范围的问卷试答，收集反馈并修改问卷。

2022 年 11 月 7—30 日，问卷发放和回收，共收到问卷 1560 份，去除重复和无效问卷 38 份，共计回收有效问卷 1522 份。

2022 年 12 月 1—7 日，问卷筛选和提取，提取有效问卷中本科院校图书馆问卷 1021 份，进行数据清洗、规范和统计分析，联系相关图书馆进行数据核对和更新，联系不上的存疑问卷做无效处理。

2022 年 12 月 7—14 日，完成问卷分析报告初稿，召开在线会议，讨论修改。

2022 年 12 月 15—20 日，经过多轮讨论和修改，研究报告定稿。

2 调查结果分析

此次调查重点分析本科院校图书馆馆员队伍建设情况，共收到 1021 份本科院校图书馆问卷（下文中使用的高校图书馆均指本科院校图书馆）。问卷内各项统计数据截至 2022 年 10 月 31 日。

2.1 问卷分布情况

2.1.1 类型分布

依据教育部网站上公布的普通本科高校类型，本研究对图书馆按学校类别进行划分，包括公立高校、民办高校、中外合作办学高校，其中公立高校进一步划分为一流高校和其他公立高校。

按照上述划分，本次收到的 1021 份问卷中，一流高校馆 141 家，其他公立高校馆 685 家，两类合计占公立本科院校总数（849 家）的 97.3%，民办高校馆 193 家，中外合作办学高校馆 2 家。

2.1.2 地区分布

问卷数据的地区分布如表 1 所示，共包括 31 个省份。

2.2 整体情况描述

基于问卷数据，本研究主要针对全国高校图书馆领导班子和馆员队伍的数量、结构和年度变化等方面进行整体情况分析。

表 1 问卷数据的地区分布

省份	问卷数量	省份	问卷数量	省份	问卷数量
安徽	37	黑龙江	33	山东	69
北京	56	湖北	58	山西	33
福建	24	湖南	37	陕西	51
甘肃	20	吉林	36	上海	36
广东	34	江苏	54	四川	44
广西	25	江西	38	天津	29
贵州	26	辽宁	49	西藏	4
海南	7	内蒙古	17	新疆	18
河北	38	宁夏	8	云南	26
河南	42	青海	4	浙江	43
				重庆	25

2.2.1 馆领导班子

（1）数量

1021 家高校图书馆（各学校分校图书馆单独提交问卷的单独核算），合计 2714 位馆领导（由学校任命的中层干部，核算总量时已去重），包括馆长 997 位，书记、副馆长和副书记合计 1717 位（如表 2）。其中，24 家图书馆暂无馆长（2.4%），281 家图书馆馆长和书记是同一人（27.5%）。

表 2 不同类型高校馆馆领导数量

图书馆类型	馆长数量	其他馆领导班子数量
一流高校馆	139	395
其他公立高校馆	670	1204
民办高校馆	186	116
中外合作办学高校馆	2	2
总计	997	1717

平均每家图书馆拥有 2.7 位馆领导，超过 3 位馆领导的有河南（3.36 位）、湖南（3.11 位）、广东（3.03 位）和上海（3.03 位）等。

（2）年龄

1021 家图书馆的馆领导平均年龄为 50.8 岁，馆长平均年龄为 52.6 岁，其他馆领导班子的平均年龄为 50 岁。

（3）任职情况

1021 家图书馆的馆长任现职平均时长为 3.66 年，其他馆领导班子任现职的平均时长为 3.85 年。

课题组将问卷中“任现职前职务”规范为四类：馆内提任（图书馆内部提任到馆领导）、馆内调整（平级换岗，比如书记与馆长互换岗位）、校外调动（从校外调入）和校内调动（校内其他部门调到图书馆）。全国 1021 家图书馆的馆领导任现职中，经由校内横向调动的占比最高（60.8%），其次为馆内提任（34.2%）。比较不同类型馆领导的职务变化情况发现，馆长、书记和副书记的职务变化情况基本与总体情况保持一致，副馆长由馆内提任的比例（49.8%）明显高于其他类型馆领导。

不同省份高校图书馆馆长职务变化相比而言，西藏、宁夏和吉林三地馆长馆内提任比例最高，均超过 40%。

（4）受教育情况

从最高学历和最高学位分布情况来看，具有硕士及以上研究生学历的馆领导合计 1470 位，占比 49%；拥有硕士及以上学位的馆领导合计 2012 位，占比 67%（如图 1）。

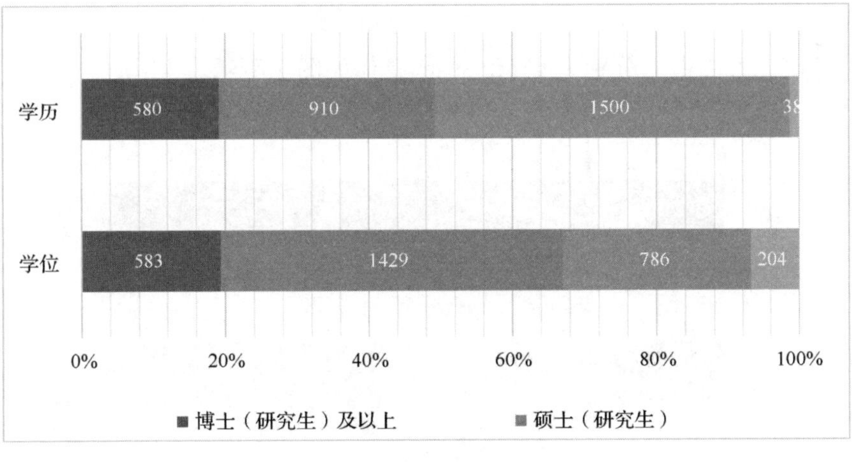

图 1　高校馆领导班子最高学历分布

不同地区高校图书馆中，上海、北京、江苏、广东等地的馆长具有博士研究生学历和学位的占比最高，均超过 50%。

（5）学术相关

1）职称

馆领导职称分为正高级、副高级、中级、初级四类。所有馆领导中，具有副高级及以上职称的比例为 76%。馆长群体的正高级职称占比最高，为 57%，副高级、中级和初级职称占比分别为 29%、10%、0.5%；其他领导班子成员中，副高级职称占比最高，为 48%，正高级、中级和初级职称占比分别为 23%、25%、1.5%，剩余部分馆领导的职称未填写。

馆领导中副高级及以上职称的占比最高的 10 个省份分别是安徽（85.6%）、福建（85.5%）、广东（84.7%）、河北（84.6%）、江苏（84.3%）、海南（84.2%）、湖南（81.4%）、重庆（81.4%）、四川（80.5%）和辽宁（79.1%）。

2）学科背景和研究方向

课题组将馆领导的学科背景和研究方向归为人文类、信息资源管理类、计算机类、其他类四类，同时具有这四类中的两种或以上学科背景的，在分析时标记为“两种及以上”学科背景。

所有馆领导的学历专业背景中，人文类和信息资源管理类占比相当（均为 13%），计算机相关学科背景的占比为 4%，具有多学科背景的馆领导约占 20%。所有馆领导的现研究方向中，信息资源管理相关的比例最大，约 46%，人文和计算机相关研究方向占比分别为 9%和 5%，具体如图 2 所示。

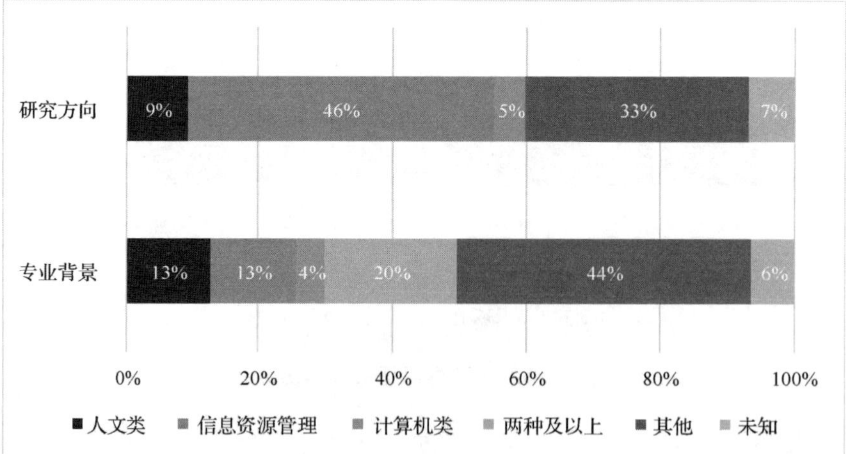

图 2　高校馆所有馆领导学科背景和研究方向分布

2.2.2 馆员队伍

（1）数量

1）馆员总量

根据 1021 家高校图书馆的反馈数据，去除馆员队伍统计中不规范的问卷 10 份，剩余 1011 家图书馆作为下述分析依据。馆员总人数 48885 人，其中事业编 33507 人，合同制 10477 人，劳务派遣 4901 人。

平均每馆拥有馆员 48.35 人，按类别分别为事业编 33.13 人，合同制 10.36 人，劳务派遣 4.85 人（如表 3）。

表 3　馆员人数描述性统计

类别	平均值	中位数	众数	最小值	最大值
事业编	33.14	28	0	0	283
合同制	10.36	7	0	0	110
劳务派遣	4.85	0	0	0	61
总人数	48.35	41	21	1	318

有 72 家（7.12%）图书馆馆员总数超过 100 人，有 55 家（5.44%）图书馆的馆员人数低于 10 人（如图 3）。

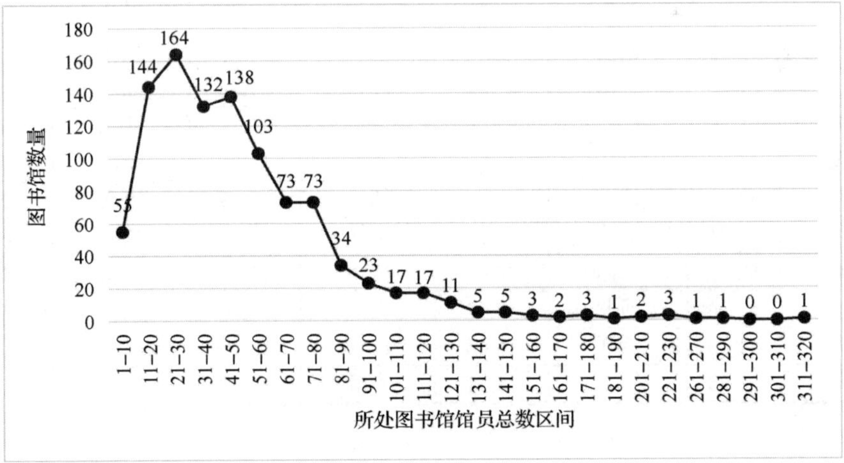

图 3　馆员总人数分布

2）近 5 年馆员数量变化

过去 5 年（2018—2022），1011 家高校图书馆的事业编、合同制、劳务派遣人员变化情况如下：每年新进事业编人数占总人数的 2.34%，新进合同制人数占总人数的 6.81%。按馆均计算，5 年内平均每家图书馆事业编人员共计减少 5.67 人，合同制人员增加 1.05 人，劳务派遣人员增加 0.53 人。5 年间 1011 家高校图书馆人员总数减少了 4135 人，馆均减少 4.09 人，具体如表 4 所示。

表 4　2018—2022 年 1011 家高校图书馆人员变化

馆员数量	事业编（人）			合同制（人）			劳务派遣（人）
	新进	退休	辞职和调离	新进	退休	辞职和调离	
明细（合计）	3927	7496	2160	3567	736	1768	
明细（馆均）	3.88	7.41	2.14	3.53	0.73	1.75	
单项（合计）	−5729			1063			531
单项（馆均）	−5.67			1.05			0.53
全国总计	−4135						
全国馆均	−4.09						

馆均馆员总数最多的省份分别是广东、江苏、上海；馆均事业编馆员人数最多的省份分别是湖南、上海、内蒙古；馆均合同制馆员人数最多的省份是广东、海南、甘肃；馆均劳务派遣人数最多的省份是重庆、江苏、北京，如表 5 所示。

表 5　单馆馆员平均人数最多的 10 个省份

省份	馆员人数	省份	事业编人数	省份	合同制人数	省份	劳务派遣人数
广东	65.30	湖南	43.97	广东	21.39	重庆	9.96
江苏	61.50	上海	42.64	海南	21.14	江苏	9.70
上海	61.22	内蒙古	42.06	甘肃	20.11	北京	9.57
河南	61.05	广东	40.97	河南	16.98	浙江	7.88
内蒙古	53.56	江苏	40.39	四川	16.27	河北	7.58
甘肃	53.21	福建	38.71	上海	13.50	陕西	6.06
北京	52.86	河南	38.52	陕西	12.90	河南	5.55
湖北	52.14	河北	37.47	湖北	12.86	西藏	5.50
湖南	51.70	浙江	36.00	山西	12.15	安徽	5.19
河北	51.05	黑龙江	35.61	安徽	11.97	上海	5.08

（2）年龄

所有馆员中，40～49 岁、50 岁以上馆员的占比相当，各占约 35%；30～39 岁馆员，占比 23.7%；29 岁及以下年轻馆员占比约 5.7%。

具体来看，合同制和劳务派遣馆员的年龄结构相仿，但劳务派遣馆员中 29 岁及以下占比更高。事业编馆员与前述两类馆员的年龄结构差异较大，主要体现在 50 岁以上馆员和 30～39 岁馆员的占比上，具体如图 4 所示。

（3）学历分布

馆员学历以本科为主，占比 47.15%，硕士研究生学历占比 30.97%，大专及以下占比 18.25%，博士及以上研究生学历占比 3.62%。事业编馆员中硕博士研究生学历占比高于合同制，本科占比持平。

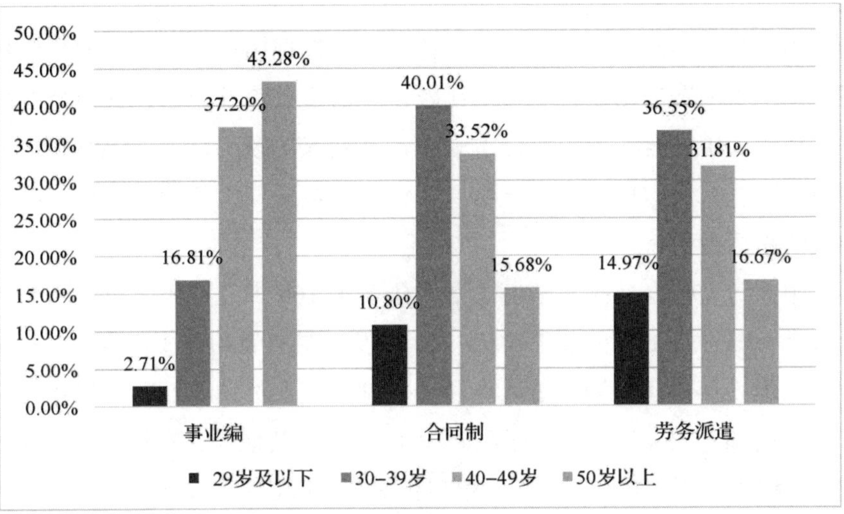

图 4　不同类型馆员年龄段分布

全国来看，高校图书馆馆员拥有硕士研究生及以上学历的占比最高的 10 个省份分别是上海（50.0%）、天津（50.52%）、北京（44.89%）、江苏（40.59%）、吉林（39.28%）、浙江（38.69%）、广东（38.64%）、黑龙江（37.90%）、辽宁（36.43%）和内蒙古（35.45%）。其中，上海和北京高校图书馆拥有博士研究生学历的馆员占比最高，分别为 9.26%、9.18%。

（4）职称分布

图书馆馆员的职称体系包括正高级、副高级、中级、初级馆员等多个类别。基于 1008 家图书馆的有效数据（1011 家图书馆中有 3 家此项数据有误被剔除），事业编馆员中级职称和副高级职称合计占比 77.2%。合同制馆员以中级和初级为主（合计 60.06%），还有一些未纳入职称体系。劳务派遣馆员中，有 75.11%未纳入职称体系。

过去 5 年间累计新增正高职称馆员 460 位、副高职称馆员 1558 位，平均每年新增 92.00 位正高、311.60 位副高馆员；5 年间馆均增加 0.46 位正高、1.5 位副高

（以上数据未扣除当年相应职称的退休人数）。73.51%的图书馆（741 家）5 年内未提任正高职称，提任 2 位及以上正高职称的图书馆仅 92 家，占 9.13%。有近一半的图书馆（475 家，占比 47.12%）没有提任副高职称，提任 5 位及以上的共计 99 家图书馆，占比 9.82%。

2.3 比较分析

为全面考察全国高校图书馆馆员队伍特征、挖掘馆员队伍建设的行业标杆，课题组对不同类型图书馆进行了横向比较，除前述一流高校馆、其他公立高校馆和民办高校馆（中外合作办学馆样本太少，不列入比较）以外，课题组根据馆员队伍规模和新进馆员占比筛选出一组样本馆进行数据分析和特征考察，以期提供更多维度的指标参考。

样本馆共计 19 家，包括事业编总数大于等于 100 人且 5 年内事业编新进人员占比超过事业编总数 10%的图书馆 15 家，以及馆员总数超过 100 人、事业编总数不足 100 人但 5 年内事业编新进人员和合同制新进人员均超过事业编和合同制人员总数 10%的图书馆 4 家，其中一流高校馆 16 家，其他公立高校馆 3 家。他们分别是（按名称拼音顺序排列）：北京大学图书馆、东北师范大学图书馆、东南大学图书馆、复旦大学图书馆、河南理工大学图书馆、华中科技大学图书馆、暨南大学图书馆、曲阜师范大学图书馆、山东大学图书馆、上海大学图书馆、深圳大学图书馆、天津大学图书馆、武汉理工大学图书馆、西安交通大学图书馆、西北农林科技大学图书馆、延边大学图书馆、浙江大学图书馆、郑州大学图书馆、中国人民大学图书馆。

2.3.1 馆领导班子

（1）数量

比较发现，样本馆、一流高校馆、其他公立高校馆和民办高校馆的馆长平均数量差异不大，分别是 1.00、0.99、0.98 和 0.96 位，其他馆领导的总量差异较大，样本馆的其他馆领导平均数量最高，为 3.7 位，其他三类馆分别是 2.8、1.8 和 0.6 位。

（2）年龄

各类图书馆馆长平均年龄相比，样本馆最高（55.5 岁），其次是一流高校馆（53.5 岁）和其他公立高校馆（52.9 岁），民办高校馆最低（50.6 岁）。

（3）任职情况

各类图书馆馆长的任职情况相比，民办高校馆的馆长馆内提任占比最高（48.0%），一流高校馆的校内调动占比最高（79.9%），具体如表 6 所示。

表 6　不同类型图书馆馆长任现职前后职务变化

类别	民办高校馆	其他公立高校馆	一流高校馆	样本馆
馆内提任	48.0%	22.1%	14.2%	21.1%
馆内调整	1.1%	4.8%	4.5%	10.5%
校内调动	46.9%	72.4%	79.9%	63.2%
校外调动	4.0%	0.8%	1.5%	0.0%

（4）受教育情况

不同类型图书馆相比，样本馆馆长平均学历最高，博士研究生及以上学历占 79%。其次是一流高校馆，馆长博士研究生及以上学历占 75%。其他公立高校馆馆长硕士研究生及以上学历占 52%。民办高校馆馆长学历以本科为主，占比为 57%。

（5）职称及学术相关

比较不同类型图书馆的馆长职称情况，样本馆馆长的正高职称占比最高，为 84.21%，副高及以上职称占比高达 94.7%。一流高校馆和其他公立高校馆的馆长中副高及以上职称占比几乎持平，分别为 92.1%和 91.7%。民办高校馆馆长副高及以上职称占比相对较低，为 64.5%。

样本馆具有人文类和多学科背景的馆长占比高于其他三类图书馆，合计约 58%，民办高校馆具有信息资源管理和计算机类学科背景的馆长占比高于其他三类图书馆（见表 7）。

表 7　不同类型高校馆的馆长学科背景分布

图书馆类型	信息资源管理	人文类	计算机类	两种及以上学科	其他学科	未知
样本馆	10.53%	31.58%	0.00%	26.32%	26.32%	5.26%
一流高校馆	5.76%	13.67%	2.88%	17.99%	58.27%	1.44%
其他公立高校馆	11.04%	15.22%	3.58%	18.51%	48.96%	2.69%
民办高校馆	13.98%	9.68%	6.45%	22.58%	39.78%	7.53%

2.3.2　馆员队伍

（1）数量

样本馆平均每家图书馆的馆员数量最多，是一流高校馆的 1.7 倍，是其他公立高校馆的 3.37 倍，是民办高校馆的 8.53 倍。一流高校馆和其他公立高校馆事业编制馆员的占比较大，超过 70%。民办高校馆以合同制为主，占比 79.56%（见表 8）。

表 8　不同类型高校馆馆员人数分布

图书馆类型	单馆馆员数量	事业编占比	合同制占比	劳务派遣占比
样本馆	159.79	76.42%	10.90%	12.68%
一流高校馆	93.70	73.96%	12.79%	13.25%
其他公立高校馆	47.37	72.23%	18.33%	9.44%
民办高校馆	18.73	16.88%	79.56%	3.56%

过去 5 年间，不同类型图书馆事业编制馆员、合同制馆员的变化情况如表 9、表 10 所示，按照馆均净值比较，样本馆单馆事业编制馆员减少最多，为 15.63 人，合同制馆员增加也最多，为 2.68 人。民办高校馆合同制馆员增加高于其他公立高校馆，为 1.38 人。

表 9　不同类型高校馆事业编馆员 5 年内变化情况

图书馆类型	事业编馆员				
	新进	退休	辞职/调离	5 年净增	5 年馆均净增
样本馆	386	581	102	−297	−15.63
一流高校馆	1068	2457	512	−1901	−13.48
其他公立高校馆	2797	4932	1578	−3713	−5.49
民办高校馆	48	55	58	−65	−0.34

表 10　不同类型高校馆合同制馆员 5 年内变化情况

图书馆类型	合同制馆员				
	新进	退休	辞职/调离	5 年净增	5 年馆均净增
样本馆	164	33	80	51	2.68
一流高校馆	640	79	290	271	1.92
其他公立高校馆	1806	529	770	507	0.75
民办高校馆	1074	128	682	264	1.38

劳务派遣人员变化情况，样本馆馆均增加最多，为 8.74 人，其次是一流高校馆，为 2.34 人。

（2）年龄段分布

各类型图书馆馆员队伍年龄段分布有一定差异。民办高校馆 29 岁及以下和 30～39 岁年龄段的占比是各类高校馆中最高的（合计 51.6%），样本馆馆员在

30～39 岁、40～49 岁和 50 岁以上年龄段的分布比较均衡，均在 30%左右；其他公立高校馆馆员在 40～49 岁和 50 岁以上的占比最高（74.23%），见表 11。

表 11　不同类型高校馆馆员队伍年龄段分布

图书馆类型	29 岁及以下占比	30～39 岁占比	40～49 岁占比	50 岁以上占比
样本馆	8.03%	29.04%	30.19%	32.73%
一流高校馆	6.66%	25.32%	33.91%	34.11%
其他公立高校馆	4.47%	21.30%	37.03%	37.20%
民办高校馆	12.35%	39.25%	32.87%	15.54%

（3）学历分布

从不同类型高校图书馆馆员的学历分布情况来看，样本馆和一流高校馆的情况相似，硕士研究生学历与本科学历馆员的占比相当，均接近 40%；其他公立高校馆和民办高校馆馆员学历以本科为主，如图 5 所示。

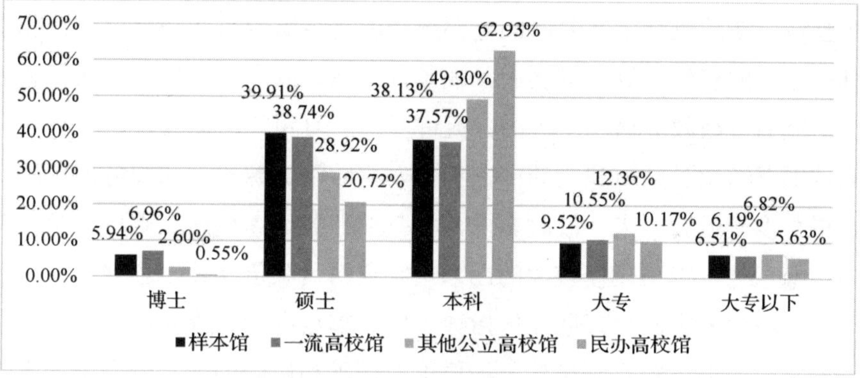

图 5　不同类型高校馆员学历分布

3　结论

基于上述调查结果和分析讨论，结合 661 家图书馆反馈的“意见建议”，课题组紧紧围绕“中国式现代化”这一中心任务和“高质量发展”这一首要任务，依据《高校图书馆现代化指南针报告》（2021 简版）的基本观点和有关判断，凝练出高校图书馆馆员队伍建设的顶层设计和绩效评估指导、图书馆人事制度深化改革、班子领导能力和战略定力提升、馆员专业能力和创新动力提升、校内外用户深度参与等战略问题，即这些方面的当前状况与战略目标要求之间存在明显差距，并认为针对这些战略问题的切实分析、措施选择、差距缩小等解决过程就是相应的发展趋势，同时也总结了研究存在的局限和今后的努力方向。

3.1 发展趋势

高校图书馆馆员队伍建设的发展趋势主要表现在以下几个方面：

（1）高校图书馆馆员队伍建设需要精神传承和整体创新，顶层设计和绩效评估将进一步强化指导

我国高校图书馆改革开放 40 多年取得的六大历史性成就之一就是“铸就了鲜明的图书馆精神并引领我国高校图书馆事业现代化进程”[3]。“感人、融合、奉献、通变、至臻”的图书馆精神是广大图书馆员在工作中创造的宝贵财富，也要在新的实践中发扬光大，并引领高校图书馆包括队伍建设的整体创新发展，而不仅仅是部分发展。

无论是全国性的高校图书馆行业，还是区域性的高校图书馆集群和专门性的高校图书馆联盟，抑或是单个高校图书馆，都要处理好整体与部分的辩证关系。在追求整体创新的过程中，共同的重要选择就是组织专家加强顶层设计和绩效评估，既有顶层的整体规划及其实施，视条件分别开展原始创新、集成创新或模仿创新，又能通过绩效评估总结提高并促进互相学习和共同发展。

高校图书馆馆员队伍建设的专家指导，相较于资源建设和服务创新等业务，似乎显得力度较弱。未来一段时期内，教育部和各地高校图工委出台馆员队伍建设专项指导意见、馆员规模较大的图书馆制定馆员队伍建设专项规划、图书馆领域和人才领域的专家联合开展评估指导工作，都是令人期待的进展。

（2）高校图书馆馆员队伍建设需要价值传承和协同创新，图书馆人事制度将进一步深化改革

高校图书馆的价值既反映在书刊文献精准采集、完整揭示和有序组织等默默无闻的实际工作中，更体现为学校履行人才培养、科学研究、社会服务等使命中润物无声的独特作用。无疑，馆员是图书馆价值的主要创造者，还可以更深入地参与、更有力地引领有关教育教学和科研创新工作，在协同创新中作出贡献。

协同创新强调的是多方认可的共同目标和各方互补的比较优势。关于高校图书馆的比较优势，我们似乎习惯于以馆藏文献数量和特色文献品质评判馆际的比较优势，以可用文献的数量和质量评判相对于教学科研单位的图书馆的比较优势。其实，高校图书馆最具可比性和生命力的比较优势是专业馆员。从这个意义上讲，高校图书馆量力而行固然值得肯定，确立更大目标、协同创新求得更大发展也是

重要选项。

高校图书馆馆员队伍建设的人事制度改革不能仅仅是馆内制度的立改废等优化过程，还要在充分说明图书馆的独特作用和可能的重要贡献基础上争取到学校领导的肯定和指导，在充分沟通交流的基础上争取到学校组织、人事、财务等部门的理解和支持。未来一段时期内，高校图书馆内设机构和岗位体系不断优化、专业技术职务评审标准更重实绩、多种用工制度引进人才、政产学研用协同创新等良好局面或将出现。

（3）高校图书馆馆员队伍建设需要经验传承和自主创新，班子领导能力和战略定力将更全面提升

高校图书馆的丰富馆藏是历年积累建成的，其文化底蕴也是迭代积淀形成的，相对而言，其历史经验的积聚就不够充分，也难以持续。教育部《普通高等学校图书馆规程》就高校图书馆的管理体制明确指出："图书馆在学校授权范围内实行馆长负责制[4]。"设立党委的高校图书馆还按照有关规定，建立"集体领导、党政分工合作、协调运行"的工作机制。这种体制机制强调了领导班子及其作为班长的馆长的重要性，要求本届班子和本任馆长担当作为，继往开来，既承续以前的历史经验，又创造性地奔向本馆的战略目标。

馆长和其他班子成员无论具有信息资源管理、人文学科、信息科学技术抑或是其他专业背景，来自馆内提任、其他单位调任抑或是教师兼任，都需要学习掌握当前的形势与任务，从中读出精神状态、努力方向和创新课题；都需要总结明晰本馆的历史经验；都需要研修借鉴他馆的先进经验；都需要交流制定发展规划；都需要决策引领全体馆员老师开拓创新。

高校图书馆馆员队伍建设的班子建设，取决于学校的干部、人事等方面的制度和政策，班子的自身建设也尤为重要。上述学习、总结、研修、交流、决策等共性的领导能力，以及融入学校发展战略的图书馆战略蓝图的科学制定、持续引领、自主创新等战略定力，在新发展理念引导下，通过学校有关部门和图书馆形成合力，得以全面提升。

（4）高校图书馆馆员队伍建设需要理论传承和万众创新，馆员专业能力和创新动力将全面提升

高校图书馆的精神、价值和经验均是馆员劳动创造的。除此以外，图书馆学学科领域关于馆员的理论研究远比图书馆其他方面的理论具有更多的共识，馆员

的劳动性质、专业特征、职业特点、社会地位和作用、素质和素养要求等一直都是理论热点。这与实际工作中馆员受到的重视程度形成较大反差。这种反差与馆员的入职门槛和创新要求不高、岗位可比性和专业竞争性不强等情况有关。

馆员的专业能力不是学科的专业能力，而是与文献或用户打交道的能力，是直接参与用户所需服务的能力。在实际工作中，如果更多的馆员具有更高的创新意识、更强的创新能力、更有力的创新行动和更显著的创新效用，直至“人人创新”，那么，馆员的不可或缺性和不可替代性就会更突出。可见，馆员入职后个人的努力学习、实习实践和组织的系统培训、专题培训应该成为优先选择。

高校图书馆馆员队伍建设的专业馆员培育和引进将成为高校图书馆事业高质量发展的首要抓手。馆员的文献精准采集、揭示和组织能力、知识有效挖掘、关联和传播能力、用户深度交往、交流和交融能力以及需求对接、问题识别、服务提供能力等专业能力，还有馆员激励机制、成长机制、竞合机制等创新动力，在新发展格局构建中，通过个人和组织的共同努力，得以全面提升。

（5）高校图书馆馆员队伍建设需要技能传承和开放创新，校内外用户将更深度参与

随着信息技术条件的急剧演变、软件和信息服务业的迅猛发展、图书馆知识和技能的普及，图书馆的边界已不再清晰，图书馆已成为众多技术和产业的应用场景。如果这时还不够开放，死守独立性和封闭性，图书馆的价值空间必被挤压，馆员的用武之地也必被压缩。拥抱社会，变革中适应社会和壮大自己，恐怕是图书馆实现各自目标的基本态度。

高校的人事制度改革不断深化，除了传统的所谓事业编制教职工外，还有《劳动法》确立的劳动合同制、劳务派遣制和非全日制工作人员。多种用工制度综合考量，恐怕是更为可取的选择。根据图书馆开放创新的视角，吸纳师生等校内用户和校友等社会用户参与管理和服务，将在相当程度上壮大图书馆员的力量；组织图书馆员与社会力量联合开发部分服务项目和技术项目，而不仅仅是依法采购或委托开发，将更大程度上确保可持续性。

高校图书馆馆员队伍建设的用户深度参与是明显的发展趋势。学生作为志愿者参与服务，以勤工助学方式参与某些工作或成立专门的学生社团协助开展工作，将继续巩固和拓展。同时，以非全日制用工形式吸纳在校师生、退休教职工、社会人员，承担相应职责，这支“助理馆员”队伍也将不断壮大。

3.2 研究局限与努力方向

本课题研究由于学识、时间和篇幅等方面的限制，仍然存在一些局限，比如：调查问卷规范程度不够，给各馆填写时带来不便；只针对本科院校图书馆，没有对部分高职高专院校图书馆的数据进行分析；馆员队伍建设是政策性很强的事业，未能有更深入的分析和趋势判断。

下一步，课题组将在以下方面进行完善：在研究设计上，进一步加强高校图书馆队伍建设的战略问题识别，强化问题导向和目标导向；在研究方法上，结合研究实际不断完善问卷设计与分析过程，为高校图书馆提供动态的趋势预测；在研究内容上，在宏观研究的基础上增加具体的、专项的工作研究和经验交流，挖掘并推广各地建设中出现的优秀案例和先进典型；在成果应用上，加强与全国各地高校图工委的深入合作，定期分析评估全国各级各类高校图书馆馆员队伍建设情况，加强与人事、人才管理部门的沟通交流，争取更多理解和支持。

致谢：衷心感谢1560家全国高校图书馆接受本次馆员队伍建设情况调查并积极反馈，为本研究贡献了全面的一手数据和宝贵意见。同时，也特别感谢全国各地高校图工委秘书处对本次调查的大力支持，感谢中国人民大学图书馆、复旦大学图书馆、北京邮电大学图书馆、厦门大学图书馆、沈阳师范大学图书馆等多家图书馆和北京大学图书馆陈凌、王波、梁南燕、李晓东、白云天等多位老师在问卷设计、数据收集与分析和报告撰写等过程中给本研究提供的各类宝贵建议。

参 考 文 献

[1] 陈建龙，邵燕，张慧丽，等．大学图书馆现代化指南针报告[J]．大学图书馆学报，2022，40（1）：22-33．

[2] 习近平．高举中国特色社会主义伟大旗帜 为全面建设社会主义现代化国家而团结奋斗——在中国共产党第二十次全国代表大会上的报告[EB/OL]．[2022-12-05]．http://www.gov.cn/xinwen/2022-10/25/content_5721685.htm.

[3] 陈建龙．教育部高校图工委的坚守与担当[J]．大学图书馆学报，2022，40（1）：11-21．

[4] 教育部．关于印发《普通高等学校图书馆规程》的通知[EB/OL]．[2022-12-15]．http://www.moe.gov.cn/srcsite/A08/moe_736/s3886/201601/t20160120_228487.html.

基于创新力标准的北京大学图书馆馆员队伍现代化建设新探*

郑清文　梁南燕　陈建龙

如何加强馆员队伍建设是高校图书馆共同关注的问题，也是各馆“十四五”规划的目标和任务之一。《大学图书馆现代化指南针报告》提出：馆员是大学图书馆可持续发展的首要根基。大学图书馆的现代化必须要有一支信念坚定、结构合理、业务精湛、素质优良的馆员队伍作支撑。这支队伍由具有现代化理念和领导力的馆长班子带领，由具有高度职业认同、文化自信和敬业精神的馆员构成，馆员具有扎实的专业知识积累、开阔的国际化视野和多元的业务能力，开拓创新、团结协作，是大学图书馆可持续发展的根基和动力[1]。

2018 年以来，北京大学图书馆（以下简称北大图书馆）坚持“用户导向、服务至上”的基本理念和“斯文在兹、道隐无名”的基本方针，树立和坚持“价值引领、馆员为先”的重要理念，凝聚共识，集智育能，全面改革，全面发展，全面创新，馆员队伍现代化建设取得了显著成效，基本建成规模适度、素质过硬、结构合理、发展有道的专业馆员队伍，事业风气明显优化，职业吸引力明显增强，“人尽其才”环境基本形成，创新潜能有效激发，整体创新力显著提升。本文进行初步总结，还请大家批评指正。

---

* 郑清文，梁南燕，陈建龙．基于创新力标准的北京大学图书馆馆员队伍现代化建设新探[J]．大学图书馆学报，2023（1）：5-10．

1 凝聚共识，确立专业馆员为首要根基

加强传承创新，凝聚发展共识。北大图书馆一直高度重视馆员队伍建设，把人才队伍视为现代图书馆内涵发展动力的根本性基础。曾任北大图书馆馆长的庄守经先生认为，"图书馆现代化的核心是人的现代化,是专业队伍建设"，要持续加强人才培养，优化队伍结构[2]。2018 年以来，北大图书馆经过积极探索和深入思考，明确由专业馆员、信息资源、大学校园和文化姻缘等组成的发展根基的现代化是大学图书馆现代化的重要内涵，其中各类专业馆员及其组成的馆员队伍是首要根基[3]。在此基础上，北大图书馆着力培养符合新时代要求的专业馆员，全面加强高素质馆员队伍建设，根据发展需要制定政策措施，用发展成果检验队伍建设的成效。

把握战略主动，凝聚思想共识。2018 年初，北大图书馆研究起草《北京大学图书馆 2035 年愿景与 2019—2022 年行动纲领》（以下简称《行动纲领》)，经过全馆集体讨论、广泛征求意见，党政联席会议审议通过，明确将全面加强馆员队伍建设作为固本应变行动的重要举措，不断提升馆员的职业素养和服务育人能力，重点实施馆员全面发展与馆员手册编制、队伍体系优化与图书馆服务文化建设等项目。2021 年，经过广泛研讨和意见征求，北大图书馆党政联席会议审议通过《北京大学图书馆"十四五"（2021—2025 年）发展规划》，明确坚持"价值引领、馆员为先"的重要理念，要始终以"崇高忠诚亲切满意包容高善"的价值体系引领图书馆事业发展，坚持以"四尚"风气和"四有"馆员培育完善馆员队伍建设，实现专业馆员的体系化培养，并将建成精良专业馆员队伍作为重要目标。

逐年推进落实，凝聚行动共识。在相关规划的基础上，北大图书馆党政班子研究制定了馆员队伍建设的重点和步骤，确定 2019 为"制度建设年"、2020 年为"队伍建设年"、2021 年为"馆风建设年"、2022 年为"能力建设年"，从不同角度逐年推进，以实际行动落地落实，大力培养符合新时代要求的专业馆员，组建梯队化、专业性、创新型的馆员队伍。

2 集智育能，坚持和完善创新力标准

馆员队伍建设是一项系统工程，既需要党政齐抓共管，自上而下加强顶层设计、战略谋划、整体推进，推动党建与业务的深度融合，也需要激发主体意识，

自下而上汇聚全馆智慧、聚合众力、融合众智，紧紧依靠各中心和全体馆员，形成强大发展合力和持久改革动力。同时，加强馆员队伍建设，既需要做强“聚力磁场”，厚植育才土壤，又要育才治心并进，提升馆员能力。2017 年 12 月 26 日馆长在致全体馆员老师的一封信中，号召大家一起迈上北大图书馆发展史上的“一二三四五六七”新征程，其中“四”指“尚德集智、尚贤育能、尚实助人、尚美创新”的“四尚”风气，由此开启了基于创新力标准的北大图书馆馆员队伍现代化建设新篇章。

人才是第一资源、创新是第一动力，创新力标准是北大图书馆馆员队伍建设的基础和依据。创新力“包括创新意识、创新能力、创新行动和创新效用，也就是锐意进取、追求卓越的精神风貌，保持理想信念的定力、渴求知识技能的学力，善于关联问题的张力、充分运用条件的活力，开创内生性全面发展、包容性特色发展、内涵式高质量发展的新局面”[4]。北大图书馆坚持和完善创新力标准，建立了“五四创新力报告会”制度，从 2021 年开始每周由馆长亲自主持，所有中心副主任、小组长参加，通过专题报告、讨论交流、馆长点评等方式，引导大家弘扬五四精神、练就创新本领，紧贴“交流思想，共同成长；引领风尚，壮大力量”之目的，截至目前已举办 40 多场报告会。

坚持和完善创新力标准，既落实于人事管理体系中，又融入专业培训体系里，最终体现在通过全面创新整体提高服务质量上。北大图书馆在建立健全人事管理体系和专业培训体系中始终坚持创新力标准，不断激发馆员个体创新意识和终身学习意识，持续提升创新能力和综合素质，促进团队创新力的形成，进而提升图书馆整体创新力，促进服务质量的提高。同时，且行且思，不断完善，在集体参与实践、凝聚全馆智慧过程中加强总结、不断改进，持续完善创新力标准，使之成为馆员全面发展的参照、衡量发展水平的标尺、评价服务质量的依据。

3　全面改革，自觉弘扬价值理性

馆员队伍建设涉及方方面面，既强调全面、系统的改革和改进，各领域、各层次、各环节系统推进，又注重相关领域改革和改进的联动和集成，整体形成良性协同机制和联动效应。北大图书馆自 2018 年实施《行动纲领》以来，坚持全面深化综合改革，坚持人事改革与综合改革协调并进，既与综合性、创新型、智能化、标杆位大学图书馆的要求相配套，又与实现图书馆治理体系和治理能力现代化相适应，相关政策无缝对接，提升整体效应。同时，人事管理体系与专业培训体系同步建设，机制建设与能力建设“双管齐下”、双向互动，协同推进馆员队伍建设，整体提升其创新力。

在全面改革的进程中，北大图书馆在增强实践理性的同时注重自觉弘扬价值理性，崇尚价值贡献，全面壮大创造性的图书馆价值型思维理性，投身创新型国家建设，胸怀“国之大者”。“图书馆价值型思维理性是指人们在图书馆理论研究和实践操作活动中信守价值体系的意向和能力。我们要贯彻伟大建党精神和社会主义核心价值观，凝练并信守图书馆的价值体系。高校图书馆的价值体系是在价值创造基础上形成的反映图书馆用户导向的各种关联的整体效用坐标系，是高校图书馆现代化转型发展的共同思想基础，其核心价值观包括：崇高、忠诚、亲切、满意、包容、高善”[4]。

北大图书馆坚持理论与实践相结合，高度重视图书馆精神动力和价值观念的总结、凝练、提高和弘扬，在全面推进改革实践、持续优化人事管理体系中，不仅贡献了实践智慧、增强了实践理性，更是自觉弘扬了价值理性，作出了价值贡献。

3.1 科学调整机构，优化岗位体系

因应发展需要，科学调整机构。2019 年，北大图书馆基于《行动纲领》和本馆实际，以“固本培元、服务转型、管理升级、协同融通”为原则，对组织机构进行调整，设立了 10 个中心。2022 年，在总结经验、着眼发展的基础上，以“固本应变、服务升级、价值引领、协同创新”为原则，再次对组织机构进行了优化。

加强分类管理，优化岗位体系。系统开展工作分析，坚持“按需设岗、科学合理、均衡和谐”的原则，根据北大图书馆未来整体发展和部门业务发展需要，细化岗位分类，明确一岗多责，突出创新力标准和要求，健全岗位体系。同时，按照“公开招聘、竞争上岗、双向选择”的原则，对事业编制（合同聘用制）与劳动合同制馆员同时进行岗位设置和聘任。

3.2 加强分类管理，优化队伍结构

加强分类管理，更细化更规范。在身份类型上，北大图书馆人员主要分为事业编制馆员、劳动合同制馆员、返聘人员、劳务派遣人员等四大类。其中事业编

制馆员和劳动合同制馆员按照专业馆员的要求设置岗位，在岗位要求、考核评价上逐步趋同，在薪酬待遇、绩效奖励等方面根据学校政策及时调整，在评奖评优、培训学习等方面予以同等对待。返聘人员、劳务派遣人员作为有益补充，在日益规范用工基础上已成为一支重要力量。在岗位类别上，既有中心正副主任（级）的中层骨干，懂业务兼晓管理，也有专职研究岗，管理经验与研究能力兼具，还有由其他馆员承担的各类岗位。

规范招聘程序，优化队伍结构。图书馆认真做好各类编制馆员的招聘和入职工作，严把入口关，规范招聘程序，加强思想政治素质和履职尽责能力综合考察。2018—2022 年，5 年共完成 17 个批次的招聘工作，新进事业编制馆员 30 人，合同制馆员 44 人。同时，事业编制馆员队伍结构持续优化，劳动合同制馆员队伍结构调整优化取得较大进展，劳务派遣人员管理进一步规范，整体素质显著提升。事业编制馆员的硕士和博士比例逐年上升，由 2018 年的 70.85%增至 2022 年的 81.08%，合同制馆员的硕士比例由 2018 年的 15.25%上升到 2022 年的 43.48%。

3.3 畅通晋升通道，激发队伍活力

畅通晋升通道，明确激励导向。北大图书馆以“结构合理、增量适度、晋升有序、公正透明”为原则，制定并实施《事业编制馆员岗位级别晋升办法（试行）》，确立不同岗位级别晋升的途径与条件，以及不同类别人员岗位级别晋升的程序与办法，进一步激发馆员队伍的发展动力和活力。同时增加青年津贴、年限津贴和到馆工作满 30 年津贴，稳定馆员队伍，促进经验积累。

严格聘任标准，激发队伍活力。2019 年、2022 年两次开展中心正副主任岗位聘任，坚持“好干部”标准和“四有”馆员要求，个人申请应聘与组织推荐应聘相结合，通过“竞争上岗、双向选择”完成聘任工作，签订岗位目标责任书。同时，进一步规范图书资料系列专业技术职务评审程序，适当调整评审导向，在符合基本要求的前提下，副高职称更加突出工作业绩，正高职称更为侧重研究能力。

3.4 加强科学考核，强化双重激励

构建考核体系，加强科学评价。北大图书馆探索构建包括聘期考核、年度考核、评优考核、试用期考核等不同类型的考核体系，不断完善针对馆领导、中层骨干、普通馆员以及返聘人员、劳务派遣人员等不同群体的考核办法，综合考虑

各类岗位责任大小、任务轻重、技术含量、劳动强度、工作难度、环境条件等考核因素，注重从满意度与完成率、支撑度与保障率、融合度与贡献率、协同度与创新率等方面开展业务考核，推进业务考核与品行评估的有机结合，采取个人述职、民主测评、个别谈话等方式进行全方位考核，经由聘任委员会、党委会、党政联席会议集体评议，持续规范考核流程，科学确定考核档次，将考核结果作为岗位聘任、岗级晋升、绩效奖励、评奖评优的依据或参考。

强化双重激励，促进创先争优。探索物质奖励与精神激励的有机结合，在物质奖励方面，通过绩效奖励、岗级津贴增长和岗位级别晋升对馆员形成有效激励。此外，图书馆正在探索制定“4A 创新力优胜奖”评选方案，将进一步激活创新动力。在精神奖励方面，统筹发挥好优秀共产党员、青年岗位能手等校级奖励，以及教育部高等学校图书情报工作指导委员会、中国图书馆学会高等学校图书馆分会、中国高等教育文献保障系统（CALIS）、中国高校人文社会科学文献中心（CASHL）等行业组织或机构奖励的激励作用，同时创设馆级优秀、身边榜样、创新案例、馆员探馆等馆级奖励，明确价值导向，促进创先争优。

4　全面发展，系统培育“四有”馆员

党的二十大报告中指出，中国式现代化是物质文明和精神文明相协调的现代化。中国式现代化既要促进物的全面丰富，又要促进人的全面发展。“人的全面发展与社会的全面发展是辩证统一的，在二者的关系中，人的全面发展既是社会发展的手段，又是社会发展的目的，而且是最高目的”[5]。人的现代化是现代化的本质，人又是现代化的主体。北大图书馆现代化建设既依靠高素质馆员队伍来完成，又在现代化过程中不断促进馆员升华思想观念、增强价值认同、提升素质能力，最终实现全面发展。

馆员的全面发展是内在追求与外在要求的主客观的统一，北大图书馆着力培育“有精神、有本领、有智慧、有情怀”的“四有”馆员，即“心系国家、矢志前行、爱岗敬业、辛勤奉献、真善为美”的高贵精神，“同舟共济、善解人意、一专多能、善贷且成、创新引领”的高强本领，“识大体、顾大局、知敬畏、守底线、闻大道”的高超智慧，“知馆、爱馆、荣馆、念馆、强馆”的高尚情怀[2]。

“四有”馆员的成长，既需要个人的主动学习，又需要图书馆创造条件，加强系统培训，在涵育精神、提升情怀的同时拓展知识、训练技能。《行动纲领》实施

以来，北大图书馆建立并完善专业培训体系，进行了卓有成效的探索。

4.1 融合本馆特色，深化理论学习

完善学习制度，深化理论学习。持续完善图书馆党委理论学习中心组制度，坚持专家解读、集中学习、集体参观和专题研讨等多种形式相结合的组织学习，邀请专家学者开设多场讲座，组织开展“不忘初心、牢记使命”主题教育和党史学习教育的专题集中学习，组织各党支部开展红色主题教育和思想教育活动，持续深化党员和馆员理论学习，坚定理想信念。同时，在 2019 年、2022 年中心正副主任聘任仪式上，馆长、书记对新上任干部进行集体谈话，明确职责要求，提升履职能力。

结合光荣馆史，感悟大钊精神。分别围绕李大钊就任北大图书馆主任 100 周年、120 周年馆庆、李大钊同志诞辰 130 周年、建党百年等主题组织开展参观学习、专题讲座、文献展览等系列活动，牢记初心使命，矢志接续奋斗。同时，要求新进馆员必修学校开设的“李大钊思想研究”课程，系统感悟大钊精神。

4.2 加强一线锤炼，强化示范引领

加强一线锤炼，磨砺意志品质。一线锻炼是馆员成长的“磨刀石”和检验成效的“试金石”，北大图书馆重视引导馆员特别是青年党员在一线岗位锻炼中不断提升意志品质和服务能力。在抗击疫情期间，北大图书馆首创“送书到楼”服务，党员和青年志愿者积极参与其中，让党旗在疫情防控一线和读者服务一线高高飘扬，从 2020 年 2 月初服务开展至 8 月 6 日，累计有 1640 人次报名“送书到楼”志愿服务，其中党员 1198 人次，青年馆员 855 人次。

主动应急值守，强化示范引领。在期末季延长开馆时间和东楼重启的关键时期，北大图书馆组织党员干部、馆员志愿者参与值班值守服务，在一线岗位为读者排忧解难，在实践中积累解决问题的经验、锻炼应急处突的能力。此外，组建“带班馆员”团队，覆盖全校所有本科新生班级，开展创新型、全程化、陪伴式信息素质教育服务。

4.3 加强系统培训，促进全面发展

聚焦新进馆员，加强系统培训。2021 年北大图书馆制定《专业馆员系统培训方案》，通过通识课程、专业课程、综合课程三大模块 12 门课程，对新进馆员开

展为期两年的系统培训，使之成为专业馆员。2019—2022 年新进馆员 37 人全部参训，除了参加学校教职工入职培训以及选修“李大钊思想研究”“信息服务学”“人工智能”课程外，图书馆还策划开展了 77 场讲座培训，其内容涉及馆藏布局、分类编目、数据分析、读者服务等多项业务技能，以及公文写作、职业规划、法律科普、心理咨询等多项通用技能。同时，新进馆员连续两年每周安排 1 天在图书馆各综合服务台值班见习，隔周开展 1 次集体阅读分享。经过系统培训，新进馆员在奋斗精神、专业本领、服务智慧、职业情怀等方面取得了长足进步。

借力各类资源，促进全面发展。北大图书馆每年召开“暑期研讨会”“寒假研讨会”“五四科学报告会”“五四创新力报告会”等，相关专题报告面向馆员开放。同时，借助图书馆各类行业学会召开研讨会等便利条件，组织馆员收看相关专题报告，参与研讨交流。利用学校各类培训或在图书馆举办讲座等资源，组织开展专题学习。此外，北大图书馆在东楼重启后专门为每个中心增设了小型研讨室，为实时开展业务交流和培训提供了便利条件。

4.4 鼓励学习研究，双促进共发展

调整深造政策，鼓励学习研究。北大图书馆修订了《关于员工在职学习的管理规定》，明确了员工入职满 2 年可申请在职攻读博士学位，自 2018 年起至今共有 12 位馆员被成功录取，研究方向均与工作内容相关，在提升学术能力的同时也促进了工作发展。

形成丰硕成果，双促进共发展。北大图书馆鼓励馆员积极申报国家社会科学基金、教育部人文社会科学基金、北京市以及中国图书馆学会、北京大学等设立的课题，2018 年以来馆员共成功获批课题 40 余项，公开发表论文 220 余篇，出版著作 30 余本。持续举办图书馆“五四科学报告会”“五四创新力报告会”以及筹备北京大学图书馆同人学术成果展，营造创新氛围。同时，启动图书馆重大实验项目招标和研制工作，实现工作与研究的双促进共发展。

5 全面创新，整体提高服务质量

基于创新力标准的北大图书馆馆员队伍现代化建设是一轮涉及理论创新、制度创新、文化创新、业务创新的全面创新，经过不懈努力，北大图书馆高素质馆员队伍已经颇具规模，整体创新力显著提升，进而整体提高了服务质量，“四尚”

风气更趋浓厚。

理论创新是基础。北大图书馆在加强馆员队伍现代化建设的同时，不仅深入思考和探索解决现象问题与科学问题、前沿课题与时代命题[6]，而且加强理论思考和前瞻探索，明确馆员队伍建设在大学图书馆现代化转型发展中的定位和路径[3]，同时利用各类研讨会就馆员队伍建设、全面发展培训、队伍建设规划等进行专题探讨，深化规律探索，增进理论共识。

制度创新是前提。经过制度建设年及之后的不断巩固深化，北大图书馆持续完善人事管理体系和专业培训体系的制度保障和政策支持，严管理、抓落实，不断增强硬约束。同时，严抓师德师风建设，制定《馆员老师与学生交往注意事项》，构建融洽伙伴关系。此外，不断完善馆员的民主参与机制，通过工会、教代会等加强对馆员的关心关怀，促进凝心聚力。

文化创新是根本。大学图书馆是具有资源、馆员、校园、因缘等方面优势和文化底蕴的一个机构或单位，更是一项具有丰富价值体系和美好发展前景的高等教育事业[7]。北大图书馆既重视总结、凝练、提高和弘扬图书馆精神动力和价值观念，使之深入人心，形成广泛共识，又重视发挥以文化人的特色优势，“以环境滋养和活动培育为途径，以濡化和涵化为方式”[8]，使馆员老师在潜移默化中深化对创新力标准的认同，让创新在图书馆蔚然成风。

业务创新是关键。北大图书馆坚持“用户导向，服务至上”的基本理念和“斯文在兹，道隐无名”的基本方针，开展全方位、全流程的业务创新。2021 年启动创新案例评选，并给予高额奖励，通过团队创新、团结协作持续推进图书馆现代化建设，目前已经举办两届，共有 27 个团队报名，评选出卓越创新奖 4 项、精进创新奖 6 项。

质量提升是目的。服务质量是图书馆发展之基和转型之要，也是馆员队伍建设的成效体现。在促进全面业务创新、不断提升服务质量的基础上，2021 年北大图书馆开展了“馆员探馆”活动，通过“转换角色、换位体验”的方式，鼓励馆员寻找和发现用户利用图书馆的堵点难点痛点问题，提出改进的意见和建议，持续提升服务精度、速度、深度、温度，进一步整体提升服务质量。第一届共收到 47 名馆员的意见建议 265 条，最终有 11 位馆员获得“馆员建议奖”。

“四尚”风气是标志。“作风是无形的，但又是可以感受得到的；作风是没有重量的，但力量又是无穷的”[9]。北大图书馆重视以党员和骨干的良好作风带馆风、树新风，同时加强优秀典型的选树与宣传，引导馆员向榜样看齐，向先进学习。2021 年 5 月 6 日，举办“纪念庄守经先生诞辰九十周年追思会”，引导馆员认真学习庄守经先生图书馆现代化思想、实干精神和高尚品德。2021 年，组织开展“身边榜样”推选活动，经过层层推选，民主评议出 3 位老师当选北大图书馆“身边榜样”，通过榜样的示范带动，激励和引导广大馆员不忘初心、牢记使命，勇于担当、砥砺奋进，为北大图书馆现代化事业不懈奋斗。《行动纲领》实施 5 年来，在各方的大力支持和全体馆员的共同努力下，“尚德集智、尚贤育能、尚实助人、尚美创新”的良好风气已经在北大图书馆形成，并日益浓厚。

6 结语

党的二十大报告指出：“从现在起，中国共产党的中心任务就是团结带领全国各族人民全面建成社会主义现代化强国、实现第二个百年奋斗目标，以中国式现代化全面推进中华民族伟大复兴[10]。”图书馆事业是现代化强国建设中教育、科技、人才、文化、体育、健康、网络等众多事业的组成部分，因而也是中国式现代化的重要组成部分[11]。高质量发展是中国式现代化新征程上高校图书馆事业的首要任务，馆员队伍是首要根基，任重而道远。作为北大图书馆《行动纲领》的重要行动，馆员队伍建设已经取得了重要的阶段性成果，本文只是做了初步总结。接下来，北大图书馆将在党的二十大精神的指引下，继续强化基于创新力标准的馆员队伍现代化建设，凝心聚力迈上建设世界顶级大学图书馆的新征程。

参 考 文 献

[1] 陈建龙，邵燕，张慧丽，等．大学图书馆现代化指南针报告[J]．大学图书馆学报，2022，40（1）：22-33．

[2] 陈建龙．庄守经先生的图书馆现代化思想初探[J]．大学图书馆学报，2021，39（3）：6-10．

[3] 陈建龙．大学图书馆现代化转型发展刍议[J]．大学图书馆学报，2020，38（1）：5-12．

[4] 陈建龙．教育部高校图工委的坚守与担当[J]．大学图书馆学报，2022，40（1）：11-21．

[5] 杨鲜兰，程亚勤．论习近平对人的全面发展理论的创新发展[J]．湖北社会科学，2020（4）：12-17．

[6] 陈建龙，邵燕，张慧丽，等．大学图书馆现代化的前沿课题和时代命题——《大学图书馆现代化指南针报告》解读[J]．中国图书馆学报，2022，48（1）：17-28．

[7] 陈建龙．大学图书馆的本来、外来和未来——以北京大学图书馆为例[J]．大学图书馆学报，2018，36（6）：7-12．

[8] 郑清文. 试析立德树人视域下高校图书馆以文化人的途径、方式与机制[J]. 大学图书馆学报，2022，40（3）：39-47.
[9] 习近平. 领导干部要带头树立八个方面的良好风气[J]. 党建研究，2007（5）：6-8.
[10] 习近平. 高举中国特色社会主义伟大旗帜 为全面建设社会主义现代化国家而团结奋斗——在中国共产党第二十次全国代表大会上的报告[EB/OL]. [2023-01-03]. http://www.npc.gov.cn/npc/kgfb/202210/5637af55a91d463290e5d77d2a7b8f90.shtml.
[11] 陈建龙. 中国式现代化新征程上高校图书馆事业的高质量发展[J]. 大学图书馆学报，2022，40（6）：5-7.

新征程上高校图书馆队伍建设：传承与创新

陈建龙

队伍建设是图书馆业界和学界通达的核心论题之一，常谈常新。新时代新征程，各行各业各领域都紧紧围绕中国式现代化这一中心任务和高质量发展这一首要任务，谋篇布局，再立新功。高等教育现代化需要什么样的图书馆员队伍？高校图书馆的队伍建设在其高质量发展中意义何在？高校图书馆现代化新征程上如何建设堪当大任的专业馆员队伍？本文就高校图书馆的队伍建设这一主题及上述疑问加以书面讨论，谈点粗浅看法，请指教。

一、高等教育现代化需要一支规模适度、智慧高超的图书馆员队伍

高等教育现代化是中国式现代化的重要组成部分。党的二十大报告指出，到二〇三五年，我国将“建成现代化经济体系，形成新发展格局，基本实现新型工业化、信息化、城镇化、农业现代化。”“建成教育强国、科技强国、人才强国、文化强国、体育强国、健康中国，国家文化软实力显著增强。”[1]并把教育、科技、人才视为全面建设社会主义现代化国家的基础性、战略性支撑，作出重大部署，实施科教兴国战略，强化现代化建设人才支撑。高等教育将与职业教育、继续教育协同创新，推进职普融通、产教融合、科教融汇，加快建设中国特色、世界一流的大学和优势学科。作为国家战略科技力量重要组成部分的高水平研究型大学，将把发展科技第一生产力、培养人才第一资源、增强创新第一动力更好地结合起

来，发挥基础研究深厚、学科交叉融合的优势，成为基础研究创新的主力军和重大科技突破的生力军。

高等教育现代化新征程给高校图书馆事业带来了新的机遇和挑战、新的任务和要求、新的目标和愿景。数字化转型已成为全球性变革的整体趋势。“政府数字化转型，是指以政府主要业务的数字化为基础，通过推进技术融合、业务融合、数据融合，不断优化组织结构，提高政府透明度和行政效能，切实转变政府职能，构建开放、高效、整体性的数字政府。”[2]“推进教育数字化，建设全民终身学习的学习型社会、学习型大国”是党的二十大确立的战略举措。教育部实施“国家教育数字化战略行动”，搭建国家智慧教育平台，在数字技术应用、师生和教育管理者数字素养、智慧教育新生态、数字化治理体系和机制等方面取得了重要进展。不难发现，高等教育现代化新征程为极具服务意识、共享精神和创新动能的高校图书馆事业提供了扎根中国大地、创造独特价值的难得机遇和宽广舞台，向面临队伍缺员、经费缩减、形象内敛的高校图书馆事业提出了主动应对变局、超越自身格局的严峻挑战和全新考验。我们要在文献保障、文化教育和信息服务主要职能的履行中勇担重任，提高品质，开辟新领域，塑造新优势，充分展现图书馆在学校高质量发展中的基础性和战略性意义，真正成为学校的文献中心、育人平台、文化殿堂和服务圣地。

高等教育现代化新征程需要一支规模适度、智慧高超的图书馆员队伍。改革开放四十多年来，高校图书馆历代馆员在实践创新的基础上，形成了诸多规律性认识，如“高校图书馆是为人才培养和科学研究服务的学术性机构，是学校的学术信息资源管理和服务中心，是学校信息化建设和公共服务的重要组成部分，是校园文化和社会文化建设的重要基地”“高校图书馆的基本任务是精准采集、揭示、组织和利用学术信息资源，有效传播、传承人类知识和世界文明，切实服务学校发展和文化繁荣”“高校图书馆的关键要素有馆员、用户、资源、服务和文化等，这些要素既是高校图书馆的发展根基，也是高校图书馆创新发展的重点环节”“高校图书馆事业是国家高等教育事业和科学文化事业的重要组成部分，是国家科学文化和高等教育发展水平的重要标志，是滋养民族心灵、培育文化自信的重要场所，是高等学校治理体系和治理能力现代化的重要力量”[3]。近年来，针对学生学习方式和方法的变化，广大馆员作为服务者和教育工作者在阅读参考服务和信息素质教育等方面积极作为，帮助学生德智体美劳全面发展；针对教师教学和科研范式的变化，广大馆员作为服务者和科研工作者在数据增值服务、知识产权信息服务和融入式合作研究等方面协同创新，帮助教师更高水平教书育人和科研创新；针对“双一流”建设的目标追求和时代要求，广大馆员作为服务者和管理者在文献保障、学科情报服务、学术资源和资产管理等方面顾全大局，帮助学校和院系科学决策和精准施策；针对新一代信息技术的突飞猛进，广大馆员作为服务者和研发者在数字学术服务和新技术应用场景建设等方面孜孜以求，帮助各类用户增强获得感和幸福感。

当前，全国本科院校图书馆共有近 5 万名在职馆员，平均每馆 48 人[4]，高职高专院校图书馆估算有 2 万名在职馆员。相较全国有 4600 多万在校学生和 190 多万专任教师[5]，馆员与用户之比显得较小。各省（市、区）高校图工委和各大图书馆纷纷开展馆员培训工作，努力造就具有同舟共济、善解人意、一专多能、善贷且成、创新引领的高强本领和识大体、顾大局、知敬畏、守底线、闻大道的高超智慧的馆员队伍。

二、馆员队伍是高校图书馆高质量发展的首要抓手

高校图书馆员队伍的整体实力和影响力值得充分肯定。改革开放四十多年来，我国高校图书馆事业取得了可喜的成就，包括“成立了全国高校图书馆领域的组织机构并接续发挥重要作用”“确立了高校图书馆的性质、地位和功能并得到贯彻落实”“创立了馆员专业技术职务评聘制度并促进高素质馆员队伍建设”“树立了‘共商共建共享共治’的先进理念并指导文献保障与信息服务工作广泛开展”“建立了信息素质课程教育体系并融入高校教育教学工作”“铸就了鲜明的图书馆精神并引领我国高校图书馆事业现代化进程”[6]。“感人、融合、奉献、通变、至臻”的图书馆精神，深刻反映了高校图书馆为立德树人和教学科研服务中对个人用户的环境迷人、职责助人、文化育人等感人场景，为繁荣学术和创新发展服务中对机构用户的业务交融、目标合一等融合关系，以及馆员甘愿默默无闻、任劳任怨的奉献品格，通晓继承与革新、传统与现代的通变智慧，追求美美与共、向上向善的至臻情怀，也切实引领着我国高校图书馆事业在数字化转型中的内涵式发展、整体发展、共同发展和高质量发展。尽管高校图书馆同样面临诸多困难和不足，

但更多的坚守和赞美体现出其强大的影响力，比如，校园里开门服务时间最长的是图书馆，进出人次最多的单体建筑是图书馆，数据库揭示和在线服务最充分的是图书馆，校内服务机构评比位列前茅的往往是图书馆，被誉为精神家园和文化殿堂的是图书馆。

馆员队伍是高校图书馆高质量发展的首要抓手。一般来说，高校图书馆高质量发展的抓手主要有两类：一是“人”，包括馆员队伍和广大用户，二是“文”，包括文献及其文化。教育部高校图工委和北京大学图书馆联合研制的《大学图书馆现代化指南针报告》（2021 版）指出：“大学图书馆的高质量发展需要不断突破老大难问题和时代命题。五年内，队伍建设中的领导力和执行力、服务创新中的协同度和贡献率、经费保障中的充足性和持续性、资源建设中的特色化和数字化、技术应用中的开放性和安全性、治理体系建设中的体制和机制、空间设计的共享性和交互性等问题将明显改观。”“大学图书馆的可持续发展需要进一步坚持若干关键要素的基础性和战略性地位。这些关键要素包括馆员、资源、用户、服务和文化等。”[7]看得出，高校图书馆的高质量可持续发展首先要着手馆员全面发展和馆员队伍建设。这与以前视文献资源为首要抓手相比，更加突出高校图书馆的文化教育和信息服务职能，以及服务对于图书馆的生命线意义；更加突出馆员与用户之间的伙伴关系和信任关系，以及馆员对于用户的助推器意义；更加突出高校图书馆的价值理性和创新动能，以及图书馆对于学校的心脏意义；更加突出高校图书馆的比较优势和专业精神，以及图书馆对于社会的路由器意义。

高校图书馆员队伍是一个整体，可细分出专业馆员队伍和助理馆员队伍。专业馆员指的是具备专门领域学识并具有馆员或高级职称且能胜任相应职责的图书馆工作人员。他们由学校或图书馆根据图书馆的定位、职责范围和岗位设置，依法招聘，分别承担相应岗位的职责。他们是馆员队伍的主要组成部分，分别从事采集、揭示和组织有关文献（包括普通文献、特色文献和古文献等），开发、利用和传承承载在文献中的知识和文化，提供帮助用户解决教学科研难题的数据增值服务、学科情报服务、知识产权信息服务、算力赋能服务等业务工作，以及必要的研发工作、行政工作和党务工作。助理馆员指的是专业馆员以外的图书馆工作人员。助理馆员由学校或图书馆根据工作需要依法招聘，协助专业馆员开展工作，包括物业管理人员、返聘人员、工勤人员、外包人员、师生助理和志愿者等，有的经系统训练而成为专业馆员。

三、建设高素质能动型引领式的专业馆员队伍

首先，在价值定位中识别和解决专业馆员队伍建设的战略问题。高校图书馆的价值体系是在价值创造基础上形成的反映图书馆用户导向的各种关联的整体效用坐标系，是高校图书馆现代化转型发展的共同思想基础，其核心价值观包括：崇高、忠诚、亲切、满意、包容、高善，也就是在不断充实自身的发展根基和崇高事业的同时，忠诚于国家和学校的教育、科学技术及文化事业，让广大用户感到亲切和满意，坚持包容性发展，追求高善，积极地为国家、学校、高校图书馆事业和社会作出贡献[8]。在这样的思想基础上，高校图书馆就可切实确立“文献中心”“育人平台”“文化殿堂”“服务圣地”等价值定位，明确在文献资源建设、文化育人工作、信息服务创新等方面贡献目标，并结合当前实际，识别出存在的差距，也就是发现有待解决的问题。教育部高校图工委和北京大学图书馆联合研制的《高校图书馆馆员队伍建设指南针报告》凝练出了高校图书馆馆员队伍建设的顶层设计和绩效评估指导、图书馆人事制度深化改革、班子领导能力和战略定力提升、馆员专业能力和创新动力提升、校内外用户深度参与等战略问题[9]，即这些方面的当前状况与战略目标要求之间存在明显差距。其实，针对这些战略问题的切实分析、措施选择、差距缩小等解决过程就是相应的发展趋势。

其次，在时代命题中提高专业馆员的综合素质和专业素养。国家有国家的时代命题，高校图书馆事业也有相应的时代命题，如高校图书馆事业是人才培养的组成部分、是文化繁荣的重要标志等。这方面的工作，主要有：一是战略规划引导，制定并施行“十四五”规划等，并加强战略管理；二是优秀人才引进，包括应届生招聘、社会招聘、国际国内交流合作等，确保馆员具有足够的政治素养和复合型能力；三是组织文化培育，树立先进的发展理念，确立切实的工作方针，建设学习型、服务型、发展型、标杆型、创新型组织；四是馆员队伍培养，不断优化一专多能、一岗多责的岗位体系、业务体系和管理体系，持续开展在职培训和团队建设，确保馆员入职后接受必要的培训，并能自选发展通道。对专业馆员还要培育其心系国家、矢志前行、爱岗敬业、辛勤奉献、真善为美的高贵精神和知馆、爱馆、荣馆、念馆、强馆的高尚情怀，对服务一线的专业馆员还要训练其多视角探索、专业精神、用户导向、社会责任、类别认知、人信共济、人文互美、人际相助、人机交融和协同发展等职业素养。

第三，在百年变局中增强专业馆员的主观能动性。当前，世界百年未有之大变局加速演进，世界进入新的动荡变革期，我国发展进入战略机遇和风险挑战并存、不确定难预料因素增多的时期。同样地，我们要有积极的态度，居安思危、未雨绸缪，主动识变，应变求变，坚持认识客观世界与改造客观世界相统一；更要有高强的能力，守正创新，共解难题，做到自信自立自强，坚持目标导向与问题导向相统一。新征程上，我们也存在认识上的差距、能力上的不足、工作上的短板、措施上的弱项、落实上的难点、安全上的盲点等问题。认识上的差距，包括政治素养和党性修养、业务知识和价值观念、比较研究和发展理论等方面，需要加强学习得以深化；能力上的不足，包括战略管理、沟通交流、变革管理、团队建设、协同攻关等方面[10]，需要自觉修炼得以提高；工作上的短板，包括馆员队伍及其全面发展、业务流程及其整体优化、创新能力及其效用提升等方面，需要优化改进得以填补；措施上的弱项，包括制度规范和岗位体系、交流机制和协同交融、技术应用和算力赋能等方面，需要开放创新得以增强；落实上的难点，包括精神状态和使命自觉、督导检查和科学评价、执行反馈和落地见效等方面，需要科学管理得以破解；安全上的盲点，包括教育提示和预防体系、响应机制和应急处突、责任清单和危机管理等方面，需要现代化治理得以发现。

第四，在团结奋斗中发挥专业馆员的示范引领作用。高校图书馆的现代化是伴随着国家的现代化、学校的现代化进程而实现的，需要处理好与上级相关部门的隶属关系、与地方经济社会发展的融入关系，与学校发展相一致，与学科发展相适应，与行业发展相衔接，与用户需求相吻合。用户需求是图书馆一切工作的出发点和归宿，专业馆员要切实了解和理解用户的需求、需要和待解决问题，努力满足用户履职尽责和全面发展的绩效需要，让用户满意，要不断优化用户在获取图书馆资源与服务过程中的体验，同时充分调动用户的积极性参与图书馆的建设与发展，与用户建立良好的合作伙伴关系和相互信任关系。同时，专业馆员要团结汇聚有关力量，主动引导潜在用户更多地成为现实用户和受益用户，组织带领群体用户深度利用图书馆资源开展学习、教学和科研活动。比如，馆员走进班级、课堂、宿舍楼，推广引荐和帮助使用图书馆的空间、信息和人力资源；招募师生用户，通过工作坊的方式深度利用文献资源，通过联合实验室的方式共建知识和数据资源库，通过课题组的方式吸纳学科专家整理研究名家特色文献，通过多学科合作研究的方式培育信息文化。

参 考 文 献

[1] 习近平．高举中国特色社会主义伟大旗帜 为全面建设社会主义现代化国家而团结奋斗——在中国共产党第二十次全国代表大会上的报告（2022 年 10 月 16 日）[M]．北京：人民出版社，2022．

[2] 国务院发展研究中心创新发展研究部．数字化转型：发展与研究[M]．北京：中国发展出版社，2022：86．

[3] 陈建龙．教育部高校图工委的坚守与担当[J]．大学图书馆学报，2022，40（01）：11-21．

[4] 陈建龙，邵燕，刘万国，等．高校图书馆馆员队伍建设指南针报告[J]．大学图书馆学报，2023，41（01）：28-36．

[5] 教育部．2021 年教育数据统计[EB/OL]．[2023-06-05]．http://www.moe.gov.cn/jyb_sjzl/moe_560/2021/quanguo．

[6] 陈建龙．教育部高校图工委的坚守与担当[J]．大学图书馆学报，2022，40(01)：11-21．

[7] 陈建龙，邵燕，张慧丽，等．大学图书馆现代化的前沿课题和时代命题——《大学图书馆现代化指南针报告》解读[J]．中国图书馆学报，2022，48（01）：17-28．

[8] 陈建龙．大学图书馆的本来、外来和未来——以北京大学图书馆为例[J]．大学图书馆学报，2018，36（06）：7-12．

[9] 陈建龙，邵燕，刘万国，等．高校图书馆馆员队伍建设指南针报告[J]．大学图书馆学报，2023，41（01）：28-36．

[10] HIRSH, S. Information Services Today: an introduction [M]. Lanham: Rowman & Littlefield. 2022.

三　服务现代化

论大学图书馆信息服务创新的细分与整合战略*

陈建龙

1 引言

大学是什么地方？大学是实施高等教育的地方。2018 年 5 月 2 日，习近平总书记在北京大学师生座谈会上明确指出：“大学是立德树人、培养人才的地方，是青年人学习知识、增长才干、放飞梦想的地方。”可见，大学的核心使命是人才培养，其他与人才培养相关的诸如科学研究、社会服务、文化传承创新等事项是否确立为学校的使命，取决于学校举办者的期望和学校的人才定位及发展目标。相应地，包括学科体系、教学体系、教材体系、管理体系等以及贯通其中的思想政治工作体系在内的人才培养体系及其保障和支撑体系建设和实施，就成了大学的核心任务，其他任务的设定则取决于其他使命的确立。

大学图书馆又是什么？图书馆学领域的专家学者一直在探究“图书馆是什么”这一问题。于鸣镝先生较全面地总结了 20 世纪 80 年代前的诸多观点，归纳为“十说”[1]，并于 2001 年提出了自己的观点，认为图书馆是“资讯集合场”“知识贮存库”“知力供应站”“文化有机体”[2]。令人赞赏的是，许多历史名人对图书馆有过美丽的比喻，如我们熟悉的“大学的心脏”“静穆的海浪”“天堂的模样”等。

---

* 陈建龙．论大学图书馆信息服务创新的细分与整合战略[J]．大学图书馆学报，2018（5）：5-11．

我们对图书馆已经超越了“藏书楼”的认知，或许已经习惯于把图书馆视为一类机构或一种平台，并识别出了不断发展变化的多种属性和职能，也许还不够自觉地把大学图书馆视为高等教育事业的重要组成部分而提升其价值定位，就像教育部于 2015 年底发布的《普通高等学校图书馆规程》所界定的：“高等学校图书馆是学校的文献信息资源中心，是为人才培养和科学研究服务的学术性机构，是学校信息化建设的重要组成部分，是校园文化和社会文化建设的重要基地。”相应地，我们已经习惯于强调大学图书馆之“所能”或“不能”，也许还不够自觉地把大学图书馆融入学校人才培养体系而沉淀其服务效用。因此，我们不仅要历史地看待大学图书馆的地位及其功能，还要系统地分析大学图书馆的价值定位及其服务效用，视大学图书馆为学校人才培养体系的“第三课堂”、学校使命履行过程的“第二生命”以及高等教育事业的重要组成部分，同时还是整体图书馆事业和公共信息文化事业的主力军。

大学图书馆的信息服务使命如何履行？信息服务作为科学术语和研究领域，已经成长出信息服务学[3]，即探究信息服务的基本原理和方法及其创新应用和发展的学科，信息服务是指服务者以独特的策略和内容帮助信息用户解决问题的社会行为；信息服务作为重要业务和实践领域，已经在人类生产生活活动和国民经济行业体系中占有一席之地，而且出现了信息服务活动和信息服务业的良好发展势头。正如习近平总书记在 2014 年国际工程科技大会上的主旨演讲中所指出的：“信息技术成为率先渗透到经济社会生活各领域的先导技术，将促进以物质生产、物质服务为主的经济发展模式向以信息生产、信息服务为主的经济发展模式转变，世界正在进入以信息产业为主导的新经济发展时期。”如果从信息服务的理论和实践角度看，大学图书馆无疑是重要的信息服务者、信息服务活动载体和信息服务单位；如果从大学的使命和大学图书馆的机构或平台功能看，大学图书馆的信息服务业务发挥着重要的保障和支撑作用；如果从大学的使命和大学图书馆的价值定位和服务效用看，大学图书馆的信息服务事业肩负着重大的历史责任。也就是说，大学图书馆的信息服务不仅仅是作为机构或平台所开展的一种业务，还是作为高等教育事业组成部分的一项事业，更是作为大学人才培养体系延展而帮助师生等各类用户解决问题的一类行为，信息服务已经成为大学图书馆的重要使命。

面对科学技术和信息化的迅猛发展、知识获取方式和传授方式及教和学关系的革命性变化、“双一流”建设的全力推进和社会主要矛盾的转化，以及信息服务自身具有的创新要求，大学图书馆信息服务创新战略的制订和实施已经刻不容缓。关于大学图书馆信息服务创新的相关研究和探讨，已有许多理论和实践成果。本着积极探索的态度，本文就大学图书馆信息服务创新战略有关问题做进一步讨论，以求专家指教和促进事业发展。

2 大学图书馆信息服务创新的方法论基础

理论上讲，信息服务创新是指为谋求信息服务的科学发展而采用原创、集成、引进等方法对有关要素及其联系进行开发和改变的过程。具体到大学图书馆的信息服务创新，就要针对发展中遇到并要解决的是什么样的问题，本着务实的态度和科学发展的目的，依据合适的方法论，选择符合实际的技术方法，寻求局部的或全局的、有效的、实用的、可持续的改变。

2.1 基于还原论方法的信息服务创新

还原论方法是还原论思想在科学研究中的体现，在人类对客观世界的深入了解把握和现代科学技术不断细分发展中发挥了重大作用。其研究路径是把事物分解出部分，把部分作为研究对象，借助部分来把握整体，由部分的特性得出整体的特性，层层分解，直至探明事物的本质。比如，物理学已经分析到了夸克层次，生物学已经分析到了基因层次。其“实质是以分析—重构方法把握整体”[4]。可见，还原论方法适用于研究结构和类别特征、线性或链式特征较为明显和易于细分的问题。还原论方法的局限性在于以部分的特性把握整体，因而难以探明复杂事物的性质和发展规律。

当大学图书馆遇到并要解决信息服务要素的识别分类和强化改进、信息服务活动的产品生产和行为对接、信息服务业的行业细分和产业关联等方面的问题时，还原论方法是合适的方法论基础。研究表明，信息服务具有四个要素：一是服务对象，包括信息用户（即使用信息的人）及其有待解决的问题；二是服务者，包括直接或间接、主动或被动地提供信息服务的个人或组织；三是服务内容，包括信息服务产品（不同于一般的信息产品）和针对用户的独特服务行为；四是服务策略，包括多种多样的服务方式和技术或经营手段。信息服务通常以活动的形式和信息服务业的形式存在。信息服务活动包括信息服务产品的生产活动和服务行为的对接活动；信息服务业包括信息传输服务业、信息处理服务业、信息分析与咨询业、经纪与代理业和公共信息服务业等。

2.2 基于整体论方法的信息服务创新

整体论方法是针对科学不断分化发展中出现综合发展的趋势和还原论方法的局限而形成的科学思维新范式。贝塔朗菲（Ludwig Von Bertalanffy）创立的“一般系统论”及其发展是整体论方法的集中阐述。“一般系统论”的基本任务是阐明系统的一般原则和规律，它们不受系统的专门类型、组成元素的性质及其关系的制约；通过对生物的、社会的和行为的客体作为特殊类型的系统的分析来确立非物理学知识领域中的精确而严格的规律；在揭示不同现实领域的规律的同型性的基础上，为现代科学知识的综合创造基础[5]。整体论方法引入系统的观点，强调多变量和多影响因素的事物的整体概念。

当大学图书馆遇到并要解决信息服务系统的架构建设或升级换代、信息服务项目的设立或更替、信息服务业务的确认或重组、信息服务体系的组建和优化等方面的问题时，整体论方法是合适的方法论基础。信息服务系统包括以推进馆藏资源利用为目的的系统和以满足用户信息需求、解决用户待解问题为目的的系统等；信息服务项目包括临时性的活动型项目和长期性的职业型项目等；信息服务业务由多个项目组成，包括对应专业技能的业务和对应专项任务的业务等；信息服务体系由多种业务组成，包括用户自助服务体系和馆员融入服务体系等。

2.3 基于综合集成论方法的信息服务创新

综合集成论方法是钱学森在构建系统学的长期理论和应用研究过程中形成的方法论，又称“从定性到定量综合集成方法”或“从定性到定量综合集成研讨体系”，既弥补了还原论方法的局限，又发展了整体论方法，是科学方法论的创新。其研究路径是先从整体到部分由上而下，又自下而上由部分到整体。其“实质是把专家体系、数据与信息体系以及计算机体系有机结合起来，构成一个高度智能化的人、机结合系统。这个方法的成功应用，就在于发挥这个系统的综合优势、整体优势和智能优势。它比单纯靠人（专家体系）有优势，比机器体系更有优势，它能把人的思维、思维的成果、人的经验、知识、智慧以及各种情报、资料和信息系统集成起来，从多方面的定性认识上升到定量认识”[6]。综合集成论方法在解决复杂系统或复杂巨系统问题，尤其是开放的复杂巨系统问题中，得到了广泛而有效的运用。这里的“开放”是指系统与外界有能量、信息或物质的交换，“复杂”是指系统中子系统的种类很多并有层次结构，而且它们之间动态的关联关系很复杂[7]。

当大学图书馆遇到并要解决信息服务事业的目标定位和过程调整、信息服务制度政策的修订和制订、信息服务格局的提升和扩大等方面的问题时，综合集成论方法是合适的方法论基础。信息服务事业由信息服务业务体系及相应的管理体系和保障体系组成，是大学图书馆事业和学校教育事业的重要方面，包括对应信息服务使命目标的事业、与信息资源保障等图书馆其他事业的协调共生、与学校人才培养和教学科研等事业的对接融合、与他校图书馆和社会事业的开放协同；信息服务制度政策包括有关业务流程和质量标准的规范性制度政策、人财物条件的保障性制度政策、考核评估的奖惩性制度政策、创新发展的探索性制度政策等；信息服务格局包括建立在全面领会信息服务的重要意义和发展规律基础上的认知格局、落实在切实帮助教职工等用户满足信息需求和解决实际问题基础上的行为格局、展现在持续赢得校内美誉度和社会影响力基础上的事业格局。看得出，信息服务事业、政策和格局均存在变量多、层级多、关联多、影响因素复杂、改变过程复杂、考核评估复杂等情况。

2.4 基于信息化生态论方法的信息服务创新

信息化生态论方法是以信息化生态理论为思想基础的思维方法。“信息化生态包括信息化生态系统和信息化生态位两方面含义。信息化生态系统是指由信息技术、信息资源和信息服务组成的基本结构在某阶段的特定环境下以人为本的动态调节和整体发展系统。信息化生态位是指信息化生态系统在更大的经济社会系统中发挥支撑和引导作用的独特地位。”[8]

当大学图书馆遇到并要解决信息服务价值的定位和追求、信息服务战略的谋划和施行、信息服务思想的创造和升华、信息服务文化的建设和发展等方面的问题时，信息化生态论方法是合适的方法论基础。信息服务价值既取决于其所具有的功能和发挥的作用，又取决于服务者和用户所从事劳动的性质，尤其是在主要以新思想、新知识、新技术培养人才的高等学校和普遍以信息资源为劳动对象的信息社会更是如此；信息服务战略既是大学图书馆发展的专项战略，有其自身的生态系统，又是学校信息化和智慧校园、绿色校园、文化校园建设战略的组成部分，是重要的信息化生态位；信息服务思想既来源于信息服务实践的总结、提炼和升华，并在人类生产生活和科学实验等实践领域中发挥指导作用，又来源于相关学科领域和社会领域的思想理论与信息服务实践的有机结合，并促进信息服务实践的发展；信息服务文化是服务文化和信息文化在信息服务理论和实践中的有机结合，体现为以人为本的信息服务价值观、信息流观、产品观和服务观。

3 信息服务创新的细分战略

信息服务作为一个科学术语和专门领域，不是信息与服务的简单组合。根据还原论方法，我们可以将信息服务分解出服务对象、服务者、服务内容和服务策略等四个要素，并逐个细化分解，以求对信息服务有更深入的认识和更具体的把握，也便于归纳综合，形成整体性认识和把握。

3.1 基于服务对象的细分信息服务

首先是以用户类别为依据的细分信息服务，比如以本科生、研究生、教师、职员、工友或校友等为服务对象的信息服务。

其次是以用户的需求及其待解问题为依据的细分信息服务，比如学生的课业和学业、教师个人及其团队的教学和科研事业、职员和工友个人及其部门行使职责等过程中遇到各种各样的问题并需要帮助时而出现的有针对性的信息服务。

理论上讲，可以根据用户的人口学特征和个性倾向性逐步具体化到用户个人，可以根据用户待解问题的内容和形式特性逐步具体化到问题点，实践中也确实开展了“个性化”信息服务、“用户画像”信息服务、“实时”信息咨询服务、“字词”查询服务等颗粒度很细的“点层”信息服务，也开展了信息资源报道服务、专题展览服务、借阅服务等颗粒度较大的“面层”信息服务。如果考虑到与用户和问题相关的“点层”与“面层”之间的“线层”、比“面层”颗粒度更大的“体层”“形层”“态层”，信息服务创新还有很多战略选择。

3.2 基于服务者的细分信息服务

从服务者结构看，大学图书馆往往有学校总馆（中心馆）、学部或学科分馆、学院等机构分馆之分，也有实体馆（物理馆、线下馆）现场服务与网络（虚拟、线上）远程服务之别。从服务的便捷性要求讲，分布式实体图书馆体系是首选。

从工作分工和岗位分类情况看，大学图书馆信息服务细分出了以文献采购为主责的采访馆员提供的信息采购服务、以文献编目为主责的编目馆员提供的信息组织服务、以文献借阅为主责的典藏馆员提供的信息流通服务、以图书馆利用和教学参考咨询为主责的参考馆员提供的信息咨询服务、以信息素养和研究支持为主责的学科馆员提供的信息技能培育服务和情报分析服务、以科学数据获取和开放为主责的数据馆员提供的信息挖掘服务、以特色资源收藏整理和挖掘使用为主责的特藏馆员提供的信息专享服务、以线上图书馆建设为主责的信息技术馆员提供的信息网络服务等。这些类别的馆员及其提供的服务支撑和扩展了信息服务业务的基本面，其类别结构和服务质量还有很大的创新和改进空间。

如果从馆员个人及其团队或部门的劳动性质和意义看，既考虑不同性质的具体劳动及其产生的使用价值，按照馆员的劳动素养、劳动对象和劳动工具的具体情况以及信息服务生产过程的多个环节和用户需要满足的多种程度，“能”与“需”相结合，设立或调整岗位和馆员类别；又考虑相同性质的抽象劳动及其创造的价值，按照馆员的劳动时间和工作量所体现的服务效率与效益以及大学图书馆的服务使命目标和发展条件，“效”与“求”相结合，细化岗位职责和目标要求；还考虑馆员劳动所反映的人与信息的关系以及信息化进程中高等教育的变革，“自助”与“他助”相结合，增设校内外兼职馆员和外包岗位、多能型馆员和教研岗位、审计馆员和流动岗位等。

3.3 基于服务内容的细分信息服务

信息服务产品是重要的信息服务内容。它不是原始的一般的信息产品，而是经过增值加工处理的为信息用户满足需求和解决问题定制的信息产品，尽管二者的表现形式多有相同，但其生产目的和具体内容多有变化。

从信息服务产品的形式角度看，大学图书馆信息服务可分解为以下多种形态：

一是文献资源服务。其产品形式是文献资源，包括各种类型的印本（纸本）文献和电子资源，如普通图书、古籍、会议文集、报告、学位论文、专利文献、标准文献和期刊、报纸等文献以及从中析出的具有独立篇名的文献，电子公告、电子图书、电子期刊、数据库等电子资源[9]。

二是知识服务。其产品形式是知识单元，包括不同颗粒度大小的对应前述“问题”的点、线、面、体、形、态等层次的各种类型的知识服务。

三是数据服务。其产品形式是开放数据平台，包括文献资源中析出、学校运行数据典藏、开放获取汇聚等数据来源及相应的数据密集型研究支持和成果推广、数据长期保存等数据服务。

四是情报服务。其产品形式是情报产品，协同相关用户和其他服务者，为学校决策和重大教学科研需求发挥智库、尖兵、耳目、参谋等作用。

五是智慧服务。其产品形式是智慧工具，包括高度智能化的信息分析综合处理工具、专家系统及馆员的专业知识和综合技能等。

从信息服务产品的内容角度，大学图书馆信息服务可以有与学校所设学科专业和《中国图书馆分类法》所分学科类别相对应的内容服务。在此不赘述。

从信息服务内容另一方面即独特服务角度看，大学图书馆信息服务可根据用户的待解问题状况、信息素养水平和有关条件进行细分。如英国剑桥大学工程系图书馆开展的“标准服务”“借一个馆员”“融入式馆员”等服务[10]。

3.4 基于服务策略的细分信息服务

信息服务策略是服务方式与服务手段的组合。从信息服务方式看，信息服务可以在服务方式的多种维度上分解出多种多样的信息服务，比如服务者能动性维度上的主动信息服务与被动信息服务、时间维度上的同步信息服务与异步信息服务、空间维度上的现场信息服务与远程信息服务、经营维度上的有偿信息服务与无偿信息服务等。同样，从服务手段看，信息服务可以在技术手段和经营手段等维度上分解出多种多样的信息服务。

当某种方式和手段的信息服务活动在实践中能够有机结合，就可以形成有效的服务策略。这种策略如果能够满足人们的某种需要，就可以形成有生命力的新业态。这种新业态如果能够创造出较好的经济效益或社会效益，就可以形成一类或一门产业。也就是说，信息服务策略还是我们识别信息服务生产过程和信息服务产业的重要依据。

我们据此还可以对信息服务业进行细分，比如信息传输服务业中的“互联网信息服务业”在2017版的国家标准《国民经济行业分类》（GB/T 4754—2017）中进一步分解为“互联网搜索服务”“互联网游戏服务”“互联网其他信息服务”等行业细类，数据处理服务业中的“数据处理和存储服务业”则分解出“互联网平台”（包括“互联网生产服务平台”“互联网生活服务平台”“互联网科技创新平台”

“互联网公共服务平台”“其他互联网平台”等)、“互联网安全服务”“互联网数据服务”等类别[11]。

4 信息服务创新的整合战略

正如事物的性质是由整体决定的，大学图书馆信息服务的创新发展要有整体把握。根据整体论方法、综合集成论方法和信息化生态论方法，着重就发展战略中需要重点考虑的信息服务体系、信息服务事业、信息服务生态和信息服务价值等问题加以讨论。

4.1 信息服务体系优化整合

首先，在细分信息服务四要素的基础上，进行要素间的有效集成，并结合其他影响因素和目标定位，形成信息服务产品或项目。比如，有较高数据素养和计算机信息处理能力的馆员，针对人文学者手工处理资料的局限性，将有关资料数字化和语义化，以数据可视化现场展示等方式手段，结合人文学者的意愿和要求，帮助他们处理资料和发现可能的关联，设立“数字人文”服务项目。

其次，以信息服务项目的要素关系或行为次序，也就是信息服务模式为基础，进行模式间的有效集成，并结合发展需要和相关条件，形成信息服务部门或业务。比如，“数字人文”服务项目可以在教学中为便于学生理解，以适当的可视化方式展示相关内容；也可以在研究中进一步挖掘各种关联关系，供研究者参考。当越来越多的人文学者无论是教学还是科研中有相应需要时，就可以组建团队或部门，专门开展“数字人文”服务业务。

第三，以信息服务业务为基础，进行相关业务的有效集成，并结合发展的可持续性和各方条件的可能性，形成信息服务体系或行业。比如，将“数字人文”“开放数据”“数据长期保存”等服务业务、“数据密集型研究”支持服务业务等进行有效集成，就可以形成以数据的获取、处理和使用为核心的数据服务体系。还可以进一步与知识服务体系、情报服务体系等组成更大范围的信息服务体系。

这里的有效集成，强调的是新的更大的整体能够具有更强大的功能，并能更有效地实现整体目标，而不是简单的拼凑和累加。

4.2 信息服务事业协同整合

信息服务事业的协同整合主要有两层含义：一是强调信息服务不仅仅是业务，更是事业；二是强调信息服务事业与大学图书馆的其他业务和事业以及学校和高等教育的整体事业协调发展、创新发展。

可见，大学图书馆信息服务创新的协同整合要求我们在建立健全信息服务体系的基础上，无缝对接图书馆其他业务和事业，主动融入师生、教学科研实体、相关职能管理部门等各类用户的教学科研与人才培养事业，紧密结合学校的使命和“双一流”建设目标，创建协同机制，开展协同服务。协同不等于合作，是在深度合作的基础上，创造出原先无法实现的新局面的过程。比如，与教学实体和教学管理部门协同，根据人才培养目标和学生成长成才需要，在提供教学所需信息资源保障服务的基础上，以信息素养工作坊为依托，配备专门空间、专用工具和专业馆员，切实培育学生的文献检索、知识获取、数据处理、情报分析、智慧集成等方面的意识和技能，建设除教室、社会实践之外的“第三课堂”。

4.3 信息服务生态开放整合

如果说 20 世纪由期刊的迅猛发展引发的“文献爆炸”，导致科学家难以及时全面地了解同行的研究情况和进展，出现了“索引”“文摘”等专门而有效的信息服务，并被后人称赞为“20 世纪情报学对世界的重大贡献”之一[12]，那么，互联网的迅猛发展引发的“信息爆炸”可谓是“地毯式轰炸”，导致几乎所有人已经离不开专门的帮助，就像离不开互联网一样，几乎颠覆了传统的人与信息的关系。尽管“搜索引擎”等工具发挥了重要作用，但远远不够。21 世纪能有什么样的信息服务可以遏制信息爆炸且造福人类而被 22 世纪的人称颂呢？

确实，国民经济各个行业和社会生活各个方面都在变革，都对信息服务提出了新的更高的要求。大学及大学图书馆置身于经济社会变革的洪流中，唯有守正创新，固本应变，不忘“本来”，吸收“外来”，面向“未来”。大学图书馆信息服务需要以更加壮丽的整体，全面展现其自身的生态系统和高等教育事业中的生态位意义，改变孤芳自赏或可有可无的局面；以更加多样的形式，深度应用物联网、新媒体、大数据、人工智能等实用技术，改变孤立落伍或装饰点缀的状况；以更加开放的姿态，广泛开展与社会机构和国际同行的项目合作与协同创新，改变安于现状或患得患失的态度。比如，英国牛津大学图书馆与剑桥大学图书馆联合组建专门团队，设立关于数字保存计划的协同研究项目（Digital Preservation at Oxford and Cambridge，DPOC），旨在为需要长期保存数字资产的机构评估和提供可持续的解决方案[13]。

4.4 信息服务价值计算整合

就像信息只有被认知、接受或运用等方式使用后才有价值可言，信息服务只有在用户认可、受益或参与后才能体现其价值，并往往衍生出新的更大的价值。从信息服务的定义中，我们还能够看到，信息服务的价值是通过“帮助”这一社会行为实现的，当人们在现实生产生活活动中遇到有待解决的实际问题，并需要得到相关信息的支援时，才会出现帮助行为，也就是信息服务行为。从行为的表现层看，信息服务行为主要有自助、他助、互助等类别，其行为主体、发生的原因和动机、动作的过程和结果、影响因素等非常复杂，尤其是互助行为及其价值创造过程更是复杂而多变。

大学图书馆的自助型信息服务因用户素质和信息素养较高而不断改进和增加，如阅览服务、自助借还服务、自助借阅服务、在线检索服务、下载服务、知识发现服务、数据库服务等。当然，用户的自助是在服务者事先搭建或集成的服务平台上进行的，用户还可以转变成为服务者的角色利用相关平台为他人提供服务。

大学图书馆的他助型信息服务主要是指以馆员为服务内容提供主体的服务，发挥释疑、支持、支撑等作用，如参考咨询服务、馆际互借服务、学科服务等。

大学图书馆的互助型信息服务是信息社会中新的发展环境和技术条件下的新型信息服务。其基本特征是服务者与信息用户之间充分地交流互动、角色切换、问题多重、计算支持、价值共创、成果共享。比如，由学科馆员的研究支持服务发展起来的融入式信息服务，研究活动中馆员在准确理解项目或课题负责人识别的科学问题和研究主题的基础上，运用专业工具方法或其他馆员和服务者的帮助，承担资料搜集、数据处理、现状评估、前沿发现、动态跟踪、成果推广等多个环节的具体任务，并享有相应的著作权等知识产权。有学者研究了基于数据的服务价值创造过程，识别出了包括数据源、数据采集、数据、数据分析、数据源中的信息、信息传递、信息用户、信息使用价值和服务者网络等 9 个因素[14]。

在信息服务实践中，服务者来自有上下游关系的多个方面，形成生产的前向和后向关联，在具有共同利益的服务活动中成为伙伴（“服务者网络”），用户多为具有同类需求的群体，而且是重要的数据源，服务者与用户的这种新的复杂的互动关系需要便捷的、实时的、连续的、精准的计算支持。其实，我们在社会生活中听到或看到的众多的“合作共赢”“互联网+”等方面的事例，都是基于计算支持的价值创造的结果。大学图书馆若能依靠计算支持，加强与用户的互动，帮助各类用户解决更加复杂的问题，所创造的价值就不仅是学术价值，更是信息文化价值。

5 结语

大学图书馆迎来了服务转型和升级的良好机遇。信息服务创新的细分战略作为一种认识事物和指导实践的方法论以及实际操作中的具体方法，可以帮助我们深化关于大学图书馆信息服务的认识、发现关键环节和创新之处并寻求局部突破。更重要的是，我们要有整合战略思想，尤其是优化整合信息服务体系、协同整合信息服务事业、开放整合信息服务生态、计算整合信息服务价值，与大学共发展，与社会同进步。

以大学为舞台，围绕人才培养的根本任务，以问题为中心，遵循问题解决的基本逻辑，坚持用户导向、服务至上的发展理念，坚持创新转型、以人为本的发展战略，大学图书馆信息服务将步入人信互济、人机融合、人文互美的新阶段。

参 考 文 献

[1] 于鸣镝．图书馆是什么[J]．图书馆理论与实践，1987（2）：16-19，24．

[2] 于鸣镝．重新认识图书馆[J]．图书与情报，2001（3）：6-8．

[3] 陈建龙，申静．信息服务学导论[M]．北京：北京大学出版社，2017．

[4] 刘劲杨．还原论的两种形相及其思维实质[J]．自然辩证法通讯，2007，29（6）：25-31．

[5] 萨多夫斯基．一般系统论原理[M]．贾泽林，刘伸，王兴成，等译．北京：人民出版社，1984：185．

[6] 于景元，周晓纪．从定性到定量综合集成方法的实现和应用[J]．系统工程理论与实践，2002（10）：26-32．

[7] 钱学森，于景元，戴汝为．一个科学新领域——开放的复杂巨系统及其方法论[J]．自然杂志，1990，13（1）：3-10．

[8] 陈建龙，申静．信息服务学导论[M]．北京：北京大学出版社，2017：236-237．

[9] 全国信息与文献标准化技术委员会. 信息与文献参考文献著录规则：GB/T 7714—2015[S]. 北京：中国标准出版社，2015.

[10] Lamb K, Tumelty N. Embedding library services in an engineering research group[R/OL]. [2018-07-13]. https://doi.org/10.17863/CAM.12154.

[11] 中国标准化研究院. 国民经济行业分类：GB/T 4754—2017[S]. 北京：中国标准出版社，2017.

[12] Hahn T B. What has information science contributed to the world[J]. Bulletin of ASIST, 2003, 29（4）: 2-3.

[13] Digital Preservation at Oxford and Cambridge[EB/OL]. [2018-07-13]. https://www.dpoc.ac.uk/.

[14] Chiehyeon L, Li Hum, Min Jun K, et al. From data to value: a nine factor framework for data based value creation in information intensive services[J]. International Journal of Information Management, 2018, 39: 121-135.

从北京大学图书馆《1919～1920年西文图书登录簿》看李大钊对马克思主义的引进与传播*

邹新明　陈建龙

1918年1月，李大钊出任北京大学图书馆主任。他既是中国共产主义运动的先驱者、伟大的马克思主义者、中国共产党主要创始人之一，又是学识渊博、先知先觉的著名学者和励精图治、成就卓著的图书馆领导，被国际上尊称为“中国现代图书馆之父”[1]。吴晞在《北京大学图书馆九十年记略》中总结指出，由于李大钊的积极领导和推动，“在中国革命史上，北京大学图书馆是马克思主义在中国传播的起点之一；在中国图书馆史上，它是国内第一所利用书刊宣传介绍马克思主义的图书馆。”[2]

最近两年，北京大学图书馆加强了对李大钊担任图书馆主任期间引进的革命文献的调查和发掘，发现了其任期内的《1919～1920年西文图书登录簿》（以下简称“登录簿”）。通过对这册登录簿的初步整理发现：仅此两年，北京大学图书馆就引进包括马克思、恩格斯、列宁著作及其他马克思主义著作，以及马克思、列宁传记15种；书名明确是关于社会主义的图书15种，无政府主义、基尔特社

* 邹新明，陈建龙．从北京大学图书馆《1919～1920年西文图书登录簿》看李大钊对马克思主义的引进与传播[J]．大学图书馆学报，2019(5)：5-11，37．

会主义、费边主义、工会主义、工团主义等当时广义上的社会主义图书15种；关于俄国问题和俄国革命的图书22种。这些图书的引进，固然与五四前后新思潮新文化的时代背景有关，但更主要的是作为图书馆主任的李大钊的思想倾向和积极推动的结果。上述有关67种图书，对于了解李大钊任主任期间北京大学图书馆对于马克思主义及其他进步西文图书的引进和传播情况是很好的参考，并且极大地补充了以往有关资料的不足。

下面，我们分别对这些西文图书加以整理和介绍，以期推动有关李大钊先生和这一时期进步思想传播的研究，并谨以此文作为李大钊先生诞辰130周年的纪念。

1　马克思主义、列宁主义原著及有关传记

马克思主义原著方面，这一时期引进马克思著作2种，马克思、恩格斯合著1种，恩格斯著作2种，列宁著作3种。此外，还引进马克思、列宁传记4种。限于篇幅，下面择其精要加以介绍。

（1）*A Contribution to the Critique of Political Economy* / by Karl Marx, Chicago: Charles H. Kerr & Co.,1918

马克思的《政治经济学批判导言》英文版，其出版公司 Charles H. Kerr & Co. 于1886年在芝加哥创办，由于创办人查尔斯·霍普·克尔（Charles Hope Kerr）个人兴趣由宗教到马克思主义的转变，该社出版了一些马克思主义相关图书。据介绍，美国社会党曾通过该出版社向世界各地的革命者提供社会主义书籍[3]。

（2）*Lohnarbeit und Kapital: zur Judenfrage und andere Schriften aus der Frühzeit* / von Karl Marx, Leipzig: P. Reclam

马克思的《雇佣劳动与资本》德文版，北京大学图书馆藏有1900年相同出版社版，经查证即此书。本书最初是马克思1849年为《新莱茵报》写的社论，以连载的形式刊出，没有刊完。1883年出版第一个单行本。

（3）*Manifesto of Communist Party* / by Karl Marx，Friedrich Engels, London: William Reeves

马克思与恩格斯合著的《共产党宣言》英文版，由伦敦的 William Reeves 出版公司出版，该社在当时是伦敦比较激进的出版社，曾于19世纪90年代出版“The Bellamy Library of Fact and Fiction”丛书，出版了马克思的《资本论》前9章等进步书籍。《共产党宣言》极有可能也是此丛书的一种。早在1845年，马克

思与恩格斯曾计划出版一系列关于社会改革的最好的法国人和英国人的著作，但未能实现。有研究者认为，此套丛书是对马克思和恩格斯出版计划的回应[4]。

（4）*Landmarks of Scientific Socialism* / by Friedrich Engels, Chicago: Charles H. Kerr & Co., 1907

恩格斯的《科学社会主义的里程碑》英文版，通常译为《反杜林论》。

（5）*Umwälzung der Wissenschaft* / von Friedrich Engels

本书全名为：*Herrn Eugen Duhring's Umwälzung der Wissenschaft*，应即恩格斯的《反杜林论》的德文版。

（6）*The Soviet at Work* / by Nikolai Lenin, New York: Rand School of Social Sciences,1919

列宁的著作，李大钊曾译为《苏维埃政府的要图》。

（7）*The State and Revolution* / by V.J.Ulianov, London: G.Allen & Unwin, Ltd.

列宁的《国家与革命》的英文版。

（8）*The Class Struggle* / by K. Kautsky, London: 20 Century Press

考茨基的《阶级争斗》。毛泽东在回忆中说，“有三本书特别深地铭刻在我的心中，建立起我对马克思主义的信仰……这三本书是《共产党宣言》……《阶级争斗》，考茨基著；《社会主义史》，柯卡普著”[5]，这3部书，我们在登录簿中都发现了英文版（《社会主义史》将在有关社会主义的部分加以介绍）。虽然毛泽东当时阅读的是中译本，但从中我们还是可以看出当时马克思主义在中国传播的一些特点和路径。

2 与社会主义有关的西文图书

在五四运动前后所讨论的“社会主义”，既包括科学社会主义，也包括无政府主义、基尔特社会主义、费边社会主义、工团主义、工会主义等。据周策纵《五四运动史》介绍，1919年秋，国内研究社会主义的团体风行一时，成立了各式研究社会主义、无政府主义、工团主义的组织[6]。据孙百刚翻译，中华书局1923年出版的柯卡普的一本关于社会主义的著作《社会主义初步》，其第12章标题为“无政府主义，工团主义，基尔特社会主义及玻尔塞维克”，其中“玻尔塞维克”今译“布尔什维克”。这表明，当时的学术思想界对于社会主义的认识都是比较宽泛的。

据此，笔者在整理这两年的西文书目，搜集有关社会主义的书籍时，不仅包括书名中明确带有“社会主义”一词的图书，也包括有关无政府主义、基尔特社会主义、费边主义、工会主义、工团主义的图书。根据这一界定，找到相关图书 30 种，其中比较重要的有：

（1）*French and German Socialism in Modern Times* / by Richard Theodore Ely, New York: Harper, 1911

作者理查德·西奥多·埃利（Richard Theodore Ely，1854—1943 年），美国经济学家，进步运动领导者。著有关于劳工运动、社会主义，以及其他社会问题的著作，具有广泛的影响。北京大学图书馆这一时期购有本书两册。

（2）*History of Socialism* / by Thomas Kirkup, London: A. and C. Black, 1913

托马斯·柯卡普（Thomas Kirkup，1844—1912 年），英国学者，曾撰写 1875～1889 年完成的《大英百科全书》第 9 版中的“社会主义”词条。该书把社会主义作为一种思想流派加以介绍，是前文提到的帮助毛泽东在青年时代建立起马克思主义信仰的三部书之一。《社会主义史》初版于 1892 年，1913 年版由英国费边社创始人之一皮司做了增订。北京大学图书馆这一时期先后购入两册，均为 1913 年增订版。

（3）*Marxian Socialism* / by W. P. Larkin, Clark: Purcell, 1918

英国人拉尔金（W. P. Larkin）著，据中文版译者李凤亭介绍，拉尔金是宗教信仰者，但对马克思主义的态度温和，评价也比较公正。

（4）*The Meaning of Socialis m* / by John Bruce Glasier, London: The National Labor Press, Ltd.

作者约·布鲁斯·格拉西尔（John Bruce Glasier，1859—1920 年）是苏格兰社会主义政治家，1885 年加入社会主义者联盟，并成为格拉斯哥（Glasgow）支部负责人。

（5）*Socialism in Thought and Action* / by Harry Wellington Laidler, New York: The Macmillan Company, 1920

作者哈里·惠灵顿·雷岱尔（Harry Wellington Laidler，1884—1970 年），美国社会主义作家、杂志编辑，政治家。曾任美国工业民主联盟执行主席。除了本书外，还著有《社会主义思想史》《社会主义计划和社会主义纲领》等。

（6）*The Socialism of To-day; A Source-book of the Present Position and Recent*

Development of the Socialist and Labor Parties in All Countries, Consisting Mainly of Original Documents / by William English Walling, New York: H. Holt and Company, 1916

编者威廉·英格里西·沃林（William English Walling，1877—1936年），美国记者、工人运动改革者和社会主义者。本书为关于社会主义的资料性文献，主要介绍了世界各国社会主义和工人政党的现状和最近发展情况。

日本学者石川祯浩在考察当时相关文献的传播时指出："在当时的有关社会主义思想的著作中，考茨基（K. Kautsky）和日本社会主义者所著讲解书的翻译，以及'正统派'马克思主义以外的社会主义书籍，远比马克思、恩格斯、列宁等的经典著作要多。"[7]这一时期北京大学图书馆的相关文献也具有类似的特点，即各类社会主义的书籍远比马克思、恩格斯、列宁等的经典著作要多。

3 关于俄国问题及俄国革命的图书

李大钊任北京大学图书馆主任期间，对有关俄国问题和俄国革命的图书的引进非常重视，最知名的就是1920年12月11日《北京大学日刊》刊登的北京大学"图书部典书课通告"（当时图书馆改称图书部），通告列出了"本校所有关于俄国问题之参考书籍二十三种"[8]。

笔者在整理北京大学图书馆《1919～1920年西文图书登录簿》时，发现上述23种图书中有16种在登录簿中有记录，仅缺7种。这表明，1920年底公布的这份书目，主要是李大钊任主任期间购买的。

下面重点介绍与23种俄国问题书目重合的16种图书中比较重要的著作。

（1）*The Red Heart of Russia* / by Bessie Beatty, New York: The Century Co., 1919

作者贝西·比蒂（Bessie Beatty，1886—1947年），美国新闻记者、编辑、剧作家。曾以战地记者的身份到俄国8个月，见证了俄国十月革命，本书即以此经历为基础写成。

（2）*Russia after the Revolution* / by Charles Ezra Beury, Philadelphia:George W. Jacobb, 1918

本书既包括作者穿越俄罗斯、波斯、土耳其等地的旅行记录，也包括俄国革命的介绍，第6章专门介绍布尔什维克夺取政权的情形。本书作者查尔斯·埃兹拉·贝里（Charles Ezra Beury，1879—1953年），美国律师，银行家，天普大学第二任校长。

（3）*Bolshevik Russia* / by Étienne Antonelli, New York: Alfred A. Knopf, Inc., 1920

作者艾蒂安·安东内利（Étienne Antonelli，1879—1971 年），法国经济学家，一战后期曾以军事专员的身份到俄国，得以见证十月革命及随后的事件，本书就是关于这一时期的记录。本书法文版出版于 1919 年，1920 年出版英译本。

（4）*The Russian Revolution* / by Leon Trotsky, London: Unwin, 1919

作者托洛茨基（Leon Trotsky, 1879—1940 年），俄国革命家，1905 年革命领导者，1917 年十月革命的组织指挥者，苏联共产党领袖。本书主要内容为 1917 年俄国二月革命和十月革命。

（5）*The Proletarian Revolution in Russia* / by Vladimir Il'ich Lenin; Leon Trotsky, New York: The Communist Press, 1918

本书为列宁与托洛茨基合著的《俄国无产阶级革命》。

另外，我们在登录簿中还发现了 6 种与俄国革命有关的图书，比较重要的有：

（1）*Six Weeks in Russian in* 1919 / by Arthur Ransome, London: G. Allen & Unwin ltd., 1919

作者阿瑟·兰塞姆（Arthur Ransome，1884—1967 年），英国作家和新闻记者。1919 年 1 月 30 日与两位挪威记者和一位瑞典记者从斯德哥尔摩出发到苏维埃俄国访问，同年 3 月中旬离开。本书是作者在苏维埃俄国期间的见闻记录，包括与列宁的谈话。

（2）*The Bullitt Mission to Russia* / by William Christian Bullitt, New York: B. W. Huebsch, 1919.

作者威廉·克里斯琴·布利特（William Christian Bullitt，1891—1967 年），美国外交官、新闻记者、小说家。曾以巴黎和会代表的身份与列宁谈判，本书是作者在美国外交委员会的证词。作者后曾出任美国驻苏联首任大使。

（3）*Ten Days that Shook the World* / by John Reed, New York: Boni & Liveright, Inc., 1919

作者约翰·里德（John Reed，1887—1920 年），美国新闻记者、诗人，社会主义活动家，以本书闻名。本书是关于十月革命的详细记载，有列宁的导言。

4 在马克思主义及进步思想传播中的作用与影响

关于这一时期上述 67 种西文图书的阅读和传播，因为资料的关系，我们只能略作探讨。

4.1 李大钊本人阅读和研究过其中一些书籍

李大钊在《新青年》1921 年第 9 卷第 3 号上发表的《俄罗斯革命的过去与现在》一文在介绍列宁的著作时说："列宁的著作译成英文的我只看见有《无产阶级的革命》(是集合列宁与托罗十基最近的演说而成的，纽约共产党印书社印行)《苏维埃政府的要图》（纽约 Rand School 印行）和《国家与革命》三种。" 其中《无产阶级的革命》应即我们前面介绍的书目中的 *The Proletarian Revolution in Russia*，出版社纽约的 The Communist Press 即李大钊所说的"共产党印书社"；《苏维埃政府的要图》应即我们所列书目中的 Soviet at Work，出版社纽约的 Rand School of Social Sciences，即李大钊简称的 Rand School；《国家与革命》应即我们所列书目中的 *The State and Revolution*。加之李大钊此文写于 1921 年，也就是在登录簿之后，可以大致确定，李大钊阅读的此 3 种列宁英文著作，都是来自当时的北京大学图书馆。

4.2 北京大学进步青年在李大钊的影响下积极从事马克思主义的研究和传播

《社会主义史》的译者李季，1918 年北京大学毕业后，一度返乡，后在北京大学补习班谋得教职。李季在 1920 年 3 月给胡适的信中开头即说："阔克泼所著的《社会主义史》，生于上星期内已将第一章译出来了；今特着听差将译稿送上。"[9]信中所说"阔克泼"即今译的"柯卡普"。本文所列《社会主义史》，在登录簿中的有 2 种，登录日期分别为 1919 年 5 月 2 日和 1920 年 1 月 28 日。故我们可以大致推断，李季翻译《社会主义史》时，有可能就是根据北京大学图书馆这一时期购入的英文本。

新潮社主要成员罗家伦曾翻译《俄国革命史》(原标题注明"著者塞克")，自 1919 年 4 月 19 日起在《晨报》上陆续连载；国民社创办的《国民》杂志 1919 年 11 月第 2 卷第 1 号上发表了李泽彰翻译的《马克思和昂格斯共产党宣言》。

笔者注意到，本文所列 67 种图书，与当时北京大学社团和机构在《北京大学日刊》上刊登的收藏书目有重合之处，鉴于当时西文有关文献比较稀缺，这些重合的图书也有调至有关机构的可能。即便不是调入，也极有可能是受到李大钊和他主持的北京大学图书馆相关收藏的影响。

1920 年 3 月，在李大钊的指导和支持下，北京大学马克斯学说研究会（又作马克思学说研究会）成立，该学会后来又建立“亢慕义斋”收藏马克思主义文献。1922 年 2 月 6 日，该学会在《北京大学日刊》上公布了“亢慕义斋”的藏书，经比对，与本文 67 种书目重合的有以下 4 种：

（1）马克思与恩格斯合著的 *Manifesto of Communist Party*（《北大日刊》书目误作 *Bommuist Manifests*）

（2）考茨基的 *Ethics and the Materialist Conception of History*

（3）列宁与托洛茨基合著的 *The Proletarian Revolution in Russia*

（4）艾伯特 • 里斯 • 威廉姆斯（Albert Rhys Williams）所著 *Lenin: The Man and His Work*

吴晞在《李大钊在北京大学图书馆》一文中指出：“亢慕义斋虽然在名义上不隶属于图书馆，实际上却是李大钊主持的北大图书馆的一个重要的组成部分，亢慕义斋的图书很多是由图书馆转来或代购的，”[10]上述 4 种重合的图书为此说提供了佐证。

此外，由北京大学学生区声白等无政府主义者发起创办的通信图书馆于 1920 年 7 月 7 日在《北京大学日刊》上刊登的“通信图书馆启事”中，公布了新到英文书籍 12 种，经比对，与本文 67 种书目重合的有以下 2 种：

（1）爱德华 • 雷诺兹 • 皮斯（Edward Reynolds Pease）所著 *History of the Fabian Society*（Fabian，《北大日刊》误作 Tabian。）

（2）列宁的 *Soviet at Work*

除上述 2 种图书，两个书目还包括了几位相同的作者，如詹姆斯 • 拉姆齐 • 麦克唐纳（James Ramsay MacDonald），约翰 • 斯帕戈（John Spargo），托洛茨基（Leon Trotsky）。

4.3 有力推进了马克思主义在中国的中文翻译传播

67 种图书中，有 16 种在 1920 年前后被译成中文，分别是：

（1）马克思的《雇佣劳动与资本》德文版。该书被收入1921年人民出版社出版的“马克思全书”中，袁让翻译（在“马克思全书”的广告中，译者为袁湘），译名为《工钱劳动与资本》。此书在登录簿中的登录日期为1920年10月22日。

（2）《共产党宣言》英文版，《共产党宣言》被陈望道全本译为中文，1920年8月由社会主义研究社出版，后收入人民出版社的“马克思全书”。登录簿的登录日期为1920年3月19日。关于陈望道翻译《共产党宣言》的底本，有一个广为传播的说法，即陈独秀通过李大钊从北京大学图书馆借出英文版交给陈望道，陈望道带回家乡翻译。虽然不少研究者认为，陈望道所据应为日文译本，但也不排除其参考英文版的可能。从时间上看，登录簿中登录的这本英文版《共产党宣言》，也有可能就是陈独秀借出的那本。

（3）列宁《国家与革命》的英译本。马林在1922年7月11日给共产国际执委会的报告中，提到“列宁的《国家与革命》已由一个中国同志翻译出版。”[11]本书在登录簿的登录日期为1920年10月4日。

（4）列宁的 *Soviet at Work*，由李立翻译，中文译名《劳农会之建设》，1921年12月出版，收入人民出版社的“列宁全书”丛书。本书在登录簿的登录时间为1920年11月8日。

（5）考茨基的《阶级争斗》，由恽代英译成中文，1921年由新青年社出版，收入《新青年丛书》。本书在登录簿的登录时间为1920年3月19日。

（6）理查德・西奥多・埃利（Richard Theodore Ely，1854—1943年）所著 *French and German Socialism in Modern Times*，由黄尊三翻译，1922年在上海商务印书馆出版，题名为《近世社会主义论》。本书在登录簿的登录时间为1920年1月28日。

（7）柯卡普《社会主义史》1913年皮司增补本，由李季翻译，新青年社1920年10月出版，收入《新青年丛书》。本书在登录簿中有2册，登录日期分别为1919年5月2日和1920年1月28日。

（8）英国人拉尔金所著 *Marxian Socialism*，1920年10月由李凤亭在东京完成译稿，书名为《马克思派社会主义》，收入“共学社丛书”之“马克思研究丛书”。1922年由商务印书馆出版。本书在登录簿的登录日期为1920年1月13日。

（9）苏格兰社会主义政治家约翰・布鲁斯・格拉西尔（John Bruce Glasier，1859—1920年）的 *The Meaning of Socialism*，由刘建阳译成中文，题名《社会主义之意义》，大致译成于 1921 年，1923 年由商务印书馆出版，收入“共学社丛书”之“社会丛书”。本书在登录簿的登录日期为 1920 年 10 月 6 日。

（10）哈里·韦林顿·莱德勒（Harry Wellington Laidler，1884—1970 年）的 *Socialism in Thought and Action*，由李季译、陶孟和校，中文题名为《社会主义之思想及运动》，商务印书馆 1923 年出版，为“世界丛书”之一种。本书北京大学图书馆购入 2 册，登录时间为 1920 年 11 月 6 日。

（11）约翰·亨特·哈利（John Hunter Harley，1865—1947 年）的 *Syndicalism*，由李季翻译，中文书名为《工团主义》，新青年社 1921 年出版，“新青年丛书”之一。本书在登录簿上的著录时间为 1919 年 11 月 17 日。

（12）乔治·罗伯特·斯特林·泰勒（George Robert Stirling Taylor）的 *The Guild State*，由沈泽民译成中文，书名为《基尔特的国家》，上海商务印书馆 1922 年出版，收入“共学社今人会丛书”。本书在登录簿上的著录时间为 1920 年 11 月 13 日。

（13）爱德华·雷诺兹·皮斯（Edward Reynolds Pease）的 *History of the Fabian Society*，由薛嘘成和沈端方翻译，中文名为《费边社史》，1922 年由上海商务印书馆出版。为“共学社社会丛书”之一。本书在登录簿上的著录时间为 1920 年 1 月 13 日。

（14）克鲁泡特金的 *Conquest of Bread*，由巴金翻译，书名译为《面包略取》，1927 年由克氏全集刊行社出版，收入《克氏全集》。本书在登录簿上的著录时间为 1919 年 12 月 9 日。

（15）克鲁泡特金的 *Modern Science and Anarchism*，由黄凌霜译成中文，中文名为《近世科学与无政府主义》，1919 年出版，收入“进化丛书”，该书出版不久就被北洋政府查禁。本书在登录簿的登录日期为 1920 年 5 月 28 日。

（16）克鲁泡特金在巴黎的演讲 *The Place of Anarchism in Socialistic Evolution*，最早于 1916 年由消声翻译，发表于《民声》第 29 期，题名译为《社会主义进化中之无政府主义》；然后是邹德高翻译，在《创造》1922 年第 1 卷第 1 期上发表的《“无政府主义”在“社会主义”进化中的地位》，此译文又发表于《北京大学日刊》，1922 年 2 月 7 日、8 日、13 日连载，并注明由高一涵校；最后是范天均翻译的，发表于《民钟》1925 年第 12、13 期。本书在登录簿的登录日期为 1920 年 5 月 26 日，晚于消声翻译，早于邹德高、范天均翻译。

以上16种中译本中，属于当时人民出版社出版的“马克思全书”2种，“列宁全书”1种。亢慕义斋不仅收藏马克思主义著作，还组织英、德、法翻译组，着手翻译相关文献。据早年参加马克思学说研究会的罗章龙回忆：“根据人民出版社通告（广州昌兴新街二十八号），该社编译社会主义新书和重版书籍共计四十八种，其中标明康明尼斯特丛书十种，列宁全书十四种，均系亢慕义斋翻译任务。又马克思全书十四种，是亢慕义斋与上海、广州同志分任编译的，”[12]经比对，人民出版社当年通告中除上述翻译出版的3种外，目前未见流传的书目中的图书与本文67种图书重合的还有：“列宁全书”中的《国家与革命》《无产阶级革命》（即本文书目中的《俄国无产阶级革命》）。鉴于“亢慕义斋”及马克思学说研究会均有北京大学背景，我们可以大致推断，1919——1920年由李大钊主持的北京大学图书馆引进的马克思主义及相关文献，极有可能为人民出版社组织翻译出版的马克思主义文献提供了一部分原始文献底本。

5 结语

李大钊任北京大学图书馆主任期间，恰逢一战结束、十月革命胜利、五四运动等重大事件前后发生，由于他本人对马克思主义的接受和信仰，以及当时各种进步思潮的影响，他在主持北京大学图书馆期间，对引进马克思主义和其他进步书刊，起到了积极的领导和推进作用。从相关文献的引进与传播、中文译本的翻译等方面考察，北京大学图书馆在传播马克思主义及其他进步思潮方面，开风气之先，并与当时的进步思潮积极互动，产生了深远的历史影响，李大钊在其中的巨大作用功不可没。

附：67种西文图书简目

1. A Contribution to the Critique of Political Economy/by Karl Marx, Chicago: Charles H. Kerr & Co., 1918.

2. Lohnarbeit und Kapital: zur Judenfrage und andere Schriften aus der Frühzeit/von Karl Marx, Leipzig: P. Reclam, 出版年不详.

3. Manifesto of Communist Party/by Karl Marx, Friedrich Engels, London: William Reeves, 出版年不详.

4. Landmarks of Scientific Socialism/by Friedrich Engels, Chicago: Charles H. Kerr & Co., 1907.

5. Umwälzung der Wissenschaft/von Friedrich Engels，出版信息不详.

6. The Soviet at Work/by Nikolai Lenin, New York: Rand School of Social Sciences, 1919.

7. The State and Revolution/byV. J. Ulianov, London:G. Allen & Unwin, Ltd., 出版年不详.

8. The Future Belongs to the People/K. Liebknecht; S.Zimand, Walter Weyl, New York: Longmans, Green, and Co., 1918.

9. Karl Marx: Biographical Memoirs/by W. Liebknecht, Chicago: Charles H. Kerr & Co., 1901.

10. Ethics and the Materialist Conception of History/by K. Kautsky, Chicago: Charles H. Kerr & Co., 1918.

11. The Class Struggle/by K. Kautsky, London:20 Century Press, 出版年不详.

12. Marxian Socialism and Religion/by John Spargo, New York: B. W. Huebsch, 1915.

13. Karl Marx/by Karl Dannenberg, New York: Radical Review, 1918.

14. Karl Marx/by John Spargo, New York: B. W. Huebsch, 1912.

15. Lenin:The Man and His Work/by Albert Rhys Williams, New York: Scott & Seltzer, 1919.

16. French and German Socialismin Modern Times/by Richard Theodore Ely, New York: Harper, 1911.

17. Twentieth CenturySocialism: What It Is Not; What It Is: How It May Come/by Edmond Kelly, New York: Longmans, Green, and Co., 1913.

18. A History of British Socialismvol.1/by Max Beer, London: G.Bell and Sons, Ltd., 1919.

19. History of Socialism/by Thomas Kirkup, London:A.and C. Black, 1913.

20. An Inquiry into Socialism/by Thomas Kirkup, London:Longmans, Green, and co., 1909.

21. International Socialism and the War/by Arthur Wilfrid Humphrey, London:P. S.

King and Son Ltd., 1915.

22. Marxian Socialism/by W. P. Larkin, Clark:Purcell, 1918.

23. The Meaning of Socialism/by John Bruce Glasier, London: N. The National Labor Press, Ltd., 出版年不详.

24. Revolution in Germany/by Karl Dannenberg, New York: Radical Review, 1906.

25. Socialism/by Robert Flint, Philadelphia:J. B. Lippincott, 1906.

26. Socialism: New and Old/by William Graham, London: Trubner, 1908.

27. Socialism/by Correa Moylan Walsh, New York: Sturgis & Walton,co., 1917.

28. Socialism/by Edwin Clyde Robbins, New York: The H. W. Wilson, 1915.

29. Socialism in Thought and Action/by Harry Wellington Laidler, New York: The Macmillan Company, 1920.

30. The Socialism of to day/by William English Walling, New York: H. Holt and Company, 1916.

31. The New Unionism/by André Tridon, New York: B. W. Huebsch, 1914.

32. An Introduction to Trade Unionism/by G. D. H. Cole, Westminster:Fabian Research Department; London: G. Allen and Unwin, 1918.

33. Syndicalism/by John Hunter Harley, London:T. C. & E. C. Jack, 出版年不详.

34. Economics and Syndicalism/by Adam Will Kirkaldy, London: Cambridge University Press, 1914.

35. Syndicalism:A Critical Examination/by James Ramsay MacDonald, London: Constable & Co., Ltd., 1912.

36. Syndicalism in France/by Louis Levine, New York:Columbia University, 1914.

37. The Guild State/by George Robert Stirling Taylor, London:G. Allen & Unwin, 1919.

38. A Guildsman's Interpretation of History/by Arthur Joseph Penty, London: G. Allen & Unwin Ltd., 1920.

39. History of the Fabian Society/by Edward Reynolds Pease, London: A. C. Fifield, 1916.

40. Fabian Essays in Socialism/by Bernard Shaw, London: Felling on Tyne; New York: Walter Scott Publishing, 1908.

41. Conquest of Bread/by Peter Alexeivich Kropotkin, London: Chapman & Hall, 1913.

42. Law and Authority: an Anarchist Essay/by Peter Alexeivich Kropotkin, London: William Reeves, 出版年不详.

43. An Appeal to the Young/by Peter Alexeivich Kropotkin, 出版信息不详.

44. Modern Science and Anarchism/by Peter Alexeivich Kropotkin, London: Freedom Press, 1912.

45. The Place of Anarchism in Socialistic Evolution: an Address Delivered in Paris/by Peter Alexeivich Kropotkin, London: William Reeves, 出版年不详.

46. The Red Heart of Russia/by Bessie Beatty, New York: The Century Co., 1919.

47. The Soul of the Russian Revolution/by Moissaye Joseph Olgin, New York: Henry Holt and Company, 1917.

48. Russia in Transformation/by Arthur Judson Brown, New York: Fleming H. Revell Company, 1917.

49. Russia after the Revolution/by Charles Ezra Beury, Philadelphia: George W. Jacobb, 1918.

50. Bolshevik Russia/by Étienne Antonelli, New York: Alfred A. Knopf, Inc., 1920.

51. The Russian Revolution/by Leon Trotsky, London: Unwin, 1919.

52. Russia in Upheaval/by Edward Alsworth Ross, London: Unwin, 1919.

53. A Diary of the Russian Revolution/by James Lawrence Houghteling, New York: Dodd, Mead and Company, 1918.

54. The Prelude to Bolshevism/by Aleksandr Fyodorovich Kerensky, London: T. F. Unwin Ltd., 1918.

55. The Proletarian Revolution in Russia/by Vladimir Il'ich Lenin; Leon Trotzky, New York: The Communist Press, 1918.

56. Memoirs of a Revolutionist/by Peter Alexeivich Kropotkin, New York: Houghton, Mifflin and company, 1899.

57. Memoirs of a Revolutionist/by Peter Alexeivich Kropotkin, London: Smith, Elder, 1899.

58. The Little Grandmother of the Russian Revolution: reminiscences and letters of CatherineBreshkovsky/edited by Alice Stone Blackwell, London: Unwin, 1919.

59. The Rebirth of Russia/by Isaac Frederick Marcosson, New York: John Lane Company, 1919.

60. The Eclipse of Russia/by Emile Joseph Dillon, London: J. M. Dent, 1919.

61. The Russian Democracy in its Struggle Against the Bolshevist Tyranny/by Col. Vladimir I. Lebedeff, New York: The Russian Information Bureau in the U.S., 1919.

62. Russia's Agony/by Robert Wilton, London:E. Arnold, 1918.

63. Russian Revolution and who is who in Russia/by Zinovy N. Preev, London: J. Bale & Danielsson, 1918.

64. Six Weeks in Russian in 1919/by Arthur Ransome, London: G. Allen & Unwin ltd., 1919.

65. The Bullitt Mission to Russia/by William Christian Bullitt, New York: B. W. Huebsch, 1919.

66. A Message to the American People/by Catherine Breshkovsky, New York: Russian Information Bureau in the U.S., 1919.

67. Ten Days that Shook the World/by John Reed, New York: Boni & Liveright, Inc., 1919.

参考文献

[1] 陈建龙．大学图书馆的本来、外来和未来——以北京大学图书馆为例[J]．大学图书馆学报，2018（6）：7.

[2] 吴晞．北京大学图书馆九十年记略[M]．北京：北京大学出版社，1992：34.

[3] 何建华，高华梓．沈雁冰和《国家与革命》的首次汉译[J]．马克思主义研究，2015（9）：39.

[4] Beaumont M. William Reeves and late Victorian radical publishing: unpacking the Bellamy Library[J]. History Workshop Journal，2003，55（1）：93.

[5] 埃德加·斯诺．西行漫记[M]．董乐山，译．北京：新华出版社，1984：135.

[6] 周策纵．五四运动史[M]．陈永明，张静，译．北京：世界图书出版公司，2016：242.

[7] 石川祯浩．中国共产党成立史[M]．袁广泉，译． 北京：中国科学出版社，2006．
[8] 图书部典书课通告[N]．北京大学日刊，1920-12-11（2）．
[9] 耿云志．胡适遗稿及秘藏书信：第 28 册[M]．合肥：黄山书社，1994：47．
[10] 吴晞．李大钊在北京大学图书馆[J]．图书馆理论与实践，1991（2）：39．
[11] 马林．向共产国际执委会的报告（1922 年 7 月 11 日）[G]//中共中央党史研究室第一研究部．共产国际、联共（布）与中国革命文献资料选辑：1917-1925[M]．北京：北京图书馆出版社，1997：228．
[12] 罗章龙．椿园载记[M]．北京：生活・读书・新知三联书店，1984：87．

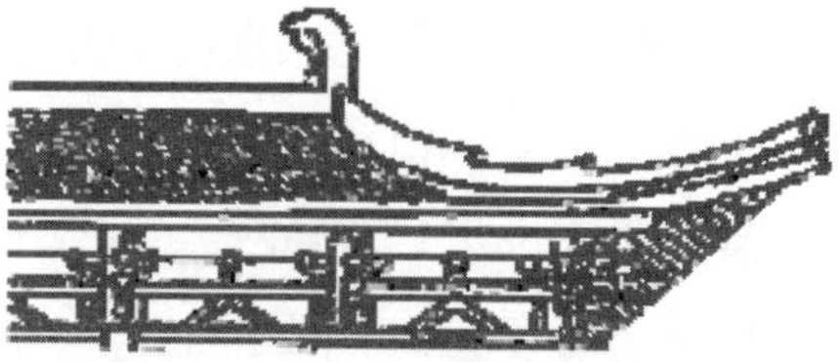

勇担新的文化使命　力推善的阅读服务*

陈建龙

欣闻并阅读了习近平总书记给国图8位老专家的回信，倍感亲切和自豪，深受鼓舞和振奋。感受到了国家图书馆和我国图书馆事业110年来取得的辉煌成就，尤其是在传承中华文明、提高国民素质、推动经济社会发展等方面的积极作用；感受到了一代代国图人和我国图书馆人心系国家、矢志前行、爱岗敬业、辛勤奉献的精神品质，尤其是他们砥砺奋进中揭示知识的聪明才智和创新发展的磅礴力量；感受到了图书馆在建设社会主义文化强国征程上的重要意义、地位和职责，尤其是履行新的文化使命的目标要求和殷切期望。

作为我国图书馆事业组成部分的高校图书馆，越来越自觉地融入立德树人这一高校的根本任务而确立其发展理念和工作格局，越来越主动地立足国家高等教育事业、科技事业和文化事业而提升其价值定位和服务效用。作为新时代的高校图书馆人，越来越自觉地坚守高校图书馆的初心，承担图书馆员和教育工作者、文 化传播者等多重职责，越来越主动地关注和满足青年人在“学习知识、增长才干、放飞梦想”等方面的需求。在这种发展趋势中，高校图书馆的阅读服务正从一片场地、一次活动向一个项目、一种业务和一项事业奋进。

---

* 陈建龙. 勇担新的文化使命 力推善的阅读服务——感受习近平总书记给国家图书馆老专家回信精神[J]. 中国图书馆学报，2019（5）：10-11.

习近平总书记在党的十九大报告中强调:“当代中国共产党人和中国人民应该而且一定能够担负起新的文化使命，在实践创造中进行文化创造，在历史进步中实现文化进步!”以社会主义文化强国为建设目标，以“牢牢掌握意识形态工作领导权、培育和践行社会主义核心价值观、加强思想道德建设、繁荣发展社会主义文艺、推动文化事业和文化产业发展”为主要内涵的新的文化使命，为包括高校图书馆在内的新时代我国图书馆事业和图书馆工作指明了努力方向，明确了历史责任。

高校图书馆在发展中积累了博大精深的文化底蕴。中华优秀传统文化、革命文化、社会主义先进文化在这里汇聚，思想文化、科学文化、信息文化在这里交融， 并在图书馆炼成了一个国家、一个民族发展中更基本、更深沉、更持久的力量，也就是文化自信。这样的文化底蕴更说明了高校图书馆的基本使命就在于扎根中国大地，精准采集、揭示、组织、利用、传承人类知识和世界文明，既为学校使命服务，又为文化繁荣服务。我们唯有坚守初心，勇担使命，才能真正把图书馆建成“滋养民族心灵、培育文化自信的重要场所”。

“腹有诗书气自华”(苏轼《和董传留别》)，读书学习是青年人树立和放飞梦想的首要任务，治学治心是学者施展才华和履职尽责的基本保障。针对广大师生旺盛的精神文化需求，高校图书馆要切实提供全面有力、全程有效的阅读服务，也就是以善的阅读服务助力师生的善学善治。

善的阅读服务是基于善学需求的全面有力的服务。“伦类不通，仁义不一，不足谓善学”(《荀子·劝学》)。善学要求学者能够对各类世事融会贯通，对礼法道义坚守如一。图书馆要优化业务流程和管理模式，在文献资源采集、揭示、组织和利用等业务环节中，充分结合用户的善学需求，充分尊重领域专家的意见建议，充分发挥分类法和主题法的知识发现和关联功能。图书馆还要创新服务方式和服务手段，在文献借阅规则、服务网络建设、深度语义挖掘、用户关系管理等方面，全面分析用户学习方式和学习行为的深刻变化，全面修订相关规则，全面运用成熟适用的现代信息通信技术。

善的阅读服务还是基于善治需求的全程有效的服务。“博学之，审问之，慎思之，明辨之，笃行之”(《礼记·中庸》)是历来备受推崇的治学方法，也是逐步递进的治心过程。图书馆要根据治学治心过程的广泛学习、仔细询问、谨慎思考、清 晰分辨、忠实践行等不同阶段，在服务人员配置、服务空间设计、服务内容组

织等 方面提供相应的便捷持续的帮助。图书馆还要依据“学思用贯通，知信行统一”的要求，在用户信息素质培育、主题知识推送、协同方式创新等方面提供相应的精准有效的帮助。

面对新的文化使命，我们要勇于担当；针对善的阅读服务，我们要努力推动。

交融式数字图书馆场景中的数字学术服务

——以北京大学图书馆为例*

陈建龙　别立谦　童云海

一、引言

数据的爆炸性增长，带来了科学研究方法的变革，催生了科学研究的第四范式，即图灵奖获得者吉姆·格雷（Jim Gray）所称的“数据密集型科学发现”[1]。格雷呼吁资助开发数据采集、管理和分析的工具，以及交流与发布的基础设施，还强调要建立起与传统图书馆一样普及和强大的现代化数据与文件存储体系。[2]

数据密集型科学发现的提出，为科学发展与学术交流提供了新的机遇和思路，同时对学术图书馆的资源建设与服务设计提出了新的挑战。数据的采集、管理、分析、可视化和长期保存等相关工作，需要一个能把所有的科学数据和文献资源联系在一起，并提供数据和文献适时交互操作的平台，在线科学数据平台应运而生。基于在线科学数据平台，科研人员既可以在阅读某篇论文时查看其原始实验数据，甚至可以重做分析，也可以在查看某些数据时查出其相关的文献，这是一个全新的数字学术（digital scholarship）环境。数字学术作为21世纪出现的一种新的研究形式，越来越受到科研人员的青睐，也带来了高等教育的文化变革和学

* 陈建龙，别立谦，童云海. 交融式数字图书馆场景下的数字学术服务——以北京大学图书馆为例. 2020年第十五届海峡两岸图书资讯学学术研讨会论文集。

术交流方式变革[3]。面对这一变革，越来越多的学术图书馆也将数字学术服务作为未来转型的重要方向和前行动力。

本文从交融式数字图书馆的概念和特征入手，分析数字学术的概念范畴和需求，在分享北京大学图书馆数字学术服务实践的基础上，探讨学术图书馆提供数字学术服务的关键问题和战略构想。

二、交融式数字图书馆与数字学术概念辨析

交融式数字图书馆或将成为数字学术的重要场景，理清两者的概念内涵和演变发展至关重要。

（一）交融式数字图书馆的概念和特征

自上个世纪九十年代开始，数字图书馆这一概念逐渐引起图书馆学、情报学和计算机科学技术等领域的重视，产出大量的理论研究成果与最佳实践案例。美国、英国、加拿大、法国、日本等国家纷纷投入巨大的人力物力开展数字图书馆建设[4]。1994 年，美国国家科学基金会（NSF）等机构联合资助了 DLI 项目（Digital Library Initiatives），开展数字化资源生成、收集、组织、存储等方面关键技术的研发，并于 1998 年开展 DLI 二期项目，探索数字图书馆相关基础性理论前沿研究[5]。1995 年，英国 eLib 项目（Electronic Libraries Programme）资助了六十多个数字图书馆项目，分三期进行，致力于推动英国高等教育信息资源与技术的开发及利用[6]。我国数字图书馆发展也较早，国家图书馆在 1995 年成立了调研数字图书馆的专项小组，1996 年在北京召开的国际图联（IFLA）大会设立了“数字图书馆”专题，此后数字图书馆研究论文与专著增长迅速[7]。数字图书馆二十余年的发展历程，逐步经过了早期以图书馆集成管理系统（ILS）为主的摸索阶段，后来针对“复合图书馆”纸电资源管理与服务的“资源发现”平台为特色的深化阶段，当前利用云服务和共享知识库连接图书馆、数据资源和用户的服务应用平台为特征的转型阶段。新型的数字图书馆，将实现人（用户和馆员等）、机器（计算机和智能终端等）、信息（数据和知识等）三者充分交互，深度融合，一体化发展，本文称其为交融式数字图书馆。

交融式数字图书馆具有多方面的特征：一是用户导向，二是多源融合，三是数字孪生，四是人机交融，五是人信共济。

用户导向。用户真正成为图书馆服务工作的出发点和归宿。这是指“以用户有待解决的问题及其目的为依据的服务方向、以用户利益为前提的价值取向和以用户的期望、体验和效用为核心的行为意向。”[8]具体包括真正帮助个人和机构用户解决问题而不仅仅是解答需求的用户待解问题导向，同步提升用户信息素质而不仅仅是检索技能的用户素质导向，注重用户使用效果而不仅仅是服务过程的用户效用导向，关注用户满意度和价值实现而不仅仅是服务业绩的用户价值导向。

多源融合。图书馆各种类型的文献和数据集以及承载于文献和数据集中的主题知识等多源信息融合，数据资源和知识资源将成为图书馆的核心资源，空间资源、馆员资源也将以数据的形态出现。数据资源既包括图书馆的文献资源，也包括实验室的大规模、多模态的实验数据和可能来自个人生活中的各种数据。多模态的海量数据涉及众多学科，未来的科学研究将融合使用这些数据，图书馆需要创建工具或平台，以支持从数据采集、验证、加工、管理、分析和长期保存的整个流程。需要仔细考虑哪些数据应该长期可用，并且必须采集或创建配套的元数据而使这些数据的长期可用成为可能。

数字孪生。以多源融合为基础，实体图书馆和虚拟图书馆将成为一个不可分割的整体。充分利用物理模型、实时传感、运行历史等数据，集成多学科、多物理量、多尺度、多概率的仿真过程，在虚拟空间中完成映射，从而反映相对应的实体装备的全生命周期过程。实体图书馆和虚拟图书馆，将通过一个或多个重要的、彼此依赖的映射系统，实现两者的和谐共生。

人机交融。图书馆在用户面前，不仅仅是一个庞杂的海量数据库，数据分析将覆盖整个工作流的所有活动，数据库的建设不再是只能读取数据的文件集，更需要具有建模、分析和数据可视化等功能。如何为用户提供其关心和需要的数据资源，并利用机器的强大计算功能，为用户提供加工后的信息和知识，并提供沉浸式的交互手段，构建起人与机器之间的密切关系。让用户“畅游”图书馆。

人信共济。人和信息之间是一种互动共生关系，这里的“人”既包括信息的使用者（科研人员），也包括数据资源的提供者（图书馆员）。图书馆要分析和研究信息流的特征及其用户、流程和源头，通过有关概念的关联和信息的流动特征，设计学术服务场景，做到以人为本，趋利避害。

可见，交融式数字图书馆是图书馆数字化、网络化、智能化发展到一定阶段的产物，是更加便捷、灵活、智慧的随身图书馆，将为数字学术活动提供广阔的舞台和优质的服务。

（二）数字学术的概念及其研究进展

数字学术环境下学术研究的需求和特点将会带来哪些变化，在新时期图书馆该如何定位，如何应对这些需求的变化，是全球学术图书馆面对的重大挑战。

1. 数字学术的缘起和概念

有研究表明，数字学术的概念最早出现于20世纪90年代末的英国，是一种将新技术、数据分析工具等应用于学术研究的理念，是在数字科学、电子科学、电子学术、网络基础设施等概念的基础上发展演进而来的，涉及数据库技术、高性能网络、高性能计算、可视化技术等一系列的信息技术[9]。数字学术利用数字证据、调查方法、研究、出版和保存的方法来开展学术活动和实现研究目标[10]。华盛顿大学图书馆提出数字学术可理解为广泛利用数字媒体的独特功能为教学和科研开辟一种或多种新可能性，包括但不限于新形式的协作、新形式的出版以及可视化和分析数据的新方法，并且认为数字学术通常包括非正式出版的原生数字、多媒体、数据库作品，以及对其他原生数字材料、数字文本和图像、数字音乐或艺术、数据集的分析，这种形式的学术数据、展示和传播意味着出版和传统的图书馆收藏发生了转变，是数字技术应用于学术的自然演变和适应[11]。

《中华人民共和国国民经济和社会发展第十四个五年规划和2035年远景目标纲要》描绘了美好的数字化战略图景。在数字化转型发展的新时代新阶段，数字经济、数字政府、数字文化、数字社会、数字生态等迅猛发展的今天，数字学术的概念也将取得更大发展。数字学术将成为人们以数据资源为基础、以数据资产和数据要素为对象的新的知识生产和文化生活方式。图书馆也将迎来包括数据资源建设、数据资产管理、数字技术应用、数字素养培育等多方面内容的数字学术服务新的发展空间。

2. 国外图书馆提供数字学术服务的现状

早在21世纪初，北美地区的研究图书馆协会（Association of Research Libraries，简称ARL）便已开始将数字学术运用到学术研究领域，开展了图书馆数字学术研究的实践和技术应用。ARL成员图书馆通过创新计划来支持数字学术，致力于数字图像、文本和声音的收集和管理，并创建了与这些材料一起使用的工具，作为该机构使命的核心部分。[12] 2016 年 1 月，研究图书馆协会面向成员图书馆发放了针对数字学术主题的问卷，并根据问卷调查结果，于同年 5 月发布了《SPEC Kit 350：支持数字学术》调查报告[13]。2016 年 6 月，美国大学与研究图书馆协会（Association of College and Research Libraries，简称 ACRL）发布的《2016 高校图书馆发展趋势》将数字学术列为未来图书馆领域发展的十二大趋势之一[14]。欧洲研究型图书馆联盟《研究型图书馆为数字时代的可持续知识提供动力：2018—2022 战略》中提出 2022 年愿景是“研究型图书馆的作用将在于为数字时代的可持续知识提供动力”，明确了三个战略方向，包括：图书馆成为创新学术交流的平台、数字技能和服务的枢纽、研究基础设施的合作伙伴。[15]

2021 年 3 月，欧盟委员会发布《欧洲数字十年：2030 年实现数字驱动欧洲》，提出欧洲数字化指南针，包括：培养具有数字技能的公民和高技能的数字专业人员，建立安全、高性能和可持续的数字基础架构，企业数字化转型，公共服务数字化。[16]图书馆的数字化转型以及为数字学术服务的前景令人期待。

3. 数字学术服务研究进展

国外高校图书馆或研究型图书馆在数字学术服务的理论与实践方面已有较为深厚的积淀。根据涂志芳和徐慧芳等人对 15 所高校图书馆的调研整理结果可见，各校图书馆对数字学术服务的命名有所不同，体现出各校图书馆对数字学术服务的概念理解与定位的差异，分别侧重于提供服务、提供研究性服务、提供物理空间、提供交流与共享环境、提供资源与技术等不同方面，开辟了物理空间、数字科研工具、研究数据服务、学术交流与数字出版服务、数字人文服务、数字学术研讨与培训服务、数字技术支持服务等服务项目。[17]针对数字学术服务多样化的特点，还有研究将高校图书馆相关服务项目总结为九类的[18]、七类的[19]或五类的[20]。虽然表述有所不同，但归根结底，高校图书馆提供数字学术服务的目的是为教师、学生和员工提供技术支持、设备和协作机会，开创新的知识创造模式。尤其是作为数字学术的重要组成部分，数字人文的研究受到广泛关注。主要集中在以下 5 个方面：培养新一代数字人文学者，将数字方法和工具纳入到他们的研究、教学、学习中去；为数字人文项目建设的整个生命周期提供咨询与技术支持服务；致力于数字人文软件工具及关键方法生态系统的研发；支持、鼓励并孵化创新的数字人文项目，创造跨学科协作的机会；为数字学术服务提供空间服务、资源与资金支持[3]。

概括而言，数字学术服务包括数字人文服务、数字学术空间服务、科学数据服务（含开放存取）、数字技术支持服务（数字化服务、可视化服务）、数字出版与版权服务、数字科研工具、数字项目支持、数字学术教育（研讨与培训）、教学与课程支持、合作与互动式研究等众多可行的方式。相关研究的进一步深化，必将促进数字学术的更大发展。

三、北京大学图书馆数字学术服务的积极尝试

数字学术的目标还是在于为学术研究服务，学术研究因数字学术环境的变化而呈现出更多的动态特征，图书馆在其中更多地要起到中介或者桥梁的作用，发挥信息专家的角色和作用，有效建立起图书馆、学者、技术专家三方面的链接，促成合作、协同作战，在文献资源、电子资源和数据资源融合的基础上，借助一定的技术或工具提供学术服务，这也是促成数字学术发展的核心所在。

（一）设立研究机构持续探索数字图书馆发展

北京大学图书馆在探索数字学术发展方面起步早。为求新的发展，必须借助信息技术的力量，加强合作与共享。早在 1999 年，图书馆、信息科学技术学院和 CALIS 管理中心联合成立了北京大学数字图书馆研究所，并挂靠在北京大学图书馆。研究所以数字图书馆建设的理论、方法和实践的研究为先导，通过与国内外同行的广泛交流与合作，针对馆藏各种类型的数据资源进行建设实践和服务，积累知识，培养人才，建立系统化的北京大学数字图书馆，以期为我国的数字化工程作贡献。研究所成立最初几年，围绕数字图书馆研究这一主题，开展了有关数字图书馆模式、标准规范（元数据、数字加工标准等）、关键技术、互操作层与互操作标准等的研究，并进行了小规模应用实践，为中国高等教育数字图书馆和北京大学数字图书馆的建设奠定了技术基础。

近年，随着数据科学的科研基础设施的不断进步，科学研究第四范式的广泛应用，学术交流移动互联网化，虚拟现实与人工智能快速发展，学术环境不断变化，学术交流系统也随之不断变革。数字图书馆研究所加强了在大数据、人工智能、区块链等技术上的合作探索，力求在图书馆发展模式模型上、在探索学术生

态转型上取得突破和创新。

（二）着力搭建学术生态系统

面对学术环境的巨大变化，图书馆的角色和价值也发生了变化，图书馆员需要学习与掌握新技术、新技能，并重新找到角色定位，才能够为高校的学术交流提供相适应的服务。从 2011 年开始，北京大学图书馆以机构知识库建设为契机，设计、构建与推动北京大学新一代学术交流生态系统的建设与发展，构建了包括科研准备、搜索发现、研究分析、成果写作、成果发表、成果推广、科研评价在内的学术交流生态系统。

1. 北京大学开放研究数据平台

北京大学开放研究数据平台（Peking University Open Research Data）[21]，是由北京大学图书馆、国家自然科学基金-北京大学管理科学数据中心（Data Center for Management Science, NSFC-PKU）、北京大学科研部、社科部联合主办和推出的开放数据平台，平台以“规范产权保护”为基础，以“倡导开放科学”（Open Science）为宗旨，定位于功能完备、服务优质、具有国际影响力的开放数据平台，吸引国内外研究人员发布与使用数据，为基于数据的研究、决策提供国际一流的支撑平台。鼓励研究数据的发布（Publish）、发现（Discover）、再利用（Reuse）和再生产（Reproduce），促进研究数据引用（Citation）的实践和计量，并探索数据长期保存（Preservation），培育和实现跨学科的协同创新。

2. 北京大学机构知识库

北京大学机构知识库[22]，是支撑北京大学学术研究的基础设施，致力于收集并保存北京大学教师和科研人员的学术与智力成果；为北京大学教师、科研人员和学生的学术研究和学术交流提供系列服务，包括存档、管理、发布、检索和开放共享。北京大学机构知识库为嵌入北京大学科研信息管理系统做好整合准备，面向教师学者，突出科研成果的学术价值和影响力，全面回溯北大历年学术成果，引入替代计量学（altmetrics）理念，全面揭示成果文献的社会影响力。

3. 北京大学期刊网

北京大学期刊网（PKU-OAJ）[23]，由北京大学社科部、科研部牵头，各期刊编辑部配合，北京大学图书馆负责承建。平台以北京大学 e-Research 的学术环境为依托，整合北京大学的学术期刊资源，为各期刊编辑部提供信息发布和期刊数字出版等方面的支撑，提供具有国际化水平的文章内容展示功能，实现期刊的集成检索功能，以及编者、读者、作者互动的学习交流功能，是图书馆推动开放获取运动在北京大学的最佳实践，在繁荣学术交流和研究方面发挥了积极的作用。

4. 北大学者主页

北京大学学者主页（Scholars @ Peking University）[24]，旨在为本校学者自主设立学术型个人主页提供便捷服务。平台建站工具简单易用，从最初的设计到后期的管理，均可由学者用户自行掌控，个性化定制，随时更新，动态而全方位地展示北大学者的个人学术风采。

（三）引领探索数字人文研究

在数字人文研究方面，北京大学图书馆起步也较早。在 2016 年至 2018 年间连续举办三届数字人文论坛[25,26,27]，开设了数字人文工作坊和讲座活动。图书馆在国内率先发起数字人文的交流与研究，搭建了数字人文的国际化交流平台，为人文学科的学者学习数字技能提供了帮助，在国内掀起数字人文研究之风气。

2018 年开始，北京大学信息管理系在校内开设了“数字人文”研究生课程，讲授相关理念与技术；成立了数字人文开放实验室，与哈佛大学等校建立了国际合作关系，共同攻关国家级科研课题。2021 年 1 月，北京大学正式成立数字人文研究中心，致力于整合北京大学各院系相关学科的研究力量，共同构筑跨学科、多层次、协同创新的数字人文平台[28]。

总体而言，北京大学图书馆关注数字学术研究起步早，不仅面对人文学科的发展，而是放眼于全部学科，考虑更大范畴的数字学术支撑服务，不仅是数字人文，还有包括社会科学和自然科学领域在内的数字学术的发展，从构建新一代学术交流生态系统的角度全面规划，努力搭建与北京大学教学科研发展的相适应相匹配的学术生态和服务环境，这些积极有益的实践，为进一步开展数字学术服务打好了前站和基础。

四、交融式数字图书馆场景中的数字学术服务架构

除了在实际行动上开展了上述一系列的研究与平台建设外，北京大学图书馆放眼未来二十年，于2018年讨论制定了《北京大学图书馆2035愿景和2019—2022行动纲领》，2020年开始在全校范围内颁布实施全新修订的《北京大学文献保障与信息服务体系管理办法》。在2020—2021年制定图书馆十四五规划时，图书馆更多地关注与考虑信息化和数字化发展战略，从用户及其待解问题出发，通过顶层设计、层层部署、加强管理和落地实施，先后进行了机构重组和岗位聘任，设立数据资源服务中心，加强算力赋能，资源与服务一体化发展转型，以及文献典藏与空间服务的整体规划等，加强为学校教学与科研数据资源的服务支撑以及做好数字学术服务，实施战略转向。

（一）“十四五”规划将建设交融式数字图书馆作为信息化建设的重点

“十四五”时期，北京大学图书馆信息化建设将紧密围绕图书馆2035年愿景中明确的“使命”和2019—2022年行动纲领中的“行动”，增强机遇和危机意识，集中全馆智慧，将建设交融式数字图书馆作为支撑学校数字学术发展的重要战略规划。这个五年中，图书馆要建设数字学术服务体系、系统驱动的知识产权信息服务体系、开放获取资源组织和服务系统、算力驱动的计算服务体系，以若干工程的建设为抓手，建设交融式数字图书馆。

（二）以“人机交融”“人信共济”为理念，充分发挥智能化图书馆的价值

在建设交融式数字图书馆过程中，强调以“人机交融”“人信共济”为理念，力争发挥智能化图书馆的拟人、赋能、机智、高效等价值，具体包括：

构建以人为本的图书馆信息化体系，坚持“流程优化，人机交融”重要理念，以信息化主导人与机器的共生关系，实现图书馆的拟人价值。

提升“馆员服务-机器算力-信息资源”交融为核心的治理体系和治理能力，坚持现代化方向和新发展理念，实现图书馆的赋能价值。

拓展基于信息流的服务场景布局，坚持“概念关联，人信共济”重要理念，以场景化增进人与信息的互动关系，实现图书馆的机智价值。

完善用户效用和文化繁荣为指针的服务体系和服务能力，培育“图书馆”的信息力，实现图书馆的高效价值。

（三）开展支撑数字学术服务的三项重点工程

北京大学图书馆将以图书馆运营效能评估指标体系和评价系统建设为牵引，以信息化安全体系、标准体系和运维体系等“三大体系”为保障，立足当前，放眼未来，构筑起以信息基础设施建设为支撑、以业务创新工程为核心、以大数据中心（数据治理体系）建设为抓手的信息化发展能力，在建设交融式数字图书馆的进程中，重点通过以下三个工程为数字学术提供支撑。

第一，实施资源治理创新工程。加快馆藏珍贵文献的数字化进程，建成基于标准化流程的数据化加工管理系统，提升数字化加工处理的智能化程度；在数字版权保护系统的支撑下，数据资源面向全校师生开放；探索和建立馆藏各类文献信息资源的智能揭示、组织方法，推进异质文献信息资源的一体化检索和发现，面向读者需求提供文献信息资源的主动服务、个性化推荐及特定主题的服务；建立馆藏数据资源统一标识符体系，促进馆藏数据资源的使用与引用，提升馆藏数据资产的可管理度与可见度；加快推进馆藏数据资源长期保存系统的研发，实现数据库、图片、音视频、文档、研究数据等多种媒体的馆藏文献资源和数据资源的长期可靠保存及面向个人和机构的长期保存服务。

第二，实施协同服务创新工程。完善以机构知识库为代表的北京大学学术资产体系，逐步打造覆盖师生学术研究全流程、收藏科研机构学术产出全品类的机构知识库；构建北京大学知识产权信息服务平台，与学校有关单位协同，为北京大学相关团队的知识产权布局、潜在高价值专利发现、知识产权申请等提供服务；进一步完善数字教学参考资料系统，支撑学生自主学习和线上教育教学，加强图书馆支撑学科建设、人才培养的力度。

第三，开展大数据中心建设工程。强化数据资源规划建设，形成关键数据资源目录体系，建立统一高效的图书馆数据治理体系，构建安全可靠的大数据平台；以制度和标准强化数据资源管理，建立数据采集、管理、交换、处理、安全、隐私保护相关的数据制度、标准与规范。推动数据资源分类分级管理，提高数据的有效性、安全性、可用性；推动数据资源开发与利用，支撑图书馆运营管理与领导决策，提供面向特定用户群体的信息资源服务；建成面向数据开放共享的数据资源开放服务平台，加强数字出版，推进开放获取。

五、结语

在师生学习方式、教学模式和科研范式的深刻变革中，数字学术的发展和繁荣，给数字图书馆的建设和发展带来了新的机遇和挑战，以用户导向、多源融合、数字孪生、人机交融、人信共济为主要特征并具有强大功能的交融式数字图书馆似将应运而生。

交融式数字图书馆场景中为数字学术活动提供服务，是图书馆服务的重要生长点，或将成为图书馆超越现有的发展格局、创造独特的新价值的有益探索。

参 考 文 献

[1] Jim Gray, Alex Szalay. eScience-A Transformed Scientific Method [J]. presentation to the Computer Science and Technology Board of the National Research Council, Mountain View, CA, 2007.或[EB/OL]. http://jimgray.azurewebsites.net/talks/NRC-CSTB_eScience.ppt.

[2] 潘教峰，张晓林. 第四范式：数据密集型科学发现. 北京：科学出版社，2012：v.

[3] 刘玲玲. 美国大学图书馆数字学术服务调查研究[J]. 图书馆工作与研究，2021，(01)：19-28.

[4] 郑淼磊，梁晨. 近 10 年国外数字图书馆重大项目进展研究[J]. 科技情报开发与经济，2010，20（21)：8-10，13.

[5] Stephen M. Griffin. NSF/DARPA/NASA Digital Libraries Initiative: A Program Manager's Perspective [M]. D-Lib Magazine. July/August 1998: 4-11.

[6] eLib: The Electronic Libraries Programme 1995-2001 [EB/OL]. http://www.ukoln.ac.uk/services/elib/.

[7] 孙承鉴，申晓娟，刘刚. 我国数字图书馆发展十年回顾——综述[J]. 数字图书馆论坛，2006，(01)：1-13.

[8] 陈建龙，申静. 信息服务学导论[M]. 北京：北京大学出版社，2017，40.

[9] CONSORTIUM T N M. NMC horizon report 2017 library edition [EB/OL]. https://www.issuelab.org/resources/27498/27498.pdf: 40.

[10] Abby Smith Rumsey. New-model scholarly communication: Road map for change; proceedings of the Scholarly Communication Workshop, F, 2011 [C]. http://uvasci.org/institutes-2003-2011/SCI-9-Road-Map-for-Change.pdf.

[11] University of Washington Libraries. About Digital Scholarship [EB/OL]. https://www.lib.washington.edu/digitalscholarship/about.

[12] Digital scholarship support in ARL Member Libraries: An overview [EB/OL]. https://www.arl.org/digital-scholarship-support-in-arl-member-libraries-an-overview/.

[13] Rikk Mulligan. SPEC Kit 350: Supporting Digital Scholarship [EB/OL]. https://publications.

arl.org/Supporting-Digital-Scholarship-SPEC-Kit-350/.
[14] ACRL Research Planning and Review Committee. 2016 top trends in academic libraries: a review of the trends and issues affecting academic libraries in higher education. College and research libraries news. v.77,no.6, 2016 [EB/OL]. https://crln.acrl.org/index.php/crlnews/article/view/9505/10798.
[15] Research Libraries Powering Sustainable Knowledge in the Digital Age: LIBER Europe Strategy 2018-2022. [EB/OL]. https://libereurope.eu/wp-content/uploads/2020/10/LIBER-Strategy-2018-2022.pdf.
[16] Europe's Digital Decade: Commission sets the course towards a digitally empowered Europe by 2030. [EB/OL]. https://digital-strategy.ec.europa.eu/en/news/europes-digital-decade-commission-sets-course-towards-digitally-empowered-europe-2030.
[17] 涂志芳，徐慧芳．国内外 15 所高校图书馆数字学术服务的内容及特点[J]．大学图书馆学报，2018，36（04）：29-36.
[18] 曾粤亮．美国高校图书馆数字学术中心服务调查与分析[J]．图书与情报，2017（4）：25-33.
[19] 胥文彬．国外高校图书馆数字学术服务调查分析[J/OL]．情报杂志．https://kns.cnki.net/kcms/detail/61.1167.G3.20210415.1406.024.html.
[20] 鄂丽君．加拿大高校图书馆数字学术支持调查分析[J]．图书馆论坛，2019，39（5）：162-169.
[21] 北京大学开放研究数据平台[EB/OL]. https://opendata.pku.edu.cn/.
[22] 北京大学机构知识库[EB/OL]. http://ir.pku.edu.cn/.
[23] 北京大学期刊网[EB/OL]. http://www.oaj.pku.edu.cn.
[24] 北京大学学者主页[EB/OL]. http://scholar.pku.edu.cn/.
[25] 朱本军，聂华．跨界与融合：全球视野下的数字人文——首届北京大学“数字人文论坛”会议综述[J]．大学图书馆，2016，34（5）：16-21.
[26] 朱本军，聂华．互动与共生：数字人文与史学研究——第二届“北京大学数字人文论坛”综述[J]．大学图书馆学报，2017，35（4）：18-22.
[27] 第三届北京大学数字人文论坛“孵化与实践：需求驱动下的数字人文项目”日程安排[EB/OL]. https://www.lib.pku.edu.cn/portal/cn/news/0000001780.
[28] 北京大学数字人文研究中心[EB/OL]. http://digitalhumanities.pku.edu.cn/.

贯彻“两个结合”，开拓高校图书馆服务创新*

陈建龙

中国共产党第十九届中央委员会第六次全体会议（以下简称十九届六中全会）最重要的成果，是审议通过了《中共中央关于党的百年奋斗重大成就和历史经验的决议》（以下简称《决议》）。《决议》提出，“党确立习近平同志党中央的核心、全党的核心地位，确立习近平新时代中国特色社会主义思想的指导地位，反映了全党全军全国各族人民的共同心愿，对新时代党和国家事业发展、对推进中华民族伟大复兴进程具有决定性意义[1]。”这是党的十九届六中全会最重要的政治成果。

习近平同志提出一系列原创性的治国理政新理念新思想新战略，是习近平新时代中国特色社会主义思想的主要创立者；习近平新时代中国特色社会主义思想是当代中国马克思主义、21世纪马克思主义，是中华文化和中国精神的时代精华，实现了马克思主义中国化新的飞跃。习近平同志指出，当代中国的伟大社会变革，不是简单延续我国历史文化的母版，不是简单套用马克思主义经典作家设想的模板，不是其他国家社会主义实践的再版，也不是国外现代化发展的翻版。习近平新时代中国特色社会主义思想的核心内容在《决议》中以党的十九大报告“八个明确”为基础，用“十个明确”对此作了进一步概括，不仅充实了“全党必须增

---

* 陈建龙．贯彻“两个结合”，开拓高校图书馆服务创新[J]．大学图书馆学报，2021（6）：5-6，9．

强‘四个意识’、坚定‘四个自信’、做到‘两个维护’”“以中国式现代化全面推进中华民族伟大复兴”“发展全过程人民民主”等新论断，还增加了“明确必须坚持和完善社会主义基本经济制度”“明确全面从严治党的战略方针”等内容。《决议》还从13个方面分领域总结了新时代党领导人民取得的巨大成就，并重点概括了其中原创性的理念和思想。这些战略思想和创新理念，是党对中国特色社会主义建设规律认识深化和理论创新的重大成果。

《决议》明确指出，马克思主义是我们立党立国、兴党强国的根本指导思想。党坚持把马克思主义基本原理同中国具体实际相结合、同中华优秀传统文化相结合。“两个结合”是我们坚信和捍卫“两个确立”的根本思想方法和行为准则。

贯彻“两个结合”，就要深入学习领会习近平新时代中国特色社会主义思想的丰富内容和深刻内涵，加强理论武装，并能从中读出图书馆人应有的精神状态。

高校图书馆要加强党政班子建设，建立和优化集体领导、分工合作、协调运行、科学发展的工作机制；要促进党建与业务工作融合发展，激发领导干部和广大馆员的事业心和责任感；要不忘初心，牢记使命，全心全意为用户服务。

北京大学图书馆正努力建设以创新力为标准的“四有”馆员队伍，促成“四尚”风气。“四有”指“有精神、有本领、有智慧、有情怀”，即“心系国家、矢志前行、爱岗敬业、辛勤奉献、真善为美”的高贵精神，“同舟共济、善解人意、一专多能、善贷且成、创新引领”的高强本领，“识大体、顾大局、知敬畏、守底线、闻大道”的高超智慧，“知馆、爱馆、荣馆、念馆、强馆”的高尚情怀。“四尚”指“尚德集智、尚贤育能、尚实助人、尚美创新”，即崇尚德行、集思广益、凝聚全馆智慧，崇尚贤明、育才治心、提升馆员能力，崇尚实在、助力师生、帮助用户解决问题，崇尚美好、创建特色、开创事业新格局。针对班子成员，切实加强理论中心组织学习，积极参加上级组织的干部培训。针对中层骨干，建立“创新力报告会”制度，围绕“弘扬五四精神，练就创新本领”主题，在创新的意识、能力、行为、效用等方面交流思想，共同成长、引领风尚、壮大力量。针对每年新入职的不同学业背景的馆员，开展为期2年由12门功课组成的系统培训，帮助他们尽快成长为专业馆员。

贯彻“两个结合”，就要准确把握习近平新时代中国特色社会主义思想的历史意义和时代强音，坚定战略自信，并能从中读出中国式图书馆现代化事业的努力方向。

高校图书馆要在贯彻国家新发展理念和“双一流”建设理念中凝练出切实的核心理念，在社会主义现代化强国目标和学校高质量发展目标体系中定位自身的主要目标，在总结历史经验中明晰内涵式可持续发展的关键要素，在新征程上加快解决实践和理论等方面的短板、弱项、难点和盲点等问题。

北京大学图书馆正不断强化“用户导向、服务至上”的基本理念和“价值引领，馆员为先”“流程优化，人机融合”“概念关联，人信共济”等重要理念，遵循“斯文在兹、道隐无名”的基本方针和“固本应变、服务转型、综合改革、立杆引领”的重要方针，在馆员全面发展、用户全面受益、资源全面升级、优化服务空间、优化科研布局、优化事业生态、构建现代化新格局等方面，自觉融入学校发展事业大局和民族复兴伟业全局，齐心协力，久久为功，“十四五”期间将全面建成综合性、创新型、智能化、标杆位的大学图书馆，迈向世界顶级的大学图书馆。

贯彻“两个结合”，就要充分运用习近平新时代中国特色社会主义思想的引领力和指导力，增强行动自觉，并能从中读出图书馆改革发展的创新课题。

高校图书馆要坚持目标导向与问题导向相统一，在文献保障、文化教育和信息服务等职责范围内，透过现象问题，结合现实问题，针对科学问题，寻求解决之道。尤其要以社会主义核心价值观引领文化传承创新，注重用社会主义先进文化、革命文化、中华优秀传统文化培根铸魂，广泛开展中国特色社会主义和中国梦的宣传教育。

北京大学图书馆正深入识别改革发展中的若干科学问题，包括：服务创新与新技术应用、资源共享与战略保障、价值与贡献等热点话题，馆员素质素养、信息资源管理、信息流等核心论题，人-机器-信息和谐关系、信息化生态建设、图书馆发展理论建设等共性难题，以及图书馆是人才培养的组成部分、是文化繁荣的重要标志、是信息化生态的引领者等时代命题。准确识变，科学应变，主动求变，通过协同创新、开放创新和持续创新求得问题的更好解决。在主动上门服务、新书展阅服务、革命文献与红色文化服务、与院系等机构用户的协同服务、以应用系统开发为基础的算力赋能服务、文化展览展示服务、与相关课程相结合的古文献协同服务、中华文明史典籍数据库和导读服务等方面多有创新，并取得阶段性成效。

贯彻“两个结合”，就要在习近平新时代中国特色社会主义思想指引下，埋头苦干，勇毅前行，全面开拓图书馆服务创新，全力推进图书馆现代化建设。

高校图书馆要在中华民族伟大复兴的战略全局和世界百年未有之大变局中，在高等教育立德树人和“双一流”建设中，在高阶信息化转型发展中，找准定位，抓住机遇，攻坚克难，奋发图强，坚持内涵式发展、整体发展、科学发展和可持续发展，走高质量发展道路，以高质量服务焕发图书馆的生命力和影响力。

北京大学图书馆积极改进服务策略，创新服务模式，并根据资源与服务一体化发展的要求，调整了机构设置，优化了业务流程，强化了服务功能。重新组建的业务机构主要有两大类：一是以自有资源为基础的服务机构，包括文献资源服务中心、古籍资源服务中心、特藏资源服务中心、知识资源服务中心，不断提高对师生学习、教学和科研活动的支撑度和保障率；二是以问题解决为目的的服务机构，包括数据资源服务中心、协同服务中心、计算服务中心，不断提高对学校发展、学科建设和科研创新的融合度和贡献率。同时，在数量规模增长和组织结构优化中努力提升质量效益和整体实力，在高度数字化、网络化和智能化的技术条件下努力提升用户效用和服务能力。北京大学图书馆将以用户为导向，以服务为天职，以数据为核心，以人才为根本，全面创新服务格局，全力建设现代化图书馆。

参考文献

[1] 中共中央关于党的百年奋斗重大成就和历史经验的决议[EB/OL]. [2021-11-20]. https://baijiahao.baidu.com/s?id=1716643209917637355&wfr=spider&for=pc.

继承革命文化　深挖革命文献

——北京大学图书馆大钊阅览室探幽*

陈建龙　常雯岚　徐清白

北京大学图书馆东楼于 2020 年 12 月 1 日重启后，新开辟了大钊阅览室。这间阅览室的构想与创建，体现了北京大学图书馆（以下简称北大图书馆）对传承和弘扬“大钊精神”的主张与行动，践行了图书馆继承革命文化的工作新思路。一年来的展陈与阅览服务实践，受到校内外师生和其他用户的广泛关注，为北京大学校园增添了追思先辈英烈、修习革命历史、进行党史学习教育的适宜场所，为图书馆界探索了思想政治教育与特色文献服务相结合、“四史”学习书籍的信息组织与专题陈列相结合的合理途径，也为 2021 年建党百年这一重大历史时刻贡献了底蕴厚重的红色文化景观。回顾大钊阅览室的设立缘起和初创经历，探察和领略全新展阅空间之下的幽深意涵，总结过去，展望未来，规划今后“更上一层楼”的路径与步伐，乃是当下应有之要务。

1　缘起

党的十九大报告提出加强中国特色社会主义先进文化建设，包括：中华民族五千多年文明历史所孕育的中华优秀传统文化，党领导人民在革命、建设、改革

---

* 陈建龙，常雯岚，徐清白．继承革命文化　深挖革命文献——北京大学图书馆大钊阅览室探幽[J]．大学图书馆学报，2022（1）：78-83．

中创造的革命文化，以及社会主义先进文化[1]。加强“三种文化”建设是北京大学图书馆作为国家的文化基础设施义不容辞的责任，也是对高等学校教书育人价值本位的体现。其中，作为连接中华优秀传统文化与社会主义先进文化的桥梁，革命文化蕴含了中华民族从承袭传统文化转向开拓新文化的历史契机，也与北京大学师生在民族危亡的紧要关头觉醒并成长的历史时期高度契合，相应的革命文化教育功能必当受到关切和重视，然则作为革命文化的实物载体的馆藏革命文献，应如何专门组织并揭示、呈现出来，成为摆在图书馆人面前的重大业务创新课题。

作为中国共产主义运动的先驱、伟大的马克思主义者、杰出的无产阶级革命家、中国共产党的主要创始人之一，李大钊同志一生的奋斗历程同马克思主义在中国传播的历史紧密相连，同中国共产党创建的历史紧密相连，同中国共产党领导的为中国人民谋幸福的历史紧密相连[2]。李大钊在短暂而辉煌的 38 年岁月中，不仅曾担任北京大学教授和图书馆主任，而且将爱国主义精神和革命精神不遗余力地通过北京大学和图书馆传递给北大学子、同侪和无数普通民众，这等既是“先生”也是“同志”的形象风貌、集严格理性的教学研究工作与满腔激情的红色革命实践于一身的不朽生平，也成为多少年来不断激励和鼓舞北大师生和图书馆人的模范与榜样。“大钊精神”内涵丰富，彰显了北京大学与中国革命的深刻联系，也阐释了大学图书馆与革命文化的必然因缘。近年来，借由一个世纪前的《西文书登录簿》可证，恰是李大钊的刻意访求，为北大图书馆收藏革命文献奠定了最初的根基；又据毛泽东同志回忆，他在北大图书馆任职期间也受到过李大钊本人及多种早期马克思主义文献的直接影响，因而“我在李大钊手下做图书馆佐理员时，已经很快地倾向马克思主义了。”[3]如今为革命文献设立专藏阅览室而冠以大钊先生之名，名副其实，实至名归。

大钊先生作为中国现代大学图书馆事业之父，为北大馆藏书刊的数量建设和质量建设作出了巨大贡献，不仅依照国外先进的信息组织方法改良旧有的馆藏体系，促使彼时的北大图书馆学科齐全、分类合理、新旧兼顾、体量宏大，更是开启了自觉收藏和大力推广马克思列宁主义经典著作及其他革命文献的悠久历程，以具有北大特色的图书馆业务实践，呼应了“五四运动所倡民主与科学的社会文化风向，反映出北大在当时的办学宗旨与治学品格，引领了一代青年学子的价值追求。这既是北大图书馆的光辉历史，也是不容遗弃的优良传统。在此背景下，继承革命文化，深挖革命文献，成为今日图书馆人重拾“大钊”旗号的当然缘由与荣耀职责。

2020年，北大图书馆全馆上下克服新冠疫情干扰，戮力推进东楼修缮改造工程按时竣工，值此良机，图书馆将东楼地上第四层的北翼全部规划出来，终于使这间谋划已久的阅览室获得充足的馆舍空间，以大开间的建筑格局全方位满足了从文献收藏、文物陈列到阅览、研习、参观、研讨的各项需求。加之馆内原有专业背景馆员的人才储备，至此，软硬件条件具备，大钊阅览室得以在较高的起点上创立和实现。

2 初创

大钊阅览室在图书馆领导的全力支持下，由特藏资源服务中心主导，各相关部门协调配合，在短短三个月时间内完成了功能定位、空间规划、馆藏遴选、展览设计等启动阶段任务，并在正式开放后的半年内继续改进和优化，初步实现阶段目标，顺利迎接中国共产党百年华诞。

2.1 功能定位

2019年，习近平总书记在给国家图书馆老专家的回信中强调："图书馆是文化发展水平的重要标志，是滋养民族心灵、培育文化自信的重要场所。"这不仅是对国家图书馆和公共图书馆提出的工作要求，也是高校图书馆应当参照的建设标准，故而大钊阅览室在宏观功能上将自身定位于"一专多能"的革命文化继承与教育场所，为革命文献的深度利用提供专业性的资源保障。

革命文化过去存在于革命历史实践和革命文献之中，却没有随着"革命年代"的远去而终结，而是作为国家和人民的精神财富、修养意境和时代价值，作为一种"活的灵魂"，在当下全国人民为实现中华民族伟大复兴而奋斗的新征程中不断丰富和发展。职是之故，大钊阅览室当然要妥善储存和保管革命文献，同时更要以"藏"促"用"；不仅必须提供革命文献的基本阅览服务，而且应当发挥资源优势，拓展空间功能，提供常设展览和专题陈列，进而满足和引导各类用户的文化需求，有序开展革命文化教育活动；不仅要立足北大校园，服务本校师生，而且要对接和疏通校外乃至行业内外有关机构，加强革命文化教育的交流、合作、协同、共享，擘画"全国一盘棋"，引领全国人民自觉继承革命文化的价值风尚。

2.2　空间规划

从上述功能定位出发，大钊阅览室在馆舍空间的布局规划上，首先充分满足馆藏革命文献的收藏与阅览需求，在东楼四层北翼约1000平方米的大开间内，布置了96组铃刻有北大图书馆圆形标识的实木藏书柜和25组钢木书架，以及15张实木书桌和配套座椅，供读者阅读和研习使用，摆设面积宽松适度。这些书柜、书架及桌椅均布置在靠里侧的区域，尤其桌椅都在靠窗的自然采光地段，与未名湖边的博雅塔隔窗相望，而与室内的展览区保持距离，尽量避开了参观讲解的噪声干扰，实现了共有空间整体效用的有效分割。

参观者一进门就能见到76件封闭式展柜和24块彩色展板，即李大钊同志革命与学术生平主题常设展，展区面积约300平方米，其西侧与装有万余册革命文献的书柜、书架相邻，而读者或自习用户也会在前往阅览区和藏书处时路过展览区，无形中增加了展览区的“曝光度”。与阅览区、展览区和门口位置的办公区相交之处还辟有公共研讨区，以盆栽绿叶植物和2组软皮沙发围住3张实木方几，形成“沉浸式”的主题文化教育空间，可供小型座谈、沙龙等活动使用，具有适当的研讨、社交和休闲功用。整个房间开阔而明亮，布局严谨，张弛有度。

至于阅览室内的景观风格，既与重启后的图书馆东楼保持整体一致，又有独特的设计感，如展板边框用砖红色暗示民国时期的北大红楼，展板底纹采自《新青年》杂志的封面图案，全部实木家具则以黑胡桃木漆色为基调，拣选民国元素而不失革命意境，向来访者提示此间的年代厚重感。最具特色之处却在室外，门口临窗一侧复原仿制北大红楼李大钊主任办公室的旧式桌椅、书橱、报纸架等，又将馆内原有青年毛泽东铜像请至对面，并在大门旁边张挂巨幅油画作品《曙光——李大钊与毛泽东在北大》①，聚焦于两位革命伟人相识、相交的重大历史时刻，搭建起布局灵活、取材精当、风格肃穆、主题鲜明的红色历史情景。

2.3　馆藏遴选

无论空间规划、装修布置如何用心，阅览室的核心资源仍是馆藏文献，其遴选和组织成为创建工作的重中之重。成立于2005年的北大图书馆特藏资源服务中心，在原有2000册革命文献的基础上，除了在本身负责收藏的50多万册晚清民

① 作者呼和夫，系北京大学校友。原件作于2017年，现由北京大学校史馆收藏。

国书刊、孑民图书室文献、西文特藏等资料中精心挑选，又从本馆其他库藏按需调取，并额外采购新书，形成了目前总计一万余册的大钊阅览室馆藏体量。

既以“大钊”为名，李大钊同志相关文献必不可少，包括本人著作、文集和他人回忆、纪念的文章、书籍，置于专门书柜。此外的馆藏主体即“革命文献”，其定义在学界存有不同看法，而大钊阅览室立足于北大图书馆的现有中外文特色馆藏，大致确定始自辛亥革命和五四运动而止于建国初期的文献收录年限，其间除中国共产党机关、革命根据地和解放区出版、发行、制作的文献资料以外，还有在上海、北京、重庆、香港乃至东京、莫斯科等地由各类出版机构或新闻媒体印行的红色进步书刊和宣传资料，特别是20世纪二三十年代的一批马克思列宁主义经典著作早期译本、东西方各国社会主义学说及文艺译作，以及中共早期党员的多种革命理论著述。据此标准遴选而来的革命文献，既是北大图书馆现有的最能体现中国革命实际的早期特色馆藏，也覆盖了中国革命各时期、各阶段最为重要的历史资料与理论成果。

虑及有相当一部分早期革命书刊品种较为常用，为保护馆藏原件，阅览室调取或采购了十多套近年来影印或重排出版的专题资料丛书，开架摆放以便随时取阅翻查，而宽广齐整的卷册阵容也为室内景观加添了相当的“视觉冲击力”，格外引人注目。

2.4 展览设计

在全部开放区域内占据约三成面积的展览区，是承载大钊阅览室第二重要功能的所在。无论展板、展柜、展品还是展线，对展览陈列各要素的安排与设计也必须同样契合功能定位与展览主题，才能履行背靠革命文献典藏资源、实现革命文化教育目标的阅览室业务职责。

首先研究确定常设陈列主题，即围绕李大钊先生在北大及图书馆的工作与革命经历，凸显爱国主义和共产主义革命思想的精神财富。主题一为“李大钊与中国革命”，展现大钊同志积极参与救国启蒙运动、宣传马克思列宁主义的思想履历，并借“亢慕义斋”珍稀文献和《西文书登录簿》所录革命文献转入主题二：“李大钊与中国图书馆事业”，包括先生在图书馆业务改良和现代学术研究上的多方面成就，及对青年同事毛泽东的影响。

展品也可分为两大类，一是从民国“二次革命”前夕到中共建党之初的馆藏报刊、书籍，二是李大钊先生任职图书馆期间采访收藏的书刊资料，两者也有重合。期刊、报纸是当时国内外进步思想传播与争鸣的前沿阵地，也是真实记录李大钊先生海外留学前后和五四运动前后思想转变与革命实践的文物载体，尤其《新青年》杂志上有关马克思主义和俄国革命的多篇文章，将青年一代从五四运动时期爱国、民主与科学的精神浪潮推向社会主义革命的更高层次。李大钊先生作为北大史学系教授和图书馆主任，除担当教学、研究和行政工作外，还大力引进西文革命文献，甚至屡次向图书馆捐赠价格不菲的国外书刊。这批英文、法文、德文及日文原版书籍、杂志，尤其是八件珍稀的“亢慕义斋”西文图书，既能体现北大早期馆藏的时代特色，也是中国青年接受西方进步思想、认识全球革命历史的上游通道。此外还有不少社会主义著作的中译本，也是当时入藏的重要革命文献，例如对毛泽东同志影响最大的三种著作——《共产党宣言》《阶级争斗》《社会主义史》，为此特辟专柜集中展陈，彰显伟人心路，纪念时代转捩。

除上述民国早期出版物、印刷品外，也有大钊先生的手稿、书信（均为复制件）以及根据地、解放区时期的相关书刊资料作为必要补充，以期全面展示先生的人格魅力和先驱精神。

展柜周围的 6 根立柱各张挂 4 块展板，除文字介绍外，主要展示大钊先生在不同时期的肖像照片、相关建筑景观和其他文献图影。展区风格统一，展品多样，气氛庄重，图文并茂。

2.5　改进与优化

前期准备工作的顺利进行，确保了大钊阅览室随图书馆东楼重启而开放服务，随后又不断改进。

展览区靠南墙一侧本是许多读者必经之路，时逢建党百年，图书馆决定在此设立“书说党史”专架，配合“四史”教育活动，为党史学习提供专题文献支持。专架由 7 组共 42 节钢木书架组成，除了精选的李大钊著作、文集、年谱等，主要摆放新中国成立后出版的党史专著、回忆录，《马藏》《红藏》等大型影印资料丛书，以及习近平同志的理论著作，共计千余册。专架的设立，更加鲜明地表达了大钊阅览室的革命文化主题，也吸引了不少读者驻足浏览、取阅，大大提高了党史类文献的“曝光度”。

常设展览的主题虽然确定，但随着参观活动的实际开展，展品内容和陈列方式仍需不断调整和优化。通过反复调研和讨论，经历四次重大“改版”，目前已形成较为稳定的第五版展览方案，即对原第一主题中的马克思主义传播与救国思想启蒙做出区分，同时将单一的时间线重组为三条相对独立的时间线：李大钊与中国共产党的建立、李大钊早期救国思想、李大钊与中国图书馆事业。新方案的参观动线不再机械地强调时间顺序，而是优先突显大钊同志卓越的建党贡献：传播马列主义，组织党的活动。为此继续挑拣相关旧报刊馆藏，从中补充了必要的展品，展品总件数从 100 多件增至 150 多件。以革命文献呈现党史、校史、馆史，以有形载体丰富学习内容和文化内涵，综合运用文献实物、文字说明、图片展板相结合的展览方式，予以生动呈现，增强了革命文献的感染力和影响力。为保护实物原件，也采用部分复制件或高仿品，尽量还原文物真貌，扩展陈列范围。

2.6 阶段成效

开放一年来，大钊阅览室成为广大校内学生用户读书、研习的优先选择场所，共计接待来访者超 13 万人次。除一般读者外，国内外参观团体和个人也有约一万余人。同时也成为校内外众多革命教育宣传片的取景地，新华社、《人民日报》等重要媒体均有报道。新华社、教育部党史学习教育第一巡回指导组和学校主要领导都曾前来参观指导，对大钊阅览室的建立给予充分肯定。为迎接建党百年，中央电视台、北京电视台、《中国青年报》等多家媒体机构专门在大钊阅览室取景拍摄，制作宣传片。北京新闻广播还专门对馆藏革命文献——“亢慕义斋”藏书做了主题报道。丰富的馆藏、生动的陈列、宽敞的空间、专业的讲解，无不有力支撑了持续高企的日常访问量，而大量读者的来访也反过来增进了展阅内容的传播和曝光，形成双向促进的良性循环。

通过接受该室专业馆员的讲解培训，校内学生志愿者和全馆青年馆员也对李大钊生平事迹和馆藏珍贵革命文献有了更加全面的认识，受到爱国主义和革命文化的深刻教育。馆外与元培学院合作共建，招募学生志愿者参与革命文献整理和大钊阅览室专题展览的讲解志愿服务，以讲促学，以学提质，努力把“有意义”的东西讲解得“有意思”，使原属于专业馆员的资源建设工作得以更快完成，保证了后续深入清点整理革命文献的工作的及时展开。馆内大力引导青年馆员参与展览布置、文献整理、导引讲解等主题活动，努力培育“四有”馆员，形成“四尚”风气，深化馆员们对“为人民服务”宗旨的理解以及对“用户导向、服务至上”

基本理念的认识。更好地推动了“立德树人”根本任务的实现。

3　领略

前述初创于一年前的大钊阅览室，其馆藏文献若从来源分析，或属北大旧藏，或收自其他京内院校、团体，如燕京大学、中法大学、中德学会等，其长期固定馆址距离革命根据地、解放区或上海都很遥远，今日仍能遴选出上万册革命文献特藏，较全面地呈现党的早期活动面貌，真实反映中国革命的思想轨迹，可谓既有文献史料价值，也有相当的文物价值，堪为研习中共早期党史不可或缺的书证，也是北大师生投身革命洪流、砥砺革命精神的历史见证。

3.1　明确革命文化和革命文献概念，推动完善相关馆藏文献资源建设系统化

革命文化是在实现中华民族伟大复兴的奋斗实践中形成并发展的精神财富、修养意境和时代价值的总称。就中国革命而言，革命文化自然是服务于革命的目的，即“实现中华民族伟大复兴”，其奋斗主体既有个人（仁人志士），也有组织（中国共产党），形式上表现为精神的形成及其对个人和组织的内化领悟和外化作为，与中华优秀传统文化、社会主义先进文化一脉相承、辩证统一。当文化的时间特征从 1921 年中国共产党成立起，革命文化亦可称为红色文化。从文化的载体特征看，革命文化或红色文化均可承载在包括文献在内的众多载体中，形成革命文献或红色文献概念。通过革命文献传承革命文化，也就成了图书馆的专长。

大钊阅览室作为革命文献的专藏书库，从图书馆的本位职能出发，凭借如此体量与质素的馆藏根底，不但足以服务于革命历史的深入探究和革命理论的持久钻研，还能为继承革命文化、传承红色基因创建出底色纯正、资源丰沛、意义重大、价值珍贵的文献宝库。

随着对现有馆藏的后续梳理，大钊阅览室“革命文献”的概念外延愈发明确——辛亥革命时期进步书刊、五四运动时期进步书刊、马克思主义早期译本及相关宣传书刊、与李大钊有关的革命文献、与北京大学（李大钊以外）有关的革命文献、抗战之前中共文献、抗战时期中共文献、抗战胜利到新中国成立初期的中共文献。

上述 8 类文献大致覆盖从辛亥革命到新中国成立初期的所谓“现代”历史分

期，著作、翻译、出版、发行的来源和目的不尽相同，其中1927年李大钊牺牲后的文献往往与李大钊并无直接关系，但大钊精神及其折射出的马列主义思想如同燎原星火照亮神州大地，以他为榜样的革命者群体和他们留下的革命文献，参与并见证了伟大祖国历史走向的彻底扭转。这些文献中的早期著作或许尚不成熟，但同样值得回顾、挖掘和总结，为今日新一代社会主义接班人铭记初心、奋楫前行的革命新征程，提供真实严谨的历史镜鉴和永不枯竭的精神源泉，也为图书馆完善革命文献资源建设工作提供更加结构化和系统化的业务知识，便于准确把握不同类型文献在著作、翻译、印刷、出版、传播、收藏等方面的差异，以及学术价值、教育价值、文献价值、文物价值、文学价值乃至美术价值等方面的特点。

3.2 实现图书馆室内空间多功能一体化建设，探索图书馆职能的完善和深化

为了更深入地发掘这一馆藏革命文献宝库，大钊阅览室大胆尝试展示、阅览并重的空间布局，以这样的创新业务形态激发馆员的创新工作实践和用户的创新参与体验。传统图书馆更多强调采取科学的信息组织原则，如各种图书馆分类法，对阅览室书刊文献进行中立而无偏向的排列与展现，从而便于读者根据不同专业学科或科研课题来浏览和挑选馆藏图书，虽然坚持了科学原则，尽量避免了对读者主观选择的干涉，但也亏欠了对人文价值的引领。大钊阅览室将博物馆的展览实践运用到图书馆的阅览空间，打造出一个多元化的图书馆服务空间，将文献收藏、阅览服务、展示宣传、休憩放松等多种功能有机融为一体，促进着传统图书馆向多层次、综合性、高效型的智能化现代图书馆发展，主动探索革命文献可以带给用户更多可能，不仅兼顾了知识性和艺术性，而且能将旗帜鲜明的价值导向推送到读者面前，不动声色地达成阅读引导的效果，为学校师生服务，为教学科研服务，实现文化教育职能特别是理想信念教育的常态化。

宏大通透的书房布局之内，静默无言的典藏陈列之中，蕴含着整座阅览室的幽深意涵：大钊是珍贵文献，大钊是创新空间，大钊是资深教员，大钊是模范馆员。

4 规划

作为“老主任”的后辈同仁，新一代北大图书馆员与有荣焉之余，也必会继续建设和发展好大钊阅览室，为国家“十四五”规划和2035年远景目标的胜利实

现贡献力量。为此，下一步还将对大钊阅览室内的革命文献展开详细清点，在馆藏未编书中继续挑选和甄别革命文献，为部分北京大学革命文献建立特色电子数据库——这三个“小目标”虽然平凡而切近，但既能妥善保护文献及实物类馆藏革命文物，又能健全图书馆文献资源业务体系。在守住文献业务本分、实现基本职责目标的前提下，才能以藏助用，协力加强革命文献的整理性研究和革命文化的阐释性研究。

同时，在原有革命文献资源基础之上，图书馆持续收集整理与李大钊思想研究相关的文献资料，目前正在与中国李大钊研究会合作筹建“李大钊研究文献资料中心”，此项合作将会为深入开展李大钊和中国共产党的早期建立等研究提供强有力的资源支撑。除了馆藏的持续收集整理，还要探索社会化的馆藏利用模式，包括而不限于与北大马克思主义学院、大钊研究中心等院系单位建立合作关系，将馆藏革命文献资源的教学科研价值与北大革命文化的宣传教育价值“最大化”，让全校师生乃至全国人民真正获得和享有革命文化所蕴藏的历史积淀与精神财富。

大钊阅览室也将保持作为全馆创新型空间的标杆地位，积极对外合作，厉行反求诸己——突出专业馆员的职责担当，持续挖掘和提炼馆藏文献的价值意义，从用户反馈和对革命文献本身的进深认识出发，改良服务质量，提升业务水平。正所谓“教学相长”，无论是开辟线上展览、建立数字典藏，还是举办文献讲座、扩充志愿队伍，只有当本室馆员对大钊先生在动荡岁月坚守的职业追求和学术品格怀有真切的效仿愿望，对大钊同志在觉醒年代高举的革命旗帜和北大品牌产生自觉的接班志向，才能确保这些工作不至于出现偏差，和谐共振、有所作为地开展各项日常业务，将大钊阅览室建设成为具有北大特色的革命文化教育基地，全力弘扬党和人民在各个历史时期奋斗中形成的伟大精神。

参 考 文 献

[1] 十三届全国人大四次会议. 中华人民共和国国民经济和社会发展第十四个五年规划和 2035 年远景目标纲要[EB/OL]. [2021-11-09]. http://www.gov.cn/xinwen/2021-03/13/content_5592681.htm.

[2] 王沪宁. 在纪念李大钊同志诞辰 130 周年座谈会上的讲话[EB/OL]. [2021-11-09]. http://news.workercn.cn/32841/201910/28/191028055312585.shtml.

[3] 毛泽东. 毛泽东自传[M]. 埃德加·斯诺，笔录；汪衡，译. 北京：中国青年出版社，2013：64.

图书馆文献分类与高校学科体系映射的研究和应用*

张俊娥　陈建龙

高校图书馆作为学校的文献情报中心，在高校的学科建设中担负着文献资源的保障作用。高校图书馆馆藏文献的学科结构必须与本校的学科建设相匹配。建立图书馆文献分类体系与高校学科体系的映射关系，不但是评估本校图书馆馆藏与学校学科建设匹配度的基础，而且还可为高校的学科结构渗透到馆藏的学科结构中架起桥梁，并为图书馆制定与学校的学科建设相匹配的馆藏策略提供依据。但是高校学科专业分类即教育部“学位授予和人才培养学科目录[1]”（以下简称高校学科）和图书馆对文献分类所采用的分类体系是两种完全不同的分类体系，二者的设置原则和服务目的都不相同，因此这两种分类体系之间无法直接进行映射。

图书馆学者在文献分类体系与高校学科映射方面作了较多有益的探索，典型的映射方法包括通过解析这两种分类体系的类目含义进行的对应，例如詹萌通过对高校学科和专业下所涵盖的知识点的文本内容的解析和对《中国图书馆分类法》[2]（以下简称《中图法》）类目的解析，建立了基于字面相关性和语义相关性的映射方法[3]。还有尝试通过学科专业所设课程的《中图法》分类进行对应，例如孙汝杰通过提取上海应用技术学院2008至2010年新增学科专业课程的核心词，

---

* 张俊娥，陈建龙．图书馆文献分类与高校学科体系映射的研究和应用[J]．大学图书馆学报，2023（3）：19-27，18．

组成该学科专业的属性元集合，建立新增学科专业与《中图法》对应类号的映射关系[4]。万燕萍等以上海大学为例，把教学与招生计划和图书馆流通数据中的课程、教学学分、学生人数与学生借阅量等数据运用数学建模的方法，计算出了以《中图法》分类体系展示的高校学科结构[5]。科睿唯安在 2011 年推出了基于 Web of Science（以下简称 WOS）核心合集的以期刊文献划分的学科体系与中国国务院学位委员会学科分类的映射[6]，并在 2020 年采用新的映射方法进行了更新：以期刊为单位进行一级学科的匹配和映射，即根据《学位授予和人才培养一级学科简介》[7]，明确各个一级学科的学科范围和内涵，然后根据每种期刊的办刊宗旨和发文范围，将该期刊对应到相关的一级学科中，这样就可根据期刊所属的 WOS 学科和高校学科，把这两种不同的分类对应起来。

自国务院印发《统筹推进世界一流大学和一流学科建设总体方案》[8]以来，针对如何建设一流大学和一流学科的讨论愈加热烈，其中对于图书馆如何利用拥有丰富的数据资源和多元化的指标提供客观的学科数据，以协助管理者制定战略决策也是高校图书馆管理者持续关注和讨论的话题。前述学者们的研究和实践虽然都不同程度地解决了他们自身的特定需求，但不能用于解决通用性问题，有的操作起来还比较困难。近年来，北京大学图书馆以教育部正式发布的本科专业、硕博士一级学科学位及专业质量要求标准为蓝本，从一级学科建设的“培养目标、专业范围和知识体系/课程”的文本内容中析出所涉及的主题词，利用图书馆编目主题分类的专业优势，由专业编目人员通过主题词分配《中图法》分类号，把高校学科与《中图法》关联起来，建立了分层分级的分类文献资源与高校学科体系的映射关系，并提出了高校图书馆利用这种映射关系更好地服务于学科专业建设的数据服务路线。本文将介绍北京大学图书馆对图书馆文献分类与高校学科体系映射关系的研究和应用服务实践探索，以期和同行进行交流。

1 高校学科专业与《中图法》的映射实践与研究

1.1 映射实践中遇到的问题

通常来说，如果能建立高校学科专业与《中图法》的直接对应关系，无论是一对一还是一对多的关系，利用这种关系就可以方便地把以《中图法》分类标引的文献资源与高校学科挂钩。但是以这样的思路进行映射往往会陷入两种不同分类体系的“硬对”，即试图找出此种分类体系中的类名到底与彼种分类中的哪一个类名是相对应的。我们在初期实际工作中，也是遵循这样的思路，但遇到了各种问题。下面以 2 个实例说明这种对应存在的问题：

实例 1：传统学科——建筑学

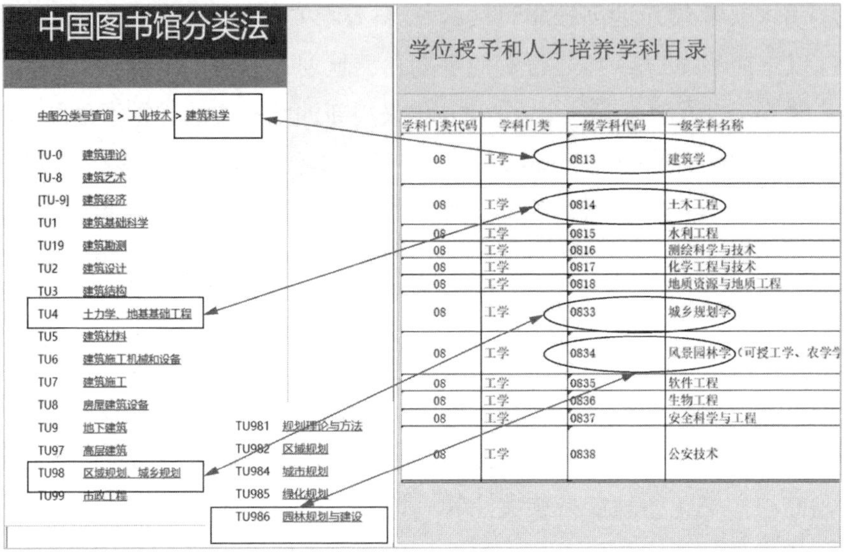

图 1 《中图法》与“学位授予和人才培养学科目录” 一级学科中的建筑类相关类目

从图 1 中可以看到，在《中图法》中，“TU4 土力学、地基基础工程”和“TU98 区域规划、城乡规划”是“TU 建筑科学”大类下的类目，“TU986 园林规划与建设”又是“TU98 城乡规划”的下一级类目；但是在教育部“学位授予和人才培养学科目录”中，“0813 建筑学”“0814 土木工程”“0833 城乡规划学”和“0834 风景园林学”却是并列的一级学科。如果我们根据类名如图 1 中箭头所示给“0813 建筑学”对应了分类号 TU，“0814 土木工程”对应了分类号 TU4，“0833 城乡规划学”对应了分类号 TU98，“0834 风景园林学”对应了分类号 TU986，那么根据以上对应关系按分类号统计学科文献资源时，“0813 建筑学”所对应的文献资源将会包含与之并列的 0814、0833、0834 对应的所有文献资源。这种统计显然是有问题的。

实例 2：新兴交叉学科——国家安全学

2020 年 12 月 30 日，国务院学位委员会、教育部发布了关于设置“交叉学科”门类、“集成电路科学与工程”和“国家安全学”一级学科的通知[9]，决定设置“国家安全学”（学科代码为“1402”）等一级学科。

在《中图法》中，从类目名称来看，涉及国家安全的类目有2个，分别为：在“D035.3 公安管理”类目下标注“国家安全管理入此”，在“D631 公安工作”类目下标注“国家安全工作入此”。而2004年刘跃进在《国家安全学》著作中描述了国家安全学的构成要素[10]，包括国民安全、国域安全、资源安全、经济安全、社会安全、主权安全、政治安全、军事安全、文化安全、科技安全、生态安全和信息安全等。国家安全学是服务于国家安全、公共安全、外交外事、保密保卫、军事国防等党政机关和实际部门的各种安全实务工作及对策研究，涉及经济金融、文化教育、科技信息、生态环保、海外拓展等非传统安全领域。很明显，如果把“国家安全学”相关文献资源只对应《中图法》的D035.3和D631是非常不完整、不恰当的。

那么针对发现的问题，到底应该如何作对应？以下将从作这两个不同分类体系的对应的本源进行分析。

1.2 映射的本源

高校因各自的办学方向、层次的不同，而各自具有鲜明的学科结构特征。高校图书馆是为教学和科学研究服务的学术性机构，作为学校的文献情报中心，在高校的学科建设中担负着文献保障作用。因此探讨馆藏学科结构各学科的最佳选择、最佳比例、最佳组配和划分，建立与本校学科建设相匹配的馆藏文献学科结构，是高校图书馆馆藏建设研究中最重要的内容之一。另外，高校在学科、专业、硕士博士点的申报和评估中，会有针对学科或专业来考察专业文献建设情况的统计指标，须按学科或专业来对文献资源进行种类和数量的统计。建立学科分类体系与文献分类体系之间的映射关系，即可方便地按高校学科分类对图书馆馆藏相应的文献资源进行统计和计算。

究其根本，无论是为了馆藏文献学科结构配置还是按学科对文献资源进行分类统计，目的都是为了计算图书馆馆藏资源对学科建设的支撑度。要搞清楚建设和发展某一个学科需要图书馆具体提供哪些文献资源来进行支撑，就需要全面考虑和深入分析该学科的专业范围、培养目标和知识结构等方面的内容，并在此基础上进行语义映射，才能完整反映出建设和发展一个学科所需要的文献资源，才能使高校图书馆馆藏建设和学科专业建设有机地结合。

1.3 新的映射思路

教育部高等学校教学指导委员会编制的《普通高等学校本科专业类教学质量

国家标准》[11]和国务院学位委员会第六届学科评议组编制的《一级学科博士、硕士学位基本要求》[12]，对教育部“学位授予和人才培养学科目录”中的一级学科及包含专业类的教学内容和学位资格都作了明确的规定，包括培养目标、专业范围和知识结构/课程体系等内容。《普通高等学校本科专业类教学质量国家标准》以专业类为单位明确了适用专业、培养目标、培养规格、课程体系、师资队伍、教学条件、质量保障等各方面要求，是各专业类所有专业应该达到的质量标准，是设置本科专业、指导专业建设、评价专业教学质量的基本依据。《一级学科博士、硕士学位基本要求》从学科前沿、社会需求、知识结构、综合素养与能力、基本规范等方面制定了具体要求。通过分析这两个标准和要求的文本内容，我们基本上能较为全面地找出支撑某学科建设需要的多角度的资源内容主题。从这些内容主题入手，去统计图书馆馆藏资源数量，将能够比较完整反映出馆藏资源对学科建设的支撑情况。

我们新的映射思路就是以支撑学科建设的内容主题为媒介，根据主题分配《中图法》分类号，然后按照分配的《中图法》分类号去对应图书馆馆藏文献。新的映射思路摆脱了如图 2 这种传统的类目语义对应方法带来的弊端。

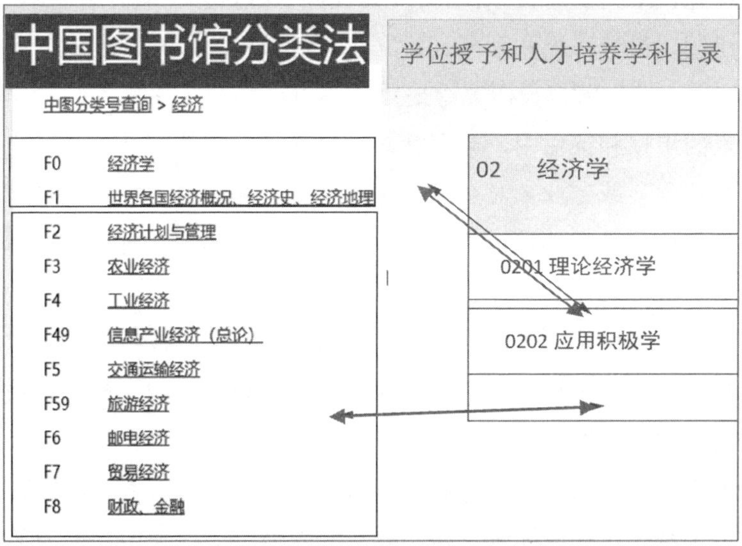

图 2　以“经济学”为例的传统对应方法

以一级学科“0201 理论经济学”为例，新的映射结果和传统映射结果如表 1 所示。新的映射方法全面地反映了建设一级学科“理论经济学”所需的文献资源。

表 1 “理论经济学”和《中图法》分类号的对应及相应的北京大学图书馆中文图书种数

理论经济学	对应《中图法》分类号	中文图书种数
传统的映射	F-; F0; F1;	43791
新思路的映射	A81; A84; B0; B15; B22; B250.5; B261; B-4; B5; B81; B82; B9; C-4; C8; C91; C92-05; C921; C93; D0; D2-0; D23; D26; D-4; D6; D8; D90-056; D920.0; D920.4; E0; E-; F-; F0; F1; F20; F22; F230; F231.5; F234.4; F24; F252.1; F259.22; F26; F272.1; F272.2; F272.9; F273.1; F276.6; F290; F3; F407.2; F416.2; F426.2; F710; F712.3; F713.36; F713.52; F713.54; F714.1; F718; F74; F752; F81; F820; F83; F840; F841.61; F842.61; G219.29; G256.1; G-4; G40-054; G529; G641; G647.38; G8; H1; H3; H-4; I-4; J-4; K02; K1; K26; K27; K312.6; K-4; K712; K85/88; N-4; O1; O21; O225; O241; O-4; P-4; Q-4; R1; R1-9; R2; R-4; TB-4; TK01; TL-4; TN4; TP181; TP3; TU-4; X196; X24; X-4; Z126;	441291

2 一级学科与《中图法》映射关系模型

2.1 映射方法

以支撑高校学科建设的图书馆馆藏文献资源服务为目的建立的映射关系模型见下图 3。首先从学科建设相应的培养目标、专业范围和知识结构/课程体系的文本内容析出主题词，利用主题分类一体化的思路，由专业编目人员按这些主题词分配《中图法》分类号，把《中图法》分类号与高校学科联系起来，然后再通过《中图法》分类号对应出馆藏文献资源，实现了不同分类的文献资源服务于高校学科建设的文献资源与学科的映射。

2.2 映射原则

2018 年 4 月更新的《学位授予和人才培养学科目录》共设置 13 个门类，111 个一级学科；2020 年 12 月 30 日国务院学位委员会、教育部发布了《关于设置“交叉学科”门类、“集成电路科学与工程”和“国家安全学”一级学科的通知》，由此学科门类增加到 14 个，一级学科增加到 113 个。2022 年 9 月国务院学位委员会、教育部印发了新版目录《研究生教育学科专业目录（2022 年）》[13]。新版目录中学科门类没有变化，一级学科增加到 117 个，与旧版目录相比 100 个无更改；5 个撤销；6 个改名；1 个更改代码；1 个更改门类；新增 9 个一级学科。

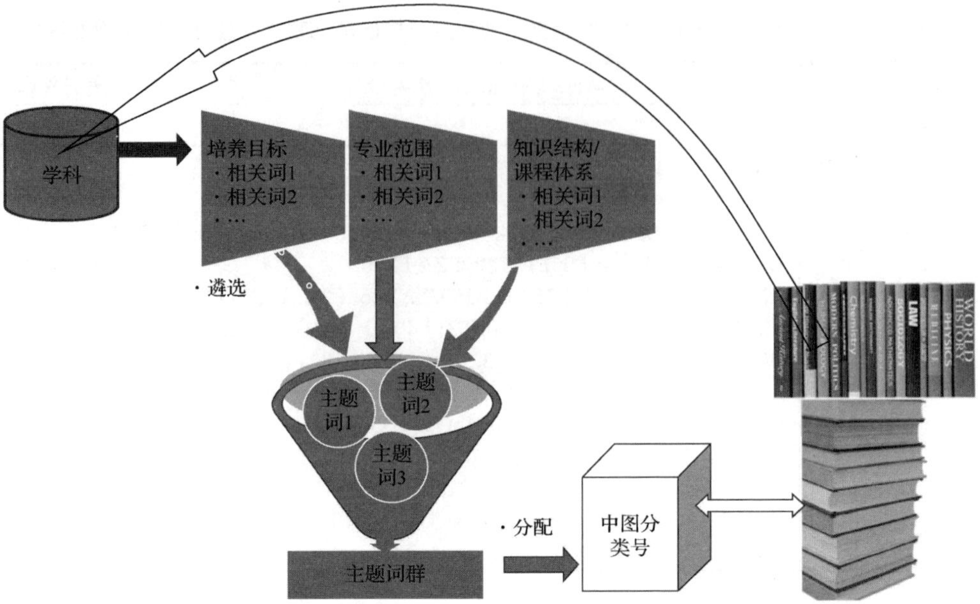

图 3 以支撑高校学科建设的图书馆馆藏文献资源服务为目的的映射关系

我们选取教育部高等学校教学指导委员会编写的《普通高等学校本科专业类教学质量国家标准》、国务院学位委员会第六届学科评议组编写的《一级学科博士、硕士学位基本要求》《学位授予和人才培养一级学科简介》，国务院学位委员会第七届学科评议组编写的《学术学位研究生核心课程指南（二）（试行）》[14]作为分析一级学科建设相关内容主题的主要依据。从培养目标、专业范围和知识结构/课程体系等多角度挖掘相关内容主题。表 2 中列出了采集一级学科相关内容主题的出处。

表 2 主题内容采集

出处	培养目标	专业范围	知识结构/课程体系
《普通高等学校本科专业类教学质量国家标准》	培养目标	适用专业——本科专业	培养要求、培养规格、知识要求、课程体系
《一级学科博士、硕士学位基本要求》	基本要求/研究对象	学科方向	基本知识和结构
《学位授予和人才培养一级学科简介》	培养目标/研究对象	学科范围——硕博士专业和方向	知识基础、理论体系
《学术学位研究生核心课程指南（二）（试行）》			研究生核心课程

续表

出处	培养目标	专业范围	知识结构/课程体系
教育部关于学科或专业修订更新通知	培养目标	学科或专业说明	
《专业学位类别（领域）博士、硕士学位基本要求》	基本要求/研究对象	学科方向	基本知识和结构

具体映射设计方案如表 3 所示，以一级学科包含的专业范围和学科方向为准，从各专业的培养目标及研究对象和知识结构要求及课程体系设置角度分别析出主题词，培养目标和研究对象反映本学科建设的总体要求；将知识结构/课程体系方面的要求细化为思政、通识和专业要求。然后由专业编目人员通过主题词分配对应的《中图法》分类号（Chinese Library Classification，CLC）。通过汇总的《中图法》分类号就可以把相应的图书馆馆藏资源匹配出来，从而把高校学科与图书馆馆藏资源关联起来。不同的学科可以按照这种方法制作本学科的对应表。图书馆利用这种多层次的映射关系既可以按汇总的《中图法》分类号对应出支撑这个学科的资源总体状况，也可以按学科下的不同专业分别进行更加详细的馆藏学科结构分析，并对学校学科专业建设提供更加多样化、更加全面的数据服务。

表 3　一级学科“xxx”建设相关内容主题的中图法分类对应表

专业范围		专业 1		专业 2			学科方向 n		汇总	
		主题词	CLC	主题词	CLC	…	主题词	CLC	主题词	汇总 CLC
培养目标/研究对象										
知识结构/课程体系	思政									
	通识									
	专业基础									
	专业核心									
	专业选修									

2.3　映射实例

以一级学科“1205 图书馆情报与档案管理”（新版目录更名为“信息资源管理”）为例，映射结果如表 4 所示。在一级学科“1205 图书馆情报与档案管理”

下的专业和研究方向包括：图书馆学、档案学、情报学、古籍整理与保护、出版管理和信息管理与信息系统、信息分析、信息资源管理和大数据管理与应用等专业方向。在具体映射表中，有按不同专业方向对应的多级不同类型文献资源映射关系。限于篇幅，仅列出汇总后的部分映射。其中馆藏纸质图书种数以北京大学图书馆馆藏统计。

如果按照传统的类目进行对应，可在《中图法》中的“G 文化、科学、教育、体育”类下匹配到明确的类目：“G25 图书馆事业、信息事业”和“G27 档案事业”。在北京大学图书馆的馆藏中，按照 G25 和 G27 分类对应的图书类文献资源包含：中文 8490 种，日文 549 种，俄文 239 种，英文 2540 种，其他文种 2632 种，共 13089 种。很显然，如上表 4 中列出的支撑一级学科“1205 图书馆情报与档案管理”建设和发展的图书馆文献资源更加完整、全面。通过这种详细的多层多级的映射关系，图书馆可以从多个角度发现馆藏不足，优化馆藏结构，设计完备的文献资源数据服务。

表 4　一级学科“图书馆情报与档案管理”相关内容主题分类对应馆藏文献

支撑学科建设需要的文献资源	用于统计馆藏资源对应的《中国法》分类号	馆藏纸质图书种数
所有文献资源	A81; A84; B-4; B0; B15; B22; B250.5; B261; B5; B81; B82; B84; B9; C-4; C3; C8; C91; C93; D-4; D0; D2-0; D23; D26; D6; D771.2; D8; D912.8; D913; D920.0; D920.4; D922.8; D923; E-4; E0; F-4; F0; F11; F12; F171.2; F208; F272.7-39; F273.1; F49; F713.36; F713.52; F752; F830.49; G-4; G112; G113; G114; G201; G202; G203; G206; G219.29; G23; G25; G260; G27; G302; G40-05; G641; G8; H0; H193.9; H-4; H319; H3-4; I-4; I16; I206; J-4; J0; J90-05; K-4; K02; K1; K10; K203; K207.8; K26; K27; K312.6; K712; K85; K86; K87; K88; N-4; N02; N91; O-4; O1; O2; P-4; P208; Q-4; R-4; R-058; R1; R2; R338.2; TB-4; TB18; TL-4; TN4; TP18; TP274; TP3; TP701; TU-4; X-4; Z126	中文 407560 日文 26876 俄文 13070 英文 202577 其他文种 98429 总计：726100
主要专业文献资源	C3; C811; C93; D035-39; D035.1; D912.8; D922.8; D923.404; D923.414; F062.5; F49; F713.36; G113; G202-39; G202; G203-39; G203; G206.2; G23-05; G230; G232; G235; G237.6; G239; G25; G27; G302; K0-4; O1; TP181; TP274; TP3	中文 78936 日文 2613 俄文 2701 英文 37781 其他文种 12433 总计 129392

续表

支撑学科建设需要的文献资源	用于统计馆藏资源对应的《中国法》分类号	馆藏纸质图书种数
思政和通识类资源	A81; A84; B-4; B0; B15; B22; B250.5; B261; B5; B81; B82; B9; C-4; C819; C91; D-4; D0; D091; D2-0; D23; D26; D6; D8; D920.0; D920.4; E-4; E0; F-4; F0; F11; F12; F273.1; F752; G-4; G202-39; G219.29; G256.1; G529; G641; G8; H193.9; H319; H-4; I-4; J-4; K-4; K02; K1; K207.8; K26; K27; K312.6; K712; K85; K86; K87; K88; N-4; O13; O-4; P-4; Q-4; R-4; R1; R2; TB-4; TL-4; TN4; TP3; TU-4; X-4; Z126	中文 323593 日文 21851 俄文 8666 英文 137270 其他文种 80158 总计 555029
…	…	…

3 基于学科映射的数据服务实践与探索

文献的分类是文献组织管理与查找利用的基础。我国图书馆馆藏文献分类大多数采用《中图法》，但由于历史原因，有的图书馆保存有采用《中国人民大学图书馆图书分类法》和《中国科学院图书馆图书分类法》进行分类的馆藏文献。在北京大学图书馆馆藏中，除了上述分类法，西文文献还有采用《美国国会图书馆分类法》和《杜威十进分类法》的编目分类，中文文献还有采用裘开明的《汉和图书分类法》和皮高品的《中国十进分类法》等。除了这些传统纸质资源采用的分类体系外，电子资源多是采用服务商提供的不同分类，例如 WOS 分类和 Scopus 的 Citescore 分类等。纸质资源和电子资源都对学科建设起到了不可或缺的作用，所以需要对图书馆各类资源用到的不同文献分类法体系与高校学科作映射，做到纸电书刊一体化分类盘点。

下面分别介绍基于这些映射关系，图书馆的实际应用和可能提供的数据增值服务。

3.1 面向图书馆

在学科分类和文献分类之间建立的映射关系使两种不同的分类体系之间实现了互操作，这种互操作可以广泛地应用于对学科和专业的文献资源数量的统计，提高对学科和专业进行评估时的统计精度，也可使图书馆的专业文献统计工作更加规范化。图 4 是按照《中图法》分类和高校学科门类及部分北京大学“双一流”学科的纸质馆藏主要专业资源分布情况，揭示了现有馆藏在多种学科分类下的对各学科的资源支撑情况。同理，也可以按照高校学科分类统计馆藏主要专业资源利用情况。这些数据可为优化馆藏结构的相关决策提供客观的参考依据。

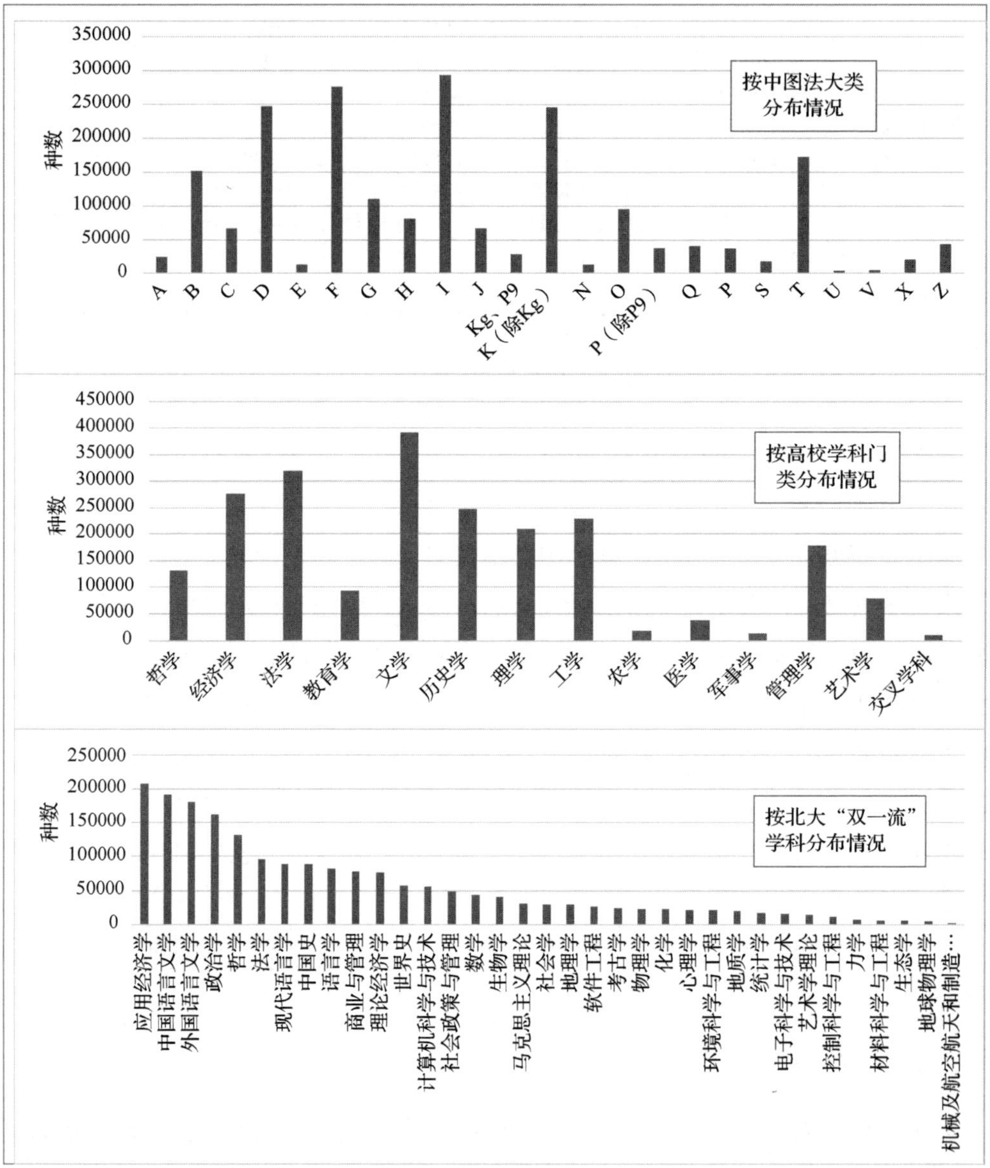

图 4　按照不同学科分类的纸质馆藏主要专业资源分布情况

随着电子资源在高校图书馆文献资源购置费、馆藏量和使用量中的占比和重要性越来越大，对其进行准确统计已经成为高校图书馆资源建设部门选择购买电子资源时要做的重点工作。商业机构的数据库资源分类与《中图法》分类映射关系的建立使图书馆在选购商业性数字资源时，能够以与本馆馆藏文献使用的分类体系匹配的学科分类进行商业资源的独特性和匹配度检测，做到可知、可信、可靠、可用和可测。如我们对 Elsevier 期刊采用的 Citescore 学科与《中图法》分类进行了映射，图 5 揭示了 2021 年 Elsevier 期刊按《中图法》大类的分布情况。馆员通过这些电子资源的学科信息与其他数据库资源信息的比对，可以方便获取到各电子资源的学科独特性数据和学科覆盖率，也可以方便地与各学科纸质资源数据进行对比。拟订购数据库内容学科分布数据为图书馆对商业数字资源检测和选购提供了必不可少的数据资源。

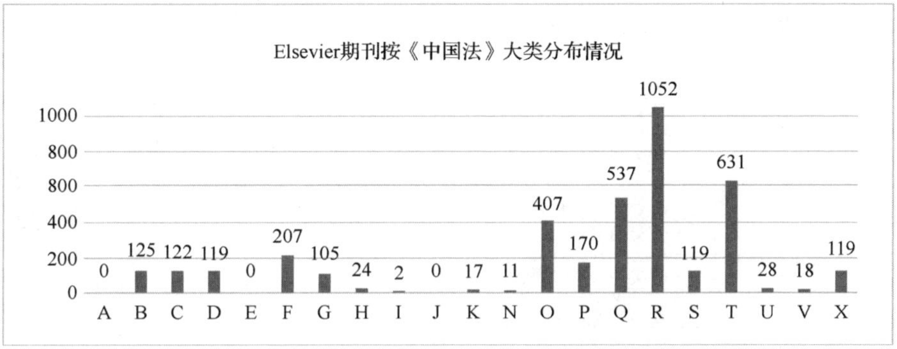

图 5　2021 年 Elsevier 期刊按《中图法》大类的分布情况

中文资源分类与外文资源分类之间以及纸质资源分类与电子资源分类之间的相互映射关系使图书馆能够全面地盘点图书馆馆藏资源对高校学科建设的总体保障情况，进而使图书馆可以从高校学科视角出发，覆盖资源保障、利用情况、学科引用、数据库支撑及学科高质量发文等多个维度的学科价值资源，为各学科教育教学、科研创新等提供评估服务。

3.2　面向学校院系

图书馆作为学校学科建设支撑体系的重要组成部分，服务学校学科建设、科研创新和人才培养，院系需要了解本院系建设学科的资源保障情况。利用国外外文资源文献分类与《中图法》分类的映射关系，图书馆不仅可以提供目前馆藏学科资源情况，还可以提供国内外大学图书馆馆藏学科资源情况，使图书馆与学校的学科建设协同，提供融入式支撑服务，根据院系科研创新、人才培养目标需要适时调整和提高对优势学科和新兴学科的资源保障率。例如：院系要申请一个新兴一级学科学科点，需要了解可用于此一级学科点研究生培养的教学/科研支撑的图书馆馆藏资源情况，如图 6 是图书馆提供学科资源数据的部分服务模板。支撑本学科建设的馆藏资源列出了思政和通识类资源以及学科专业类资源的信息，专业类资源还提供了本馆目前馆藏数据和国内外其他大学图书馆馆藏及 OCLC WorldCat 的数据对比信息。这些信息不仅说明了图书馆目前可以为本学科建设能够提供的文献资源总体保障情况，助力学校院系申请新的一级学科点，而且为图书馆和院系师生全面了解支撑本学科建设需要的专业文献保障提供了基础依据，使图书馆和院系能够共同协作找出学科资源差距，师生参与图书馆资源共建共管，最大可能地提高学科文献资源保障率。

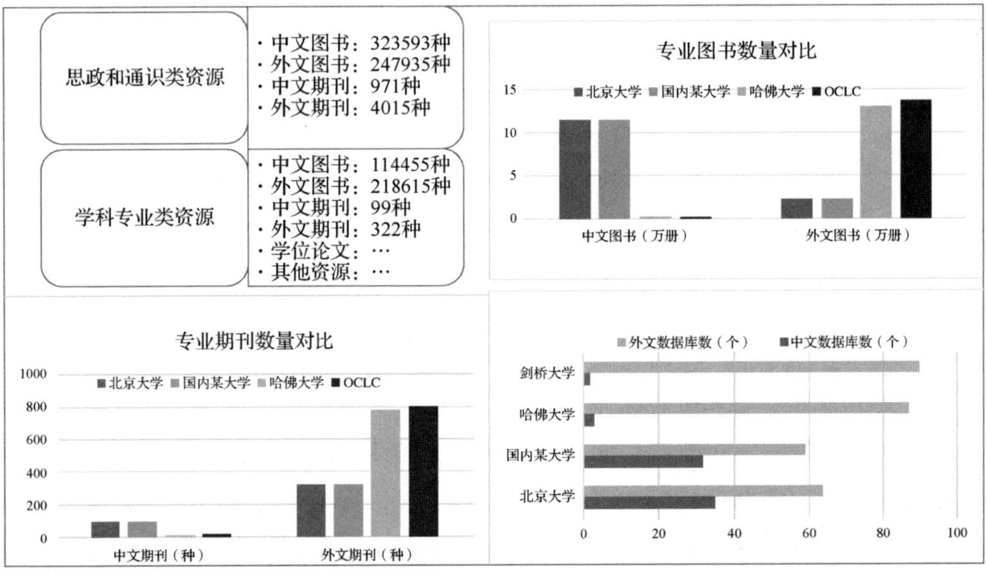

图 6　支撑某新兴学科建设的馆藏资源部分数据服务案例示意图

我们也可以从学科文献计量的角度为院系提供学科建设成就的纵横比较分析。不仅可以进行国内机构学科比较分析，也可进行国际比较。在对同院系某学科在一段时期内进行纵向比较时，可采用较为详细的文献分类体系进行，如《中图法》分类和 WOS 分类。利用《中图法》分类和 WOS 分类之间的映射关系，可以把院系学者在国内外发表成果数据统一在同一个分类体系下进行比较，方便了解学科在不同时期各研究领域的建设情况。通过不同机构同类院系之间的比较分析可以了解同类院系在各研究领域中的不同侧重。如要对“化学（Chemistry）”

学科对比分析两个机构的科研产出概况，很有可能机构 A 的论文产出更多地集中在生物化学研究领域，而机构 B 的论文更多集中在物理化学，宽泛的学科就不如文献分类能精细地反映两个机构的科研影响力。各种分类体系之间关系的构建使我们在做比较分析时可以根据分析对象、内容和目的等进行结合任意选择合适的学科分类体系。

3.3 面向学校科研管理机构

每个年度大学都要进行科研成果统计，通常的统计方法是要求学校各院系先填报，然后由学校科研管理部门汇总，这种方法的问题是填报周期比较长，也可能因为通知不到位漏报，还可能造成跨学科合作研究成果的重复填报。自从北京大学图书馆面向学校科研管理机构提供数据服务以来，每个年度都由北京大学图书馆通过国际重要检索系统检索并提供科研成果的学科分布数据服务，协助学校科研管理机构填报学校各学科科研成果，图 7 是科技类成果填报表，此填报表是国家层面的统计，填报学科分类是最宽泛的大门类。但在北京大学图书馆的机构成果数据库中，不仅保存了北京大学学者在各重要检索系统收录期刊发表的文章信息，而且建立了各重要检索系统的学科目录与《中图法》以及高校学科的关联信息，所以既可以按教育部学位授予的 14 个门类提供成果统计数据，也可以按 117 个一级学科分别提供详细的成果统计数据。

学校编码：
学校名称：

科技成果情况表

表　　号：科技年报7表
制定机关：教 育 部
批准机关：国家统计局
批准文号：国统制〔2021〕135号
有效期至：2024年11月

学科门类		发表科技论文（篇）		论文检索系统		
		合　计	其中：国外学术刊物发表	SCIE	EI	CPCI-S
	编号	L1	L2	L3	L4	L5
合　计	01	6569	4967	4557	50	155
自然科学	02	3206	2621	2466	34	20
工程与技术	03	1562	1379	1183	16	139
医药科学	04	1985	1159	1087	0	2
农业科学	05	47	38	35	0	0

图 7　科技成果统计示例

在积极转变我国科研评价的“唯 SCI”“重洋轻中”等不良导向的大趋势下，我们在选取了国际主流的期刊数据库的同时，还重点选取了我国重要的期刊数据库以及评价机构的成果，例如北京大学《中文核心期刊要目总览》收录核心期刊、中国科学院 CSCD 来源期刊和中国科技信息研究所科技核心期刊等作为科技论文成果的统计源。构建了这些不同来源的不同文献分类体系之间的映射关系，对所有统计源期刊进行学科分类标引。如图 8 所示，每种期刊既有其国外 ESI 学科归属、WOS 分类和 Scopus 的 Incites 分类，也有国内的《中图法》分类、各种评价成果分类等。这样不仅能够推动国内外科技期刊数据的同质等效使用，而且能够服务于学校学科评价和人才评价的政策制定。结合期刊的多种影响因子、特征因子、论文影响力指数等多个文献计量指标，引导个人代表作的筛选及进一步的学缘分析、科研方向分析等，为各学科建设发展的影响力评价提供更为客观的统计数据，更好地服务于学校科研创新。

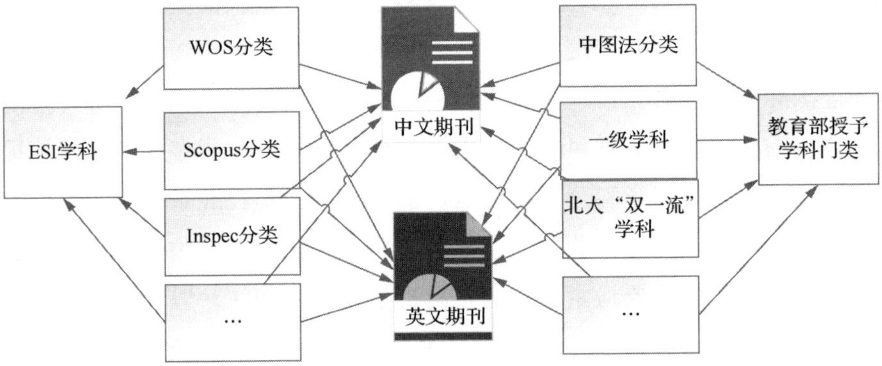

图 8　中英文期刊不同分类体系的标引和归类

4　讨论和展望

在已有数字资源的基础上通过挖掘形成数据资源,从而实现增值服务是大学图书馆的重点工作之一。图书馆文献分类和学校学科建设的关联数据是基础的必备数据，为高校的学科结构渗透到馆藏文献的学科结构中起到桥梁的作用，使图书馆能够以高校学科建设的视角提供多样化的数据增值服务。但分类体系的选择和分类映射方案的设计与服务对象和使用他们的目的密切相关。

当应用于支撑学科建设的文献资源数量统计时，可以根据统计目的和服务对象的不同，提供不同层级的数据服务，既可以按总体保障、专业资源保障和思政、通识类资源保障情况分别进行统计，也可按如下分层提供多级数据服务：

- A 级：思政资源+通识资源+专业核心资源+专业基础资源+专业相关资源

  −A1 级：通识资源+专业核心资源+专业基础资源+专业相关资源

–A2 级：思政资源+专业核心资源+专业基础资源+专业相关资源

- B 级：专业核心资源+专业基础资源+专业相关资源

  –B1 级：专业核心资源+专业基础资源

  –B2 级：专业核心资源

  –B3 级：专业基础资源

  –B4 级：专业相关资源

- C 级：思政资源+通识资源

  –C1 级：思政资源

  –C2 级：通识资源

- D 级：自定义学科+思政资源+通识资源

由于如前文所述的映射关系的分层设计，对于支撑学科建设的保障资源计算，除了可以按总体保障情况、专业资源保障情况和思政、通识类资源保障情况进行 A 级、B 级和 C 级的数据服务，也可以提供更加精细化的如上列出的 A1、A2、B1、B2、B3、B4、C1、C2 级的数据服务，还可以针对某一个新兴学科，按院系自定义的学科内容需求提供 D 级的数据服务。

客观的文献计量数据也广泛应用于学科评价，除了 THE 世界大学排行榜外，其他三大世界学科排名的指标体系中文献计量所占比例均在 60%以上。国内外多种学科评价体系中，国际影响力较大的有 ESI 学科排名和 QS 学科排名等，国内最具权威的就是教育部学位与研究生教育发展中心开展的一级学科评估。众所周知，如仅以国外学科标准对国内高校进行评价，大多数高校都不能进入排名;而单纯以国内标准评价，则难以按论文客观地进行学科归类，同时不利于实现学科的国际化。如图 8 中基于期刊文献建立的国外分类体系与国内分类体系的互操作关系使学校及院系进行学科发展评估和人才评估时，可以按分析对象、内容和目的等方面的需要来选择合理的学科分类体系，把国内外文献资源相结合，进行学科全球竞争力的比较和分析。当进行国际机构间的学科比较时，可采用 ESI 学科分类；当进行国内机构间的学科比较时，可采用教育部一级学科分类；当对同一机构进行纵向的学科发展比较时，可采用更加精细的 WOS 分类和《中图法》分类。如何合理地应用客观的文献计量数据或学科关联工具，需要图书馆和学校科研管理部门共同协作，做到“知其然”，才能明确学科定位，促进学科发展，真正达到学科分析与评价的目的。

在发展新工科、新医科、新农科、新文科的“四新”背景下，高校在逐渐调整其学科专业结构，并增加新专业来优化本校的学科建设以适应社会需求，高校图书馆原有的馆藏学科结构的平衡被打破，馆藏建设与学校学科专业发展存在脱节的问题。因此，图书馆文献分类和学校学科建设的关联数据服务还需要探索注入新的理念，为“四新”学科的发展提供更全面的数据支撑。同时，高校图书馆也需要助力学校管理部门打破 WOS、SCOPUS 等以英文文献为主的西方数据库对学术话语权和学术评价的垄断，探索更为科学、全面、合理的学术影响力评价方法，更加公平、公正地评估中国学者的学术水平，为我国“双一流”学科的学术影响力评价提供更为客观的统计数据。

参 考 文 献

[1] 教育部. 学位授予和人才培养学科目录（2011 年）[EB/OL]. [2022-01-02]. http://www.moe.gov.cn/srcsite/A22/moe_833/201103/t20110308_116439.htm.

[2] 国家图书馆，中国图书馆分类法编辑委员会. 中国图书馆分类法[M]. 5 版. 北京：国家图书馆出版社，2010.

[3] 詹萌. 学科（专业）分类与文献分类之间的映射关系研究[J]. 情报理论与实践，2013，36（10）：40-43，35.

[4] 孙汝杰. 基于学科专业与《中图法》映射模型的馆藏文献资源结构分析——以上海应用技术学院中文馆藏图书结构分析为例[J]. 上海高校图书情报工作研究，2015，25（4）：26-30.

[5] 万燕萍，刘华. 高校图书馆馆藏学科体系与高校学科体系的耦合——高校学科体系的数学建模[J]. 图书情报知识，2014（3）：67-75.

[6] Clarivate.Web of Science 核心合集与中国国务院学位委员会学科分类的映射[EB/OL]. [2022-04-02]. https://incites.help.clarivate.com/Content/Indicators-Handbook.

[7] 国务院学位委员会第六届学科评议组. 学位授予和人才培养一级学科简介[M]. 北京：高等教育出版社，2013.

[8] 教育部. 国务院印发统筹推进世界一流大学和一流学科建设总体方案[EB/OL]. [2022-01-02]. http://www.moe.gov.cn/jyb_xwfb/xw_zt/moe_357/jyzt_2015nztzl/2015_zt15/15zt15_mtbd/201511/t20151106_217954.html.

[9] 国务院学位委员会 教育部关于设置“交叉学科”门类、“集成电路科学与工程”和“国家安全学”一级学科的通知[EB/OL]. [2022-01-02]. http://www.moe.gov.cn/srcsite/A22/yjss_xwgl/xwgl_xwsy/202101/t20210113_509633.html.

[10] 刘跃进. 国家安全学[M]. 北京：中国政法大学出版社，2004.

[11] 教育部高等学校教学指导委员会. 普通高等学校本科专业类教学质量国家标准[M]. 北京：高等教育出版社，2018.

[12] 国务院学位委员会第六届学科评议组. 一级学科博士、硕士学位基本要求[M]. 北京：高等教育出版社，2018.
[13] 国务院学位委员会 教育部关于印发《研究生教育学科专业目录（2022 年）》《研究生教育学科专业目录管理办法》的通知[EB/OL]. [2022-01-02]. http://www.moe.gov.cn/srcsite/A22/moe_833/202209/t20220914_660828.html.
[14] 国务院学位委员会第七届学科评议组. 学术学位研究生核心资源课程指南 二：试行[M]. 北京：高等教育出版社，2020.

创新古籍保护和利用　服务中华民族现代文明建设*

陈建龙

习近平总书记在2023年6月2日文化传承发展座谈会上指出："只有全面深入了解中华文明的历史，才能更有效地推动中华优秀传统文化创造性转化、创新性发展，更有力地推进中国特色社会主义文化建设，建设中华民族现代文明。"在初步学习领悟总书记重要讲话精神过程中，结合北京大学图书馆的实际，对古籍保护和利用工作有了一些新的感受。

第一，古籍是宝贵的文化遗产，是中华优秀传统文化的重要载体。

习近平总书记的多次重要论述，记忆犹新。2022年4月25日，习近平总书记在中国人民大学图书馆指出："要运用现代科技手段加强古籍典藏的保护修复和综合利用。"2019年9月10日，习近平总书记给国图老专家的回信中指出："图书馆是国家文化发展水平的重要标志，是滋养民族心灵、培育文化自信的重要场所。"2013年12月30日，习近平总书记在政治局集体学习时指出："要系统梳理传统文化资源，让收藏在博物馆里的文物、陈列在广阔大地上的遗产、书写在古籍里的文字都活起来。"

10年来，党中央高度重视，求真务实，建立了坚定的历史自信和文化自信，并进一步明确了"建设中华民族现代文明"的宏伟目标，迈上了文化强国建设新

* 陈建龙．创新古籍保护和利用 服务中华民族现代文明建设[J]．图书馆杂志，2023（7）．

征程。

我们倍感机遇垂青、使命光荣、事业崇高，在大力传播社会主义先进文化和革命文化的同时，全力传承中华优秀传统文化，守正创新，古为今用，充分发挥古文献在人才培养、科研创新和文化繁荣活动中的独特作用和时代价值。

第二，古籍保护要科学、完整。

科学保护强调的是对历史经验的总结、固化和更新，对现代技术的筛选、试验和应用，对先进方法的学习、借鉴和运用；完整保护强调的是古籍的形式特征和内容特征相统一，文献和文化相统一，创造性转化和创新性发展相统一。

在实际工作中，我们主要开展三个层面的保护工作：一是原生性保护，即高标准的典藏保护、高品质的采集保护、高质量的编目保护和高技能的修复保护；二是再生性保护，包括侧重内容选择的古籍整理研究及其影印出版，以及兼顾形式保存的古籍数字化及其数字出版等；三是开发性保护，针对领域知识和专题内容，组建专家团队，运用数字技术和知识融合技术，联合开发古文献资源。

第三，古籍利用要精准、高善。

精准利用强调的是深入挖掘古籍承载的文化价值，更好满足新时代新文化需要；充分展示古籍自身的文物价值，更好继承历史文化遗产；切实发挥古籍蕴含的学术价值，更好建构中国自主的知识体系。高善利用强调的是古籍存藏机构凭借自身比较优势，与相关方协同创新，提供便捷高效、尽善尽美的服务。

在实际工作中，我们主要开展四种形式的利用工作：一是保护性利用，包括室内阅览服务和常设展览展示服务等；二是协同性利用，主要是与院系等单位的专家学者协同开展教学和科研活动；三是综合性利用，以馆藏文献为基础，组织文献作者和研究者，贯穿文献、文人与文化，持续开展丰富多彩的“共读《中华文明史》”系列阅读参考服务；四是开放性利用，主要是通过公开古文献目录、支持国家和地方重大文献出版工程等方式提升古文献的共享水平和社会效益。

第四，科学又完整的古籍保护和精准又高善的古籍利用在中华民族现代文明建设中大有作为。

我们要昂扬奋进，以更加积极的态度，深刻领悟中华文明所具有的突出的连续性、创新性、统一性、包容性、和平性等特性，全力挖掘古文献承载的中华优秀传统文化，全面彰显古文献的文化意义。

我们要勇担使命，以更加强大的能力，在浩瀚的典籍文献中，区分内外表里，辨别真伪精粗，把宝贵的文化遗产保护好、传承好、利用好、发展好。

我们要创新驱动，以更加优异的业绩，创造价值，互相成就，融入现代社会，超越自身格局，为建设中华民族现代文明作出新的更大的贡献！

四　治理现代化

积极融入新冠肺炎疫情防控大局，切实创新非常时期服务策略*

——全国高校图书馆疫情防控期间服务创新情况调研报告

王　波　周春霞　陈　凌　陈建龙

2019—2020 年的冬春之交，新冠肺炎疫情突如其来，党中央、国务院高度重视，习近平总书记亲自部署、亲自指挥，作出一系列重要批示和指示，提出“坚定信心、同舟共济、科学防治、精准施策”的总要求，强调坚决打赢这场没有硝烟的人民战争、总体战、阻击战。

教育部也先后出台一系列防控措施和部署，作出延迟大中小学校开学的决定，指挥全国各类学校在春季学期开展大规模、成建制的在线教育教学，多次推荐适合开展在线教育教学的网络平台和数字资源。这次为防控疫情而开展的在线教育教学，是创造世界纪录的人类历史上参与人数最多、覆盖地域最广、累计时间最长、总体规模最大的互联网远程教育，是对教育系统应对重大突发公共卫生事件能力的一次检验，对运用信息化手段推进教育教学改革具有重大意义[1]。

疫情对高校图书馆而言也是一次大考。一考高校图书馆面对突发公共卫生安全事件的应急能力，作为公共空间，能否确保读者和职工身体健康，不发生群体

---

* 王波，周春霞，陈凌，陈建龙．积极融入新冠肺炎疫情防控大局，切实创新非常时期服务策略——全国高校图书馆疫情防控期间服务创新情况调研报告[J]．大学图书馆学报，2020（2）：5-17，29．

聚集性感染。二考高校图书馆20多年来的数字图书馆建设成效，主要是数字资源、网络平台、馆员队伍、保障体系等方面的服务效能，检验其能否满足大规模在线教育教学的需要，能否经受住庞大在线需求的考验，服务体系不垮塌。三考居家隔离的情况下，高校师生能否一如既往地、无障碍地利用图书馆的文献资源，保证科研工作不停滞，甚而在面向疫情的科研方面，得到图书馆的有力支撑。

那么高校图书馆在疫情防控中交上了什么答卷呢？为了解高校图书馆在疫情防控中的作为，教育部高等学校图书情报工作指导委员会在2月26日发布了《关于调研防控新型冠状病毒肺炎疫情期间高校图书馆开展服务情况的通知》，要求既要调研总体防控情况，又要重点了解在精准施策、创新服务方面的突出举措；既要调研疫情防控初、中期的情况，也要了解疫情后期为开学开馆所制定预案的情况。很快收到29个省、自治区、直辖市高校图工委报送的本地高校图书馆在疫情防控中开展服务情况的报告。

这些报告表明，全国高校图书馆坚决响应、紧密配合党中央、国务院、地方政府、所在学校的疫情防控部署，为广大师生提供了及时、主动、专业、周到的战“疫”服务。特别是教育部发出“停课不停教、停课不停学”的春季教学要求后，高校图书馆积极贯彻落实，密切关注、及时满足师生的在线教学需求，在资源保障、技术保障、服务保障上下功夫，细心、贴心、耐心地面向师生做好线上教学保障工作，提升了图书馆在学校的影响力和认可度。

兹基于对29份报告的深入研读和对若干馆长的电话访谈，将全国高校图书馆在防控疫情过程中的服务创新情况作总体汇报。

1 快速响应总体部署，主动融入防控大局

面对新冠肺炎疫情蔓延的严峻形势，遵照党中央、地方政府和各高校的战略决策和战“疫”部署，各省高校图书馆高度重视，快速响应，以必胜的坚定信念，积极贯彻落实习近平总书记的重要指示精神——“坚定信心、同舟共济、科学防治、精准施策”“各项工作都要为打赢疫情防控阻击战提供支持”，主动融入防控大局。

1.1 迅速行动，积极启动疫情防控应急响应机制

遵循“疫情就是命令，防控就是责任”的行动号令，各馆按照上级领导机构

的统一部署，纷纷在第一时间成立新冠肺炎疫情防控工作组，第一时间制定翔实、可操作的疫情防控监督责任实施方案和应急预案。各馆领导班子成员坚决扛起政治责任，思想上高度重视，行动上果断有力，扎实抓好“防风险、护安全、战疫情、保教学、稳科研”等各项措施的落实。

在29个省（自治区、直辖市）高校图书馆的调研报告中，有23份明确说明当地普通高校图书馆成立了疫情防控工作组或制定了相应的防控工作应急预案。其余6份报告虽未明确说明，但也对应急信息服务数量进行了分析。1月22日起，武汉疫情发展形势严峻。湖北省高校图工委领导高度重视，与湖北省图书馆学会积极协调配合，成立了湖北省图书馆学会抗疫支援微信群和湖北省高校图工委抗疫支援微信群，疏通对口支援渠道，建立对口支援机制，全省高校图书馆携手齐心，群防群策[2]。1月24日，四川省启动重大突发公共卫生事件Ⅰ级响应，全省20余所高校图书馆迅速成立新冠肺炎疫情防控工作领导小组或工作小组，研究、布置、开展和督导各项防控工作措施，在打赢疫情防控阻击战中切实加强领导，积极主动履职，有效发挥作用[3]。

1.2 加强防控，周密制定疫情防控工作方案

各高校图书馆坚持把打赢疫情防控攻坚战作为当前最重要的政治任务，各级人员深刻认识疫情防控工作的严峻性和复杂性，以高度的责任感，做细、做实、做好各项防控工作。通过疫情防控工作组，负责馆内疫情防控工作，落实学校重大决策部署和重要工作安排，及时科学研判形势，提出防控意见，精准实施防控措施，强化对疫情防控有关工作的协调调度、督促落实。

北京大学图书馆在1月28日的学校疫情防控专项工作视频会议之后，党政班子及疫情防控工作组成员决定在肺炎疫情防控工作组下设馆员防控、送书服务、线上服务、宣传引导、后勤保障5个专项小组，分头落实工作，先后推出并发布《北京大学图书馆关于做好新型冠状病毒感染的肺炎疫情防控工作方案》《图书馆关于开学前调整服务方式的通知》《北京大学图书馆关于延长2020年春节假期及相关工作安排的通知》并制作《图书馆疫情防控基础数据表》。中国传媒大学图书馆建立了“馆、部、室”三级工作运行机制，采取轮流在岗工作方式，按照2天一个轮岗工作周期，直到疫情防控结束，并把提交“工作任务、协助工作、其他工作、创新工作”等工作内容，作为全馆教职工在疫情防控期间的重点考核依据[4]。

上海市各高校图书馆建立党政班子成员和各部门主任负责联系机制，设立各层级联络员，层层落实责任，通过电话、微信等方式主动了解、掌握教职工动态和思想状况，第一时间出台疫情防控期间的服务应对方案，围绕学校“停课不停学、停课不停研、停课不停教”的中心思想，积极开展线上服务，保证图书馆在疫情防控期间各项工作有序开展[5]。

山东省各高校图书馆严格落实“日报告和零报告”制度，精准掌握本单位职工所在地以及假期流动情况，及时提出防范措施。各单位职工与所在单位保持联系畅通，积极配合疫情防控工作，严格自我防护，减少不必要出行，最大限度控制疫情传播风险[6]。

1.3 践行初心，发挥基层党组织和党员先锋模范作用

“越是艰难越向前”，越是在任务繁重的时刻，越要加强党建，越要提高党组织的凝聚力、向心力。抗击疫情也是巩固和拓展“不忘初心、牢记使命”主题教育成果的大考场。在疫情防控阻击战中，各高校图书馆基层党组织和广大党员干部充分发挥政治优势、组织优势、密切联系群众优势，坚定地站在前沿做表率，以实际行动践行入党誓词，把初心和使命体现在防控一线和服务保障上，彰显在本职岗位上，凝聚起强大正能量，众志成城、全力以赴、共克时艰。

北京大学图书馆在送书到楼服务中发布了“关于招募图书馆党员志愿者参与送书到楼服务的公告”，党委委员、支部书记、党员以实际行动践行初心，带头参加。从 2 月 3 日至 3 月 20 日，累计已有党员 383 人次参与服务。首都经贸大学图书馆在疫情期间召开视频会议三次，研究确定《图书馆党总支号召令》等各项通知，要求党员同志模范遵守各项疫情防控纪律规定，积极宣传推广防控知识、政策文件，带动亲属朋友遵守规定，凝聚形成打赢阻击战的正能量。

武汉理工大学图书馆的李明老师是一名老党员，面对突如其来的新冠肺炎疫情，他第一时间响应政府号召，主动请缨，为医护人员和社区居民提供免费出行服务。他每天早上 5 点半前必须起床，接送医护人员往返于同济医院、协和医院、武汉市中心医院、武汉市第三医院和武汉市第五医院，被大家亲切地称为武汉“摆渡人”。接送完医生和护士后，他会立即赶到社区做志愿服务，为社区居民购物买药等等。不跑车的时候，他就协助社区宣传防疫知识。他向居民们介绍自己任职的图书馆在微信公众号上推送的经典著作，教大家如何扫码免费阅读。他提醒居

民："不信谣，不传谣。恐慌是疫情的催化剂，理智才是对付病毒的良方。"[2]

广东省各高校图书馆抽调本馆党员骨干参加学校疫情防控工作组，充分发挥党员同志的先锋模范作用[7]。

吉林省高校图书馆号召党员干部积极行动起来，发挥党员在疫情监测、排查、预警、防控等工作中的带头作用，要求大家不信谣、不传谣，不跟风、不恐慌，认真做好防疫宣传工作[8]。

山东省各高校图书馆基层党组织充分发挥战斗堡垒作用，积极主动履职，坚持"守土有责，守土担责，守土尽责"，广大党员干部坚定地站在前沿做表率，在防控一线和服务保障上彰显共产党员的初心和使命。各馆积极组织党员踊跃捐款支持新冠肺炎疫情防控工作，还以多种方式投入到疫情防控工作中，如山东农业大学图书馆党支部成立党员先锋岗，参与社区执勤工作；济宁学院图书馆党员邵明哲连续 30 天参加社区志愿者值班工作[6]。

1.4 全面动员，主动融入疫情防控大局

新冠肺炎疫情突如其来，高校图书馆馆员普遍都在休假中，但战"疫"没有假期，高校图书馆人不忘初心，牢记使命，一方面全力做好馆员自身的疫情防控；另一方面着眼于疫情防控期间广大师生的学习和科研需求，从领导到馆员到临聘人员都义不容辞担负起相应工作，以图书馆人应有的方式和努力，加强疫情防控，融入疫情大局，挑起图书馆人的社会责任与担当。

吉林省高校图书馆发出"疫情防控就是命令，技术保障就是战场，信息资源就是弹药"的号召，全力做到"数字资源来护航、文化引领冲在前、技术保障不掉线、信息咨询不下线"[8]。

湖北省高校图工委、湖北省图书馆学会在得知武汉市部分方舱医院及隔离点病人的病情相对较轻，对书籍阅读有需求时，及时发出倡议，组织相关高校图书馆捐赠刊物以书香抗疫，以"读"攻"毒"，帮助患者和隔离者舒缓紧张情绪，保持良好的精神状态。武汉大学图书馆的赵子龙，今年刚满 31 岁，以自己的赤诚之心抗击疫情，成为一名"逆行者"。武汉封城时，赵子龙正在广州探亲，滞留广州的日子让他意识到了这次疫情的严重性，不断上升的感染人数和一个个医护人员的倒下让他揪心。当他得知武汉雷神山医院急需行政后勤保障人员时，他做出了一个决定：奔赴战斗一线，成为一名志愿者。当被问及成为志愿者的原因，他的

回答朴素又真诚："我不是医生，也不是护士，只有颗赤子之心。作为一名年轻人，我想贡献自己的一份力量。"因这份赤诚，赵子龙从广州返回武汉，在经过体检、隔离、核酸及 CT 排查等手续后，于 2 月 17 日到达位于武汉黄家湖军运村的雷神山医院，参与战疫[2]。浙江省嘉兴职业技术学院图书馆王音馆长参加高速卡点盘查工作，多次利用校妇联主席的身份，动员全校女职工为卡点赠送防护设备，带领女职工到周边企业制作口罩、缝制防护服[9]。

河南省高校图书馆坚持守土有责、守土尽责，面对疫情，每一个图书馆人都是一道"长城"。抗击疫情不只是政府部门和医护人员的事，也是每一个个体必须高度重视的大事。每个图书馆人都需要提升科学素养和医疗知识水平，养成戴口罩、勤洗手、不吐痰等良好习惯，不信谣、不传谣[10]。

浙江省高校图书馆在建立起有效的工作推进机制和疫情防控工作方案的基础上，各部门分工合作、联防联控，全力为疫情防控和师生服务营造良好外部环境，为携手抗击疫情构筑坚实有力防线。全省高校馆暂停开放期间，闭馆不闭网，闭馆不闭服务，各高校图书馆围绕学校产学研服务需求，制定了疫情防控期间的服务应对方案，纷纷推出丰富多彩而又各具特色的信息资源保障与在线支持服务。以饱满的热情、全力以赴助力师生在疫情防控期间的教学、科研工作和抗疫生活。同时对新学期开学面临的任务和挑战精准分析，做好预案，着力实现"师生健康与教学科研服务"双保障目标，以实际行动为打赢疫情防控阻击战贡献图书馆人的力量[9]。

2　暂停开放楼内服务，创新外借服务手段

为确保有效防控新冠肺炎疫情，根据上级有关精神，为避免人员聚集引发交叉感染，最大限度保障读者和馆员健康，各高校图书馆均于 1 月下旬起暂停开放楼内服务。根据有关要求和疫情发展形势，图书馆统一作出延期开馆、延长图书借期、减免逾期使用费的决定，采取一系列配套措施，多渠道发布读者公告，免除师生后顾之忧。此外，部分高校图书馆创新思路，调整外借服务方式，为读者推出"免接触"借还书服务。

2.1　病毒无情，图书传情——新创校内师生送书到楼服务

北京大学图书馆研判疫情防控形势，结合读者需求与图书馆实际情况，及时

调整服务方式，创新推出“送书到楼”服务。图书馆属于人员聚集场所，疫情期间不能对外开放，为了满足师生借书的需求，经过反复讨论，经学校批准，在原有“送书上门”的基础上开发并优化系统平台，制订与部署周密的服务方案及安全交接措施，早在 1 月底图书馆即成立了送书到楼服务小组，馆领导和党委委员带头送书，各部门积极配合，线上服务组第一时间根据需求完善更新流程，并及时优化系统各项功能，确保系统安全稳定运行。

从 2 月 3 日起，至 3 月 20 日，图书馆上下齐心协力，雨雪无阻，累计完成线下送书 773 单，服务师生 302 人，送书 2840 种、3069 册，共有 464 人次馆员老师报名送书志愿服务，其中党员 383 人次。有个读者一次借阅 60 册书，馆员拖着拉杆箱给读者送书。贴心周到的服务如同“雪中送炭”，送出了“用户导向，服务至上”的先进理念和“崇高、忠诚、亲切、满意、包容、高善”的价值追求，受到师生的广泛好评。

2.2　提前预约，定点取书——无接触提供借书服务

中国政法大学图书馆采取委托借阅方式为读者提供借还书服务，根据读者预约信息，提前找出图书，并按序分堆码放。读者到馆后，核验读者信息，引导读者到指定区域获取所借图书，并提供借还书服务。

北京语言大学图书馆也推出“预约借书”服务，由学生在线提交借阅申请，馆员将读者所需图书查找后放在指定地点，学生自行取书，为了保证读者健康，图书馆书库内安装了紫外线消毒灯，图书在借出之前，经过消毒，更加安全[4]。

江西师范大学图书馆启动特殊程序，在充分遵守国家相关防疫规定的前提下，提供线下纸质图书借阅服务预案。读者填写线下借阅图书申请表，并将申请表发送至指定邮箱。图书馆根据读者申请，每周二上午由工作人员到书库找书并放在指定地点，书上标注读者姓名，并电话通知读者。从读者发邮件时间起一周内的周二下午 14：30—16：00，读者凭一卡通在门岗处取书即可。疫情期间借出的图书延期至疫情结束后再归还。工作期间，要求工作人员戴口罩和一次性手套，并对使用的自助借还机及其所在空间、工作电脑等进行定期消毒[11]。

2.3　足不出户，网上借购——多馆实现送书上门云服务

成都理工大学图书馆面向全校师生推出“您选书，图书馆买单”的“足不出

户，图书网上借购服务”，通过借购和快递到家的方式，充分满足广大师生在疫情期间对图书和教材的急迫需求[3]。

浙江工业大学图书馆及时调整服务方式，确保基础服务不停摆。在疫情稳定之后快递业务恢复的第一时间，图书馆及时开放“芸悦”读借购服务，确保师生足不出户读新书。

浙江工商大学图书馆 2 月 18 日经过与新华书店的反复沟通，恢复“云借购”读者荐购服务，实现送书上门云服务。

浙江警官职业学院图书馆积极探索线下阅读渠道的开辟，利用“芸台购”借购平台恢复快递服务的契机，与服务商进行了沟通协商，在疫情结束前保证读者线下借购服务的畅通，并延长归还日期，使读者能够顺利拿到纸质图书，最大程度地扩展了线下纸质图书阅读服务[9]。

3 加强数字资源建设，创新在线服务方式

在居家隔离的情况下，高校师生的科研、教学高度依赖网络和数字资源，如何保证网络稳定、数字资源充足、在线服务顺畅，成为考验高校图书馆的一道大题。全国高校图书馆充分释放 20 多年来的数字图书馆建设效能，针对疫期教学科研的特殊需要，竭尽全力加强数字资源建设、创新在线服务方式，千方百计地以“e”战“疫”[7]。

3.1 严密值守，确保网络服务畅通

为全力保障图书馆在线资源访问服务 7×24 小时正常运行，高校图书馆积极稳妥地实施网络服务特别保障方案，安排专人每天远程值守，全天候监控网络服务和数字资源运行状态，及时修复排除各类网络故障，通过读者留言、QQ、微信等渠道开展网络保障专题服务咨询。同时，根据疫情防控的不同阶段制定网络服务预案，对网络服务保障工作进行充分的准备和筹划，从硬件系统保障、应用服务保障、资源访问、远程监测、协调配合和网络咨询服务等方面进行周密的人员安排。四川大学图书馆和西南交通大学图书馆专门编写发布网络服务指南，为师生更加方便地使用图书馆网络服务提供及时有效的指引，受到广大师生的普遍欢迎[12]。

3.2 广采博收，大力扩充数字资源

除加强宣传、推送已购数据库外，疫情期间，众多数字资源提供商和出版商

向公众限时免费开放部分或全部文献资源，但是相关信息过于碎片化，充斥各个网页及公众号。各高校图书馆积极收集相关信息，整理、通报、推送疫期免费的数据库，如维普资讯、万方数据、万方“科慧 Sci Fund”、人大复印报刊资料、超星学术资源、国研网、中华数字书苑（移动端）、国家图书馆数字资源、新东方在线学习库、爱迪科森网上报告厅、全国报刊索引、文泉学堂、中信书院、北大博雅讲坛知名教授讲座视频、Wiley 在线期刊、Artlib 世界艺术鉴赏库等。例如，武昌首义学院图书馆针对网上陆续推出的各类免费数据库，专门成立“电子资源测试组”，安排馆员进行广泛搜集与甄别，将可使用的免费数据库在网站开辟的新栏目“疫期免费库”中列表推出[2]。

各高校图书馆还积极动员一些数据库开放试用，如四川大学图书馆就争取到剑桥大学出版社精品教材、国际知名出版社德古意特（De Gruyter）经典教材、中华数字书苑、CEBLibrary 圣智电子教参数据库、人民卫生出版社“人卫临床知识库”、科学文库等 7 个电子书数据库的试用；获得 Health & Medical Collection（健康与医学数据库）、Nursing & Allied Health Database（护理与联合健康数据库）、PTSDpubs（创伤压力国际出版物数据库）、Public Health Database（公共卫生数据库）等 4 个期刊全文数据库以及 4 个与冠状病毒研究相关的 ProQuest 数据库的试用机会。

高校图书馆还大力收集开放获取（OA）资源，扩大这类资源的储备。据各省图工委的调研报告，疫情期间高校图书馆通过收集 OA 资源和限期免费资源、争取试用资源，扩展的资源达到数百种[7]。

3.3 特时特办，开辟校外访问新路

全国共抗疫情的特殊时刻，为了给广大师生远程教学和科研提供有力保障和支撑，各高校图书馆都通过网站加强对读者远程访问数据库的指导和培训，提醒大家及时关注各种数据库的动态。由于采用常用的虚拟专用网络（VPN）和服务器代理访问，在疫情期间会因过量的校外访问而造成访问延迟、提示过量下载导致 IP 被封等情况，不少高校图书馆加强与校内相关部门（学校教学科研和学生管理部门、网络服务保障部门等）和校外机构（数字资源和数据服务商家、网络服务公司等）的通力合作，积极探索远程利用电子资源的新方式。

在中国教育科研计算机网统一认证与资源共享基础设施（CARSI）联盟的支

持下，很多高校图书馆火速申请CARSI服务，为师生提供校外直接访问部分电子资源的方法，即 CARSI 方法。CARSI 的资源目录收录了中国知网、EBSCO、Emerald、IEEE、RSC等40多种电子资源。师生可在任意时间、任意地点使用校园网账号访问图书馆已经获取授权的中外学术资源，全程网页操作，无须下载插件或APP，无须使用校园网IP地址，无须繁琐设置，避免因大量用户同时接入学校 VPN 造成学校服务器过载的情况。一段时间的使用表明，CARSI 访问模式的速度和稳定性都远远优于VPN访问模式。

复旦大学、中山大学、北京师范大学、上海海事大学、宁波大学、浙江工业大学、杭州师范大学等一批高校的图书馆，及时开通基于 Shibboleth 协议的电子资源校外访问 CARSI 新方式。通过这种方式从校外访问图书馆的数据库，无需下载客户端，只需在指定页面使用学校统一认证平台（信息门户）账号登录即可使用。浙江大学图书馆对于部分师生需求强烈、但又无法通过统一身份认证校外访问的数据库，火速与数据库商联系，推出 MyLOFT 远程访问工具，在 4 月 30 日前支持远程访问ACS、AIAA、OSA、SPIE等18类数据库[9]。

浙江大学图书馆参建的大学数字图书馆国际合作计划（China Academic Digital Associative Library，CADAL），推出了“edu域名邮箱注册即可校外访问资源”的服务。这项服务让用户摆脱IP限制，在校外也能稳定访问CADAL资源。

据陕西省高校图工委对46个高校图书馆的调查，有31个图书馆提供了数字资源远程访问服务（占66%），其中20个图书馆在疫情期间改进或新增了WEBVPN和反向代理技术、Shibboleth中间件认证系统等远程访问技术方法，占64.5%。这还是西部省份高校图书馆的情况，更勿用说发达地区高校图书馆对远程访问方式的优化，由此可见全国高校图书馆在这个方面付出的努力[13]。

还有一些图书馆针对特定数据库、特定读者，设法解决校外利用问题。如兰州大学图书馆与资源访问不便的数据库商洽谈，采取特殊访问办法维护特殊时期的资源使用权益。该馆与IGroup公司合作，完成MyLOFT认证，教育网外的师生通过MyLOFT方式，可以访问IGroup公司提供的包括ACS、APS、Science等在内的 9 种数据库产品；并向美国化学文摘社（CAS）申请，在疫情期间临时解除IP限制，师生在家可以直接登录scifinder.cas.org访问数据库。此外，还向Wiley和IEEE公司申请开通临时账号密码，师生可以通过临时账号密码直接获取Wiley和IEEE的所有内容。中国基本古籍库平时只能通过客户端访问，不支持VPN获取，兰州大学图书馆联系爱如生公司，开通网页访问功能，解决教育网外用户无法访问的难题[14]。中国人民大学图书馆为200余位师生获取了Wind数据库的校外访问账号，为重阳研究院的研究员获取了彭博数据库的临时账号。为解决SciFinder数据库无法校外访问的问题，图书馆干脆收集、整理注册用户信息，与供应商沟通，为已注册账号的读者解除了校外访问的IP限制。内蒙古工业大学图书馆也分别与一些数据库公司接洽，成功解决师生远程利用资源问题。

高校图书馆不断探索的远程利用资源新方式，大大改善了师生访问数据库的体验，受到读者广泛好评。

3.4 转换方式，各类服务“搬家”线上

据29份调研报告，高校图书馆的很多日常服务不但没有间断，还因为由线上线下相结合的方式转变为全部线上而变得更加繁忙。例如，文献传递、项目申请科技查新、研究生开题查新，学科评价和人才评价需要的查收查引，专利申请的预检索和综合咨询等，这些工作全部转变为线上后，报告盖章后需要扫描发送，缴纳成本费的需要代缴和垫资，图书馆员做了诸多代劳的工作。“拉网式”也成了疫期图书馆工作的高频词，为收集教材，图书馆需要对馆藏、出版社进行拉网式调查；为了把资源和重要消息传达给所有读者，图书馆实行拉网式推送，等等。正是通过越来越多的代劳和拉网工作，高校图书馆较好地满足了广大师生疫期在家开展课题申报、网上教学、论文撰写、考研、看书听书等学术活动和文化生活的需要。

3.5 宣传有方，引领信息抗疫

信息抗疫有两个含义，一是发布、推送辅助教学科研的资源和服务信息，以及防控知识，克服病毒疫情的影响；二是搞好舆情管理和引导，帮助公众识别假新闻，提升公众媒介素养，让公众不信谣、不传谣，防控虚假信息泛滥带来的“信息疫情”。

在克服病毒疫情的影响方面，各高校图书馆紧密关注在线教学动态，充分利用网站和微博、微信、微视频等社会化媒体，加强对适用于在线教学的资源和服务的推介。

暨南大学图书馆于2020年3月8日发布“疫情防控期间图书馆服务专题网

站”，包括服务资讯、教学资源、馆藏与免费资源、新冠病毒研究与防控等四大平台。核心功能是服务线上教学，教学资源平台包括国家精品课程、暨南大学精品课程和电子教材三个板块[15]。武汉大学图书馆搜集、推荐 10 余门高水平信息素养 MOOC 课程和 40 余个网上培训讲座，涉及信息资源选择与利用、信息检索方法、论文写作及投稿、学术道德规范等多个方面。

复旦大学图书馆在主页增设“疫期研习”栏目，在微博增加“疫期学习”板块，整合相关通知、资源、服务和政策，有计划、有系统地加强针对性宣传。中国人民大学图书馆在主页开辟“同心战‘疫’，图书馆资源与服务利用指南”。北京师范大学图书馆、西安交通大学图书馆和中山大学图书馆在微信公众号中策划过与疫情相关的主题。广州中医药大学图书馆结合特色馆藏，策划微信专题“历史上的传染病你知道多少？”选取本馆“医史邮踪——邮票里的医学史”展览中与传染病相关的内容，介绍有关传染病的知识，助力疫情防控。许多高校图书馆为配合疫情防控工作，在微信公众号转发《新型冠状病毒肺炎中医诊疗手册》等权威的抗疫文献。北京交通大学图书馆和本校的建筑与艺术学院联合开展“众志成城 决战疫情”公益海报设计大赛活动，以艺术作品展示形式助力武汉抗击疫情。哈尔滨音乐学院图书馆员姜春光作曲的歌曲《献给可爱的人》，向白衣战士表达心中敬意[16]。吉林动画学院图书馆开展“以艺之矛，抗疫之盾——2020 抗疫主题创作征集活动”，用鲜活的艺术创作普及防疫知识、记录疫情中的温情故事等，传递正能量，展现人间大爱[8]。

在防控谣言泛滥造成的“信息疫情”方面，清华大学图书馆、北京师范大学图书馆以实际案例积极宣传国际图书馆协会联合会发布的识别假新闻的 8 个步骤，努力提升公众的媒体素养，帮助公众远离假新闻，不信谣、不传谣，避免谣言对心理和身体健康造成危害。

3.6 以读攻毒，输送精神补给

图书馆作为高校的第二课堂，日常发挥着通识教育和丰富校园文化生活的作用，经常开展各类阅读推广活动。疫情防控期间，各高校图书馆继续发挥阅读推广职能，构建线上文化阵地，收集整理与战“疫”有关的免费资源和开放获取资源，制作专栏甚而专题网站，持续定期更新，开展丰富多彩的阅读推广活动。推广的资源既有关于新冠病毒的知识和权威可靠信息，也有艺术、音乐、文学等各个方面的内容，在重大突发事件中发挥了高校图书馆的教育职能和信息传播职能，受到师生的欢迎。

因为长时间居家隔离会使人的精神健康状况变差，有可能导致人际关系紧张，产生敏感、焦虑、敌对、恐惧、偏执等不良情绪。图书馆界长期探索的阅读疗法在此刻被广泛应用，许多高校图书馆基于阅读疗法理论，推荐有心理调适作用的书籍，不约而同地称之为“书香抗疫”“以读攻毒”，很好地起到了疏导师生心理、缓解不必要的恐慌情绪、保障线上教学顺利进行等作用，体现出图书馆在重大突发事件中的特殊价值。

疫情发生后，高校图书馆馆员居多的中国图书馆学会阅读推广委员会阅读与心理健康专业委员会的委员们积极行动，湖北文理学院图书馆的张鑫、南京航空航天大学图书馆的吴丽春、华北理工大学图书馆的王景文，在长期引领高校图书馆阅读疗法实践的宫梅玲的指导下，于2月28日在《图书馆报》发表《新冠肺炎疫情下的疗愈作品推荐》一文，推荐阅读《花冠病毒》《活着》《鼠疫》《安妮日记》《传染病》。张鑫自2月1日起加入襄阳市心理咨询师协会组织的“疫情心理援助志愿者团队”，用阅读疗法帮助市民缓解、消除疫情压力下产生的不良情绪。

湖北省高校图工委发出倡议，向方舱医院和隔离点捐赠消闲书刊。武汉大学图书馆捐赠书刊270余种，近万册；华中科技大学图书馆医学分馆捐赠刊物140余种、3240余册；华中师范大学图书馆捐赠书刊1200余册；湖北大学图书馆捐赠书刊30余种、600余册；武汉理工大学图书馆捐赠书刊5300余册；武汉商学院的学生宿舍被征用为疫情防控隔离点，学校图书馆馆长带领图书馆党员突击队紧急整理学生宿舍，迅速使用“防疫专项经费”采购新书1600册，调拨过刊600册，配发至被征用的学生宿舍。此外，各图书馆还给方舱和隔离点提供免费的电子书刊、有声读物等网上阅读资源。武汉高校图书馆为患者和隔离者送去精神食粮,有利于提高他们的免疫力，起到抚慰心灵、缓解紧张、忘记忧伤、获得快乐的良好作用，鼓舞了医护人员和患者的斗志和士气。武汉大学图书馆馆长王新才教授亲笔撰写对联——“快意更穷千里目；读书不负百年身”，寄望方舱和隔离点出现更多的“读书哥”，以读攻毒，不负韶光，疫情早靖，快意登楼[2]。武汉大学图书馆还特别邀请校内多位教学名师、心理学教授、音乐专业人士以及图书馆员，前后3次为读者推荐38本可在线阅读的与疫病和心理相关的电子书、7首可在线聆听的安心音乐以及6部适合疫期观看的休闲电影，阅读总人次达6万。另面向校内外读者征集书信，鼓励读者用传统书信方式传递思念和祝福，邀请读者用口号、书画、日记、音视频等各种创作形式，为武汉和图书馆加油[17]。

郑州大学图书馆举办了第二届“书愈我心 影伴我行”征文比赛，要求师生们结合个人学习、生活中的真实故事，讲述抗疫期间对自己起到治愈作用的一本书或一部电影，说明帮助自己解决了哪些方面的心理问题，如恐惧、焦虑、迷茫、压力过大、无法专注、沉迷游戏、亲人相处等[18]。内蒙古大学图书馆、内蒙古民族大学图书馆以阅读疗法调适居家隔离、禁步期间读者的心理，向读者深度推荐《新型冠状病毒感染防护》《病毒星球》《鼠疫》《四个春天》《愿生命从容》《你当像鸟飞往你的山》《安娜・卡列尼娜》《推拿》等书籍[19]。长春中医药大学图书馆联合马克思主义学院，针对疫情引起的焦虑情绪，开展“读书抗疫，缓解焦虑”为主题的阅读活动，推荐《活着》《少有人走的路》等 17 种图书[8]。南京航空航天大学图书馆向读者推荐了《大流感：最致命瘟疫的史诗》《瘟疫与人》《鼠疫》《花冠病毒》《血疫：埃博拉的故事》等抗疫主题图书[20]。

4 支撑教学科研做贡献，协同服务师生赢美誉

根据教育部相关通知精神和高校春季学期教学工作安排，落实“延期不返校、延期不停教、延期不停学、延期不停研”的要求，高校图书馆加强宣传、积极请战、紧急动员，迅速盘点、补充在线教学所需文献资源，担责尽责，全方位、全过程地融入线上教学，在世界历史上规模最大的远程教学中体现了专业能力，发挥了不可替代的文献保障作用，有效支撑了高校教学科研的有序进行。

4.1 积极请战，融入在线教学

一些高校图书馆积极向学校请战，主动融入在线教学大局，发挥图书馆在文献保障方面的重要作用，体现图书馆的专业能力。各高校图书馆纷纷配合学校安排，和教务处、研究生院等教学管理部门及任课教师直接联系，开展教学所需电子教参的保障工作。

北京大学图书馆在得知教育部“停课不停教、不停学”的要求后，快速响应，第一时间与教务部、研究生院等学校教学管理部门合作成立工作小组，调动全馆多个部门，通过小组联动的方式，加紧补充电子教材教参，支撑远程教学。

上海交通大学图书馆积极向学校请战，承担起全校在线教学资源保障重任，

在一天之内组建以党员、骨干为主体的服务团队。复旦大学图书馆主动派学科馆员联系对口院系，加入教师的线上培训群，组建学生微信群，了解需求，多渠道宣传、推送资源并提供使用支持。

东北师范大学图书馆经过多轮调研和测试，向学校推荐“钉钉在线课堂”和图书馆自建的课程平台 Blackboard，自此担起责任，成为全面支撑学校教学方式转变的依靠力量，成为学校线上教学的引领者、工程师和服务员[21]。

广东省高校图工委于 2 月 12 日召开视频会议，要求全省各高校图书馆全力做好在线教学组织与在线平台服务保障工作。会后拟定《新冠肺炎疫情防控期间广东省高校图书馆网络服务指南》和数字资源清单列表提交省教育厅。

4.2 奋力调度，充实教学资源

针对在线教学迫切需要的教材教参服务，高校图书馆纷纷在第一时间与学校教务部门、各个院系联系，登记确切需求，比对图书馆教材教参系统已有资源，穷尽办法加紧补充缺收资源，为线上教学保驾护航，力争提供“神助攻”。

北京大学图书馆自 2 月初到 3 月 20 日，共数字化教材 604 册，新购教材 243 册，加上应教师要求从电子馆藏中新提出的参考书，已往电子教参平台补充 1699 册教材教参，在线阅读超过 27 万页[22]。

上海交通大学图书馆与讲授 1000 多门课程的 2000 名教师联系，收集到涵盖中、英、德、法、日 5 个语种的 3650 册次的文献需求，突击构建数字加工平台，夜以继日工作，在三周之内，赶在网课开始前，借助 2012 年启用的电子教参系统“智慧泛在课堂”（ERBS），将资源精准推送到师生手中，公共课所需资源保障率达到 100%，全部课程资源保障率达到 90%，《人民日报》和《中国社会科学报》都报道了上海交通大学图书馆抗疫保教的事迹[23]。

中国人民大学图书馆刚好在 2019 年搭建了与教务处课程平台对接的教学参考书平台，已经搭载了 8000 余种教师推荐的教学参考书全文。疫情期间，又应 11 个学院的要求，通过订购、数字化和直接联系出版社索取电子版等形式，往平台新增 207 种电子版教材、教学参考书，为在线教学发挥了很好的支撑作用[24]。

上海师范大学图书馆对教务处提供的涉及 110 余家出版社的近 1000 种教材，进行馆藏比对和网上检索，就没有的教材向出版社展开拉网式联系，通过多方努力，从近 60 家出版社获得电子教材 600 余种，占教材需求总量的 60%左右。

浙江大学图书馆面对外文教材教参存在一定缺口的问题，立即联系爱教材平台相关国内代理商，快速争取到剑桥大学出版社、牛津大学出版社、圣智和 CRC 四家知名出版社的优质教材资源试用。图书馆还积极联络、陆续申请开通剑桥大学出版社、牛津大学出版社、本杰明大学出版社、Wiley 出版社、德古意特出版社、Proquest、World Scientific 等多家出版社的学术专著全库试用[9]。

复旦大学图书馆根据部分教师的需求，提供定制化电子教材教参服务；针对有强烈需求的学生群体，征集需要加入教参平台的书目，通过新购电子书及制作电子教参等方式予以支持[25]。

暨南大学图书馆在专门建设的“疫情防控期间图书馆服务专题网站”上，除发布 60 余门本校精品开放课程，还整理、指引了 2018 年度国家级精品开放课程中涉及本科教育的 690 门课程、疫情期间可免费获取的国内 14 家高校出版社及 10 家非高校出版社的电子教材近三万种。此外，网站还展示了包括“粤港澳大湾区高校在线开放课程联盟”在内的 17 个开放课程资源平台。专题网站受到欢迎，累计点击次数超过百万，稳居该校各单位网络访问量之首[7]。武汉大学图书馆跟踪整理了疫情期间开放的网络学术和学习资源 68 种，访问量总量近 40 万[17]。

绝大多数高校图书馆都对自建教参数据库、超星数字图书馆、读秀学术搜索、科学文库、京东读书等相关资源的使用进行详细说明，并进行分主题推荐，为线上教学提供支撑服务。广东省高校图工委还整理包含学习类、研究类和新冠病毒专题研究的上百个数字资源的清单，提交给省教育厅，对资源的情况和使用期限都作了明确介绍。

4.3 快速行动，升级服务平台

自建教材教参服务平台的高校图书馆不多，据对 39 家原“985 计划”高校的图书馆的调研，发现 11 家在服务项目中明确列出教材教参服务，只有清华大学、北京大学、中国人民大学、上海交通大学、东北师范大学、厦门大学、哈尔滨工程大学等 9 家高校的图书馆建有电子教材教参服务平台[26]。疫情中开展在线教学，教材教参服务平台可实现网络环境和人（教师、学生、馆员） 及所有教学资源的有机关联，构建教学生态圈，发挥了很大作用。

多数没有教学教参服务平台的图书馆发挥聪明才智，纷纷借用 CALIS 中国高校教学参考书全文数据库、教育部外国教材中心“爱教材”原版外文电子教材集成平台、方正阿帕比高校学科教参资源库、科学文库、Cengage（电子教参数据库）、IGI Global 学术期刊全库、百度文库、京东阅读等作为汇聚教学资源的平台，多渠道服务在线教学。

值得称赞的是，一些反应快捷的高校图书馆，专门为保障大规模线上教学而迅速开发了新的教学支持平台。四川大学图书馆、电子科技大学图书馆、暨南大学图书馆等高校图书馆开发、上线了应急的教学资源服务平台。四川大学图书馆的教材在线服务平台于 2 月 16 日正式上线，提供中外文电子教材近 1200 种。图书馆指派专人加入教务处的教学支持 QQ 群，提供直接咨询服务，及时处理师生在使用过程中遇到的问题，收集教师反馈的教材需求等，截至 3 月 12 日，平台浏览量近 40 万人次。

东北师范大学图书馆有自建的教材教参平台，还有自建的课程平台。课程平台被学校选为在线教学平台之一，图书馆承担运维主责，为一线教师制作教学工具使用视频 25 个，针对教师线上培训 6 次，协调全校给以算力、带宽等方面的倾斜，运行稳定、高效，保障了学校大规模线上教学的顺利开展，获得师生肯定[21]。

4.4 随问随复，打造全能“客服”

充实了资源，架好了平台，保障信息通畅、咨询服务到位也相当重要。各高校图书馆为做好线上教学支持服务，普遍开展“有担当、有温度、有特色”的信息咨询，利用电子邮件、QQ 群等多种方式为师生提供在线咨询、文献传递、校外远程访问指导、在线科技查新与查收查引服务、在线学科服务与信息素养教育培训等服务。因为疫情期间正是高校教师申报国家自然科学基金和社会科学基金的关键阶段，高校图书馆全力帮助教师申报课题，不间断开展科技查新和查收查引工作，仅广西医科大学图书馆就完成科技查新 306 项，出具 SCI 等收录、引用证明 50 多份[27]。

高校图书馆普遍安排专人值守在线咨询台，通过分学科或分院系建立服务群、主页读者留言、电话、QQ、邮箱、微信和微博留言等多种方式，为师生提供及时高效的综合业务咨询和支持线上教学的专项咨询。

有的高校图书馆利用大数据及人工智能学习技术，上线智能咨询，来辅助人工咨询，实现了 24 小时全天候咨询，体现了科技时代的特色。例如，南开大学图书馆推出“智能咨询”平台，天津大学图书馆推出“智能解答”平台[28]，中国传媒大学图书馆在主页上线“AI 智能客服”。哈尔滨工业大学图书馆的微信服务平台推出基于“新型冠状病毒疫情问答库”的智能客服在线答疑服务。

城市管理领域新兴的“网格化管理”也被应用到疫期的图书馆咨询，中山大学珠海校区图书馆实行“网格化咨询”，学科馆员面向各个院系组建的微信群覆盖到每个教师、每个同学，实时为师生解答问题、传递文献。

4.5 定向服务，助力战“疫”研究

许多高校图书馆检索数据库中关于新冠病毒的科研成果，以及国内外知名医学期刊发布的最新研究成果预印本，在图书馆网站上开辟专栏进行发布和推送，以帮助科研人员节省检索相关文献的时间，加快对病毒的研究，早日发挥科技战“疫”的威力。

中山大学图书馆组织医学馆员及时响应中山大学附属医院援鄂医疗队医务人员的文献信息需求，为前线医务人员提供有关新冠病毒肺炎的重要文献和专题文献。参与学校生物安全实验室正在承担的国家科技部“新型冠状病毒感染的肺炎疫情应急专项”子课题“2019-nCoV 变异和进化关系研究”的信息服务工作，查找并追踪新型冠状病毒全球研究机构及动物携带病毒研究的进展，助力科学战“疫”。重庆大学图书馆加班加点完成《重庆大学新型冠状病毒肺炎相关专利分析报告》，力求为科研人员赋能，加速防控病毒药物的研发进程[29]。哈尔滨医科大学图书馆、黑龙江中医药大学图书馆、牡丹江医学院图书馆组织学科馆员广泛搜集、整理世界卫生组织网站、国家科技资源服务系统、爱思唯尔数据库以及《柳叶刀》《新英格兰医学期刊》等来源的关于新型冠状病毒的权威研究成果，发布于图书馆微信公众号，以期为医护人员获取相关信息提供便利。南方医科大学图书馆在网站开辟“新型冠状病毒肺炎文献专区”，指定专人每日进行新冠肺炎中外文文献检索汇总，截至 2 月 26 日，已收集汇总中文文献 643 篇，英文文献 312 篇，对一批相关网站进行了导航。深圳大学图书馆开展战“疫”专题资源推送，推出“专利战疫——新型冠状病毒肺炎专利专题数据库一览”“科学防疫：ScienceDirect 冠状病毒丛书内容精选”“助力科研，抗击疫情——新型冠状病毒相关研究资源集合精选”等[7]。

北京大学医学图书馆紧急组织人力制作新冠肺炎专题网站，于2月26日上线，向读者推荐了 20 多个数据库，以帮助读者快速了解与冠状病毒有关的专业知识、

热点研究、健康防护策略和政策指南等。郑州大学图书馆整理、汇总了 Elsvier、Wiley、万方等数据库中研究新冠病毒的学术成果，辅助本校医学院师生开展关于新型冠状病毒肺炎的教学研究[30]。

中国政法大学图书馆学科服务与评价中心全体老师加班加点，对妨害疫情防控的违法犯罪案例开展数据分析与知识发现研究，形成专题报告，并邀请法学专家点评，通过公众平台发布，多角度展示疫情防控过程中与违法犯罪相关的诉讼过程和审判活动。报告获得学者、法律工作者、记者等人士的关注及转载，为遏制疫情期间的违法犯罪行为发挥了作用[4]。

4.6 在线开讲，直播素养大课

图书馆不但是线上教学的粮草部、通信部，自身也承担着信息素质教育课程的教学任务，各高校图书馆不因疫情影响教学进度，严格遵守原定教学计划，根据教学大纲、教学内容统筹规划，纷纷应用雨课堂、腾讯会议、企业微信等直播平台，开启在线直播与自主学习相结合的网络教学模式。

例如，北京大学图书馆的“电子资源检索与利用”课程、“一小时讲座”通过网络直播按时开课。清华大学图书馆除按照教学进度开设信息素养教育课程，还联合学生学习与发展指导中心、研究生会开办“图书馆专场——科研达人养成记！”系列讲座。南开大学、上海交通大学、东华大学图书馆直播“信息素养与信息资源检索”“专业检索与论文写作”“专利实务与专利情报分析”“信息情报分析”等课程。郑州大学图书馆联合研究生院，为 200 名研究生开设“信息资源检索课”。合肥工业大学图书馆开设了“计算机信息检索”“电子资源概论”等 4 门文献检索类课程。北京化工大学图书馆通过企业微信直播“数字信息检索与应用”课程。南方医科大学图书馆的医学情报学教研室反复修改“医学信息获取与管理”线上授课方案，录制 8 个教学单元的 19 个视频，时长达 459 分钟，更新至精品课程网站。图书馆员自身的培训也不能停，南开大学图书馆等高校图书馆要求馆员自行参加中国图书馆学会免费开放的“会员学习中心”系列精品课程[29]。

面对刚刚变身“主播”、技术操作还有些笨拙的教师们，各高校图书馆积极组织他们探索在线授课方法，帮助他们通过中国大学慕课、雨课堂、超星学习通、学校网络教学平台、钉钉、微信、QQ、ZOOM、腾讯课堂、CCtalk、Classin、WeLink等平台开展线上教学，确保教学任务的完成。兰州大学图书馆等很多高校图书馆着力推进在线培训工作，制订线上师生信息素养提升计划，邀请爱思唯尔、施普林格、自然、牛津大学、EBSCO 等多个顶尖学术期刊和出版社，开展数据库在线培训系列讲座。

4.7 全力补贴，卸减师生负担

高校图书馆纷纷延长外借图书归还时间至疫后开学，取消逾期还书惩戒费用。东北师范大学图书馆积极与通讯运营商协调，为使用长春联通手机号码的教师和困难学生提供免费流量，对使用钉钉和联通宽带的教师免费升至 300M 流量[21]。这些都是一种暗的补贴。另外，为使广大师生在疫情防控期间的教学科研不受影响，不少高校图书馆加大文献传递服务的补贴力度，这是一种明的补贴。

北京大学图书馆对文献传递实行全额补贴。复旦大学图书馆全额补贴校内读者所需图书馆文献的复制费，自 2020 年 2 月 20 日起，还全部免除师生向 CASHL 提交文献传递申请的费用，直至疫情结束[22]。

鉴于疫情期间部分师生存在专利费缴纳不便的情况，哈尔滨工业大学图书馆，东北林业大学图书馆持续在线为师生提供专利电子申请相关服务，为师生开展免费代缴专利费服务[16]。

5 存在的问题与建议

总体来看，作为公共场所，全国高校图书馆没有发生一起规模性聚集感染事件，没有发生接受图书馆送书服务的师生和提供送书服务的馆员感染病毒的事例，同时，全国高校图书馆奋力拼搏，发挥专业精神，展示专业能力，为疫情防控和高校的教学科研不停滞作出了应有贡献。

高校图书馆在疫情防控期间的工作大致经历了三个阶段：第一阶段，加强政治站位，早发令，快行动，严防严控，摸清职工行居信息，确保读者和职工身体健康，同时保持基本业务、在线业务不间断，督促职工快速、自觉地形成严格的信息报送、自我防护习惯。第二阶段，在原定的春季开学之后，成为大规模在线教学的重要方面军，在完善第一阶段的防控措施的情况下，克服一切困难，将网络通畅、资源访问、教材补充、培训咨询的保障提升到最高级别，为在线教学的顺利开展作出重要贡献。第三阶段，“预”字当头，各高校图书馆都制定了精密的开学复课后的防控和工作预案，充满信心，确保读者和职工身体健康，并筹划如何将在疫情期间激发的党员先锋作用、突击作战和连续作战精神发扬下去，将在疫情期间急中生智解决问题的远程访问方法、教材补充方法、平台建设方法等规范化、制度化、体系化，使之成为更有远见地开启智慧图书馆建设的起点。为了助力高校图书馆在高校复课后安全开馆，中国高等教育文献保障系统（CALIS）管理中心开展广泛调查，发布“防控疫情产品汇编”两辑，以方便高校图书馆货比三家，选择最适用的消毒杀菌等产品[31]。

那么疫情期间，高校图书馆遇到的困难暴露了常态工作中的哪些不足呢？根据各省、自治区、直辖市高校图书馆报送的调研报告，主要可以归结出以下问题：

（1）对突发公共危机的假想不足

高校图书馆不是没有忧患意识，但是以往对突发公共危机的假想，多局限在战争、地震等人为和自然灾害所造成的区域性的互联网中断。因而出于战略考量，对数字资源的本地保存有所考虑，也有所行动。但是因为想象力不足，对于由于传染病暴发而造成的大量居民自觉或不自觉地居家隔离，所有学校停课，在线教学和居民阅读对图书馆数字资源产生庞大需求的局面估计不足，因而缺乏提前应对。

（2）高校在线教学系统没有形成生态圈

随着高校信息化建设的发展，高校各部门研发上线了不少系统，如学校各机关的学籍管理系统、选课系统、教师和助教课件分发系统等，以及图书馆的教学教参系统，但是这些系统多是各自独立，缺乏关联，导致信息不通畅、资源重复组织和上载、服务不精准、人力资源浪费等。

（3）缺乏全国性的图书馆教学教参系统和共享合作平台

因为没有全国性的图书馆教学教参系统，很多教材教参被各个高校图书馆重复收集、发布。因为没有共享合作平台，各个高校图书馆重复收集各个数据库商、出版社、高校、科研机构等在疫期免费提供的资源，重复收集关于新冠肺炎的最新科研成果。这些都造成人力资源的大量浪费，也大大降低了工作效率。

基于以上问题和高校图书馆在疫情防控期间取得的工作经验，向全国高校图书馆、高校图书馆主管部门、高校图书馆行业组织提出以下建议：

（1）深化忧患意识，拓展应对突发公共危机的战略思考

对人类危机事件的多次见证，激发我们要进一步拓展对突发公共危机的想象力，预想更多的挑战和应对措施。这次疫情表明，高校图书馆不仅要做好数字资

源的本地保存问题，以应对因战争、自然灾害等引起的网络阻断、资源垄断；还要制定馆藏的全面数字化计划，以应对发生大规模瘟疫情况下，居家隔离的民众、在线教学的师生等对数字资源的高度依赖。将来不希望、但不排除可能还会遇到全面依赖实体资源的公共安全危机，图书馆的按需出版能力也要有所规划。馆藏资源如何自如地实现实体和数字形态的双向转化，不被突如其来的庞大需求拖垮，应是高校图书馆事业领导者考虑的战略问题。

（2）加快建设教材教参系统，构建高校教学生态圈

疫情中春季学期开启的大规模在线教学，凸显了图书馆教学教参系统的重要性，有新建系统的图书馆能够比较从容地应对，没有教学教参系统的高校图书馆则在某种程度上出现了人等书，而不是书等人。这种情况要求高校图书馆必须马上重视教学教参系统的建设，而且要高起点地开展教学教参系统建设。高起点体现在：首先，国家教育主管部门应发挥指导、协调职能，引导高等学校图书情报工作指导委员会、中国高等学校文献保障系统（CALIS）管理中心，探索建设统一的联合教学教材系统的可能性，能联合建，就不单独建。其次，各个高校要自上而下重视，谋划将新建教材教参系统与所有教学系统打通、关联，以便共享信息、对接服务，形成资源、人员、技术无缝连接的生态圈。教学生态圈的建设，将全面、深刻地改变图书馆的业务流程、服务方式。

（3）建设国家教学资源报备、聚合网站，统一发布精品课程、限期免费资源

本次疫情中，出现了限时免费信息发布碎片化、各个高校图书馆穷于搜集的现象。建议在国家教育部门应对突发公共危机的文件和预案中，视限时免费资源为捐赠物品，指定统一的对接、报备机构，以便集中发布，发挥限时免费资源的最大效益。另外，国家精品开放课程分散在各个不同的平台，在允许多平台竞争的情况下，建议国家教育部门另建一个国家级的精品课程聚合网站，以方便教学使用。国家级精品课程的读者使用权限有一定限制，建议要么完全实行开放获取，要么也在遇到疫情的时候实行限期免限，以实现效益最大化。

（4）延续非常时期的业务创新和精神面貌，以更高标准推进图书馆现代化建设。

为防控疫情，高校图书馆进行了很多业务创新，如送书上门、快递送书、人工+智能的全天候咨询、网格化咨询、代缴专利申请费等。也涌现出很多好人好事，很多馆员发挥党员的先锋模范作用，自愿送书上门、服务社区、捐款捐物等。绝

大多数馆员都听从指挥、随叫随到，发扬不怕吃苦精神和连续作战精神，在为远程教学服务等工作中恪尽职守。疫情结束后，要认真总结，将这些非常时期的业务创新和馆员焕发的良好精神面貌带进今后的工作，整体上加快图书馆信息化建设，为高校“双一流”建设和社会主义现代化强国建设作出新的更大的贡献。

致谢：感谢中国高等学校文献保障中心系统（CALIS）管理中心的许长城、傅雪峰、刘艳在前期调研中所做的工作。

参 考 文 献

[1] 中共教育部党组．中共教育部党组关于统筹做好教育系统新冠肺炎疫情防控和教育改革发展工作的通知[EB/OL]．[2020-03-16]．http://www.moe.gov.cn/srcsite/A17/s7059/202002/t20200228_425499.html.

[2] 湖北省高校图工委．湖北省高校图书馆在新冠肺炎疫情防控中的服务调研报告[EB/OL]．[2020-03-18]．http://www.scal.edu.cn/zxdt/202003020750.

[3] 四川省高校图工委．四川省高校图书馆在新冠肺炎疫情防控中的服务调研报告[EB/OL]．[2020-03-18]．http://www.scal.edu.cn/zxdt/202003020744.

[4] 北京市高校图工委．北京市高校图书馆在新冠肺炎疫情防控中的服务调研报告[EB/OL]．[2020-03-18]．http://www.scal.edu.cn/zxdt/202003020951.

[5] 上海市高校图工委．上海市高校图书馆在新冠肺炎疫情防控中的服务调研报告[EB/OL]．[2020-03-18]．http://www.scal.edu.cn/zxdt/202002290829.

[6] 山东省高校图工委．山东省高校图书馆在新冠肺炎疫情防控中的服务调研报告[EB/OL]．[2020-03-18]．http://www.scal.edu.cn/zxdt/202003120334.

[7] 广东省高校图工委．广东省高校图书馆在新冠肺炎疫情防控中的服务调研报告[EB/OL]．[2020-03-18]．http://www.scal.edu.cn/zxdt/202003020940.

[8] 吉林省高校图工委．吉林省高校图书馆在新冠肺炎疫情防控中的服务调研报告[EB/OL]．[2020-03-18]．http://www.scal.edu.cn/zxdt/202003020303.

[9] 浙江省高校图工委．浙江省高校图书馆在新冠肺炎疫情防控中的服务调研报告[EB/OL]．[2020-03-18]．http://www.scal.edu.cn/zxdt/202003030439.

[10] 河南省高校图工委．河南省高校图书馆在新冠肺炎疫情防控中的服务调研报告[EB/OL]．[2020-03-18]．http://www.scal.edu.cn/zxdt/202003040932.

[11] 江西省高校图工委．江西省高校图书馆在新冠肺炎疫情防控中的服务调研报告[EB/OL]．[2020-03-18]．http://www.scal.edu.cn/zxdt/202003060338.

[12] 四川省高校图工委．四川省高校图书馆在新冠肺炎疫情防控期间开展线上教学支撑服务情况简报[EB/OL]．[2020-03-18]．http://www.scal.edu.cn/zxdt/202003211022.

[13] 陕西省高校图工委．陕西省高校图书馆在新冠肺炎疫情防控中的服务调研报告[EB/OL]．[2020-03-18]．http://www.scal.edu.cn/zxdt/202003060346.
[14] 兰州大学图书馆．兰州大学图书馆在新冠肺炎疫情防控期间开展线上教学支撑服务情况简报[EB/OL]．[2020-03-18]．http://www.scal.edu.cn/zxdt/202003211033.
[15] 中山大学图书馆．广东省高校图书馆在新冠肺炎疫情防控期间开展线上教学支撑服务情况简报[EB/OL]．[2020-03-18]．http://www.scal.edu.cn/zxdt/202003211042.
[16] 黑龙江省高校图工委．黑龙江省高校图书馆在新冠肺炎疫情防控中的服务调研报告[EB/OL]．[2020-03-18]．http://www.scal.edu.cn/zxdt/202003020256.
[17] 武汉大学图书馆．武汉大学图书馆在新冠肺炎疫情防控期间开展线上教学支撑服务情况简报[EB/OL]．[2020-03-18]．http://www.scal.edu.cn/zxdt/202003211044.
[18] 郑州大学图书馆．郑州大学图书馆大力加强资源保障与信息素养教育，助力线上教学情况简报[EB/OL]．[2020-03-18]．http://www.scal.edu.cn/zxdt/202003220924.
[19] 内蒙古自治区高校图工委．内蒙古自治区高校图书馆新冠肺炎疫情防控期间服务工作调研报告[EB/OL]．[2020-03-18]．http://www.scal.edu.cn/zxdt/202003130815.
[20] 江苏省高校图工委．江苏省高校图书馆在新冠肺炎疫情防控中的服务调研报告[EB/OL]．[2020-03-18]．http://www.scal.edu.cn/zxdt/202003020954.
[21] 东北师范大学图书馆．东北师范大学图书馆在新冠肺炎疫情防控期间开展线上教学支撑服务情况简报[EB/OL]．[2020-03-18]．http://www.scal.edu.cn/zxdt/202003211025.
[22] 北京大学图书馆．北京大学图书馆抗击疫情服务情况报告[EB/OL]．[2020-03-18]．http://www.scal.edu.cn/zxdt/202003220922.
[23] 上海交通大学图书馆．上海交通大学图书馆在新冠肺炎疫情防控期间开展线上教学支撑服务情况简报[EB/OL]．[2020-03-18]．http://www.scal.edu.cn/zxdt/202003211049.
[24] 中国人民大学图书馆．中国人民大学图书馆在新冠肺炎疫情防控期间开展线上教学支撑服务情况简报[EB/OL]．[2020-03-18]．http://www.scal.edu.cn/zxdt/202003220920.
[25] 复旦大学图书馆．复旦大学图书馆在疫情防控期间支撑线上教学的相关举措[EB/OL]．[2020-03-18]．http://www.scal.edu.cn/zxdt/202003211037.
[26] 蔡迎春，吴志荣．疫情防控下高校图书馆信息资源应急保障体系．图书馆杂志，待发表．
[27] 广西高校图书情报工作委员会．广西壮族自治区高校图书馆在新冠肺炎疫情防控中的服务调研报告[EB/OL]．[2020-03-18]．http://www.scal.edu.cn/zxdt/202003030452.
[28] 天津市高校图工委．天津市高校图书馆在新冠肺炎疫情防控中的服务调研报告[EB/OL]．[2020-03-18]．http://www.scal.edu.cn/zxdt/202003050955.
[29] 重庆市高校图工委．重庆市高校图书馆在新冠肺炎疫情防控中的服务调研报告[EB/OL]．[2020-03-18]．http://www.scal.edu.cn/zxdt/202003060342.
[30] 郑州大学图书馆．郑州大学图书馆在新冠肺炎疫情防控期间开展线上教学支撑服务情况简报[EB/OL]．[2020-03-18]．http://www.scal.edu.cn/zxdt/202003220924.
[31] CALIS 管理中心．CALIS 助力高校图书馆复课开馆 发布抗击疫情相关产品汇编[EB/OL]．[2020-03-18]．http://www.px.calis.edu.cn:8080/news/index.html.

高校图书馆面对突发公共事件的应急管理与服务研究*

刘素清　陈建龙

面对新冠肺炎疫情防控阻击战的严峻形势，全国图书馆界按照国家的总体部署和要求，积极行动起来，适时调整服务方式，创新服务手段，做到闭馆不打烊、服务不打折，坚守了图书馆人的初心使命和责任担当。本文在对国内外图书馆突发公共事件应急管理实践及研究分析的基础上，结合这次新冠肺炎疫情中图书馆的应急管理与服务情况，提出我国高校图书馆应对突发公共事件的建议，旨在推进我国高校图书馆从机制上创新和完善突发事件的应对措施，健全图书馆应急管理体系，提高应对突发事件的管理能力和服务水平。

1　国内外图书馆面对突发公共事件应急管理的实践和研究现状

图书馆作为一个不断生长着的开放的有机体，在其发展过程中必然会面临诸多的挑战，也时常会遭遇一些突发公共事件。[1] 本文所称突发公共事件（以下简称“突发事件”）是指“突然发生，造成或者可能造成严重社会危害，需要采取应急处置措施予以应对的自然灾害、事故灾难、公共卫生事件和社会安全事件。[2] 需要说明的是，在实践和理论研究中，突发事件经常与危机的概念混淆不清，理论

* 刘素清，陈建龙．高校图书馆面对突发公共事件的应急管理与服务研究[J]．图书馆理论与实践，2020（6）：23-28，38．

界对这两个概念的界定也一直存在分歧，而实际工作者对它们的使用也常常是混杂在一起，或者等同使用。[3]本文不对其定义作精准研究，但是搞清楚这两个概念的关系对我们的研究具有重要意义。所谓危机，是指“危险和机遇（即转折点）”，它是一种具有巨大威胁性、破坏性的状态及其相关过程，从时间上来说，状态表现的是一种持续性，而不仅仅是一个或一系列事件。而突发事件常常体现的是一个极为短暂的过程，有时候一个突发事件就是引发危机的燃点或导火线，[3]也就是说突发事件往往都蕴含着危机，但危机也有缓慢演进的。国外有研究认为危机是突发事件的升级。[4]总之，这两个概念既有联系又有区别，在一定语境下具有等同性。

应急管理是指政府及其他公共机构在突发事件的事前预防、事发应对、事中处置和善后恢复过程中，通过建立必要的应对机制，采取一系列必要措施，应用科学、技术、规划与管理等手段，保障公众生命、健康和财产安全，促进社会和谐健康发展的有关活动。[5] 国外图书馆应急管理研究始于 20 世纪 70 年代，[6]我国应急管理的概念出现较晚，20 世纪 90 年代才开始使用。我国的应急管理是从自然灾害处置、事故处理、公共卫生事件应对和安全管理的基础上发展起来的，而图书馆应急管理研究主要在 2003 年“非典”之后。应急管理不仅指突发事件发生后的事中管理，还包括预防与准备（事前）、监测与预警（事发）、处置与救援（事中）、恢复与重建（事后）全生命周期的管理。下文将对国内外图书馆突发事件 应急管理实践和研究进行分析。

1.1 国外情况

国外图书馆习惯用“图书馆灾难管理”（Disaster Management）来概括图书馆危机管理（Crisis Management）或突发事件应急管理（Emergency Management）。[1] 笔者在对图书馆与信息科学文摘库（Library and Information Science Abstracts，LISA）、Emerald、Sage 全文期刊库、Web of Science 等数据库检索时，发现关于图书馆应急管理的相关研究用的最多的是“Disaster Management”，而使用“Crisis Management”或“Emergency Management”的很少。但国外图书馆所提及的灾难管理跟我国《突发事件应对法》中“事故灾难”的涵义不相同，国外图书馆研究中的“灾难管理”包含自然灾害、公共卫生事件和社会安全事件。

国外图书馆应急管理活动始于对文化遗产的保护工作。1966 年，意大利佛罗伦萨遭遇水灾，佛罗伦萨国立中央图书馆地下室成千上万的书籍包括古代手稿和罕见的印刷作品，被淹没在洪水和淤泥中，被毁文献的修复工作一直持续到 20 世纪 90 年代初。这一事件被称为“保护领域内图书馆应急管理计划和恢复的转折点。之后的 20 年产生了大量灾难后应急管理与修复指南，也产生了新的思想、协作方法和大量创新成果”。[7] 20 世纪 80 年代， 美国、加拿大、澳大利亚等国家以文献保护为目标，纷纷建立防灾预案。一些国际组织如国际图联（IFLA）、联合国教科文组织（UNESCO）等也发起了保护文化遗产、抢救文献资料的项目或计划，[8]这些活动促进了图书馆灾难管理的研究，研究者分别从公共管理、公共政策、经济学、组织危机管理等多学科角度对应急管理进行研究。20 世纪 90 年代末，随着数字资源的飞速增长，数字资源的应急备灾也被纳入应急管理范围，应急预案和应急计划逐渐被关注。索菲亚 • 乔丹（Sophia K Jordan）的研究表明，1993—1998 年，欧美关于图书馆应急计划研究的专著有 18 部，[9] 但这些研究主要是基于文献和建筑物保护的。2001 年，“9 • 11”事件摧毁了美国世贸大厦的专业图书馆，[10]之后美国将恐怖活动的应对也纳入图书馆应急管理范畴，应急管理的研究进入到一个复杂的转型期。关于图书馆应急管理的各种调研、会议、文章和专著不断涌现，可从美国图书馆协会“图书馆备灾与响应”（ALA Library Disaster Preparedness & Response）以及美国国会医学图书馆“图书馆员和图书馆应对灾害书目”（Bibliography：Librarians and Libraries Respond to Disasters）网站了解一些主要研究成果。值得一提的是，美国东北文献保护中心（NEDCC）和马萨诸塞州图书馆专员委员会（MBLC）合作研制了灾难应急计划在线工具 dPlan，[11]供图书馆编制应急预案进行参考。不过，根据国际图联文献保存和保护中心（IFLA Preservation and Conserva-tion，简称 IFLA PAC）于 2004 年 3—5 月对 177 个国家图书馆的调研发现，在提交问卷的 73 家图书馆中，只有 39 家图书馆具有防灾预案，占回应图书馆的 53.42%。另有 28 家图书馆计划建立防灾预案，对防灾预案进行演练和不断更新的图书馆更少。[6] 2006 年，IFLA PAC 编写了《国际图联灾害预防手册》，从面对灾难、处理灾情、响应灾难及恢复正常几个方面给出了指导原则。总体上，国外的应急管理主要关注图书馆的建筑物安全、珍贵藏品保险、文化财产的保护等方面，研究侧重于自然灾害和社会安全事件下图书馆遭遇的实际问题与应急措施。新冠肺炎疫情在国外蔓延以来，国外图书馆也纷纷关闭馆舍，开展线上服务。美国图书馆协会（ALA）在其网站发布了建议图书馆关闭馆舍的公告，伊利诺伊大学和Ithaka S+R的研究人员联合发起“学术图书馆应对新冠肺炎调研”（A Cademic Library Response to COVID-19），独立咨询人马歇尔·布利汀（Marshall Breeding）也发起了图书馆应对新冠肺炎危机调研（Tracking library responses to COVID-19 crisis）。图书馆员通过Facebook、Twitter等社交媒体分享疫情之下的工作经验。

总之，国外图书馆比较注重突发事件对图书馆造成的影响、图书馆的应对措施以及典型应急案例研究，对应急管理理论研究不多。[12]

1.2 国内情况

1.2.1 突发事件应急管理实践

在2003年“非典”之前，我国尚未建立完善的应急管理体系。“非典”之后，我国建立了“一案三制”应急体系，国内各行业逐渐把应急管理提上日程。一些图书馆开始建立自己的应急预案，如北京大学图书馆建立了突发事件应急处置总体预案及相关专项预案。根据杨敏等于2018年11月15日—12月31日对42家“双一流”大学图书馆突发事件应急预防管理的调研，[13]发现绝大部分图书馆网站都有应急管理的内容，但仅5家大学图书馆在其官网公布了应急预案，占比为11.9%，其中以专项应急预案居多；88.1%的“双一流”大学图书馆未在官网公布突发事件应急预案，可能是内部文件不便公布，也可能是对应急预案的重视程度不够。从总体上看，高校图书馆应急管理意识淡薄，应急管理体系尚不健全。主要存在以下问题。①应急管理预案覆盖面不够。已有预案主要侧重于以图书馆为主战场的水火电等灾害的应急处置，对全局性、全域性公共卫生事件、社会安全事件下图书馆的应急处理突发事件的重视程度不够，对“平时”体制和“战时”体制下图书馆的响应和管理机制研判不够。②缺乏应急培训与演练。应急演练是一种模拟突发事件发生的应对演习。进行应急培训与演练能够磨合应急机制、检验应急预案的有效性和可行性、锻炼应急队伍，从而提高各级组织应对突发事件的能力。[14] ③预防意识薄弱，应急准备不充分。应急管理包括事前预防、事发应对、事中处置和善后恢复四个阶段，但在实际工作中，图书馆主要侧重对突发事件的事中处置，预防意识不强，应急准备不充分。

1.2.2 突发事件应急管理研究

这方面的研究可以分为三个阶段。第一阶段（2003 年“非典”以前），是图书馆应急管理研究的萌芽时期，主要是针对具体事件的应急处置。根据中国知网的检索结果，国内较早提及图书馆突发事件应急管理的论文是 1998 年何晓兵发表的文章。[15] 第二阶段（2003—2007 年），是图书馆应急管理研究的初步发展时期，主要侧重于图书馆突发事件应急机制、应急预案研究等方面，其中代表性研究是对“非典”应急管理与服务经验的总结与探讨。第三阶段（2008 年至今），是图书馆突发事件应急管理研究的快速发展时期，一是论文数量迅速增加，2009 年发表的论文数量最多，之后呈波动式增长；二是研究主题更加广泛和深入，涉及应急机制、应急预案、应急服务、应急情报和应急管理教育等。但总体上，图书馆应急管理研究属于被忽视的领域，从中国知网多途径检索，也就百余篇与之密切相关的文献，而以“信息素养”为主题在中国知网进行检索，就有两万多篇文献。这在一定程度上反映出图书馆界重业务轻管理，尤其是轻风险及应急管理的现象。因为衡量一个图书馆业绩的主要是业务，业务是中心工作，而应急管理不是。《普通高等学校图书馆规程》或者有关图书馆评估标准也没有把应急管理工作纳入图书馆评价考核的内容，最多是把消防和安防作为考核指标。

综上所述，目前国内外高校图书馆的应急管理研究主要侧重以图书馆为主战场的自然灾害、事故灾难和社会安全事件的预防及处置等方面，对图书馆产生重大影响的突发公共卫生事件下的应急管理研究较少。像新冠肺炎这种让多国进入紧急甚至战时状态的疫情应该是“二战”以来图书馆首次遭遇的全球性突发重大公共卫生事件，面对这类疫情的图书馆应急管理与服务有待研究，本文将从全方位视角对突发事件下图书馆的应急管理能力和服务水平的提升进行探讨。

2 提升突发事件应急管理能力

2.1 加强预防管理，提升事前预防与预警能力

坚持预防为主是应急管理的基本工作理念。绝大多数突发事件的发生均是一个逐渐变化的过程，增强风险意识、危机意识，就能早期识别突发事件的风险因素和征兆，建立有效的突发事件预防与预警机制。首先是高校图书馆作为建筑场所的突发事件的预防，包括水火电等事故，地震、暴风雨、雪灾等自然灾害，这

类突发事件要把握好“防”与“治”的辩证关系，寓“防”于“治”、“防”“治”结合；其次是高校图书馆作为事件场所的社会安全事件的预防，包括刑事案件、恐怖活动以及重大舆情事件等，这类突发事件的预防通常需要多方合作，需要在学校、教育部及其公共安全管理相关部门的指导下，构建风险监测预警体系；再次是高校图书馆作为人员密集公共场所的突发公共卫生事件的预防，如新冠肺炎疫情，这类突发事件的主体不是图书馆，但影响波及到图书馆，这类疫情的防范需要遵循学校、教育部、地方政府以及国家的各种政策和规定。

目前，大部分高校图书馆的安全管理工作由物业公司负责，而物业公司是通过招标来履约的，工作人员流动性强，难免会存在“当一天和尚，撞一天钟”的情况。为此，图书馆要对员工、用户、外包服务人员及物业人员开展危机教育，让大家能从骨子里意识到公共安全管理的重要性。

2.2 细分突发事件，完善应急预案体系

在进一步细分上述三类突发事件的基础上，可知建立完善的应急预案体系要体现如下特点。①预案的整体性和全面性。要从整体上考虑图书馆应急反应框架体系，解决预案碎片化甚至“预案打架”的情形。建立应急总体预案与专项应急预案相结合的体系，必要时还要制订部门应急预案，预案的覆盖面要全，要对不同类别的突发事件应急管理统筹考虑。如，北京大学图书馆既有突发事件应急处置总体预案，又有事故灾害应急预案、网络与信息安全应急预案等专项预案。②预案的具体性和可操作性。要结合具体的突发事件构造情景，只有把突发事件的情景预想得完整和准确，制订预案才能有针对性和实效性。若不考虑具体情景，只是笼统地规定了部门职责和任务，那么预案的指导作用就非常有限，这种有限性反过来会导致大家不重视应急预案。③预案的权变性。再完善的预案也不能解决所有突发问题，随机应变是应急预案的原则。应急预案制订出来要进行动态调整，要根据演练或突发事件处置过程中发现的问题进行相应的调整和完善。④预案的协同联动性。图书馆应急预案是由多个部门相互配合、协同作战的，绝不能只是某一个部门的单兵作战。另外，要建立与上级主管部门、政府及社会各方之间的应急互动关系，将各种社会力量纳入应急预案体系之中，并明确各种社会力量的角色与作用。

2.3 加强群防队伍建设，提升应急处置能力

要牢固树立全员预防的思想，同时加强专门应急队伍建设，建设一支专常兼备、反应灵敏、处置能力 强的应急队伍。平时要加强应急队伍的心理和技能培训，提高他们的心理承受能力和应急处突能力，做到常规状态下预防有效，突发状态下处置有方。

2.4 应用新一代信息通信技术，健全应急响应和指挥体系

要充分发挥技术防控在应急管理中的作用，不断提高图书馆应急管理的科学化、专业化、智能化、精细化水平。尤其要加大人工智能、云计算、大数据、物联网等技术手段的应用力度，在加快预警速度的基础上，健全应急响应和指挥体系。

2.5 加强核心业务灾备规划和管理，提升复原和持续发展能力

要切实制定业务连续性管理的规划。充分借鉴国内外图书馆界和其他行业的先进做法和成功经验，参考有关“业务连续性管理体系”（Business Continuity Management System，BCMS）的国际、国内和行业标准，努力创造条件或争取机会，切实加强灾备规划及其动态管理，确保核心业务能够尽快恢复，事业发展能够持续开展。

3 提升突发事件全过程服务水平

突发事件的演变过程往往会经历一个从潜伏、爆发、持续到消退恢复的生命周期，且在生命周期的不同阶段呈现出不同的特征。高校图书馆可基于突发事件生命周期的四个阶段的不同特点，提供符合用户心理和需求的服务。

3.1 潜伏期：专门跟踪研判事件信息，谋划和充实应急预案

潜伏期即突发事件孕育期，该阶段突发事件处于量变阶段，通常由于没有明显的标志事件发生，因而不易被人察觉。在这一阶段，图书馆除正常开展服务外，必须保持高度的危机意识，密切关注突发事件的进展，并积极做好应对准备。如，新冠肺炎疫情在突袭前，微信等媒体中已经有一些涉及病情的消息，图书馆如果能敏锐地意识到这些信号，提前构思应急预案，疫情暴发后就能更从容地应对，

有机会采取比立即停止服务更加合理的措施。[16]

3.2 暴发期：融入学校和地方大局，调整服务方式和内容

突发事件经过潜伏期就可能转入暴发期，由于其冲击强、危害大，在事件影响范围内的人都有可能受到伤害，因此，民众容易恐慌。民众恐慌的首要原因是谣言。谣言会干扰公众获取正确的信息，是伴随突发事件的次生灾害。面对四起的谣言，图书馆可以通过信息的形式和内容特征进行揭示与分析，告知用户如何识别信息真伪。在这次新冠肺炎疫情中，不少图书馆或馆员个人做出了表率。2020年1月26日，清华大学图书馆王媛老师率先在微信朋友圈发布“如何快速识别疫情新闻中的信息真假”；[17] 2020年2月12日，北京师范大学图书馆推出了“谣言止于智者——图兄带你识别‘新冠’假信息”等。[18] 这些推文都以生动的案例，图文并茂地分享了识别 真假信息的技巧和经验。

民众恐慌的第二个原因就是认知缺乏。图书馆可以组织专门力量，凭借其训练有素的数据和情报分析能力，以专题的方式采集、揭示、组织和传递相关知 识，满足此时此景用户的心理需要和生活需求。

3.3 持续期：因时、因地制宜，调整、创新服务项目和服务业务

（1）教学科研支撑服务。新冠肺炎疫情防控期间，“停课不停学”，高校图书馆责无旁贷。①图书馆要做好与课程相关的资源保障工作，尤其是电子教材和教学参考书的配备。对于一些不熟悉网络和云教学模式的老教师，图书馆员要充分发挥自己的信息素养和媒介素养特长，远程提供培训和指导。②要做好科研支持工作。疫情发生后，科研人员的“战场”从办公室转移到了家里，图书馆要保障他们远程访问图书馆资源的通畅性。对于本馆没有的文献，在本馆读者需要时，图书馆可以帮助他们通过开放获取或馆际互借与文献传递渠道获取。同时，在关闭馆舍期间，用户如需查看实体文献，要在确保安全的前提下想方设法尽可能满足用户需求。如，北京大学图书馆通过原有的“上门服务”系统平台，组织馆员“送书到楼”，保证校园内师生在疫情期间仍然能够借阅实体文献；[19] 南京大学图书馆通过预约提供纸质图书借阅服务等。[20]

（2）助力抗“疫”研究。新冠肺炎疫情防控斗争有两条战线：一条是疫情防控第一线，另一条是新冠肺炎疫情防控科研攻关工作。高校图书馆不能深入第一

线，但可以在第二条战线上贡献自己的力量。新冠肺炎疫情发生后，全国高校科研工作者也在进行着与时间赛跑的“战役”，不少高校纷纷启动应急科研攻关项目，从新型检测试剂、抗体药物到疫苗和诊疗方案等，都需要大量的文献和数据支持，高校图书馆尤其是医学图书馆可以主动出击，融入到科研团队中。新冠肺炎疫情防控期间，中山大学图书馆组织医学馆员及时响应中山大学附属医院援鄂医疗队医务人员的文献信息需求，为前线医务人员提供有关新冠肺炎的重要文献和专题文献；[21] 中国政法大学图书馆利用自己的专业优势，对妨害疫情防控的违法犯罪案例开展数据分析与知识发现研究，形成专题报告，邀请法学专家点评，并通过公众平台发布，多角度展示疫情防控过程中与违法犯罪相关的诉讼过程和审判活动，为遏制疫情期间的违法犯罪行为发挥了作用。[22]

（3）在线阅读辅导服务。疫情持续期，由于大家都禁足在家里，图书馆可以适时开展一些阅读活动。阅读主题要广泛，可以是经典名著，也可以是名家荐读或馆员推荐的主题阅读。如，武汉大学图书馆推出的“封城阅读计划”，浙江大学图书馆的“云荐读”等。疫情笼罩之下，与疫情相关的主题可能比较受欢迎，可分为两种形式。①关于疫情的名著。如，北京大学图书馆推出由戴锦华老师推荐的“爱在瘟疫蔓延时”与疫情相关的主题书籍和电影；[23]武汉大学图书馆“一期一书”栏目推送的《鼠疫》[24]《花冠病毒》[25]有声阅读等。②真人图书馆（Living Library）。如，武汉大学图书馆的微天堂真人图书馆系列主题活动设计别具匠心，在疫情期间推出“那些在方舱的日子”[26]“与病毒打交道的人”[27] 等主题服务活动，读者反响都非常好。

3.4 消退恢复期：稳妥恢复正常秩序，总结巩固应急管理和服务成果

突发事件基本得到控制，图书馆需要逐步恢复开放和开展正常工作。①有序开放，逐步恢复。首先要制订恢复开馆预案。疫情具有不确定性，因此防护工作仍旧是重中之重，要制订周密的安全保护措施，在技术和设备上做好准备，要对用户进行特殊时期入馆教育，让他们按照当前使用和防范规则利用图书馆。②要征集地方抗击疫情期间的相关资料。在这场疫情中，许多人都是见证者和亲历者，图书馆有责任保存这些特色和地方文献。上海图书馆这方面意识非常强，3 月 9 日上海图书馆发出了面向社会各界征集抗击疫情专题资料的通知。[28] 每个高校图书

馆都要有文献搜集意识，积极征集本校或当地抗疫资料，尤其是口述史资料，其将会成为弥足珍贵的历史资料。③全面反思和总结。突发事件恢复期，图书馆要全面总结突发事件期间的管理与服务，完善和修正应急预案，进一步提高应急治理能力。

4 结论

（1）高校图书馆要从根本上解决管理与业务一起谋划、一起部署、一起考核的问题，要转变重专项应急管理，轻长效机制的工作方式，改变以往消防检查就突击消防安全，传染病暴发就突击卫生检查的被动应急管理，要作通盘考虑和长远打算。

（2）墨菲定律思维应该成为图书馆治理的常识。墨菲定律的核心内容是指如果事情有变坏的可能，不管这种可能性有多小，它总会发生。图书馆作为人类文明的宝库，收藏了大量需要保护的文献资源，其安全管理举足轻重，要牢记防微杜渐的海恩法则，见微知著，把风险排查作为一种工作常态，做到早发现、早介入、早控制。同时要加强形势研判，科学预测突发事件，将突发事件消灭在萌芽中。

（3）图书馆管理要及时研究新情况新问题，处理好制度管理与情感管理、目标管理与期望管理、馆员管理与用户管理等多方面的关系。如，受新冠肺炎疫情影响，劳动关系领域面临着一系列新问题，需要相关政策和规章制度的支持。因疫情影响未能返岗职工的考勤与工资待遇、承担疫情防控任务紧急加班员工的权益与待遇、到馆上班与在线上班的协调、弹性上下班的评估、违反防疫纪律员工的处置等，这些都需要在国家政策框架下制定相应的政策。

（4）图书馆服务要因时、因地、因人制宜，不要盲目照搬其他图书馆的做法。疫情期间，很多图书馆热情地推送了各种资源，而这些资源原本就是图书馆购买的、大家一直在使用的资源，图书馆把这些资源在微信圈里进行宣传，煊赫的造势，其效果如何需要调研。在疫情最严重时图书馆做这种狂轰乱炸的推送，结果是否适得其反，值得我们反思。一言以蔽之，特殊时期，图书馆的服务要适时、适宜和适度，有所为而有所不为。

（5）图书馆要与其上级单位、行业组织或联盟、相关社会机构加强联系，以更加开放的态度构筑更加美好的生态体系。疫情发生后，中国图书馆学会和教育部高校图工委积极行动，为打赢疫情防控阻击战贡献了巨大力量。教育部高校图工委发布了《全国高校图书馆疫情防控期间服务创新情况调研报告》《电子教参建设支撑线上教学情况调研报告》等。

总之，新冠肺炎疫情暴露了图书馆应急管理的弱点，但也种下了深刻转型的契机，高校图书馆应增强应急意识、完善应急预案、加强应急演练、完善应急手段、做好应急物资储备，全面提升应急管理能力和服务水平。

参 考 文 献

[1] 刘兹恒．图书馆危机管理手册[M]．北京：国家图书馆出版社，2010：1-22.

[2] 李飞．中华人民共和国突发事件应对法释义[M]．北京：法律出版社，2007：5.

[3] 张永理．危机管理及相关核心概念探析[C]//中国社会学会，天津工业大学．第 18 届中国社会学年会——改革开放进程中的公共安全管理分论坛论文集，2008：213-223.

[4] Soehn C, et al. Crisis communication in libraries: Opportunity for new roles in public relations [J]. The Journal of Academic Librarianship, 2017, 43(3): 268-273.

[5] 应急管理[EB/OL]．[2020-02-28]．https://baike.baidu.com.

[6] Matthews G. Disaster Management in Archives, Libraries, and Museums[M]. Aldershot, Hants, Eng-land: Ashgate, 2009: 68.

[7] Garnett J, et al. Do university libraries in Australia Actively Plan to protect special collections from disaster?[J]. Journal of the Australian Library and Information Association, 2018(67): 4, 434-449.

[8] 贾彩莲，孔维维．图书馆危机管理[M]．北京：国防工业出版社出版，2014：26-31.

[9] Jordan S K. A review of the preservation literature, 1993-1998: The coming of age [J]. Library Resources & Technical Services, 2000(44): 1, 4-21.

[10] Croft J. The preservation evolution: A review of preservation literature, 1999-2001 [J]. Library Resources & Technical Services, 2003(47): 2, 59-70.

[11] The Online Disaster-Planning Tool for Cultural and Civic Institutions [EB/OL]. [2020-02-28]. http://www.dplan.org/.

[12] 朱贝．中美图书馆危机管理发展研究[J]．图书馆理论与实践，2019（7）：92-97.

[13] 杨敏，等．大学图书馆突发事件应急预防管理研究——基于 WSR 方法论[J]．图书馆工作与研究，2019（10）：11-17，48.

[14] 彭翔．关于企业开展应急预案培训与演练的思考[J]．决策与信息（下旬），2011（12）：251-252.

[15] 何晓兵．图书馆如何应“急”——从北图春节期间闭馆风波想到的[J]．图书馆论坛，1998（5）：3-5.

[16] 柯平．公共安全突发事件中图书馆应急服务机制刍议[J]．图书馆杂志，2020（3）：4-18．
[17] 如何快速识别疫情新闻中的信息真假[EB/OL]．[2020-02-03]．https://mp.weixin.qq.com/s/r6JPdP qWFJBJHORzbG2qTA.
[18] 北京师范大学图书馆．谣言止于智者——图兄带你识别“新冠”假消息[EB/OL]．[2020-02-15]．https://mp.weixin.qq.com/s/D9VHFQpcs3BX-C l7PIrn4Q.
[19] 张海舰．论高校图书馆阅读服务体系优化——从北京大学图书馆“送书到楼”服务谈起[J]．大学图书馆学报，2020，38（3）：65-70．
[20] 仙林校区图书馆开通“纸质图书预约出借”服务[EB/OL]．[2020-03-05]．https://mp.weixin.qq.com/s/ay4KXXT552htdK.
[21] 王波，等．积极融入新冠肺炎疫情防控大局，切实创新非常时期服务策略：全国高校图书馆疫情防控期间服务创新情况调研报告[J]．大学图书馆学报，2020（2）：5-16．
[22] 北京市高校图书馆在新冠肺炎疫情防控中的服务调研报告[EB/OL]．[2020-03-30]．http://www.scal.edu.cn/zxdt/202003020951.
[23] 爱在瘟疫蔓延时[EB/OL]．[2020-03-27]．https://mp.weixin.qq.com/s/tBmvrZ_PjSFy8xHQTugAtQ.
[24] 一期一书：《鼠疫》有声阅读[EB/OL]．[2020-02-19]．https://mp.weixin.qq.com/s/Xx4ZSQiUQtzGB4X8X3z04g.
[25] 一期一书：《花冠病毒》有声阅读[EB/OL]．[2020-02-11]．https://mp.weixin.qq.com/s/jz69nV-8nv9dxv8GsHthyg.
[26] 那些在方舱的日子．微天堂真人图书馆第 55 期[EB/OL]．[2020-03-26]．https://mp.weixin.qq.com/s/_lK_9OJX78J0T6Yw5mHNBQ.
[27] 与病毒打交道的人．微天堂真人图书馆第 54 期[EB/OL]．[2020-03-26]．https://mp.weixin.qq.com/s/qbDRkxZBdK5K3msZ1cVyNw.
[28] 上海图书馆面向社会各界征集抗击疫情专题资料[EB/OL]．[2020-03-09]．http://www.nlc.cn/newtsgj/yjdt/2020n/3y/202003/t20200316_190445.htm.

图书馆现代化新征程上的创新发展

——浅析北京大学图书馆东楼修缮重启的新意*

王　波　支　娟　陈建龙

在图书馆转型发展的进程中，原来围绕着纸质资源的利用而营建的图书馆空间，通常不适应用户的交流、创意、艺术欣赏、体验、休闲等活动对空间的需求，空间再造成为众多图书馆转型升级的必要选择。空间再造使图书馆在设计理念、空间形态、装饰材料、设施设备等方面跟上时代，是从根本上比较彻底地将以文献借阅为中心的图书馆快速地转变为信息服务中心的有效途径。北京大学（以下简称北大）图书馆的东楼修缮，也是通过空间再造为图书馆的转型发展创造条件、搭建平台的关键工程。

2018 年北大百廿校庆后，图书馆东楼修缮工程启动。2020 年 7 月 29 号，在全国抗疫取得重大战略成果之际，北京大学党委召集学校基建部门、施工单位和图书馆三方，专门成立图书馆项目建设临时党支部和工作专班，层层立下军令状，决心在疫情发展前景难料、难得遇到窗口期的形势下，把图书馆这个北京大学最重要的民生工程尽快推进完成。

随后北大图书馆东楼修缮工程按下“快进键”，每天一个样，于 2020 年 10 月中旬竣工交付使用，2020 年 12 月 1 日上午 9 时正式重启。东楼重启，不是简

---

* 王波，支娟，陈建龙．图书馆现代化新征程上的创新发展——浅析北京大学图书馆东楼修缮重启的新意[J]．大学图书馆学报，2021（1）：33-43．

单地再次把门打开，也不是简单地把原有的藏书和设施复位，而是以此为契机，迈向标杆位的创新型智能化大学图书馆。

北大图书馆抓住修缮的契机，将许多最新的图书馆发展理念变成了现实，启动了许多以前想开展而没有条件开展和以前虽然有所尝试但无法深入开展的服务。北大图书馆东楼重启，表面上是空间的改善，实质上是服务的创新发展。

1 胸怀大格局：北大图书馆东楼空间设计的指导原则

吸收空间再造比较成功的一些图书馆的经验，借鉴一些优秀图书馆专家的理念，北大图书馆东楼的空间设计胸怀大格局、面向大目标，具体说，就是要兼顾“场所”（Place）、“空间”（Space）、“面貌”（Face），面向“标杆”（Ace）、“顶级”（A）。

1.1 为用户提供安心求知的学习场所（Place）

为给用户提供独立宽敞的求知之地，图书馆的前辈们付出了艰辛努力。北大的前身京师大学堂的藏书楼，最初设在公主府的梳妆楼，后来改到寝殿，均是和实验室共用。1918 年，北大图书馆搬到红楼，也只占用大楼的一层。后来蔡元培、蒋梦麟等校领导在国内外积极奔走募捐，师生和校友慷慨解囊，经过十几年的努力，最终才在中华教育文化基金会的支持下，于 1935 年建成北大历史上第一座独立的大型图书馆。1975 年、1998 年，北京大学又两次建起新图书馆，每启用一座新图书馆，北大的发展就进入新的阶段、迈上新的台阶，充分说明图书馆是学校发展的主要支撑力量之一，同时也是学校发展水平的重要标志。修缮的意义虽然不能和建成新馆相提并论，但依然可喜可贺，它很可能是图书馆和学校迈上发展新征程的新起点。图书馆修缮和空间设计首先要坚持的原则，也可以说是最低标准，就是维护图书馆空间的独立性，要深刻认识到馆舍独立不仅是《普通高等学校图书馆规程》对高等学校的要求，也是历史上的前辈努力奋斗的结果。

1.2 为用户创造百感交集的感悟空间（Space）

1998 年建成启用的图书馆东楼，体现了当时国际上最先进的图书馆建筑理念，采用统一柱网、统一荷载的三面通透的大开间，方便开架展示、藏阅合一。

这次修缮，继续跟踪最新的先进理念，为了进一步缩短书和书库、读者和书之间的距离，让采购和使用的关系更加亲近、融洽，除特藏阅览室外，各层大门全部取消，基本上构建了“人在书中、书在身边”的环境。另外，还在不同区域进行了多样化设计。有的空间，用户会感觉非常亲切、舒服；有的空间，用户可能感觉到敬畏，或非常开心。不同的场景给用户带来不同的感觉，让用户产生百感交集的丰富体验。

1.3 为用户提供美丽的生活面貌（Face）

图书馆通常位于大学的中心地带或中轴线上，是大学的标志性建筑、公共交流中心、对外交流窗口，是大学的脸面、门面。

北大图书馆更是和未名湖、博雅塔并列为校园三宝，被合称为“一塔湖图”，所以北大图书馆的修缮和设计要高度重视美感，从外到内，一砖一石、一桌一椅、一灯一画等都要精心挑选，让用户在图书馆得到美好的审美体验。同时，还要积极开展参观、展览等服务，努力将这样的服务发展成为北大图书馆的长项、精品，给用户以既悦目又悦心的美的教育。

1.4 面向建设“标杆”图书馆（Ace）的小目标

英语 Ace 的意思是“第一流的，极好的”。Ace 常用于娱乐界，指的是偶像团体中的王牌成员或者游戏中的第一名。

北大图书馆长期以来在中国图书馆事业尤其是高校图书馆事业中的地位，类似于 Ace。教育部高校图工委和中国图书馆学会高校图书馆分会的秘书处、CALIS 和 CASHL 管理中心都设在北大图书馆，某种程度上都是对北大图书馆的厚爱及对其标杆地位的认可。

但是在你追我赶、发展竞争十分激烈的当下，稍有松懈便会落后。在建筑面积、空间优化方面，一些大学图书馆进步神速。北大图书馆要抓住东楼修缮的机会，以最先进的甚至超前的理念开展空间设计，基于崭新空间，加大、加快改革创新的力度、速度，以巩固、提高自己在图书馆事业中的标杆地位，更好地发挥示范作用、引领作用。

1.5 面向建设“标杆位”图书馆（A）的大目标

空间升级为图书馆创新服务、制定和落实“十四五”发展规划、实现远大理想创造了条件，北大图书馆将以价值引领、道隐无名的气魄开创图书馆服务的新局面，勇于在世界图书馆事业中登上顶级。

“价值引领”指的是脚踏实地、不务虚声，狠抓服务质量，以扎扎实实的工作效能，为用户的成长成才、学校的一流建设作出不可或缺的贡献，创造并体现图书馆独特的价值体系。

“道隐无名”出自《道德经》第四十一章，其含义是：规律是幽微不显的，总是难以发现，没有一般事物那样的名称。图书馆的资源建设和服务也是存在规律的，比如布拉德福定律、洛特卡定律等，图书馆要通过大数据技术等新兴技术手段，发现更多的隐藏在图书馆日常工作中的规律，在规律的指引下，开拓更多的甚而来不及命名的原创型服务，只有达到了这个境界，北大图书馆才可以称得上是世界顶级的图书馆。

2 安全宜用：北大图书馆东楼修缮实现的基础性改进

北大图书馆东楼修缮的最基本目标是消除原来的瑕疵，令建筑更加安全宜用。修缮之后的东楼，从很多方面显著提高了安全性和宜用性。

首先，大屋顶采用经认真考察选定的哑光北方瓦。这种瓦对热胀冷缩的耐受性强，从而可保证在较长时期内，不会发生寒冬冻裂滑落的现象。哑光减少了屋顶在烈日下反射阳光所产生的光污染、光危害，而且内敛的色调显得更加庄重、美观，使图书馆和校园其他建筑的融合度更高。

其次，用户直达的区域采用大理石、木板对地面、墙面进行全面铺装。一到四层的大开间阅览室，均用大理石铺装地面和墙面，一楼的所有会议室，皆用樱桃红的木板对墙面进行全覆盖。这种装饰方法，在普通人看来似无新奇之处，但从内行看来，显然既吸取了上一次装修的教训，也借鉴了美国国会图书馆等欧美著名图书馆的成功经验。图书馆是城市或大学的重要公共建筑，每天进出的读者成千上万，必须既要坚固，又要抗污防旧，美国国会图书馆、纽约公共图书馆之所以都是“百年老店”，还常用常新，其秘诀就在于用大理石和木材，对公共区域的地面、墙面做了全面的精致的铺装。北大图书馆东楼在修缮后也做到了这一点，使得这次装修不但更加坚实，保质期、维新期也会大大延长。

其三，改造出高负压、多隔断、烟囱型的卫生间，确保室内再无异味之忧。原来的卫生间设计不合理，负压低、少隔断、空气流通不畅，易散发浊气。修缮后改为门窗南北通透，而且设计了一个狭长的甬道通往卫生间，这也是大型商场等公共建筑常见的卫生间设计样式，其原理是以烟囱状的过道提高吸风功能，加上抽风机等负压设备的配合，使风可以流畅地穿越卫生间，将浊气迅速冲出室外。甬道的增设，也等于在卫生间和阅览室之间多加了一道墙，阻断了不良空气的弥散，亦方便保洁人员入内打扫时，不对阅览室的读者形成干扰。卫生间的升级优化不是小事，提高了用户利用图书馆的舒适度。

其四，门窗更加厚重结实。修缮后的东楼设两道大门，皆为铜质，厚重结实，阻尼较大，防风防尘、阻热挡寒。初用时用户可能感觉推拉沉重，习惯后便会适应。因图书馆为唐代建筑风格，大门前的门檐为弓形唐门，遮檐原先为银色合金镶嵌玻璃，此次换为铜质材料镶嵌玻璃。门、遮檐和铜褐色的图书馆匾额形成一个色调，犹如唐代仕女用红膏既点眉心又涂香唇，望之更觉唐风浓郁。再看上一版的外观，便感觉有些“上妆”不彻底——只敷粉、未染唇。东楼的所有窗户也都换成厚重的铜褐色的新型窗，密封严实，防噪效果好，可平开和上开，尤其是增加上开功能，避免热凉之风径吹，对用户健康和馆藏保护都有好处。

其五，消防、水电、空调、通讯、电梯、门禁等系统都采用最新的设备、材料，大大提高安全系数和使用效果。图书馆是重要的防火防水部门，也是高度依赖网络的机构，这些基础设施的升级，对用户而言，感受可能不强烈，但对服务者而言，楼宇更加自动化，是实现更多设想、开拓更多服务、提高服务智能化水平的强大平台。

3 红丝石画龙点睛，青铜壁画带领读者思考人与信息的过去、现在和未来

东楼中厅，在深色格栅门的中间，安置了一块来自山东省沂蒙革命老区临朐县老崖崮的一尊重达 4.6 吨的长条形巨石，此石自然形成，产量稀少，据说有 5 亿年的历史，质地温润如玉，色调为橙黄中相参红丝，史称“红丝石”，为制砚上品，唐宋时即负盛名，被柳公权等名家誉为砚料之首。宋代唐询在任青州知府时，盛赞红丝石华缛密致、皆极其妍、其声清越、锵若金石[1]。红丝石摆放到北大图书馆，还会令人遐想到另外一层意思，即“发扬红色传统，思念沙滩红楼”。

镌刻馆名的红丝石

北大图书馆将此石取名“钟灵石”，因其四方端正、大小合用，前面平坦，宜于题字，上平如镜，犹如巨砚，的确是大自然钟灵毓秀的产物。此石放置于馆内，和钟灵毓秀的北大相得益彰，其巨砚之形，似乎也在激励着每一个经过的北大人，要勤奋读书、饱蘸笔墨，为国家、民族乃至人类书写美好的未来，为自己书写美好的人生。钟灵石前立面，镌刻着邓小平同志题写的“北京大学图书馆”这七个烫金大字。钟灵石上方，门楣上悬挂着原来就有的一方木匾，镌刻着江泽民同志题写的“百年书城”。两代国家领导人的题字、关怀汇聚于此，是北大图书馆的无上骄傲，也是鞭策北大图书馆缅怀英烈、发扬传统、继往开来、再创辉煌的巨大动力。

红丝石之后，矗立着一幅高达 6 米多的单面大型壁画。壁画尚未命名，反映的主题为“人与信息的关系”，其内容由清华大学美术学院的设计者和图书馆的领导、专家经多次研讨而确定。壁画自下而上分为三段，分别展示人与信息的过去、现在、未来，下段和上段为青铜浮雕，中段为电子屏。

青铜壁画

下段的青铜浮雕的内容为历史上人与信息的关系，左上角的《尚书》，为我国现存最早的文献之一，被誉为“政书之祖，史书之源”。《尚书》前的两个人物，都是中华民族的人文始祖。左边的是伏羲，为中国典籍记载的最早的王，他右手执笔，左手持画板，正在创演八卦。右边的是仓颉，相传有四目双瞳，天生睿德，他观察星宿运动和鸟兽足迹，创制象形文字，使人类告别了简陋的结绳记事方式。因仓颉造字奠定了人类以知识壮大自身力量的基础，是惊天动地的大事件，故而“天雨粟，鬼夜哭”——上天担心人类有了知识而不事生产，降粟雨以赈济，鬼神害怕人类有了知识而不迷信，无奈地在夜里哀哭。伏羲之前的为虎符，由皇帝和将帅各执一半，合则调兵，为中国古代传递军事命令的重要凭证。虎符下方为一名驿使，他左手持火牌，右手拉缰，背着一筐公文或军事情报，正在纵马飞驰。驿使前方是一名正在弯腰从水槽里抄纸的造字工人。中间区域上方是标志着大学堂创办的写有“大学堂”三字的牌匾。其右边的邮票是 2003 年中国邮政发行的一套面值为 80 分的特种邮票《中国古代书法——篆书》中的一种——《西周・毛公鼎》，另外一种是《秦・泰山刻石》。毛公鼎是西周青铜器中赫赫有名的重器之一，造于西周晚期的宣王时期，高 53.8 厘米，重 34.5 千克，于清朝道光末年（1850 年）在陕西省岐山县的周原出土，现藏台北故宫博物院，因作者为毛公而得名。毛公鼎的内壁铸有多达 32 行、499 字的长篇铭文，是现存青铜器铭文中最长的一篇，郭沫若称之“抵得上一篇尚书”[2]。这些铭文属于大篆，结体方正俊逸，笔画遒劲圆润，是篆书中具有代表性的精品，清末大书法家李瑞清曾说:“学书不学毛公鼎,犹儒生不读《尚书》也。”[3] 这张邮票在 12 平方厘米的方寸之间容纳了 24 个字，因其主要是为了展示书法而不是铭文内容，故而跳跃地选取了铭文中最具书法价值的第 2 行最后 1 个字、第 3 行的 14 个字和第 4 行的前 9 个字。但是遗憾的是，第 1 个字应为“闬”字而错写掉了繁体“门”字旁的左半边，导致此邮票成为第一枚在图稿中就出现文字错误而正式发行时未予纠正的邮票[4]。邮票中的篆字对应的简体汉字是：怀/不廷方亡不闬于文武耿光/唯天将集厥命，亦唯先正甹辟[5]。其大意是：怀柔/不来朝贡的方国，它们无不沐浴着文王武王的光辉/只因上天将殷的命数赋予周朝，也是因为前代贤臣对周的辅佐。因毛公鼎中难字较多，专家众说纷纭，迨无定论，读者可不必纠结于文字内容及含义，知其为现存最美的金文作品之一即可。

毛公鼎右边图案为孔子见老子。孔子见老子是常见的一种画像石体裁，足见这一事件的重要性及其深远影响。壁画上的图案即取材于山东出土的汉代画像石。在这个图案中，除孔子、老子外，还有一个小孩，当为项橐。“孔子见老子”和“孔子师项橐”本是两回事，但是后人将这两个传奇事件作了融合，就变成三人处于同一画面。

孔子见老子的本来目的是向老子请教礼，因孔子主张恢复周礼，有些疑惑，便问礼于老子。后人基于孔子是儒家的代表、老子是道家的代表这个事实，将这次相会升华为儒道交流高度，大大提升了其在文化史上的意义。

项橐是春秋时期莒国（今山东日照）的神童，7 岁时巧遇讲学路过的孔子，孔子问项橐：天上有多少星辰，地上有多少五谷，项橐答曰：一天一夜星辰，一年一茬五谷。随后项橐问了孔子一连串脑筋急转弯的问题，如：每天马蹄抬起多少次？人的眉毛有多少？鸭子为何能够浮于水？等等，然而无论孔子怎么回答，都被项橐找出漏洞或者反例，难倒孔子。孔子赞赏项橐的机智，谦虚地拜他为师，这件事情被写入《三字经》："昔仲尼，师项橐。古圣贤，尚勤学。"[6] 项橐因是圣人师，而被后人称为圣公。"孔子见老子"图案中的项橐手指两只鸟，可能就是在问鸟为什么能鸣叫？然而也有专家认为那是雁、雉之类的野味，为古代初见尊长时所送的礼品，称作"贽"或"贽敬"，《左传·庄公二十四年》云："男贽，大者玉帛，小者禽鸟，以章物也。"[7]

"孔子见老子"图案的右上方还有一片刻着甲骨文的龟甲，从上往下、自右往左读是：贞小示我贞不？南方受年伏示又？意思是：请占卜一下我们是否吉祥？另外跪求占卜一下南方是否丰年？"孔子见老子"图案的下方为中国古代活字印刷使用的检字轮盘。轮盘右边为近现代骑着自行车的邮递员。

总括而言，下段这块青铜浮雕，围绕着"信息"这个主题，撷取了中国文化史、新闻传播史、通讯和情报传送史上的重要元素，当读者面对着这块浮雕，脑海中便会像电影中的蒙太奇那般，闪现出一幕幕历史上的典型的信息交往场景，加强读者对图书馆作为信息集散地和文化交流场所的认识。

上段青铜浮雕的设计是基于我们对未来图书馆形态的想象，未来的图书馆是人文互美、人信共济、人机融合的图书馆[8]，这段浮雕就是基于这样的认识而畅想的人与信息的未来。左边的两位貌似宇航员，似乎是在外星上作业。他们右边的站立者似为揭示肌肉组织的人体模型。占据浮雕中心位置的人类面孔，披挂了复杂的穿戴设备，左边机械眼，右边生物眼，似乎是可以收取四面八方信息的超级智者，算无遗策，无往不胜。右上角的人类装扮得像机器人，读书于太空，而位于他前方的机器人，却形似人类，在地球上读书。右边的人类和机器人，正密切配合，演奏着小提琴协奏曲。这一段浮雕大胆描绘在未来的智慧时代，人和机器共处、互信、友爱，信息在人机之间乃至万物之间无障碍交流，人和机器高度配合、协同工作的场面。

下段和上段的青铜浮雕，一个多取自神话传说、历史传说以及疑难字，一个是对未来的自由畅想，二者皆既释放出一些相对确切的信息，又没有特别精确的答案，充满不确定性和神秘感，呈现出预设的“画无达诂”的效果。既适合忙碌的读者经过时匆匆一瞥、不求甚解，产生点滴感悟，又适合爱钻研的读者，面对壁画，陷入无尽的沉思和求解。

壁画的中段是一块电子屏幕，以流动的信息形式展示人与信息的关系。有时播放视频，如图书馆庆祝 120 周年时拍摄的宣传片《力量》，有时显示文字，如“书香迢递、斯文在兹，价值引领、道隐无名”这十六个大字，前面八个字描述图书馆的发展历程和成就，后面八个字表达图书馆面向未来、锐意创新的决心，还可实时直播远端的会议、演出等信息交流活动。

4 图书馆简史展：介绍辉煌历史、厚重底蕴，彰显“斯文在兹、道隐无名”的基本方针

“书香迢递、斯文在兹”是正在中厅举办的图书馆简史展的起始标题。“书香迢递”的含义是：北京大学图书馆的馆藏是经过一代又一代图书馆员的采集，经过广阔的空间、久远的时间，连绵不断地汇集到这里的。“斯文在兹”出自《论语》，含义是：文明、文化、文献、文字在这个地方尤为集中。

“价值引领、道隐无名”是图书馆简史展的收尾标题。“价值引领”的含义是：以脚踏实地创造价值作为一切工作的旨归。“道隐无名”的含义，除了前面所说的“发掘幽微的规律，大力鼓励尚未命名的原始性创新”，结合《道德经》中“道隐无名”前面的“大音希声、大象无形”等来诠释，也可以解读为：图书馆的工作很多是基础性的、潜移默化的、润物无声的，就像空气和水一样，人人须臾不可分离，但若不遇到特别事件，人人都不会对空气和水给予珍视，图书馆员要深刻认识自身的工作性质及其重要性，淡泊自守，默默无闻地做好各项工作。

精心设计的图书馆简史展的参观路线是：当读者从东门进馆时，习惯性右行，刚好参观反映图书馆前 100 年历史的北侧的展览，首先看到起始标题“书香迢递，斯文在兹”。当读者出馆时，从西楼出来，靠右行走，刚好参观反映图书馆近 20 年历史的南侧的展览，展览结束于收尾标题“价值引领，道隐无名”。因为“斯文在兹”恰好出自孔子的《论语》，“道隐无名”恰好出自老子的《道德经》，这两句

话并列两厢、互相对望，犹如一副对联，也犹如“孔子见老子”。

因中厅是交通要道，为了不因展览而导致读者滞留，造成人流阻塞，所以馆史展采取简而又简的形式，只是对馆史进行了分期，每期选出两张照片，加以简单介绍，通过镜框展示，以方便用户在匆匆走过时，不必驻足，用余光扫描，便能增加些许对馆史的了解。

馆史展充分利用中厅两侧的墙壁，北侧展示从 1898 年到 1998 年的百年馆史，基于只有六个隔断、四块墙板可利用的实际情况，将这百年馆史划分为六个阶段：1898：京师大学堂设立藏书楼，研究学问，增长智慧；1918：李大钊同志出任图书馆主任，奠基中国现代图书馆事业；1935：蒋梦麟校长兼任图书馆馆长，新建独立馆舍的专业图书馆；1975：周恩来总理关心北大图书馆，大型图书馆在校园中心落成；1998：北京大学建成图书馆新楼，世界一流大学图书馆同步起航。四块墙板则选用建筑图片加藏书印，分别为京师大学堂藏书楼外景和“大学堂藏书楼之章”、沙滩红楼外景和“亢慕义斋图书”、1935 年新建馆舍外景和“国立西南联合大学图书馆藏”、1975 年和 1998 年建成的两座馆舍外景及“北京大学图书馆藏印”。

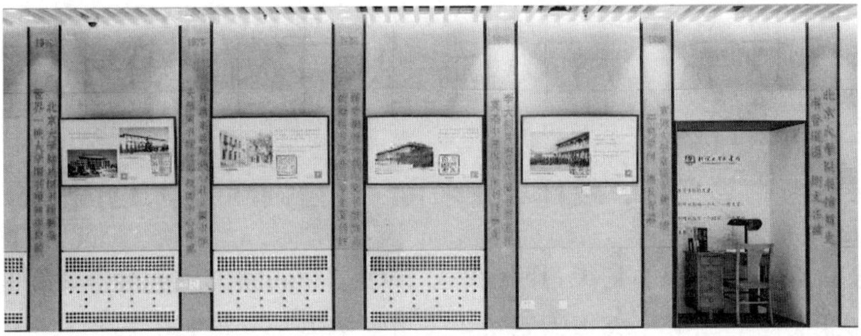

北京大学图书馆简史展：1898—1998

中厅南侧展示的是 1999 年至 2020 年的馆史，用“六化”简要概括了这 20 余年取得的新成就，小标题是：传承百年厚重底蕴，“六化”发展取得新成就。“六化”具体指的是：馆员队伍专业化，科学办馆；文献资源数字化，切实保障；管理系统智能化，算力赋能；信息服务网络化，用户受益；交往交流国际化，赶超先进；整体发展生态化，勇担重任。这边的四块墙板，分别展示了李大钊像、馆员学历机构分布图、电子资源使用情况图、图书馆机房图、总馆与分馆分布图、中国高等教育文献保障体系启动会场图、北京大学图书馆纪念建馆 120 周年会场图。

北京大学图书馆简史展：1999—2020

为了方便对展览感兴趣的读者深入了解图书馆的历史，每幅镜框的下角都设置了一个二维码，读者扫码后就可看到一篇围绕展览图片，深入讲解图书馆该阶段发展历史的图文并茂的文章。

这次馆史展的一个亮点，是首次未按通用的政治分期来切割北大图书馆的发展史，而是按照北大图书馆自身发展的节奏，如新馆建成、机构分合、专业化水平上台阶等标志性事件，来重新划分发展阶段。同时也提出了一些新观点，如1902年制定的《京师大学堂藏书楼章程》的第一章第一节第一句是“藏书楼之设，所以研究学问、增长智慧”，这句话和1920年成立的文华图书馆学专科学校的校训“智慧与服务”内涵相似，但早了将近20年，可以认为是北大图书馆创办的初心，而且至今仍不过时，需要牢记和弘扬。

5 步入式新书展阅厅：设计灵感来自“一塔湖图”、精选图书日日上新

为了让读者尽快接触到最新的图书，使图书馆的新书上架赶上甚至超过书店的速度，北大图书馆多年来在大阅览室设置新书专架，但是因为和其他图书同置于一个空间，一些同学并未注意到。东楼修缮后，图书馆将连接东南门的大厅设为新书展阅厅，使读者一进馆就能读到最新的图书，接触到最前沿的知识。新书展阅厅以北大最著名的景观“一塔湖图”为设计理念，精心打造。

新书展阅厅的主体书架造型，取形篆书的“水”字，为左右各两个短S形，中间一个长S形，色彩为湖蓝色，对应于“一塔湖图”的“湖”，犹如蓄满知识的未名湖。“水”字形书架沿读者出入的动线设置，既不影响交通，又方便读者在路过时进行检阅和抽读。因图书馆是重要的防火单位，历来都需要蓄水敬水，我国现存历史最悠久的藏书楼——宁波的天一阁，“天一”之名就取意于汉代郑玄《易

经》注中的“天一生水、地六成之”。设置“水”字形书架，也是向我国的藏书文化、藏书传统致敬，具有美好的寓意。

新书展阅厅东侧，沿北墙放了“学”“堂”两个字形书架，在东墙和南墙分别放了“典”和“藏”两个字形书架。为什么取此四字制作特形书架呢？这是经过充分研讨的创意。其灵感来自北大图书馆历来的藏书印，藏书印中的“学堂典藏”四字，其共同特点是有很多横的笔画，便于制作书架。每个字形书架的一横约能容纳普通厚度的图书 80 本左右，整个书架可以容纳图书 400～500 本。它们分别用于放置目前与北大图书馆签约的四家中国顶尖的人文社科出版社——商务印书馆、中国社会科学文献出版社、中国社会科学出版社、中华书局的新书。这四个字形书架对应于“一塔湖图”中的“图”。该室的西南角仿照博雅塔的一角，制作了一个塔形书架，对应于“一塔湖图”中的“塔”，专门放置北大出版社的新书。

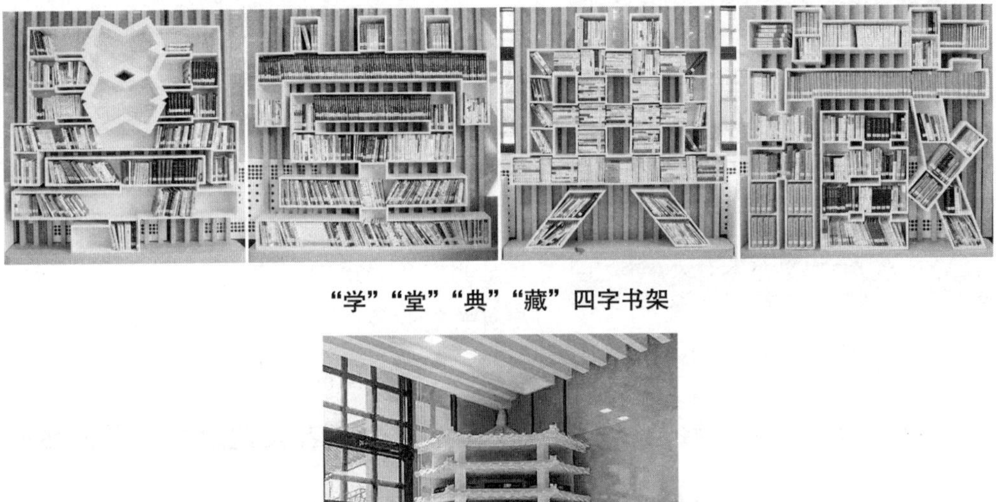

“学”“堂”“典”“藏”四字书架

塔形书架

字形书架前方的两个圆形书架，名为“新书岛”，每日经文献资源中心加工好的新书，首先陈列在这里，供同学们品鉴“鲜中之鲜”，然后汇入这一片书海。故而新书展阅厅的柱子上贴着从颜真卿真迹中集的“苟日新，日日新”六个字，描述书籍的上新之快。

以湖蓝、乳白为主的清新的颜色，富有创意的定制的个性化金属书架，赋予新书展阅厅时尚、灵动的观感，使其具有深受年轻人喜爱的网红书店和网红图书馆的气质。对比采用稳重方正的木质家具的其他阅览室，该室也是全馆颜色最丰富明亮、最具有青春气息的一个区域。

为了让读者既能及时看到新书，同时还能看到书籍进入图书馆的加工流程、了解馆员老师的工作，新书展阅厅和文献资源服务中心办公区之间的隔断全部采用落地玻璃，读者对馆员的采购、分类、编目、加工、钤印等工作可以一览无余，感兴趣的话，还可以报名成为志愿者，参与图书加工的全过程。

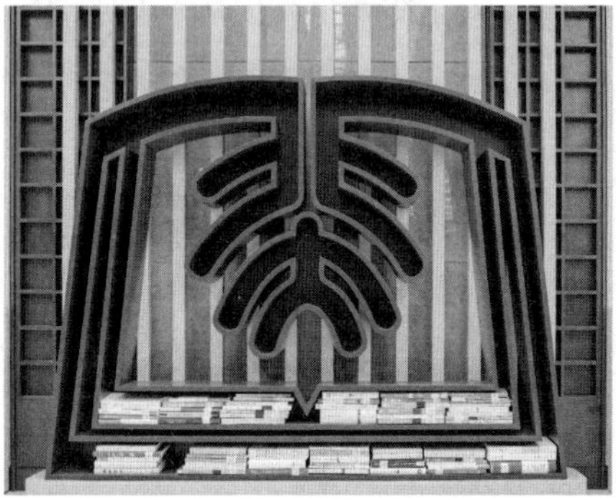

北大图书馆徽章书架

图书捐赠办公室、用户关系办公室、志愿者办公室，也都设在新书阅览室周边，方便用户一进馆，即可办理相关事宜。用户关系办公室和志愿者办公室之间，还有一个红色的北大图书馆馆徽造型的书架，用于陈列北大出版社新出的部分图书。用户关系办公室是北大图书馆独创的部门，整合所有与用户有关的业务，未来将通过算力赋能，为各类读者画像，以提供精准的个性化服务。

6 “可爱的中国书”常设展和珍稀文献展：令读者大饱眼福、增长知识

图书馆东楼一层的北区，设置了一个布满射灯的展览区，可以举办各种展览。在启动之初，图书馆推出了两个大型展览，一个是展室之外廊道上的“可爱的中国书”常设展，一个是展室内的馆藏珍稀文献展。

“可爱的中国书”常设展，缘起于 2019 年 11 月纪念刘国钧先生诞辰 120 周年。刘先生是我国著名的图书馆学家，曾担任金陵大学图书馆和国立西北图书馆的馆长，也是北京大学信息管理系的创始人之一，为著名的书史专家，曾在 1952 年出版《可爱的中国书》。为纪念刘先生，当时馆领导曾建议举办“可爱的中国书”常设展，但是由于条件和时间所限，耽延了下来，不过准备工作一直未停。东楼重启后，“可爱的中国书”常设展终于实现，由于准备充足，不但内容翔实、

图文并茂，而且布展了大量实物，比如何为经折装、旋风装、包背装、蝴蝶装，对照实物，一看即懂。对学习图书馆学、文献学的师生和馆员来说，此展具有一定的专业性，可以结合课程，参观学习。对其他专业的用户而言，此展是对书籍发展史的系统科普，有益于他们扩大知识面。

北大图书馆拥有规模较大、种类齐全的古籍与特藏。其中古籍总量为 150 余万册，含善本 20 余万册，包括宋、元刻本 300 余种，明刻本逾万种，抄、稿、写本 9 千余种，活字本 3 千余种，馆藏金石拓片 4 万余种、8 万余件，还有敦煌卷子 246 号，总量列全国高校之首。珍品之中，不乏价值连城者，长期以来深藏库中，读者无缘相见。借东馆重启的机会，馆领导果断决定让镇馆之宝一露真容，于是遴选部分精品，在 2020 年 12 月举办了馆藏珍稀文献展，展品分 10 个大类：敦煌吐鲁番文献；宋元刻本；明清珍本；内府旧藏；明清稿抄本；名家信札；革命文献；名家珍藏；晚清民国报刊；西文善本。

北大图书馆藏珍稀文献展

展出的珍稀古籍当中，不乏名声在外、素享美誉的。例如宋刻本《攻媿先生文集》，作者是南宋的楼钥，字大防，此人的名和字都颇有图书馆员的情怀，字面意思是“书楼钥匙”“大力防护”，可能寄托了长辈希望其维护好家传藏书楼的期待。楼钥号攻媿主人，所以其文集取名为《攻媿先生文集》，“攻媿”的含义是纠正、消灭令自己羞愧之事，这是一种值得学习的极高的做人境界。人们对古籍的最高评价通常包括“字大如钱，墨亮如漆”，《攻媿先生文集》恰好具备这两点。将该书和展出的其他珍稀善本对照来看，其字形修长优美的特点相当突出。1963 年文物出版社遍检宋刻本，选用《攻媿先生文集》的字体，以集字的方法出版了

《毛主席诗词三十七首》，并在 1964 年、1965 年连续再版，累积印数达 13000 多册[9]。这件事让《攻媿先生文集》名动神州，也从一个侧面回答了该书为什么是北大图书馆的镇馆之宝之一。

再如《脂砚斋重评石头记》（庚辰本），因第五至八册封面书名下注“庚辰秋月定本”或“庚辰秋定本”，故俗称庚辰本《红楼梦》。庚辰年即乾隆二十五年，公元 1760 年。因庚辰本成书年代较早，面貌最为完整，保存曹雪芹《红楼梦》原文及脂砚斋批语最多，所以版本价值最大、也最为珍贵。庚辰本原为晚清状元、协办大学士徐郙的藏品，1933 年胡适从徐郙之子徐星曙处见此抄本，激动地撰写长文《跋乾隆庚辰本〈脂砚斋重评石头记〉钞本》。1948 年夏，燕京大学从徐家购得，1952 年随院系调整，汇入北京大学图书馆。1954 年下半年，报刊上出现批评俞平伯红学观点的文章，毛泽东主席十分关注，心生研究《红楼梦》的念头，曾向北大图书馆借阅庚辰本《脂砚斋重评石头记》，图书馆规定借期一个月，主席在第 22 天就派人归还了[10]。这部备受名人关注与推崇的藏书，也在这次展览中展出，极大地满足了广大读者的好奇心。

展出的特藏中，革命文献中颇具代表性的如陈望道翻译的《共产党宣言》第二版。世人多知道陈望道是我国翻译《共产党宣言》的第一人，但鲜有人知道译本在 1920 年 8 月由上海“社会主义研究社”初版时，竟将书名误印为《共党产宣言》，所以很快便在 9 月再版，作了纠正。北京大学图书馆收藏的即为 1920 年 9 月的再版本。《共产党宣言》的初版和同年再版都较罕见，故而相当珍贵。

北大图书馆也收藏有一定数量的西文善本，其中最古老的是以希腊文印刷的欧几里得的《几何原本》，1533 年由约翰·赫瓦根（John Herwagen）出版于巴塞尔（Basel）。该书由巴塞尔大学希腊文教授西蒙·格里奈厄斯（Simon Grynaeus）编辑，不仅包含欧几里得的原始文本，还附有希腊数学家普罗克洛斯（Proclus）的评注。版本上属于公元 4 世纪数学家席恩（Theon）的修订本系列。

名家藏品中，颇具特色的有胡适获得的荣誉博士证书等。胡适一生共获得 34 个荣誉博士证书，北大图书馆藏有 18 个。其中，1936 年哈佛大学庆祝建校三百年时授予胡适的名誉文学博士证书，最有分量和代表性。

特藏中有两幅读书联也特别引人注目，激励着参观者读书向学。一幅是北大校长蔡元培手书的“万卷藏书宜子弟，十年种木长风烟”，一幅是大藏书家李盛铎手书的“捉月戏叫蟾吐墨，剪云闲使鹤衔书”。

为期一个月的珍稀文献展，为读者奉献了难得一见的文化盛宴，展示了北大图书馆作为文化殿堂的巨大魅力。

7 大钊阅览室和名家专藏：展示北大的大师风范、精神魅力

北大具有光荣的革命传统，革命文献丰富是北大图书馆的一大特色。东楼修缮后，4 层北区被命名为大钊阅览室，室内既有常设的李大钊在北大的业绩贡献展，也提供部分革命文献的阅览服务。

阅览室的入口，参照沙滩红楼新文化运动纪念馆展出的李大钊任北京大学图书馆主任时的办公室家具，复原了一套，包括书橱、报架、转椅和办公桌，让读者睹物思人，缅怀大钊先生，顿生对革命先辈的敬仰之情，犹如回到五四时期的北大图书馆，回味那一段光辉岁月。

复原的李大钊任北大图书馆主任时的办公室

阅览室里，南边一面墙上挂着三张大幅图片，左边的是李大钊先生题写的“铁肩担道义，妙手著文章”，这副对联本是大钊先生送给子侄的教诲，但因为其高度形象地概括了大钊先生的人格特点，故而广为人知。中间的照片为国立北京大学的老校门，右边的照片为沙滩红楼。

室内石柱上布设了展板，分“李大钊与北京大学”“李大钊与北京大学图书馆”“李大钊与新文化运动”“李大钊与中国共产党”四个主题，以文字和图片的形式全面展示大钊先生致力于北大图书馆的现代化转型、传播马克思主义、推动新文化运动、领导五四运动、创建中国共产党的伟大业绩。围绕石柱摆放的风格古朴的 76 组展柜，则配合展板上的内容，陈列相关的珍稀文献。展厅西侧整齐摆放的 95 组实木书橱，陈列珍藏的其他革命文献。

李大钊在北大的业绩贡献展

大钊阅览室是北大图书馆结合校史、馆史，所建设的独具特色的阅览室，旨在传承革命精神、弘扬革命文化、辅助思想政治教育。大钊阅览室开放后，其明亮雅致的环境、浓郁的革命氛围，吸引了校内外众多来宾，12 月 25 日，大钊先生的曾孙女李晓莉一行也前来参观。据统计，截止到 2021 年 1 月 8 日，除查阅文献的读者外，共有 14 个团体、600 余人分批到阅览室观看展览，回顾百年前北京大学为国家和民族的前途而思索、抗争、奋斗的历程，深刻领悟大钊精神，表示要不忘初心、牢记使命，迎接中国共产党的百年华诞。

大钊阅览室

四层南区为名家专藏，其核心部分是由 163 组书橱分隔出的名家著作及藏书陈列区，包括著名校长、史学名家、哲学名家、中文名家、社会科学名家、自然科学名家六个区域，除了自然科学部分是两长列书橱背对布局外，其他五个部分均为由书橱围成的半封闭空间。这六个区域集中展示了 350 多位北大著名学者的著作，以及胡适、钱端升、季羡林、侯仁之、宿白、张芝联等学者的藏书精华。这种按学科的陈列，力求体现北大文史哲以及社会科学、自然科学等传统优势学科的百廿余年的学术传统与思想传承，方便相关研究者利用。而著名校长部分则彰显严复、蔡元培、蒋梦麟、胡适等校长在北大发展过程中的杰出贡献，以及他们在学术思想方面的引领。同时，著作和藏书精华一起陈列的尝试，旨在揭示著名学者的学术思想发展的脉络与来源。此外，名家专藏区还开架陈列有其他北大学人著作近两万册，并辟有“阅读北大”展区，提供关于北大、北大学子、北大讲座等内容的图书。

名家专藏阅览区

整个四层，均是参照 20 世纪二三十年代北大图书馆老照片中的家具，定制的具有民国时期风格的书柜、书桌、椅子，质地优良、样式稳重，以呼应具有历史感的革命文献。只不过北区为胡桃木色，提升庄重气氛，南区为花梨木色，带来温暖感觉。书柜侧面均压印了圆形的北大标识，徜徉其间，似乎穿越时空，回到老北大的图书馆，会自然而然地生发一腔爱校、荣校的激情。整个四层，也是图书馆视野最佳的楼层，坐在这里，可与博雅塔同框，与大师的精神和佳作为伴，真可谓读书之乐乐何如。四楼和一楼的新书展阅厅形成鲜明对比，相得益彰，用户如果喜欢时尚，就到一楼，倘若偏爱怀旧，便上四楼，如果钟情古典，那就到总馆北面的古籍图书馆。图书馆力争实现“一馆穿古今，层层有特色”，满足读者对于空间的各种需求。

8 和声厅：满足用户对于“静”的超越、对于“声”的渴望

古今中外的图书馆都强调“静”，在图书馆里，大家经常可以看见到处贴着一

个大大的“静”字，国外关于图书馆员的漫画，多是一个手指挡在嘴唇上，发出嘘声的女士。但是用户对于图书馆的需求，显然超出了“静”的范畴，例如同学们希望在图书馆里诵读、演奏、歌唱、舞蹈、交流、观赏影视等。为了彰显图书馆的存在价值，国内外图书馆开展的阅读推广、艺术教育等突破“静”的活动也越来越多，而且已经逐渐纳入图书馆的服务统计指标体系。

然而较长时期以来，关于图书馆为什么应该开展活动，缺乏有力的论据。其实，北大的著名美学家朱光潜，很早就从人的基本需要的角度精辟地论证了活动和感受对人生的重要性，朱先生认为：“人生乐趣一半得之于活动，也还有一半得之于感受。”“闻声音而知其和，也是感受。”“世界上最快活的人不仅是最活动的人，也是最能领略的人。”[11]基于朱先生的启发，东楼南配殿的地下空间被开辟为“和声厅”，配备大屏幕和播放、音响、视频剪辑设备，以及可移动的座椅，提供给同学们开展各种有声活动使用，配合着楼上的科学报告厅、艺术欣赏厅，这样就在较大区域上拆除了图书馆长期自我设定的“唯静是遵”的藩篱，让图书馆变得静动相宜、有序和谐。

和声厅

除了以上 8 个主要方面，北大图书馆东楼设计还有很多细节体现周密思考和巧妙安排，比如：二楼由原来的社科文献阅览室改为自科文献阅览室，原因是二楼有个回廊，可容纳的人流有限，为安全起见，故将读者相对较少的自科文献阅览室设在这里。北配殿是科学报告厅，装备的是高清投影，投影画面的质感更能体现学术内容的庄重严肃，南配殿是艺术欣赏厅，装备的是高分辨率的液晶屏，液晶屏的细腻、鲜艳，能更好地展示影视作品的细节。诸如此类的精心设计还有很多，不再一一赘述。借东楼修缮重启这一契机，北大图书馆在业务流程优化、书刊文献组织、服务岗位设置、用户关系强化等多方面也多有创新，另文分享。

近期，在我们采访郝平校长时，郝校长希望北大图书馆“始终坚持以世界一流为标准，发扬光荣传统，把握时代新机，努力建成一流的文献中心、一流的育人平台、一流的文化殿堂，在学校改革发展中发挥更加突出的引领作用”。北大图书馆东楼的种种创新设计，也正是为实现这“三个一流”而努力，新书展阅厅、名家专藏对应的是创建一流的文献中心，大钊阅览室、和声厅对应的是创建一流的育人平台，馆史展、书史展、珍稀文献展、红丝石、壁画对应的是创建一流的文化殿堂，当然“三个一流”是有机联系的，彼此的界线不可截然划分。今后，北大图书馆将继续挖掘东楼这个新空间、新舞台的利用潜力，以“三个一流”为努力方向，扎实地、创造性地开拓各项工作，全力推进图书馆的高质量发展，从而为北京大学的“双一流”建设、高质量发展作出更大贡献。

致谢：感谢北大图书馆特藏资源服务中心主任邹新明、文献资源服务中心主任李晓东、古籍资源服务中心主任李云不吝指正，使文章内容更加准确、全面。感谢摄影师宋庆生、邹新明提供精美图片。

参 考 文 献

[1] 包章泰．古砚台收藏与鉴赏[M]．南京：南京出版社，2011：28.
[2] 李楠．中国古代青铜器[M]．北京：中国商业出版社，2015：157.
[3] 李楠．中国古代青铜器[M]．北京：中国商业出版社，2015：157.
[4] 张春仁．浅谈《西周·毛公鼎》邮票[J]．集邮博览，2004（11）：10.
[5] 石帅帅．毛公鼎铭文集释[D]．长春：吉林大学，2016：32.
[6] 钱文忠．钱文忠青少年国学[M]．南昌：百花洲文艺出版社，2018：32-37.
[7] 张道一．汉画故事[M]．北京：中华书局，2020：7.
[8] 陈建龙．大学图书馆的本来、外来和未来——以北京大学图书馆为例[J]．大学图书馆学报，2018，36（6）：12.
[9] 杨成杰．书人至乐[M]．上海：上海科学技术文献出版社，2018：153.
[10] 周龙祥．毛泽东借阅《脂砚斋重评石头记》[J]．大学图书馆学报，2001（5）：85.
[11] 朱光潜．给青年的十二封信[M]．北京：当代世界出版社，2019：23-24.

CALIS 的“十四五”规划：问题、方针和任务*

陈建龙

在新时代的新阶段，高校图书馆迎来了新形势和新要求，CALIS 要解决新问题，实现新目标。笔者现就 CALIS“十四五”规划中要着重考虑的待解问题、基本方针和主要任务加以讨论。

1 CALIS 的发展历程与基本成绩

1.1 CALIS 的发展历程

CALIS 是经国务院批准的我国高等教育“211 工程”公共服务体系的建设项目之一[1]，是实现“211 工程”建设总体目标的重要保障，同时也是全国文献资源保障体系的重要组成部分[2]。1995 年 5 月 6 日，中共中央、国务院颁布《关于加速科学技术进步的决定》，首次提出在全国实施科教兴国的战略。1998 年，CALIS 项目得到国家发展计划委员会批准正式启动，至今已有 20 多年历史。实际上，CALIS 项目的前期筹划从 1994 年就开始了[3]。

CALIS 是教育部领导下的国家项目，由高教司负责对项目建设的领导和指导。项目的实施实行项目法人制，由北京大学一名校领导作为法人具体负责项目建设，CALIS 管理中心设在北京大学，挂靠在北京大学图书馆。CALIS 分为全国中心、

* 陈建龙．CALIS 的“十四五”规划：问题、方针和任务[J]．数字图书馆论坛，2021（5）：8-11．

地区中心、省级中心和成员馆四层结构，这个组织体系一直在高效运行。全国中心有文理中心、工程中心、医学中心和农学中心 4 个，分别设在北京大学、清华大学、北京大学医学部和中国农业大学；地区中心有东北地区中心、华东北地区中心、华东南地区中心、华南地区中心、华中地区中心、西北地区中心和西南地区中心 7 个，分别设在吉林大学、上海交通大学、南京大学、中山大学、武汉大学、西安交通大学和四川大学；省级中心共有 33 个，覆盖除中国台湾地区外的 31 个省（自治区、直辖市）和港澳地区；成员馆是指签约加入 CALIS 的高校图书馆，目前共有 1 834 家。CALIS 是目前全球规模最大的高校图书馆联盟。

1.2 CALIS 的基本成绩

CALIS 的成员馆中，本科院校有 1 117 家。目前，有少数本科院校没有加入 CALIS，还有很多高职、高专院校也没有加入。因此，CALIS 的发展空间还有不少。这些高校能不能成为 CALIS 的成员馆还要看对方是否有相应的需求。

CALIS 提供多种应用系统，使用这些应用系统的高校图书馆数量各不相同。例如，使用统一认证系统的有 1 390 家，使用参考咨询系统的有 1 095 家，使用统一交换系统的有 607 家，使用新版 E 读的有 553 家，使用特色库的有 68 家。这既体现了 CALIS 的现有成绩，同时也说明 CALIS 在许多方面还有很大发展空间。

CALIS 平台提供许多资源和服务。目前 CA LIS 元数据资料总量达到 3.4 亿条，其中联合目录书目数据总量是 785 万种，按条计数达 8 000 万条。据统计，CALIS 年度书目数据下载均量是 1 000 万条次。CALIS 提供的书目数据下载服务给图书馆编目人员节省了很多时间和人力，从这个层面上说，CALIS 项目无论是学术效益、社会效益，还是经济效益，都非常明显。近几年 CALIS 的馆际互借和文献传递满足率大约是每年 4 万笔，申请数略多。2011—2014 年，馆际互借和文献传递满足率大约是每年 10 万笔。说明当下 CA LIS 的馆际互借和文献传递服务不处于波峰状态，出现下滑现象有多种原因，其中很重要的一个原因是高校图书馆这些年的文献供给能力逐渐增强，资源的可获得性、可用性都得到了很大提高，直接导致馆际互借和文献传递的需求减少。另外，这个数据来自 CALIS 管理中心平台，不包括地区中心和省级中心，接下来需要考虑多种统计口径，综合分析馆际互借和文献传递的情况。就 2019 年四季度和 2020 年四季度馆际互借与文献传递的情况来看，2019 年总请求数不到 2 万笔，而 2020 年总请求数接近 2.5 万笔，

2019 年总满足数大约是 1.5 万笔，2020 年总满足数接近 2 万笔。无论是馆际互借还是文献传递，2020 年比 2019 年都有较大幅度的增长，增长率在 25%～30%。这与采取线上线下相结合的方式提供服务，以及信息获取、处理、使用行为发生的变化都有关系，也更坚定了我们下一步相关工作的方向。

2 CALIS 发展面临的问题

总结成绩对于 CALIS 的“十四五”规划很重要，而把发展过程中面临的问题分析清楚对于 CALIS 的“十四五”规划更加重要。因为问题的解决就意味着进步，在多大程度上解决了问题就会取得多大成绩。问题搞得越清楚，寻求解决办法就越容易。分析 CALIS 面临的问题可以从两个角度入手。

（1）可以将 CALIS 发展面临的问题归结为服务、资源、创新、发展 4 个层面。CALIS 面向的是全国高校图书馆，目前有 1 800 多家成员馆，这几年还在增长。这些高校图书馆数量庞大、遍布全国，图书馆资源与服务基础差异较大。基于这些情况，CALIS 在服务方面尤其要关注其中基础性的、共性的问题（如集团采购、联合编目、资源报道、馆际互借与文献传递，以及专业培训、信息素质教育），资源方面要关注持续性的、动态的问题（如资源分类、来源渠道、长期保存、学习与科研需求分析、资源与服务一体化），创新方面要关注战略性的、生态的问题（如多种伙伴关系的建立、创新能力建设、体制机制的创新），发展方面要关注根本性的、全局的问题（如馆员队伍建设，业务群组建设和职业发展）。在工作中，要分析遇到的具体问题归属于以上 4 类问题中的哪一类。

（2）可以将 CALIS 发展面临的问题归结为认识上的差距、工作上的短板、措施上的弱项、落实上的难点、安全上的盲点 5 个方面。既然是存在问题，就说明当前状态与目标状态有差距，差距大说明问题大。解决问题的办法自然是要缩小这个差距，直到消除这个差距。实际工作中，遇到具体问题要分析究竟属于哪个方面的问题，再着力去解决这一问题。认识上的差距，包括政治素养和党性修养、业务知识和价值观念、比较研究和发展理论等方面，存在的欠缺要通过加强学习来逐步解决；工作上的短板，包括馆员队伍及其全面发展、业务流程及其整体优化、创新能力及其效用提升等方面，存在的短处要通过优化改进来填补；措施上的弱项，包括制度规范和岗位体系、交流机制和协同交融、技术应用和算力赋能等方面，存在的薄弱环节要通过开放创新来增强；落实上的难点，包括精神状态和使命自觉、督导检查和科学评价、执行反馈和落地见效等方面，存在的难处要通过科学管理来破解；安全上的盲点，包括教育提示和预防体系、响应机制和应急处理、责任清单和战略管理等方面，存在的失察要通过现代化治理来发现。

分析问题是为了解决问题。通过这两个角度全面分析 CALIS 发展过程中遇到的问题，就明确了 CALIS 在“十四五”期间的发展规划，也就是如何着力去解决这些问题。

3 “十四五”期间 CALIS 的工作方针

有待解决的问题是具体的，解决问题要遵循和坚持合理的方针。

“全面支撑，多元融合，协同创新，价值引领”是“十四五”期间 CALIS 的 16 字方针。其中，支撑、融合、引领这 3 个词是从《国家创新驱动发展战略纲要》中借用的。全面支撑，就是在确保系统正常运行的基础上，基于计算思维去推进和完善公共服务（为全国高校图书馆提供服务，并通过图书馆去提供公共服务）。全面支撑居于这 16 字方针之首，是因为它体现的是服务的思想。服务理念对高校图书馆来说，已经不仅仅是概念，很多图书馆的服务工作非常突出，已成为服务型图书馆。这不是说建筑和资源采购不重要，而是说要从服务去倒推其他方面的工作，传统业务也好，新型业务也好，从服务倒推去看需要如何改进流程，如何作出调整和优化。多源融合，就是在提升文献保障能力的基础上，基于概念思维去深化和完善数据与知识资源的开发利用。协同创新，就是坚持用户导向、服务至上的基本理念，把这种理念融入教育教学和科学研究的实际应用场景。无论在服务方面，还是资源方面，协同创新都是很重要的。价值引领，就是坚持新的发展理念来助力高校图书馆的高质量发展。总的来说，支撑、融合、引领这些作用要通过创新来实现。

4 “十四五”期间 CALIS 的主要任务

概括来说，CA LIS 在“十四五”期间有以下 6 个方面的任务。

（1）服务成员馆和师生，支撑高校人才培养体系。对高校来讲，人才培养是共性的，都有这个根本任务。高校图书馆应该对高校人才培养体系发挥支撑作用，而不是一般性的支持，要体现出不可或缺性。CALIS 项目的主要任务就是更好地服务成员馆，帮助成员馆更好地在学校人才培养过程中发挥支撑作用。具体来说，主要是开展 3 项工作。①推广“教学参考资料系统”，构建线上教学参考服务体系。2020 年新型冠状病毒肺炎疫情暴发之后，图书馆在对高校线上教学的支持中发挥了重要作用，得到了教育部门的高度重视。其实，高校图书馆传统的参考服务也提供教学参考，CALIS 早年就做过教学参考系统建设，不过多年没有更新或者迭代开发，后继部分高校图书馆也自行开发了教学参考系统。2020 年夏，CALIS 专门组织人员研发了更好用的系统，主要是提供线上教学参考服务。这对于还没有建立教学参考系统的高校图书馆来说，通过 CALIS 这一系统可以完善自身的教学参考服务体系。②完善馆际互借与文献传递系统，优化阅读参考服务体系。具体来说，这项工作的开展也是要从服务往回倒推，要根据服务端的需求改进 CALIS 系统设计、系统功能以及相关的流程。③研发专业培训平台，优化馆员创新能力研修体系和用户信息素质教育体系。这 3 项工作一直都在推进，“十四五”期间需要进一步优化这些服务体系。

（2）服务社会，支撑文化自信培育体系。2019 年，习近平总书记在给国家图书馆老专家的回信中提到，图书馆是国家文化发展水平的重要标志，是滋养民族心灵、培育文化自信的重要场所[4]，这实际上给图书馆界提出了很高的目标和要求。高校图书馆其实也一直承担着相当多的社会责任。所以，CALIS 项目同样也要更好地服务社会。具体来说有 3 项工作。①升级联机编目服务系统，弘扬社会主义核心价值观。CALIS 的联机编目服务系统在高校图书馆系统内部使用良好，也在不断迭代，但还需要进一步升级并扩充服务内容，以服务到社会，在某些方面、某些环节或者某种程度上与社会主义核心价值观的弘扬进行对接。②升级资源发现服务系统，推进“学习型社会”建设。无论是 CALIS 的“e 读”还是“e 得”，目前只重在发现，往后需要进一步升级并增加服务内容，要能在推进“学习型社会”建设方面发挥作用，因为学习型社会也是国家“十四五”规划中很重要的内容。③推广软件共享服务系统，培育信息文化。CALIS 的统一认证系统、参考咨询系统、统一交换系统都是软件共享服务系统，将其部署到高校图书馆中，不需要过多的硬件条件，相对简单，但可以享受到更多服务。

（3）倡导树立“大资源观”，融入国家公共服务体系。具体来说，有以下 3 个方面的工作。①积极参与“国家文化繁荣发展工程”和“国家科研论文和科技信息高端交流平台”。这两项都是国家“十四五”规划中提及的。CALIS 要积极参与国家的这些公共服务体系建设。②研发数据资源长期保存和服务系统。高校系统、中国科学院系统、科技信息研究所都是数据资源长期保存的重要节点。确保战略安全和现实安全是目前长期保存的重要工作。此外，能够长期提供服务也是长期保存需要考虑的重要方面。这个前期已经有一定基础。现在购买使用的很多数据库，相当比例实现了本地保存，但只是作为战略安全进行长期保存，目前并不直接提供本地服务。③研制相关基础标准和政策。

（4）组织开发数据资源和知识资源，融入高端研发活动和大学创新体系。党的十九届四中全会把数据和知识作为与劳动、资本、土地、技术、管理并列的生产要素。当然，数据和知识要成为要素的前提是要看它是否成为资产；能否成为资产之前，还得考虑它是否成为资源。不是说数据就是资源，数据库就是资源，这是有相对性的。主要看相对于使用者，数据和知识是否可知，是否可信，是否可靠，是否可用，以及是否可测。因此，数据资源和知识资源的开发就显得非常重要，CALIS 应该有这方面的担当，组织高校图书馆一起来做这个事情，更好地融入高端的研发活动和大学创新体系。因为创新主体有很多，大学创新体系与中国科学院、科技信息研究所的创新体系肯定是有区别的。2021 年 4 月 19 日，习近平总书记视察清华大学时发表重要讲话，其中就专门提到“要完善以健康学术生态为基础、以有效学术治理为保障、以产生一流学术成果和培养一流人才为目标的大学创新体系”[5]。具体来说，有以下 3 个方面的工作。①构建高等教育公共数据资源体系，加快积累数据资产。国家“十四五”规划中提出“探索将公共数据服务纳入公共服务体系”[6]，因此 CALIS 要积极构建高等教育公共数据资源体系。②构建概念级汉语知识库，深度盘活知识资产。③加强知识产权信息服务和数字学术服务。

（5）加强协同创新，完善高校图书馆服务能力和价值体系。具体来说，有以下 3 个方面的工作。①深化图书馆业务的研究、交流与合作。②结合《国家创新驱动发展战略纲要》《深化新时代教育评价改革总体方案》《普通高校图书馆规程》有关问题，组建协同创新体。③联合相关行业组织，开展“政产学研用”协同创新。CALIS 要与 NSTL、中国科学院、中国科学技术信息研究所等国内组织，以及国际上很多行业组织之间加强联系，开展协同创新。

（6）推进数字化转型和场景化服务工程，引领高校图书馆高质量发展格局和现代化治理体系。通过数字化转型和场景化服务工程，使整个高校图书馆能够形成新的发展格局。这是一个高质量的发展格局，治理体系更优化，在现代化道路上能够往前推进一步。具体来说，有以下 3 个方面的工作。①积极探索智慧图书馆建设，推进数字化转型工程。②积极探索线上线下重点服务场景，推进场景化服务工程。③积极探索新时代、新阶段高校图书馆内涵式发展的新命题。这些命题包括图书馆是人才培养的组成部分，图书馆是文化繁荣的标志，图书馆是信息化生态的引领者等，都需要积极地探索。

未来是美好的。美好的未来不是等来的，是靠接续奋斗求得的。我们一起努力，去求得美好的未来。

参 考 文 献

[1] 戴龙基．关于 CALIS 的建设现状[J]．河北科技图苑，1999（4）：19-20，24．

[2] 李晓明．建好 CALIS 刻不容缓[J]．中国高等教育，1999（12）：29-30．

[3] 刘锦山．探索 CALIS 转型之路：访 CALIS 管理中心副主任陈凌先生[J]．数字图书馆论坛，2014（9）：66-72．

[4] 新华社．习近平给国家图书馆老专家回信强调 坚持正确政治方向 弘扬优秀传统文化[EB/OL]．[2021-05-17]．https://www.gov.cn/xinwen/2019-09/09/content_5428592.htm.

[5] 新华社．习近平在清华大学考察时强调 坚持中国特色世界一流大学建设目标方向 为服务国家富强民族复兴人民幸福贡献力量[EB/OL]．[2021-05-17]．https://www.gov.cn/xinwen/2021-04/19/content_5600661.htm.

[6] 新华社．中华人民共和国国民经济和社会发展第十四个五年规划和 2035 年远景目标纲要[EB/OL]．[2021-05-17]．https://www.gov.cn/xinwen/2021-03/13/content_5592681.htm.

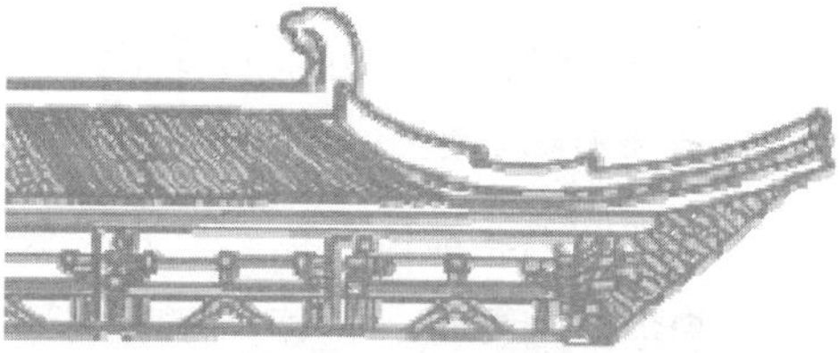

“十四五”时期图书馆发展七问*

陈建龙

一问：图书馆未来前景如何？

很多人担心图书馆会不会消亡，我比较乐观。学过心理学的都知道心理暗示的作用巨大，比如去西藏有些人会有高原反应，有的反应特别重，有的反应比较轻微。这里有一个发展过程，假如一开始头疼，就怀疑高原反应开始了，越这么想越觉得头疼，有的甚至从床上滚到床下，有的往墙上撞，到了完全不能忍受的程度。假如头刚有点疼时就想不少人都好好的，我不会有事。后面确实会有点难受，但可以忍受，这就是完全不同的自我暗示，结果也很不一样。如果我们对图书馆的未来都是岌岌可危的暗示，情况就不会太好。

现代图书馆除了实体馆，还有线上图书馆，不进实体图书馆也能利用图书馆的某些服务，我们不能把不进图书馆与不用图书馆这两者等同起来，而且线上图书馆的使用呈上升趋势。另外，我们可能认为实体图书馆的图书外借量都在下降，其实不然。我走访了不少图书馆，虽然没有做过全国的统计，但我得到的信息是有不少图书馆的借阅量在回升，而且回升得很快。如位于咸阳的西藏民族大学，据我了解他们学校图书馆借阅量上涨很多，为什么？因为他们图书馆与学校教务处和教学活动结合得非常紧密，教学管理非常严格，对学生阅读量有明确规定，甚至跟学分挂钩。不是要推广这个措施，而是要考虑怎么跟教学活动更好地结合。

---

* 陈建龙．“十四五”时期图书馆发展七问[J]．大学图书情报学刊，2021（5）：3-6.

借阅量提升还可以通过阅读推广工作实现，我们管它叫阅读参考服务，因为大学的老师和学生天天在阅读，自己也有选择能力，不需要我们告诉他们要多阅读，那图书馆能做什么？要跟立德树人结合起来，有的地方需要引导他们阅读，有的地方需要指导阅读，还有的地方需要辅导阅读，慢慢就形成好读书，读好书的观念。阅读这个事情，再怎么重视都不为过，所以既要跟教学活动结合，也要跟阅读活动结合，每个学校可以有不同的具体做法，我们有很多工作可以做，借阅量一旦上升就是很好的趋势。

即便如此，有些图书馆借阅量下降也是事实。全国高校将近 3000 所，一半多是高职高专，一小半是本科院校。根据有关统计，有的本科院校图书馆就一两个人，所以很多图书馆将来根本没必要像目前这么大，完全可以通过其他的途径来保障学校师生的某些需要。我看过一些书，有些观点我也比较认可，就是未来与信息有关的职业，对从业人员素质要求肯定比目前高，但职业前景特别好，图书馆当然也是其中之一。“斯文在兹，道隐无名”，这是我们工作的基本方针，“用户导向，服务至上”，这是我们工作的基本理念。

二问：智慧图书馆如何建设？

智慧图书馆听起来挺高大上，人们看到这个名字都会习惯性地问它究竟具有什么样的智慧？我也苦恼过一段时间，现在我很少用这个词，因为这只是一个名称，不管叫智慧图书馆还是数字图书馆，我们都很清楚将来的图书馆跟现在相比肯定会有很大变化。技术推动是一方面，人的因素也很重要，因为技术还是要靠人来使用，重点要把技术和馆员很好地融合起来，为用户提供服务。

很多图书馆都在做智慧图书馆，做出来的都不一样，有的技术路线不一样，有的智能化程度不一样，还互相防范，怕别人把自己的东西学走了。南京大学、上海交通大学、清华大学图书馆都在做，我们也探索了好几年，还没做出一个完整的东西，虽然很多技术可以帮助我们实现某个想法，但问题是我们也不知道这个智慧图书馆应该是一个系统？一个平台？还是其他什么？我觉得都没有关系，因为系统太庞大，我们只能做一些局部的应用实验。就像我觉得将来有些图书馆不需要像现在这么办，只要能通过一种服务，甭管是某种平台还是其他形式的服务，只要能满足学校某些方面的需求就没问题，叫智慧图书馆还是数字图书馆或其他名字都不重要，重要的是要考虑他们共同的东西是什么。比如国外的 ALMA 系统有它的知识库，EBSCO 则有自己的一套，很多元数据结构或者体系都不一样，但他们还是有共通的东西。将来的智慧图书馆都会有一个心脏层面的东西，关键是我们通过什么技术形式来实现，是系统还是平台，甚至是一个足够聪明的机器人都没关系，核心的功能应该共通。

三问：为什么要纸电一体化发展？

从人类阅读的角度来看，纸电一体化趋势不可避免。现在很多人都有手机，校园里很多年轻人一边走路一边看手机，走得很慢。他们用手机在干什么？有多少时间花在手机上？这个不需要调查，大家都经历过或看见过这个普遍的现象，这就引出了碎片化阅读这个概念。碎片化阅读如果占据一个人太多的时间，那用来系统和完整地读一本书的时间自然就少了。现在大学里对有些学生来说，系统完整地读完一本参考书已经有一定难度。这种阅读现象普遍存在，如果一提阅读还以为只读大部头显然不对，一说阅读趋势就说这么多人读电子书，那就不用纸质书也不准确。很多学校都在 4 月 23 日世界读书日发布阅读数据，可以看到有的读者一年读了成百上千本书。这是怎么做到的？培根有篇《论读书》，我最喜欢王佐良翻译的版本：“书有可浅尝者，有可吞食者，少数则须咀嚼消化。换言之，有只须读其部分者，有只须大体涉猎者，少数则须全读，读时须全神贯注，孜孜不倦。”我的老师们以前读书时尽可能自己买书，因为可写可画，图书馆的书以前借阅规定很严格，不能画，书页都不能折，归还时还要检查，所以只能自己做一些摘记，反而记下了书里的内容。另外一种现象是一本书读到后面，有时想要找前面某些看过的内容，我们的专业名词叫检索。以前的书后多附有索引，比如人名、地名等索引便于查阅，现在的书很少有。还有种现象就是我们阅读时特别擅长联想或者连接，读到张三的观点，可能想到李四的另外一种观点，或者读到这本书，想到实际中经历过的某种情况。上面三种情形下是读纸质书方便，还是读电子书方便？是读图书馆借的书方便，还是读自己买的书方便？不同人的观点可能不同，但有一点是肯定的：哪种方便，哪种就受欢迎。所以讨论未来阅读趋势，很难说是纸质书更受欢迎，还是电子书更受欢迎，纸电一体化是不可避免的趋势。

从我们业务角度来看，纸电一体化也是大势所趋。图书馆已经发生转型，图书馆的重心已经从管理转向服务，我们现在很多业务都是从服务倒推，着力于为师生服务，帮助师生解决问题。怎么倒推呢？比如刚才说的阅读大家都很熟悉，很多公共馆和高校馆都做得很好。对于高校馆就要结合高校的实际情况，因为高校老师和学生的文化素质和知识水平决定了他们已经有比较强的选择能力，那么他们遇到的阅读问题和其他群体就有区别。他们需要什么阅读服务？我们做了一个概括叫阅读参考服务。有时我们需要借助学校的其他力量去引导他们，比如一些名家大师去引导阅读，有时我们可以直接指导他们阅读，还有一些时候可能是辅导阅读。不管是哪种，为了帮助他们读得更好，还有很多工作需要开展。所以阅读参考服务是一个转变，因为他需要，我们才针对性给他提供帮助，而不是简单地为了做而做，这也是我们所倡导的用户导向，无论在教学还是科研中，给予师生需要的帮助。

接下来就是一个更具体的问题。图书馆有这么多馆藏，以前习惯根据文献的不同类型来分类组织，现在则需要按照学科或者知识内容主题，把不同类型的文献集中在一起，其中有电子资源，也有纸质资源，所以阅览流通也可以说是一种知识服务。现在的服务支持可以表现为一本书或者一篇文章。随着技术条件进一步发展，将来知识服务可能会更细化，那时候资源的载体形式是不是纸质也就不那么重要了。总之，不管哪种业务都要从服务端出发看读者有什么需求，他的需求不是我们设定的，而是我们去主动了解他遇到了什么问题。我们要让读者有更便捷的阅读体验，出路需要多方一起努力，这点毋庸置疑。

纸电一体化还涉及其他场景的组建问题。除了图书馆业务方面的成本，阅读还有很多其他成本，包括出版社的成本。现在的出版社，除非作者不同意，一般都会出电子书，只是有可能跟纸质书不同步。据我了解，部分图书馆人包括我在内，一定程度上赞同这种观点：对于有些学科，既有电子书也有纸质书的情况下，只买电子书就可以。这跟阅读习惯有关，因为有些学科的内容看电子书也可以。如果仅从目前的情况看，纸质书和电子书没有太大区别，电子书还面临防盗的问题。但从服务角度看，如果电子书做得比较好，检索和联想等处理起来就更方便，若再跟某种专门的阅读系统结合，功能会更强大，比如阅读器也可以很好地做标记或摘记等，未来可以在技术方面继续改进，更便于阅读。在做资产统计的时候，原来都不算电子书，现在都算在内。有的电子书定价很贵，这也考验咱们的管理能力。

四问：馆藏资源建设如何协调？

纸质和电子资源的结构确实需要考虑，我认为理想情况是三分之一的钱买纸质资源，三分之二的钱买电子资源，或者 40%的钱用来买纸质资源，60%用来买电子资源，不管经费总数有多少，经费结构得有所控制。另外一个关键是谁来决定买什么？决定权在图书馆吗？我认为不应该。比如要在 1 万本书里挑出 100 本最好的书，馆员都能做到，因为我们可以参考很多形式特征来判断这书好不好。如果要挑出 1000 本甚至更多时，馆员就做不到了，就得靠专家通过专业判断，我们再根据学校专业设置和馆藏结构来确定不同专家挑出来的书最后买多少。书买来后要加工才能上架，这跟书店不一样。有的图书馆采编部门很隐蔽，很难找，我们馆现在把采编工作放在一个玻璃隔断的开放空间里，一开始大家不适应，不习惯曝光在读者面前，但这本身就是对我们图书馆一些独特工作的展示，虽然这不一定是核心竞争力。

至于特色文献确实不像普通文献，不知道什么时候会出现，什么时候需要钱，所以我们的做法是遇到特色文献迅速反应，找学校或者通过学校找校友，找有关部门，找社会等。还有一些是人家免费捐赠的。实在没有钱买也没办法，只能靠慢慢积累，特色文献的连续性和完整性需要长期的多方面的条件才能够保证。

五问：如何结合教学科研推进学科服务？

离开学校我们做不成学科服务，学校的教学科研也离不开我们，我们和学校是协同服务的关系。我们的服务一定要跟学校的需求联系起来，甭管是院系还是某个基地、某个重点实验室、某个中心或者学校的某一个重大决策，都要贯通他们的需求，我们提供相应的支持，要与学校的教学科研创新协同相适，提供融入式的支撑。

我们现在很少用学科服务这个词。上海交通大学图书馆的学科服务工作也有所调整，并不是原来做的不对，而是情况在变化，既要固本也要应变。概念不应该仅停留在学科服务这个名称上面，需要更深入，更具体。像上海交通大学，虽然学校整体很好，但是也有学科不是那么好，有些比较弱势的学科，学校重点资源往优势学科上倾斜。优势学科有的可能有国家重点实验室、研究基地或者工程中心等，怎么跟进他们呢？一方面，促进学科发展最有效的办法就是引进人才，这就需要人才评估，了解他的学术背景、学术关联、学术成果以及成果的生命周期等，这些都是图书馆能做的。另一方面，人才引进之后，他的科研创新可能会遇到一些问题，图书馆就能为他们提供帮助。还有种情况就是他们遇到的事情自己也能做，但是这个事情也可以交给图书馆来做，他们可以专心做别人替代不了的事情。就像一个科研团队，有领头人物，也需要其他的助手，图书馆可以担任部分助手的工作。

我在美国加州大学欧文分校（UC Irvine）访问的时候听说，有次实验室的小白鼠没了，有个博士后看到了就自己动手去解决，被教授看见了，以为教授会表扬他，没想到教授把他骂了一顿，说这不是你该做的事。我举这个例子是想说其实科研团队的助手也很重要。我在剑桥大学，发现它有个工程系图书馆很大，图书馆明确规定，图书馆可以借你一本书，可以借你一个会议室，还可以借一个图书馆员作为助手参与你团队的阶段性科研工作。整个科研过程本身有很多环节，有些环节尤其是初期和后期的很多工作馆员做起来比他们强，因为馆员的信息素质比他们高。比如科研初期针对研究现状的评估，馆员知道要找什么信息，到哪里能找到以及怎么找，科研后期成果发布和推广应用阶段，图书馆员也有优势，可能比他们教授还强。所以在科研团队中，图书馆员发挥作用的机会有很多。

像上面说的人才引进、人才培养、人才评估等方面，我们做的事情用学科服务这个名称可能不那么确切。因为所做的事情越具体，概念名称越直接越准确越好。上海交通大学图书馆和北京大学图书馆的做法这几年都在转变，图书馆服务一定要有针对性，要能帮助解决具体问题，也就是常说的问题导向，而不是简单地提出一个学科服务的概念，关键是人家学科需要什么，我们又能做什么，现实情况往往是我们把自己帽子戴得太大。另外就是内部管理方面，从事学科服务的叫学科馆员。那从事采访工作的馆员可能会问我们也是为学科建设而工作，为什么我们不能享受学科馆员的特殊政策？所以图书馆内部也会有不同意见。名称没关系，不管是叫学科服务还是其他名称，重点不要停留在这个名称上面，而是要着力于怎么服务以及如何深化服务，我们要能切实帮助用户解决问题。

六问：如何提高阅读活动参与度？

阅读服务工作不要仅停留在活动这个层面，一定要把它看作图书馆很重要的一项业务，这项业务确实需要好的活动来配合，但不是为了举办活动而举办。我们现在活动太多，条件也比以前更好。原来馆里有些场地可以租借给别人办讲座或活动，现在我们自己组织讲座或其他形式活动来进行科学学术交流，邀请不同院系的老师来主持，我们还可以提供录制服务等，这些统统不收费。活动肯定是很重要的，参与度是个指标，但是假如一场讲座统计出来只有 50%的学生现场参与，这个指标意义就不大。就像现在有些学生是来上课了，但在看手机或干别的事，统计到课率就没啥意义。我们“一小时讲座”线上远比线下人要多，因为线上大家更方便，线下他可能正好在上课或者有别的事，线上就灵活很多。

实话实说，信息素质太重要了，信息素质教育可以用慕课、翻转课堂或者嵌入式课程，课程形式多种多样。以前叫信息素养，现在应该叫信息素质。因为素养是可以通过后来训练养成的东西，素质是干什么事都必须有的一些基本条件。现在学生是互联网原住民，信息素质对他一生影响太大了，这不是简单几个活动就能提升的，也不能寄希望于一两门课，应该是我们很重要的一块业务。

七问：如何促进图书馆员成长？

馆员培训很重要，应该结合图书馆这一项事业来开展。我们馆针对新馆员的十二门课分成三块：通识类、专业类和综合类。通识类的第一种是借助学校教学体系的课程，每门课一个学期，这种课程不能太多，但是必须有，我们选了三门，包括《李大钊精神研究》，纳入通识类课程。通识类的第二种是结合学校人事部门的入职培训和馆里自己的培训，传统做法是到馆里各个部门待几周或几个月。几种做法各有利弊，我们现在做法是学校统一入职培训结束后，集中一个礼拜时间，新馆员到每个部门待半天，对各个部门的人和工作有个基本概念，这期间还会布置一些作业。一个礼拜之后，我再跟他们座谈。这也算一门课，是馆内培训。除了这种一学期和集中一周的课程，还有的课程周期是两年，两年之内每周会有一个班次要去综合服务台上班，每个班次同时会有三个人：一位新馆员，一位比较有经验的老馆员，还有一位学生馆员。在综合服务台上班会遇到各种各样的问题，遇到问题你该怎么解决？新馆员会自己慢慢地总结。用户信息素质需要提升，我们更需要，所以还有些课程会帮助馆员提升信息素质。

此外，现行制度下馆员都需要评职称，需要发表论文等，图书馆可以创造一些条件帮助馆员把成果正式化，不管通过期刊发表，还是通过出版社出书。甭管学什么专业，到了图书馆起步其实都一样，虽然若干年之后会有不同，因为各有各的专长，但一定要把起步当作一样来看待。我们都强调一个词叫“一专多能”，除了具体岗位这个职责，别的事情也能干。比如学外语专业的馆员，如果不接触具体业务，没有深入了解图书馆，很难写出图书馆相关文章，所以前面强调要有一段时间对各个部门都有所了解。总之，虽然大家都有各自不同的专长，但是一定要有一个共同的价值观，对图书馆要有一个共同的认知。经过系统的培训，无论什么专业都有了成为专业馆员的基本素质，后面就是在实践当中学习，根据自己的兴趣作职业规划。图书馆员个人的发展一定要跟所在单位的组织力量结合起来，这是上策，是最好的成长办法。

本文由安徽大学图书馆活动与发展部柯丹倩老师根据2021年4月9日陈建龙馆长在安徽大学图书馆座谈会录音整理而成，经陈建龙馆长最后审定。

教育部高校图工委的坚守与担当*

陈建龙

1 引言

1978 年 12 月，中国共产党召开十一届三中全会，实现党和国家工作中心战略转移，开启了改革开放和社会主义现代化建设新时期。改革开放是党的一次伟大觉醒，是中国人民和中华民族发展史上的一次伟大革命，是决定当代中国前途命运的关键一招。

“忽如一夜春风来，千树万树梨花开。”与全国各条战线一样，高等教育和高校图书馆事业迎来了春天。1978 年和 1979 年，教育部先后发布了《教育部关于加强高等学校图书资料工作的意见》（[78]教高字 754 号）、《教育部关于高等学校图书和资料情报人员职务名称确定与提升的暂行规定》（[79]教政字 003 号）两个文件。可是，遭受“文化大革命”十年内乱的灾祸，当时的高校图书馆，可谓是百废待兴，满目疮痍，文件难以得到有力落实。尽管如此，广大图书馆员盼来了重生的希望，图书馆界的有识之士开始播种理想。

“天时”“地利”“人和”，“得道者多助”。在众多有识之士中，谢道渊、庄守经、肖自力、王岳等人，机缘巧合，志同道合，出谋划策，建言献策，致力于筹划高校图书馆现代化建设不可或缺的全国性工作会议、行政法规和落实机构，并

* 陈建龙．教育部高校图工委的坚守与担当[J]．大学图书馆学报，2022（1）：11-21．

很快得到教育部领导的同意和重视，得到各省教育行政部门和高校领导的响应和支持，得到全国同行的赞许和帮助。

教育部高等学校图书情报工作指导委员会（以下简称教育部高校图工委）于1981年应运而生！初名全国高等学校图书馆工作委员会，是我国改革开放初期的产物，也是当时教育部主管全国高等学校图书馆工作的机构。随着政府职能的转变，1999年改为现名。

2 40年的奋进历程

40年自强不息、厚德载物，高校图工委在教育部的领导和有关部门的联系指导下，实事求是，与时俱进，求真务实，开拓创新，众多基础性、战略性和开拓性举措创造了历史性成就。

2.1 发展历程

教育部高校图工委自1981年成立，历经三个阶段不断发展壮大，推动高校图书馆事业不断前进，下文仅以部分关键时间节点的标志性事件简单勾勒出其发展的历史脉络。

（1）第一阶段：1981—1986

1981年，教育部为了加强对高等学校图书馆工作的领导，成立了全国高等学校图书馆工作委员会，作为教育部主管全国高等学校图书馆工作的机构。并决定由副部长周林同志兼任主任委员，批准成立实体机构的秘书处，设在北京大学，庄守经任秘书长。

1981年9月16日至25日，教育部在北京召开全国高等学校图书馆工作会议[1]。各省、自治区、直辖市高教（教育）厅（局）、国务院有关部委的教育司（局）及130多所高校图书馆（系）的代表，共200多人参加了会议。教育部副部长周林同志主持会议，并作报告和总结。教育部部长蒋南翔出席会议。会议修订了《中华人民共和国高等学校图书馆工作条例》，成立了“全国高等学校图书馆工作委员会”。教育部高校图工委秘书处编印了《全国高等学校图书馆工作会议文集》（1981）。

1981年7月，在国务院学位委员会召开的第一次学科评议组会议上，季羡林、任继愈等一批文科著名学者向中央建议划拨专项经费，尽快改变国外文科图书资料匮乏的状况，以适应培养高水平人才的需要。国务院领导高度重视，很快就批准了教育部提出的具体方案，从 1982 年起设立“高校文科图书引进专款项目”，专门引进外国及我国港、澳、台地区出版的文科图书文献。

1984 年 2 月，教育部印发《关于在高等学校开设〈文献检索与利用〉课的意见》。1984 年 4 月 7 日至 12 日，教育部高校图工委秘书处在西安市召开全国高校图书馆工作经验交流会[2]。各省、自治区、直辖市高教（教育）厅（局）或高校图书馆工作（协作）委员会的负责同志，以及 130 多所高校图书馆的代表，共 160 多人参加了会议。会议就三年来高校图书馆在管理与改革、藏书建设与目录工作、参考咨询与情报服务、文献检索教育、流通阅览工作、图书馆现代化、专业队伍建设、系资料室工作等方面的进展和经验，进行了广泛的大会发言和书面交流，以期高校图书馆更好地为教学、科研服务，发挥图书馆在两个文明建设中的作用。教育部高校图工委秘书处编印了《全国高等学校图书馆工作经验交流会文集》（1984）。

（2）第二阶段：1987—1998

1987 年，国家教委新建立司局级机构——教材与图书情报管理办公室（以下简称教图办），归口管理高等学校的图书情报工作。原全国高等学校图书馆工作委员会改组成立“全国高等学校图书情报工作委员会”，作为国家教委对全国高校图书情报事业进行协调、咨询、研究和业务指导的机构，国家教委副主任彭珮云同志兼任图工委主任，秘书处仍设在北京大学。

1987 年 6 月 12 日至 16 日，国家教委在京召开全国高校图书馆工作会议[3]。各省、自治区、直辖市、国务院部分部委教育部门的同志和 100 多所高校图书馆的馆长，以及有关方面代表，共 180 多人参加了会议。国家教委副主任彭珮云作报告，国务院副总理、国家教委主任李鹏看望了全体代表，与大家合影留念，并会见了部分代表。会议修订《中华人民共和国高等学校图书馆工作条例》，并改名为《普通高等学校图书馆规程》，组成新的一届“全国高等学校图书情报工作委员会”并制定委员会章程。教育部高校图工委秘书处编辑了《全国高等学校图书馆工作会议文集》（1987）并由大连工学院出版社出版。

1987 年 7 月，“全国文献资源调查和布局研究”正式立项成为国家“七五”重点科研项目。项目由肖自力牵头，通过部际图书情报协调委员会，公共图书馆、高校图书馆、社科院和科技系统图书馆等多个系统的 486 个单位的近万名图书情报工作人员参与了调研，取得了丰硕的成果，对文献资源的理论建设和协作发展等产生了重大影响。

1989 年，国家教委组建条件装备司，并入原教图办图书情报处的职能，1990 年 7 月图书情报工作委员会秘书处由北京大学迁回部机关，与图书情报处合署办公。1998 年，原条件装备司图书情报处的职能划归高教司的教学条件处。

1998 年 11 月，中国高等教育文献保障系统（China Academic Library & Information System，CALIS）正式启动建设。CALIS 管理中心设在北京大学，挂靠于北京大学图书馆。经过先后三期建设，至 2012 年，1800 多家高校图书馆共享的 CALIS 联机编目体系、资源发现与获取体系、馆际互借与文献传递平台、应用软件云服务平台等，为我国高等教育发展提供了不可或缺的文献保障作用，通过了国家有关部门的验收评估。2013 年起，CALIS 从项目建设为主的发展阶段转向以持续运维服务和新一代图书馆服务平台研发为主的发展阶段。

（3）第三阶段：1999 至今

1999 年，原全国高等学校图书情报工作委员会改组成立教育部高等学校图书情报工作指导委员会，作为教育部教学指导委员会之一，在教育部领导下，通过高教司联系，充分发挥专家组织的研究、咨询和指导等作用，主任委员、副主任委员、秘书长、委员等由教育部聘任，秘书处设在北京大学，延续至今。

2004 年 3 月，中国高校人文社会科学文献中心（China Academic Social Sciences and Humanities Library，CASHL）在时任教育部副部长袁贵仁的亲自启动下正式开始服务。CASHL 项目由北京大学图书馆和复旦大学图书馆共同管理，本着“共建、共知、共享”的原则，以纸质外文学术图书期刊为主要对象，为全国高校哲学社会科学繁荣发展提供了至关重要的外文文献保障作用。

2010 年，高校图书馆数字资源采购联盟（Digital Resource Acquisition Alliance of Chinese Academic Libraries，DRAA）在自愿基础上正式成立。DRAA 旨在加强团结协作，为图书馆的外文数字资源采购工作谋求最优价格和最佳服务。

2014 年，国家数字科技文献长期保存体系（National Digital Preservation Program, NDPP）正式启动。NDPP 由国家科技图书文献中心组织实施，其总体目标是长期保存我国科技创新用户所需的主要数字科技文献资源，同时积极参与国家教育文化社会各领域所需的其他数字文献资源的长期保存。北京大学图书馆代表高校图书馆于 2015 年加入，成为继中国科学院文献情报中心和中国科技信息研究所之后的第三个保存节点，重点保存基础科学、跨学科领域和高科技领域的数字资源，也涉及社会科学相关资源的长期保存。

2.2 历史性成就

（1）成立了全国高校图书馆领域的组织机构并接续发挥重要作用

教育部高校图工委的名称几经变化，从1981年的“全国高等学校图书馆工作委员会”，到1987年的“全国高等学校图书情报工作委员会”，再到1999年的“教育部高等学校图书情报工作指导委员会”，秘书处长期设立在北京大学，从当初的“主管”机构到后来的“专家组织”。总体上来讲，教育部高校图工委是行政性、学术性、专业性、协作性“四结合”的组织，虚实对接，政校协同，只是在不同时期因政府职能转变与高校办学自主权增强、目标任务调整和自我发展能力提升等，组织机构的职能范围、工作方式和作用渠道等进行了相应调整。

图书馆一直是高校建设和发展中重要的内部机构。与我国高等教育发展同步，高校图书馆数量从1981年的670家增长到2021年的3012家，图书馆员从1981年的17000多人增长到75000多人，人员结构、馆藏结构渐趋合理，文献保障能力、信息服务能力不断增强。期间，教育部高校图工委秘书处和各工作组，牢记初心使命，与中国图书馆学会高校分会、CALIS管理中心、CASHL管理中心等业内机构精诚团结，与国家图书馆、中国科学院文献情报中心、国家科技图书文献中心等关联机构强化协作，与国际同行、社会机构交流合作，不断深化我国高校图书馆事业的整体化发展和现代化建设。

（2）确立了高校图书馆的性质、地位和功能并得到贯彻落实

1981年召开的全国高等学校图书馆工作会议修订了《中华人民共和国高等学校图书馆工作条例》（以下简称《条例》），此前于1956年全国高校图书馆工作会议上拟订了《中华人民共和国高等学校图书馆试行条例（草案）》，此后分别于1987年、2002年、2015年发布了修订的新版《普通高等学校图书馆规程》（以下简称《规程》）。这些《条例》或《规程》成了不同时期高校图书馆的专门法规性依据，尤其是1981年的《条例》，得到了较好的执行和落实，并从此确立了高校图书馆的性质、地位和功能。

“高等学校图书馆是为教学和科研服务的学术性机构。”“学术性机构”的性质定位，认识到了高校图书馆既不是独立的教学机构或学术研究机构，也不是行政

机构或单纯事务性的服务机构，较为全面准确地反映了高校图书馆的基本特征。“图书馆工作是教学和科学研究工作的重要组成部分。”“组成部分”的形式定位，认识到了高校图书馆在学校办学中的重要的基础性而非辅助性地位，同时也提出了更高的要求。“图书馆是学校的图书资料情报中心（文献信息资源中心），具有教育职能和情报职能（信息服务职能）。”“中心”的功能定位，认识到了高校图书馆在师生的学习、教学和科研活动中的重要作用。上述重要规定及相应的其他规定，为各级教育行政部门、各类高等学校在高校图书馆的规划建设、资源配置、日常运行、现代化发展等方面提供了基本遵循，极大地促进了我国高校图书馆事业的内涵式发展。

（3）创立了馆员专业技术职务评聘制度并促进高素质馆员队伍建设

馆员专业技术职务评聘制度是高校图书馆的基本制度之一。教育部高校图工委集思广益，积极争取，促成了该项制度的试点、创立、坚持和完善。该制度不仅进一步肯定了高校图书馆业务的服务性和学术性、专业性和技术性等特征，更重要的是为广大馆员开辟了新的发展通道，极大地调动了大家的工作积极性和创造性，极大地促进了高素质馆员队伍建设。

（4）树立了“共商共建共享共治“的先进理念并指导文献保障与信息服务工作广泛开展

教育部高校图工委在深入调查研究、充分讨论交流、切实指导协调的基础上，树立并巩固了“共商共建共享共治”这一先进理念。早期针对高校图书馆在人财物等方面的突出问题和尖锐矛盾，凝聚大家智慧，共商解决办法，召开全国性会议，制定工作条例，坚决贯彻落实，实施“高校文科图书引进专款项目”，使得高校图书馆文献保障与信息服务在短时间内明显改观。后来针对互联网的发展和图书馆计算机管理系统的应用等现代化条件的不平衡问题，促成了 CALIS 重大项目的建设和发展，使得高校图书馆的人力、资源和服务的共享水平达到新的高度。此外，整合外文书刊文献采购和服务的 CASHL 项目、国外数据库资源采购和服务的 DRAA 联盟，都是高校图书馆“共商共建共享共治”的重大平台。已经坚持 40 年的“高校文科图书引进专款项目”、20 年左右的 CALIS 和 CASHL 项目、10 多年的 DRAA 联盟，其公共属性在广大成员馆范围内得到充分体现。

（5）建立了信息素质课程教育体系并融入高校教育教学工作

高校图书馆向来高度重视高等教育的需要和师生教学科研的需要。为了帮助学生更加充分地了解和使用图书馆设施，高校图书馆一直结合入学教育安排，开展入馆教育活动。随着文献检索工具和参考工具书对学生获取知识和情报的重要性日益提升，《文献检索与利用》通选课程或系列讲座在教育部高校图工委的指导下广泛开展。针对计算机信息检索系统、搜索平台、海量信息分析等使用上的困难，由通选课、慕课、翻转课堂、系列讲座、工作坊、知识技能竞赛等组成的多形式、跨类别的“信息素质教育”课程体系持续发展。为了深度融入高校的人才培养和教育教学工作，以人与信息的关系理论、先进教育教学理念为指导的信息素质教育理论和方法体系快速发展。

（6）铸就了鲜明的图书馆精神并引领我国高校图书馆事业现代化进程

人文精神是中华文明独特而重要的思想内涵之一。高校图书馆在弘扬以爱国主义为核心的民族精神、以改革创新为核心的时代精神、社会主义核心价值观和伟大建党精神的生动实践中，铸就了“感人、融合、奉献、通变、至臻”的图书馆精神，反映了高校图书馆为“立德树人”和教学科研服务过程中对个人用户的环境迷人、职责助人、文化育人等感人场景，为繁荣学术和创新发展服务过程中对机构用户的业务交融、目标合一等融合关系，以及馆员默默无闻、任劳任怨的奉献品格，通晓继承与革新、传统与现代的通变智慧，追求美美与共、向上向善的至臻情怀。这种精神，尚难全面精准概括，但也成为引领高校图书馆现代化建设的独有财富。

长期以来，教育部高校图工委切实传承，矢志创新，坚守初心，勇担使命，在建设高素质馆员队伍、共建共享信息资源、应用新技术、开展信息素质教育、推进高校图书馆事业现代化进程、支撑高等教育发展和文化繁荣、服务师生和社会用户等方面取得了显著成绩，为我国高校图书馆在现代化强国建设中的文献保障、文化教育和信息服务等职责的履行积累了丰富的经验，为我国高校图书馆事业在数字化转型中的内涵式发展、整体发展、共同发展和高质量发展奠定了坚实的基础。

3　40 年的宝贵经验

40 年上善若水、善贷且成，教育部高校图工委团结带领广大图书馆专家学者，胸怀国家，放眼世界，相依相融，成人之美，躬行实践，积极探索，在取得历史性成就的同时积累了许多宝贵经验，形成了若干规律性认识。

3.1 实践经验

（1）坚持现代化方向

党的十一届三中全会，实现了党和国家工作中心的战略转移，开启了改革开放和社会主义现代化建设的新时期。1981 年的全国高等学校图书馆工作会议上，教育部副部长周林同志在大会报告中明确要求："以这次会议作为一个新的起点，搞好高校的图书情报工作，为贯彻党的教育方针，培养社会主义建设人才，为我国教育科学文化事业的发展，为建设现代化的社会主义强国，作出更多更大的贡献[4]。"时任高等学校图书馆工作委员会副主任兼秘书长的庄守经同志在《条例》的说明报告中坚信："贯彻实施这个《工作条例》，必将促进我国高校图书馆的工作，加速我们向现代化图书馆的过渡。"40 年来，高校图书馆在社会主义现代化道路上共建共享共发展，与国家同心同行同使命。庄守经等杰出代表致力于推进传统图书馆向现代化图书馆转型，形成了内涵丰富、影响深远的图书馆现代化思想[5]。

新时代的新阶段，我国开启了全面建设社会主义现代化国家新征程。高校图书馆在富强民主文明和谐美丽的现代化强国目标指引下，现代化方向更加清晰，现代化目标更加明确，任重道远。

（2）坚持创造性思维

高校图书馆在改革开放初期，普遍面临"服务水平低、书刊拒借率高、开馆时间短""领导班子不健全、专业干部青黄不接""物质条件差"等棘手问题[6]，又没有现成经验。教育部高校图工委在秘书处的持续努力下，带领和指导高校图书馆创造性地开展工作，齐心协力，艰苦创业，迅速回归到图书馆的正常轨道。在面对外文书刊紧缺、新技术应用、馆员职称评聘、制度建设、资源共享、服务升级、优秀传统文化弘扬等众多难题时，同样不辞辛劳，积极探索，开拓认知新领域，开创实践新成果。

在全面建设社会主义现代化国家新征程上，高校图书馆的现代化进程既要解决许多老大难问题，又要确立和回答新的时代命题，创造性思维同样不可或缺。

（3）坚持整体化建设

庄守经、肖自力、王岳等在破解难题时，形成了共同的想法："要正式开一次高校图书馆的工作会议""要有条例""要有常设机构来管"。他们抓住了天时地利人和的难得机遇，多管齐下，整体推进了高校图书馆现代化建设。在 CALIS、CASHL 等重大项目的立项申请和大力执行过程中，众多学校的领导和馆长集思广益，群策群力，推动高校图书馆现代化事业整体发展。

在中华民族伟大复兴的战略全局和世界百年未有之大变局的“两个大局”中，当代图书馆人要有系统观念，团结一心，奋发有为，整体实现发展质量、结构、规模、速度、效益、安全相统一，与高等教育和高校其他事业相协调的高校图书馆现代化事业新格局。

（4）坚持服务宗旨

全心全意服务用户，让用户倍感亲切、深感满意，是高校图书馆现代化进程中的真实写照。教育部高校图工委既以参谋、咨询等方式服务教育部和高等教育事业，又以指导、协调等方式服务高校及其图书馆事业。高校图书馆已成为校园里开门时间最长、服务范围最广、服务项目最多的场所和单位，为学校履行使命、为师生学习教学科研生活的忠诚服务，取得了显著成效，赢得了广泛美誉。

服务无止境，因服务对象在教育教学、学习科研、生活活动等方面的方式方法、实际需求、行为方式发生巨大变化，高校图书馆创新服务模式，提升服务效能，当是不二选择。

（5）坚持学术标准

高校图书馆的重点服务对象是教师和学生，承担着培养高素质人才、研究学问、增长智慧、创造价值、创新发展的崇高使命。也正因此，高校图书馆成为学术性机构。人才培养和科学研究工作有其自身的规律和周期，期间的知识学习和传承、资料搜集和分析、成果交流和传播等多个环节，既为图书馆提供了服务机会，也对图书馆服务提出了严格的学术要求。教育部高校图工委充分考虑高等教育和高校的特点，确立了高校图书馆的“学术性机构”性质定位，创办了学术刊物《大学图书馆学报》，举办各类学术研讨会，极大促进了高校图书馆的文献资源建设和信息服务创新。

学术有思想，高校图书馆整体发展中的学术要求会越来越严格，越来越多样，其学术性也将越来越凸显，寓学术于服务的生命力也会越来越旺盛。

（6）坚持人文情怀

教育部高校图工委一直以来坚定贯彻中华优秀传统文化中的人文精神，十分重视高校图书馆的文化传承创新，十分重视各类馆员的培训和发展，十分重视高校图书馆的文化教育职能，十分重视人才培养和成长中的图书馆贡献。积极协调教育部等有关部门领导、人文学科和图书馆学情报学等应用学科的教授、先进图书馆的专家，开办馆长和馆员培训班，举办经验交流会，推选典型案例和榜样馆员，凝练和倡导图书馆精神，不断推进高校图书馆自身文化建设，不断推进高校图书馆馆员队伍建设。

人文在进步，高校图书馆在可持续发展中还要坚持人文情怀，加强馆员的系统培训和全面发展，壮大馆员队伍，发展图书馆组织文化，强化高校图书馆人文属性，全面弘扬中华优秀传统文化的人文精神。

3.2 规律性认识

（1）高校图书馆是为人才培养和科学研究服务的学术性机构，是学校的学术信息资源管理和服务中心，是学校信息化建设和公共服务的重要组成部分，是校园文化和社会文化建设的重要基地。

（2）高校图书馆的主要职能是文献保障、文化教育和信息服务。其建设和发展应与学校的建设和发展相适应，其水平是学校总体水平的重要标志。

（3）高校图书馆的基本任务是精准采集、揭示、组织和利用学术信息资源，有效传播、传承人类知识和世界文明，切实服务学校发展和文化繁荣。

（4）高校图书馆的关键要素有馆员、用户、资源、服务和文化等。这些要素既是高校图书馆的发展根基，也是高校图书馆创新发展的重点环节。

（5）高校图书馆事业是国家高等教育事业和科学文化事业的重要组成部分，是国家科学文化和高等教育发展水平的重要标志，是滋养民族心灵、培育文化自信的重要场所，是高等学校治理体系和治理能力现代化的重要力量。

（6）高校图书馆事业在社会主义现代化强国建设中大有可为，将切实地继承与创新、协同与引领，在推进高校图书馆现代化的同时作出更多更大的贡献。

4 在数字化转型发展中勇担使命

数字化转型是我国现代化进程中信息化驱动发展的新阶段，出现了数字经济、数字社会和数字政府的快速发展。新阶段里勇担使命，教育部高校图工委要坚持“继承、创新、协同、引领”的工作方针，充分发挥研究、咨询、指导和协调等作用，在继承基础上协同创新，在协同基础上创新引领，加快建设新型高校图书馆。

4.1 组织开展研究活动，建设创新型图书馆

（1）着重加强图书馆现代化问题的学术研究

教育部高校图工委是一个专家组织，各位委员都有丰富的实践经验和理论修养，其重要任务之一是开展专项理论与实践研究工作，要紧紧围绕立德树人根本任务，贯彻教育现代化基本理念，组织专门力量深入研究高校图书馆现代化的理论和实践问题。理论研究中，要透过现象问题，结合现实问题，深度揭示和阐释若干科学问题，包括：服务创新与新技术应用、资源共享与战略保障、价值与贡献等热点话题，馆员素质素养、信息资源管理、信息流等核心论题，人-机器-信息和谐关系、信息化生态建设、图书馆发展理论建设等共性难题，以及图书馆是人才培养的组成部分、是文化繁荣的重要标志、是信息化生态的引领者等时代命题。实践研究中，要针对短板弱项，结合类别属性，适度前瞻，规范若干事业问题，包括：《普通高等学校图书馆规程》的修订和执行，有关馆员队伍建设、数据资源建设、信息服务创新、新一代信息技术应用、治理体系建设、文化引领等专项业务的指导意见制定和落实，高校图书馆发展状况、存在问题、对策建议和战略目标等政策研究和战略研究。

上述科学和事业问题，有的是根基性的，如同树的根系，有的是支柱性的，如同树干，有的是前沿性的，如同树冠，有的是保障性的，如同环境。就像一棵大树，根系发达、树干粗壮、树冠茂盛、环境友好，只有这些问题得到更大程度上的解决，研究工作才能硕果累累，才能指导高校图书馆现代化事业蒸蒸日上。

（2）重点推进扎根中国的高善的创新型图书馆建设

“图书馆是一个生长着的有机体。”高校图书馆的成立、生长和发展历程表明，因馆员成馆，因用户立馆，因资源兴馆，因馆舍示馆，因服务强馆。也就是说，创新是图书馆永恒的主题。创新型图书馆建设在高等教育和高等学校的发展进程中，经过一代又一代馆员的艰辛探索、一批又一批用户的积极参与和一个又一个先进图书馆的经验分享，取得了长足进步，奠定了坚实基础。

在国家数字化转型发展中，我们要在深入研究的基础上，解决好创新型图书馆建设如何扎根中国大地、如何尽善尽美提供服务等问题。习近平同志指出：“人才培养体系必须立足于培养什么人、怎样培养人这个根本问题来建设，可以借鉴国外有益做法，但必须扎根中国大地办大学。”扎根中国大地的创新型图书馆建

设，就是要在全面建设社会主义现代化国家及“双一流”建设大局中立馆、强馆，在更加坚定“四个自信”及高质量发展过程中创新、创造，在努力坚持和完善大学图书馆现代化变革中定性、定位。尽善尽美的创新型图书馆建设，就是要着力解决师生教学科研生活中的刚性需求问题，坚持“用户导向，服务至上”的基本理念，创新驱动服务转型发展；积极改进服务策略（方式和手段）和服务模式，坚持专业精神和内涵发展；切实融合所处的整体背景和具体情境条件，坚持“价值引领，馆员为先”的重要理念，改革完善队伍培养建设；持续通达继承与革新、传统与现代、变与不变等关系，坚守初心和使命，培育“图书馆”的创新力。

4.2 切实整合咨询工作，建设信息化图书馆

（1）着重加强图书馆事业的整合咨询

高校图书馆事业长期以来得到教育部和各个高校领导的高度重视，得到广大师生和社会各界的支持和赞许。在新的发展阶段，身处于中华民族伟大复兴战略全局和世界百年未有之大变局“两个大局”中，力行于以数字化、网络化、智能化为特征的信息化浪潮里，高校图书馆事业也面临诸多困难和风险的挑战、创新和贡献的机遇。

教育部高校图工委要准确识变、科学应变、主动求变，在咨询工作中，要着重加强整合咨询，增强新型智库功能。也就是要增强系统观念和关联技能，统筹分析固根基、扬优势、补短板、强弱项各项策略，统一考虑发展质量、结构、规模、速度、效益、安全，统合处理方方面面的关系，提出咨询意见。既为教育部在高校图书馆事业整体发展规划、政策法规制定、重要事项处理等方面的决策提出建议，又为区域或单个馆、总体或专项事业提出意见。针对信息服务创新，要优化整合信息服务体系、协同整合信息服务事业、开放整合信息服务生态、计算整合信息服务价值，与大学共发展，与社会同进步。

（2）重点推进充满活力的高阶的信息化图书馆建设

信息化是指信息产业持续壮大并促进国民经济各行业和社会生活各方面的转型和升级的历史进程。图书馆的信息化建设，向来注重先进信息技术的应用，快速推进馆藏资源数字化、信息服务网络化和实用技术智能化，在提高工作效率和服务能力、提升用户效用和体验等方面成效显著，但同时也出现了图书馆受制于技术和服务供应商、用户被困于“信息茧房”等实际问题。

在国家数字化转型发展中，我们要在供与需、利与弊、能与效、质与量等整合分析的基础上，解决好信息化图书馆建设如何增强综合活力、如何整体进阶等问题。充满活力的信息化图书馆建设，就是要贯通计算机系统逻辑、业务逻辑和图书馆管理逻辑，优化新发展阶段由信息服务、信息技术和信息资源组成的信息化基本结构，增强管理和服务系统的整体性与开放性。高阶的信息化图书馆建设，就是要在高度数字化、网络化、智能化的基础上，更加突出用户的主导地位，实现线下亲切型实体图书馆与线上交融式数字图书馆的友好对接，实现细粒度、全过程、跨系统的个性化信息与服务定制，充分体现“图书馆”的信息力。

4.3 积极承担指导责任，建设“一流图书馆”

（1）着重加强图书馆内涵式发展指导

我国正大力推进高等教育分类管理和高等学校综合改革，构建更加多元的高等教育体系。教育部高校图工委的核心任务是专业性指导工作，要按照高校图书馆的主责主业和目标定位加强分类指导，指导各类图书馆内涵式高质量发展。

高校图书馆的内涵式发展，就是要切实贯彻《普通高等学校图书馆规程》的有关规定，紧紧抓住图书馆发展的关键要素，即馆员、资源、用户、服务和文化等，以及这些要素的关联关系。当这些要素达到一定数量和规模后，就要优化其单项结构和关系结构，提高整体质量和效益，也就是高质量发展。

（2）重点推进独具价值的高效的“一流图书馆”建设

一流大学定有一流的图书馆。这恐怕是大家的共识。一流的高校图书馆，尽管有其相对性，但在一定范围内发挥标杆和示范作用理所应当。就像本科教育高质量发展中“建设一批‘一流本科、一流专业、一流人才’示范引领基地”这一重大举措，一流图书馆的评估和建设定将取得重要成效，对推进学校发展起到重要作用。

在国家数字化转型和高等教育高质量发展中，我们要在对高校图书馆事业的深入研究和整合分析的基础上，解决好一流图书馆建设如何创造价值、如何高效运行等问题。独具价值的一流图书馆建设，就是要科学制定反映图书馆的不可或缺性和贡献度的指导性评估办法，尤其是图书馆的信息服务业务在助学、助教、助研、助管等方面助人的成效指标，以及阅读服务业务在引荐、引申、引导、引领等方面引人的成效指标等，要充分体现。高效的一流图书馆建设，就是要不断提升馆员的工作效率、资源的利用效果、用户的直接效用、服务的助人效能、文化的育人效应，及其综合效益和创新动能，充分发挥“图书馆”的服务力。

4.4 全面提升协调能力，建设引领式图书馆

（1）着重加强图书馆高质量发展协调

教育部高校图工委一直注重自身建设，团结带领全体委员和各地图工委秘书处同仁，不断加强自我管理和自我服务，通过国际性、全国性或区域性的学术研讨会、案例分享会、工作会议、调研考察等多种形式沟通思想、交流经验、协调安排、发现模范，既采取对口支援、减免会议费、捐赠书刊等方式帮扶中西部地方高校图书馆，又鼓励和支持有条件的高校图书馆创新引领。

高校图书馆的高质量发展，就要更大力度、更高标准解决好图书馆队伍建设中的领导力和执行力、服务创新中的协同度和贡献率、经费保障中的充足性和持续性、资源建设中的特色化和数字化、技术应用中的开放性和安全性、治理体系建设中的体制和机制、空间设计的共享性和交互性等问题。坚持目标导向与问题导向相统一，创新引领与综合评价相统一，馆员能力与用户需求相统一，文献服务与文化建设相统一，不断增强内生动力和用户吸引力。

（2）重点推进面向世界的高强的引领式图书馆建设

无论是早期信息检索系统的研发和应用还是近些年图书馆融媒体建设，无论是书刊文献导读还是学科知识导航，无论是现场空间的文化展览展示还是线上远程服务的数字图书馆，高校图书馆都能以人为本，针对用户新的需求，集成多方力量和条件，引领师生的自主学习和科学研究，增进与用户的密切联系，增强信息文化的影响力，而不仅仅是被动支应和简单支持。

在国家数字化转型和高等教育高质量发展过程中，我们要在促进公平的同时，解决好引领式图书馆建设如何面向世界、如何增强功能等问题。面向世界的引领式图书馆建设，就是要打开国际视野，洞察全球化大势，勇立潮头，头头是道，成人之美，美美与共。尤其是要在概念级汉语知识库研发、场景化学术情报服务、数据资源增值服务等关键领域尽快取得领先优势，帮助用户解决更加基础性的和战略性的难题。高强的引领式图书馆建设，就是要整合图书馆的比较优势，坚持“整体联动，人际相助”的重要理念，以生态化促进馆员与用户的亲切关系；团结带领相关各方力量，为用户全面发展提供良好的信息环境和信息素质保障，

坚持人类命运共同体思想；围绕“双一流”建设和美好生活需要，坚持“效用善成，人文互美”的重要理念，以全球化拓展人与文化的交融关系；凝练信息文化和信息文明建设的科学问题，共解共建共享，同信同心同行，培育“图书馆”的引领力。

5 在现代化强国建设中开创未来

我们正在意气风发向着全面建成社会主义现代化强国的第二个百年奋斗目标迈进。新征程上以史为鉴、开创未来，高校图书馆事业要用历史映照现实、远观未来，要充分发挥人才第一资源、创新第一动力的作用，在图书馆的现代化思想理论、整体化发展理念、智慧化服务理法、价值型思维理性等方面，统筹谋划，综合施策，干着2025年规划任务，盯着2035年远景目标，想着2050年壮丽蓝图，善作善成，成就梦想。

5.1 坚持和完善图书馆现代化思想理论，努力实现高校图书馆治理体系和治理能力现代化

（1）全面深化中国式的图书馆现代化思想理论

把马克思主义基本原理同中国具体实际相结合、同中华优秀传统文化相结合的理论创新，是中国共产党百年奋斗积累的宝贵历史经验之一。全面深化中国式的图书馆现代化思想理论，就要坚持习近平新时代中国特色社会主义思想的指导，深入揭示高校图书馆现代化理论的多学科属性，充分反映中华优秀传统文化的思想内涵，综合分析高校图书馆工作的关键要素及其逻辑关系，准确把握高校图书馆的发展规律。就要坚持图书馆的现代化方向，兼顾馆员发展与用户受益，积极进取，大胆实践，不怕困难，勇于创新，包容过失，总结经验。

（2）持续优化高校图书馆治理体系

持续优化高校图书馆治理体系，就是要不断完善高校图书馆管理和发展的制度保障。一是在贯彻执行《普通高等学校图书馆规程》过程中发现问题，探索办法，适时修订，积极争取更高效力的专门法律；二是在学校的章程和治理体系建设中作出相应的规定，成立和壮大图书馆工作委员会等咨询议事机构，组建和强化与师生的沟通交流机制；三是不断完善图书馆自身的制度体系和工作机制，统筹图书馆的业务体系、文化体系、管理体系、生态体系、理论体系、价值体系等

方面的建设，形成一套与规则规范相衔接、各方面紧密相连和协调互动的图书馆制度；四是不断完善用户参与管理和服务的办法，包括协助工作、反映意见建议、监督审议、参与决策等具体方面。

（3）持续强化高校图书馆治理能力

持续强化高校图书馆治理能力，就是不断增强高校图书馆管理和发展的综合能力。一是学校在治理能力建设中要充分考虑图书馆的基础地位和战略地位，充足配置与职能相当的人财物等资源，真正体现图书馆作为“直属单位”的责权利；二是不断增强图书馆领导班子的政治领悟力、判断力和执行力，以及班子成员的管理能力、领导能力和洞察能力；三是不断增强图书馆中层骨干的执行能力、合作能力和协同能力；四是不断增强图书馆青年馆员尤其是新入职馆员的业务能力、沟通能力和独立思考能力；五是不断增强图书馆的整体凝聚力、创新力、信息力、服务力和引领力。

5.2 坚持和拓展图书馆整体化发展理念，努力实现高校图书馆行业共同进步和创新发展

（1）全面更新新时代的图书馆整体化发展理念

全面更新新时代的图书馆整体化发展理念，就要贯彻落实“创新、协调、绿色、开放、共享”新发展理念，以及高等教育“以德为先、全面发展、共建共享”等发展理念和“双一流”建设理念，同时树立并增强反映大学图书馆的专业特征和时代特征的核心理念。单个图书馆是如此，高校图书馆行业也是如此。高校图书馆行业整体化发展理念要体现整体发展的思想，要体现重点突破与整体联动结合、创新示范与协调振兴并举等内涵，落实到工作中就要多维度总体设计，分步或分面实施，多渠道综合安排，分阶段或区域执行，全行业共同进步，分类或分级实现。

（2）持续促进高校图书馆行业共同进步

持续促进高校图书馆行业共同进步，就要更加充分地发挥中国高等教育文献保障系统（CALIS）和中国高校人文社会科学文献中心（CASHL）等重大项目建设成果在全员的文献保障和信息服务等方面的作用，加大系统平台的运行维护投入，进一步扩大成员馆覆盖面，开辟非成员馆高校师生的个人服务通道，开发新型服务项目。就要进一步发挥地方性和学科类协作平台或联盟的积极作用。就要

鼓励一流大学建设高校和东部发达地区高校的图书馆，在创新引领的同时，通过对口支援等方式帮扶欠发达地区高校图书馆的整体发展。就要倡导和支持高校治理体系中优先发展图书馆的想法和做法。

（3）持续激励高校图书馆行业创新发展

持续激励高校图书馆行业创新发展，就要充分体现馆员服务的生命线意义，在采购有关设施设备和服务以供用户自助服务的同时，充分发挥馆员的积极性和创造性、服务意识和服务能力。就要深切理解创新对于服务的根本要求，及时、精准识别和把握用户的需求及其变化，主动创新服务的策略和内容。就要下大力气提升馆员的创新力，包括创新意识、创新能力、创新行动和创新效用，也就是锐意进取、追求卓越的精神风貌，保持理想信念的定力、渴求知识技能的学力，善于关联问题的张力、充分运用条件的活力，开创内生性全面发展、包容性特色发展、内涵式高质量发展的新局面。就要培育新一代信息技术应用场景，尤其是以算力赋能为目标的计算服务。就要主动对接和建立与校内机构用户、个人用户、校外社会机构、政府有关部门等的协同创新体，寻求创造性解决方案。

5.3 坚持和整合图书馆智慧化服务理法，努力实现高校图书馆事业在高等教育高质量发展中融合发展和充分发展

（1）全面创新战略性的图书馆智慧化服务理法

随着数字对象唯一标识符（DOI）、数字对象体系架构（DOA）开放研究者与贡献者身份识别码（ORCID）及 Handle 解析系统等应用对期刊论文和数据集的作者与用户关联进行精准揭示，融媒体技术的应用实现信息流动的多源融合、多点相通，图书馆服务平台的 FOLIO 架构实现开源、开放式的服务提供等新情况的出现和发展，看得出，智慧技术不是单一技术，而是多技术兼容、多应用集成，解决的是更细颗粒度的信息资源及其与用户之间的关联揭示、更有针对性的信息服务及其与用户的关联对接。图书馆智慧化服务不仅是智慧技术的应用，还有信息流、工作流的重构与优化，整体上确保更高水平地拓展馆员和用户的信息获取、处理和使用行为。高校图书馆事业要坚守用户的出发点和落脚点，也要从国家战略和高教战线高度处理好局部创新与整体联动、单维发展与多方安全、科学义理与操作章法的关系。

（2）持续贯通高校图书馆事业融合发展

持续贯通高校图书馆事业融合发展，就要不断明晰国家高等教育事业和科学文化事业中高校图书馆的性质、地位、功能和作用的准确定位，确定高校图书馆的努力方向和用武之地。就要不断疏通学校发展格局中图书馆与其他各个系统、各项事业、各类用户的多重关联和融洽关系，发挥图书馆的信息集散地、精神栖息地和学术“交通枢纽”作用，确保图书馆永葆青春活力和可持续发展。就要不断挖掘国内国际社会交往、交流、交融活动中图书馆的历史承载力、社会影响力和学术生命力，发挥图书馆的形象标识、文化“展厅”和学术“客厅”作用，确信图书馆的善心和美意。

（3）持续促进高校图书馆事业充分发展

持续促进高校图书馆事业充分发展，就要多渠道提升文献保障率，切实加强图书馆的文化教育和信息服务工作，尤其是综合性大学、多校区大学和大规模院校，往往设有图书馆总馆和校区分馆、学科分馆、院系分馆或学区分馆，即所谓的“总馆-分馆体系”，有的是历史形成的，有的是为便捷服务而设的，要强化全校一盘棋思想，统一服务设计和应用系统架构，统一资源揭示和文献资产管理，分布式建设服务网点，分布式典藏纸质文献。就要不断优化高校图书馆自身的生态系统，强化自身的生态位意义，尤其在创新型图书馆、信息化图书馆、一流图书馆和引领式图书馆建设中，要充分发挥由信息技术、信息资源和信息服务组成的基本结构在某阶段的特定环境下以人为本的动态调节和整体发展的信息化生态系统的作用，牢固树立该系统在更大的教育教学和经济社会系统中发挥支撑和引导作用的独特地位。

5.4 坚持和弘扬图书馆价值型思维理性，努力实现高校图书馆事业在创新型国家建设中同步发展和协调发展

（1）全面壮大创造性的图书馆价值型思维理性

图书馆价值型思维理性是指人们在图书馆理论研究和实践操作活动中信守价值体系的意向和能力。我们要贯彻伟大建党精神和社会主义核心价值观，凝练并信守图书馆的价值体系。高校图书馆的价值体系是在价值创造基础上形成的反映图书馆用户导向的各种关联的整体效用坐标系，是高校图书馆现代化转型发展的共同思想基础，其核心价值观包括：崇高、忠诚、亲切、满意、包容、高善。创

造性的图书馆价值型思维理性要求我们坚持理论与实践相结合，做到知行合一。我们要高度重视图书馆精神动力和价值观念的总结、凝练、提高和弘扬，在增强实践理性的同时，全面壮大创造性的图书馆价值型思维理性，投身创新型国家建设，胸怀“国之大者”。

（2）持续推动高校图书馆事业同步发展

持续推动高校图书馆事业同步发展，就要坚持主动求变与价值引领的统一，既能准确识变、科学应变、主动求变，又能自觉增强价值型思维理性。就要与中国式现代化事业同频共振，协同创新，不掉队落伍，不墨守成规。就要树立并增强图书馆的生产力意识和美好生活观念，促进社会生产力的发展，促进人民日益增长的美好生活需要的满足。高校图书馆要积极融入国民经济和社会发展主战场，精准采集人类知识和世界文明成果，深度揭示和组织以将其转化为信息资源，确权以将其转化为信息资产，深度挖掘其中的知识和数据以将其转化为新的生产要素和生活要素。

（3）持续保障高校图书馆事业协调发展

持续保障高校图书馆事业协调发展，就要在促进行业共同进步的基础上，在更高层面统筹兼顾，综合平衡，在解决信息失衡引起的“信息不对称”“信息鸿沟”“数字鸿沟”“信息茧房”等社会现象及其引发的社会不公平、不信任等社会问题过程中，发挥高校图书馆的重要作用。就要在定位于基本公共服务的前提下，遵循规律，培育特色，发挥高校图书馆事业的广泛交叉性、业务专业性、文化独特性等突出特点的专门作用。高校图书馆要紧跟时代潮流，回答时代命题，为人才培养作出更大贡献，真正成为人才培养体系的组成部分；为文化繁荣作出更大贡献，真正成为文化繁荣发展的重要标志；为高阶信息化作出更大贡献，真正成为信息化生态的引领者。

6　结语

教育部高校图工委 40 年的奋进历程，坚守初心，取得了历史性的成就，积累了宝贵的经验，形成了规律性的认识。展望未来，勇担使命，就要更自信地做好高校图书馆事业的研究、咨询、指导、协调等工作，更坚定地推进创新型、信息化、引领式的一流图书馆建设，更全面地完善现代化思想理论、整体化发展理念、智慧化服务理法、价值型思维理性，更精准地指导高校图书馆事业的现代化发展，更有效地促进人与信息的和谐共生关系。

孔圣人用“志于学”“立”“不惑”“知天命”“耳顺”“从心所欲不逾矩”凝练出其一生修行中几个阶段的不同境界。这些境界虽然难以理解，但世人大多愿意对号入座，或自我激励，或感慨人生。笔者倾向于把“不惑”理解为新阶段新目标的深信不疑和毕生追求。相信教育部高校图工委能以此为新起点，继往开来，不懈追求，新征程上再立新功、再攀高峰！相信高校图书馆事业从此再出发，矢志不渝，开拓创新，共创理论建设新境界、实践发展新高度、价值理性新贡献！

参考文献

[1] 全国高等学校图书馆工作委员会秘书处．全国高等学校图书馆工作会议文集[C]．北京：全国高等学校图书馆工作委员会秘书处，1981．

[2] 全国高等学校图书馆工作委员会秘书处．全国高等学校图书馆工作经验交流会文集[C]．北京：全国高等学校图书馆工作委员会秘书处，1984．

[3] 全国高等学校图书情报工作委员会秘书处．全国高等学校图书馆工作会议文集[C]．大连：大连工学院出版社，1987．

[4] 全国高等学校图书馆工作委员会秘书处．全国高等学校图书馆工作会议文集[C]．北京：全国高等学校图书馆工作委员会秘书处，1981．

[5] 陈建龙．庄守经先生的图书馆现代化思想初探[J]．大学图书馆学报，2021（3）：6-10．

[6] 庄守经．加强高等学校图书馆建设[N]．人民日报，1981-8-13（3）．

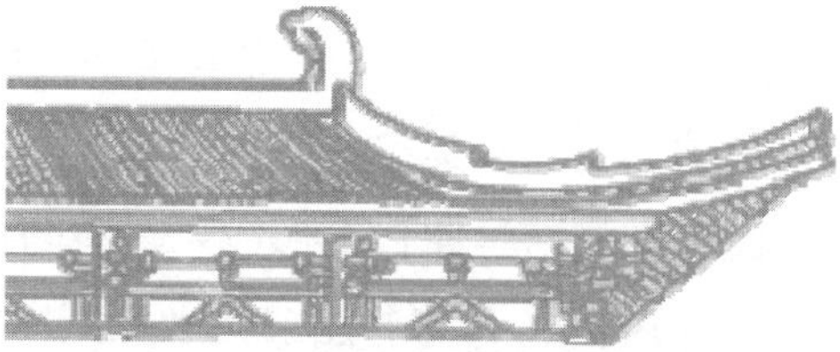

大学图书馆高品质视觉传播初探

——以北京大学图书馆的“尚美创新”实践为例*

祝 帅 陈建龙

无论从满足大学图书馆用户日益增长的对于视觉信息的需求来讲，还是就大学图书馆支持高校全面加强和改进美育的时代任务而言，视觉传播都已经成为大学图书馆现代化转型发展过程中的重要工作之一。在新形势面前，大学图书馆纷纷通过一系列举措，服务于校园美育，打造艺术高地，而其中通过现代设计手段所进行的视觉传播就是实现这一目标的重要抓手。在这方面，北京大学图书馆作为一座有着悠久的美育传统的大学图书馆，在经年累月的美育实践中，积累了丰厚的美育资源，尤其是在 2020 年 12 月 1 日图书馆东楼重启以来，通过一系列以视觉传播为手段的大学图书馆“尚美创新”的实践，初步积累了大学图书馆在视觉传播方面的案例。在本文中，笔者将结合有关大学图书馆和视觉传播理论对相关经验进行阶段性的总结与思考。

1 大学图书馆视觉传播的历程与现状

在某种意义上，图书馆从诞生的那一刻起就有视觉传播方面的职责和需求。在中国现代图书馆建设之初，已有诸多前辈学者和馆员对“图书馆广告学”的问

---

* 祝帅，陈建龙．大学图书馆高品质视觉传播初探——以北京大学图书馆的“尚美创新”实践为例[J]．大学图书馆学报，2022（2）：20-26．

题展开过理性的思考。尤其是 20 世纪 20 年代后期至 30 年代中期，随着对西方图书馆学观念及其相关研究的引入与介绍，关于图书馆与视觉传播的话题，一度在民国图书馆学期刊上形成一个小高潮。

1926 年，著名图书馆学家刘国钧即在中华图书馆协会的《图书馆学季刊》上发文，介绍“公共图书馆之广告术”[1]；1929 年，陶述先也在武昌昙华林文华图书科的《文华图书科季刊》刊文，介绍“图书馆广告学”[2]。1932 年第 1 期《图书馆学季刊》介绍了美国学者惠勒（J. L. Wheeler）的《广告术的研究》一文，指出“此文特别注重小图书馆广告术，作者以为此方面之受忽视，实使社会蒙相当损害。”[3] 1935 年，该刊再次介绍了凯特·科普兰（Kate Coplan）的文章《图像在图书馆新闻广告上之地位》，指出“新闻广告是使民众注意图书馆故事的最有效方法。但是在这些新闻广告上，如能继续不断的印出关于展览品的种种图像，则将有更圆满之结果。”[4] 1933 年，陈影鹤在《厦门图书馆声》第二卷第五期撰文《图书馆广告之理论与实际》指出“图书馆之有广告学，为时尤暂。1906 年，美国图书馆协会，始有图书馆广告委员会之组织。该会以种种广告方法，招徕阅众。所得效果，至为宏著。于是图书馆界，咸知图书馆广告之重要；群起而研究实施。”该文中还列举了“图书馆广告”的几种常用手段，包括报纸宣传、张贴壁报、揭示标语、设置布告牌、印发传单、分送图书目录、出版图书馆刊物、开图书馆展览会、电影宣传、游行广告等十四项[5]。

诚然，以上这些论述更多说的是公共图书馆，而并非专门针对大学图书馆。李大钊就已经看到：“图书馆有两种：一是社会的，一是学校的。社会图书馆的对象是社会一般人民，学校图书馆的对象是学生。这两种的性质不同，所以形式也不一样。”[6]“现在图书馆已经不是藏书的地方，而为教育的机关，所以和教授法有密切的关系。”[6]对于大学图书馆来说，它在公共图书馆的职能之外，还有教育的职能，是高等教育不可或缺的重要组成部分。

无论如何，民国时期对于图书馆广告学理论与实践的探讨，为今天讨论大学图书馆视觉传播奠定了一个重要的基础。但是，仅仅从广告学的角度探讨图书馆的视觉传播也还只是一个开端。毕竟在整个民国时期，国际范围内学术界并没有确立“传播学”观念，更没有平面设计、视觉传达设计等语汇，所以上述文献中所说的“广告学”，常常是包括视觉传播和设计的内容在内的。从陈影鹤的文章就可以看出，与其说这里所列举的内容属于今日所理解的“商业广告”，不如说和视觉传播的范围更接近一些。随着20世纪后半叶传播学理念的确立以及设计学的发展，视觉传播的观念在今天已经大大拓展。从“广告学”到“视觉传播”，是传播理念的一次质的提升，即不仅仅局限在“广告”的既有形态和思维定势，一切和视觉有关的、有助于图书馆与读者进行沟通的手段，都是图书馆视觉传播的范畴，它同时研究和解决功能性和视觉美感这一体两面的问题。

相对于纯艺术，建构于设计学基础之上的视觉传播有功能性的目的指向，而相对于一般意义上的实用视觉信息，视觉传播又是利用“视觉”的专业手段来组织信息传播的一种方式。也正因此，相对于高雅艺术，视觉传播更有机会与利用图书馆各种资源的读者打交道。作为一门艺术学、传播学的交叉学科，视觉传播在今天日益成为一种专业。近年来，在心理学、传播学、设计学、信息管理学等领域，可视化与信息设计的问题得到了比较充分的研究。只是随着专业分工的不断细化，图书馆学与视觉传播的交叉学科讨论，尤其是可视化在大学图书馆领域的具体应用反而没有得到理论和实践方面的充分重视。虽然近年来国内外的公共图书馆和大学图书馆在建筑设计、视觉导视、形象识别乃至文创产品开发方面都有了长足的进展，但与美术馆、博物馆等领域相比还显得较为滞后，且多停留在自发的阶段。

心理学的研究已经表明，视觉是人最重要的感觉，人获取的外界信息中通常有80%以上经由视觉渠道，在视觉及其他感觉的基础上，人产生了复杂的知觉、记忆和思维等心理过程，对输入的信息加以识别、理解、表达和内化，逐渐认识到事物的本质和结构。信息服务与可视化在用户和服务者对有关信息内容的识别、理解、表达和内化等信息应用环节存在交叉关系[7]。在图书馆领域，也有诸多文献探讨大学图书馆与设计之间的关系，并对图书馆无障碍设计提出具体的建议等[8]。可以看出，图书馆日益提升的服务意识对当前大学图书馆的信息设计提出了“可视化”的新的需求，大学图书馆也应该在视觉可视化方面为用户提供更多的便利。

与此同时，视觉传播作为艺术设计在大学图书馆中的应用场域，也是大学图书馆美育功能的重要体现。北京大学校长郝平提出：北京大学图书馆应该建设成“一流的文献中心、一流的育人平台、一流的文化殿堂”[9]。由此可以看出，大学图书馆作为教育机构，是立德树人的重要场所，在服务于高校教学和学科建设方面，大学图书馆不仅是高校文献信息的中心，也已经成为高校立德树人的重要平台。作为一种美育手段的视觉传播，和一座现代化、服务型的大学图书馆有多方面的关系。通过视觉传播的手段在大学图书馆开展美育工作，也随着北京大学图书馆的东楼重启提上议事日程。

2 大学图书馆与空间设计

所谓空间设计，包括室外的建筑设计、公共空间设计和室内的环境设计、展示设计等多个领域，是大学图书馆视觉传播工作的重要内容。尽管狭义上的“视觉传播设计”（Visual Communication Design）常常等同于“平面设计”（Graphic Design），但这只是在设计界内部，为了强调视觉设计的平面性区别于建筑环境设计、产品设计等的三维性而做出的一种约定俗成的区分。事实上，视觉设计的工作涵盖二维（平面）和三维（立体）两部分，正因为如此，业界也常常把“平面构成”“立体构成”“色彩构成”称为设计学科基础的“三大构成”。其中，空间设计当然是视觉传播的重要组成部分。

大学图书馆向来被称作“大学的心脏”，大学图书馆的建筑与环境设计也是大学校园建筑的中心所在。在很多高校中，图书馆都拥有独立甚至多栋单体建筑，因此常常成为一所学校的地标和毕业季“打卡地”。以北京大学为例，北大校园建筑素有“一塔湖图”的美誉，其所指均为未名湖周边的地标性建筑。其中，“一”指的是第一体育馆（一说未名湖南侧的第一教学楼），“塔”指的是原燕京大学的水塔——博雅塔，“湖”指的是未名湖，以上三者均为原燕京大学校园建筑，而“图”指的就是北京大学图书馆。北京大学图书馆，也是北京大学入主燕园后的新地标。

空间设计作为一种视觉传播，体现了建筑学、美术学、设计学、风景园林学、景观建筑学等多学科的融合与交叉。北京大学图书馆东楼在建筑设计方面堪称典范，采用的是清华大学建筑学院关肇邺院士的设计方案。关肇邺院士作为新中国培养出的第一代建筑师，长期致力于文化、教育建筑的创作和研究。他擅长将传统建筑元素融入新建筑，创造有中国特色的现代化建筑；同时又有西方留学背景，他翻译的《从包豪斯到现在》（新版更名为《从包豪斯到我们的豪斯》）一书，是20世纪80年代初许多中国建筑师、设计师了解“包豪斯”的第一部著作。北京大学图书馆东楼建筑可谓关肇邺院士的代表作，曾荣获教育部2000年度优秀建筑设计一等奖，并入选首批“中国20世纪建筑遗产名录”。2018—2020年，为提高图书馆的安全性和宜用性，北京大学对图书馆东楼建筑进行了修缮，并于 2020 年 12 月 1 日举办了东楼重启仪式。

东楼的修缮维持了原设计仿唐代建筑“歇山顶”的主体建筑结构，但在细节设计上进行了相应的完善。“修缮的意义虽然不能和建成新馆相提并论，但依然可喜可贺，它很可能是图书馆和学校迈上发展新征程的新起点。”[10]在色彩方面，修缮维持了原设计以高级灰（或称“莫兰迪灰”）为基础色系的整体色调，但又在细节处理上体现出现代感，如将入口处的顶棚色彩由原先的银色改为古铜色，在与建筑本身的色彩基调相协调的基础上更加体现出一种厚重感，让人更加容易联想起盛唐气象。与此同时，重启后的空间设计也体现出功能导向，即从用户多元化、“百感交集”的需求出发重新进行空间的规划与设计，设置了和声厅、新书展阅厅、艺术鉴赏厅、展览厅、大钊阅览室、名家阅览室等全新的服务空间。

图书馆东楼序厅、门厅进行了全新的设计，新的序厅被打造成由山东省临朐县有关方面捐赠的景观石——红丝石“钟灵”和改造后的格栅门共同组成的“文房”的场景，其中，红丝石是制砚的名贵石材，镌刻着邓小平题写的“北京大学图书馆”馆名；格栅门上悬挂着原有的江泽民题写的“百年书城”木匾。在门厅中后方，矗立着由清华大学美术学院吴诗中、王巍设计的大型青铜浮雕壁画（内嵌显示屏）《人与信息》，其色彩与东楼入口处顶棚及室内其他金属装饰的红铜色遥相呼应。2021 年毕业季，东楼的序厅和门厅成为毕业生的新“打卡地”，前来拍照的学生络绎不绝。

步入式新书展阅厅则是又一个展现北京大学图书馆视觉传播创新的范例，其创意设计与色彩系统均有可圈可点之处。其中，以象形的篆书“水”字、北京大学图书馆 Logo 及汉字和仿博雅塔景观为外观的书架成为新书展阅厅的主体。这种“具象书架”既是向现代设计大师索特萨斯所设计的具象人形书架致敬，又充分考虑了实际功能的需求。在色彩设计方面，“水”形书架仍采用“莫兰迪灰”色系的灰蓝色作为整个新书展阅厅的基调，汉字、塔形书架则采用与墙壁一致的色彩，与整个空间融为一体，北京大学图书馆 Logo 书架采用“北大红”标准色。由于新书展阅厅同时也起到图书馆东南门通向东楼中心区的“动线”的作用，所以“水”形书架也有人来人往、“川流不息”的寓意在其中，与其他书架、读者共同营造出一个“动静清和”的视觉阅读空间。

北京大学图书馆东楼还启动了包括会议室背景板主视觉、遮光幕帘及室内装饰设计，室内家具（如书架、阅读桌椅、研修专座等）与陈设设计，南北配殿区域空间设计等一系列空间设计工作。展览展示设计也是空间设计的重要组成部分，北京大学图书馆作为北京大学校内重要的展览展示空间，设有600余平方米的展厅，已经成功举办馆藏珍稀文献展、庆祝中国共产党成立100周年主题展，此外，馆内其他空间也承办了“可爱的中国书”常设展、馆史展、“书说党史”展等多个展览，致力于探索打造情境式、学术性相结合的新展览展示设计理念。

3 大学图书馆与平面设计

在设计学理论体系中，就产出作品的体量而论，平面设计也许是最微不足道的，但是其基础意义却不可或缺。可以说，平面设计是视觉传播最基础的元素，以至于在业内常常把平面设计直接等同为“视觉传播设计”。从基于印刷和传统媒体介质的字体设计、Logo与吉祥物设计、书籍装帧设计、商品包装设计、广告招贴设计到新媒体环境下的网页设计、H5 设计、信息可视化设计、动态图形（Banner）设计等，都包括在平面设计的范畴之内。平面设计包含的子门类又有很多，专门设计书籍装帧的书籍设计工作室就与专门设计字库的字体设计公司有很大不同，专门从事包装设计的机构也与广告公司各自为政。近年来，还出现了专门创作Logo甚至电影海报的工作室，至于各文博机构流行的“文创”，如故宫日历等，很大程度上也包括在平面设计的范围之内。因此，对于平面设计内部的不同领域，也需要分别对待。

视觉导视系统与一座大楼的功能息息相关，因此视觉导视系统常常被视作是建筑设计的最后一道环节。与建筑比起来，虽然导视系统体量不大，但往往正是这样的“细节”决定了建筑物的易用性和人文关怀。视觉导视系统设计所组织的信息和元素——如色彩、指示图形等——基本上属于平面设计的内容，但它承载着指引人流的功能，因此与空间设计关系密切。国际上一些知名的建筑设计事务所，往往都会有为之“贴身服务”的视觉导视设计公司。

北京大学图书馆东楼视觉导视系统设计中，设计师选取了东楼建筑细节中的“方格”作为基本元素，色彩选择与建筑主体一致的灰色，以无衬线字体（中文字体为方正兰亭黑，英文字体为 Akkurat 家族）进行系统设计和深化，并由轻型铝材施工完成安装。视觉导视是一项系统的设计工程，由于东楼重启后增加了许多功能性空间，导视方面没有前车之鉴，同时在使用中也需要不断调整。因此，从东楼重启后，视觉设计系统的细节一直在逐步完善，尤其是设计师与图书馆的业务部门密切合作与对接，与书籍搬迁同步完成二层自然科学厅、三层社会科学厅的书架导视系统的设计与安装。在使用过程中广泛听取用户建议，逐步完善其他设计细节，如增加多处导向提示、对楼层导览的平面图朝向进行调整等，得到了制作公司的配合，较好地完善了用户体验。

视觉系统设计还有利于实现图书馆各个组成部分的整体化和一体化。现今很多高校中，图书馆不只有一栋楼，或分散于校园的多个角落，或建立总馆、分馆的协同体系。由于建筑物并不在一起，所以在视觉风格上很难一致，此时视觉系统设计就可以提供一个很便利的抓手，让读者在图书馆的视觉方面建立起整体的识别性。以北京大学图书馆为例，不仅有刚刚重启的东楼，也有 1975 年落成的西楼，还有 40 余个分馆。因此，通过导视系统对各馆区进行视觉秩序的整合是一项远大的工程。

当然，大学图书馆的平面设计也不仅仅体现在视觉识别系统方面。就大学图书馆而言，其最重要的收藏——书籍本身就是平面设计的产品，图书馆本身需要标识设计，图书馆建筑的室内分布、指引等也需要高度依赖视觉导视系统设计，而图书馆服务读者最直接的视觉渠道——海报、网站等信息，也有赖于文字与图形图像的设计与编排。在某种意义上，大学图书馆的馆员及用户每天都在和平面设计打交道，但也因此使得平面设计的专业性常常被忽视。以往在一些大学图书馆中，宣传海报、借书证卡、中图分类法标识等常常由非设计专业出身的馆员亲力亲为，虽然工作精神可嘉，但在字体、色彩设计方面常常缺乏专业设计师的敏感，更遑论很多时候在馆内张贴的“请保持安静”“请随手关门”等指示性标语，也是随意打印在 A4 纸上而缺乏平面设计的介入。但问题在于，图书馆又不可能设置专门的设计馆员岗位。

有鉴于此，北京大学图书馆在东楼重启后，于 2020 年 12 月依托职能部门用户关系办公室设立了视觉设计工作室，并面向全校师生征集选拔具有一定设计基础的志愿设计服务者，在用户关系办公室的协调配合下，从学生中选拔海报设计志愿者，建立相对稳定的队伍，加强专业培训、邀请专业设计师授课，通过统一字体、色彩、版面，逐步建立图书馆视觉设计标准与规范，服务于馆内各部门。首批工作室成员确立为 9 位学生、1 名指导教师，一年内已产出 29 套、近 50 张海报，提供 4 套海报设计模板，设计了迎新季总体活动及系列活动、毕业季总体活动及系列活动主视觉设计，并承接了新年主题、建党主题的网站主页海报制作，邀请函、志愿证明书等设计任务。视觉设计工作室致力于推动图书馆视觉识别系统规范化。2021 年 6 月，视觉设计工作室在“北京大学图书馆”微信服务号发布线上展览“书香色美丨图书馆线上海报展”，集中展示了工作室成立半年以来的设计作品，发布当天阅读量即破千。

在北京大学图书馆视觉设计工作室目前已完成的各类设计作品中，意义最为重大的当属北京大学图书馆标志（Logo）的改良设计。北京大学图书馆的标志为上世纪 80 年代沿用至今，设计者没有记载。该标志具有识别性强、形式现代等优点，但在字体、图形等方面有些陈旧，存在改良的空间。同时，在经年累月的使用中，由于缺乏规范，该标志出现多种不同的应用形式，亟待统一。视觉设计工作室所进行的改良设计，在保留原创意（图形、色彩）的基础上进行细节的微调，使之更具现代感和视觉冲击力，具体如图 1 所示。具体方法是，首先，在现有图书馆的标志设计中确定唯一方案作为核心图形；然后，调整细节的形式感，其中最主要的是改变图形与字体之间的比例关系，并以无衬线字体取代原先的有衬线字体；最后，通过调研、论证、设计等，在学校整体标识设计的基础上确定图书馆标识系统标准图形、色彩、字体以及应用规范。这一改良设计目前已经广泛应用于北京大学图书馆线上、线下各个场合，今后还可继续延展应用，对信封、名片、PPT 模板、网站等标识使用进行进一步的统一和规范。

调整前：　　　　调整后：

图 1　北京大学图书馆标志改良设计前后对比

4　尚美创新：大学图书馆视觉传播的使命

“尚美创新”是北京大学图书馆“四尚”风气建设内容之一，其含义之一是拓展美育功能，建设美育殿堂。美育，一言以蔽之，即“美感之教育”或“审美教育”。专业艺术教育和美育的关系，有些类似于科学研究工作和科普的关系。已经有学者指出，美育不同于艺术教育，因为“现代艺术教育在很大程度上是职业教育或者专业教育，而美育更多指的是素质教育……作为职业教育或者专业教育的艺术教育，更加重视技术方面的训练，作为素质教育的美育，更加重视趣味的培养。”[11]

专业的艺术教育往往是在专业类高校或综合大学的相关院系中展开，但面向非专业学生的审美和美感教育，只能开设通识类课程，这对于专业艺术教育机构和院系来说就存在一定的局限性。大学图书馆则是一个面向所有院系、专业师生开放的场所，是大学的常设机构，并且几乎可以涵盖所有艺术类别。如北京大学图书馆设立的“艺术鉴赏厅”“和声厅”，就在某种程度上改变了图书馆只能安静阅读的刻板印象。因此，大学图书馆在美育方面有得天独厚的优势，可以让人“百感交集”。事实上，大学图书馆美育不仅体现在举办艺术讲座、美术展览、播放电影等外在的环节，还可以从多方面着手介入美育实践，寻找突破。其中，与读者的日常审美与信息需求息息相关的视觉传播设计，便是一个亟待打开的突破口，北京大学图书馆已经开始了相关实践。但大学图书馆通过视觉传播推动“尚美创新”仍有许多问题和挑战，在此提出与业界同人讨论。

首先，大学图书馆的设计队伍与机制建设亟待加强专业性与稳定性。

由于大学图书馆对于信息设计的需求日益增加，且视觉设计成为日益专业的研究领域，因此，建立一支以指导教师和学生志愿者为主体的专业人才队伍，从事图书馆日常所需的各种设计服务势在必行。但是由于经费、编制等限制，目前很多大学图书馆尚不存在对应的岗位。北京大学图书馆的做法是在综合管理中心成立用户关系办公室，下设协调学生志愿者服务的专门部门，对内统一招聘具有一定设计素养和技能的学生志愿者，从事馆内各种专项设计服务，对外负责与专业设计机构对接，开展空间设计、展览设计、导视系统设计等大型设计项目的统筹与合作。目前，通过这种方式建设起来的“视觉设计工作室”已经初步建立与馆内各部门的协同互动机制，设计的内容还将逐渐从海报设计，扩展到新媒体平台、展览展示设计及各类官方短视频等。由于学生志愿者多来自非专业院系，作为义务工作无法全时间投入设计工作，且学生本身具有较大的流动性，所以设计作品的质量和风格的延续性很难保证。理想地看，有条件的大学图书馆还需要设置专门的设计管理办公室，承担设计管理职能，与专业设计机构合作。

在大学图书馆设立设计管理办公室并不是说馆员要亲自从事各种设计工作，而是做好专业的把关人，代表图书馆做甲方、用户和专业设计机构对接的中介。

我们可以看到，今天各种类别的设计都已经成为非常专业的领域。不同的设计类别之间更可谓“隔行如隔山”，而各种设计类型作为视觉传播的具体手段，在大学图书馆中都有不同程度的需求，要求大学图书馆馆员掌握各种设计的手段和语言，或是招聘各个设计专业的馆员并不现实。但是，设计工作又是一项需要和甲方进行积极配合的工作，甲方（大学图书馆）不需要亲自动手设计，但却需要与设计公司进行积极的配合。所以，大学图书馆需要的是既有设计方面的审美素养，又能积极与各个门类设计公司展开合作的设计管理工作者。同时，该办公室可以与图书馆标识管理办公室合署办公，建立健全图书馆标识系统基本体系及使用规范，并加强对图书馆标识系统使用的规范、管理及授权，研发图书馆定制字体、文创等，进而建设大学图书馆的艺术品牌。

其次，大学图书馆亟待建立视觉传播的协同创新机制，通过举办设计展览、开展设计教育等手段，切实提升用户的设计素养。

此前，北京大学图书馆在协同服务方面策划组织了一系列高水平专题展览与研讨会，开展系列艺术培训活动、系列讲座等。但目前此类艺术讲座还更多体现为高雅艺术、影视鉴赏等，在与日常生活、与图书馆服务息息相关的视觉传播与设计方面的关注还不够。视觉传播与设计是心理学、新闻传播学、艺术学、设计学等多学科交叉的理论研究和实践操作领域。各学科可以分别开展理论与实践相结合的视觉传播和美育活动。图书馆的优势在于既能提供服务和促进相关学科建设，又能整合多方力量协同创新美学美育。一方面，图书馆可以为相关制造学科（如工学和交叉学科等）的产品设计、字体设计、图形图像设计等提供美学美育介入、展览展示和通识教育空间；另一方面，与公共图书馆相比，大学图书馆更有利于提供优质的教育资源服务用户，可以邀请校外的设计业界人士、一线设计师举办设计美育及视觉传播系列讲座、案例分享等，使之成为侧重于基础理论类的研究型大学学科建设的重要补充。

最后，突出大学图书馆学术研究方面的专业优势，加强视觉传播的文献资源建设、收藏序列和学术研究积累。

与社会上的公共图书馆不同，大学图书馆，特别是研究型大学的图书馆，在文献资源建设方面往往具有很强的专业性，服务的人群多为从事学术研究的专业读者。在艺术文献整理和研究方面，北京大学图书馆也有着重要的历史传统和文献积累。1918 年，北京大学图书馆馆员王岑伯（王峻），曾以线装、石印的方式在北京大学出版部出版了我国第一部新式意义上的书法史著作《书学史》。如今，大学图书馆在视觉传播、设计类图书文献的资源建设和阅读指导方面有天然的优势。在学术研究方面，大学图书馆应加强艺术设计类文献的专题研究，尤其是视觉传播服务和设计相关问题的专项理论研究，可以设置专门的设计学文献资料阅览室，整合相关文献、数据库及校内专业师资、研究资源，为学科交叉创新和未来设计学学科建设提供文献、数据资料和协同服务保障。并且在此基础上牵头申报馆藏艺术及美育文献整理与研究项目，设立有关课题，成立虚体研究机构，举办设计文献论坛，发表、出版相关研究成果，成为全国高校设计艺术文献研究的中心。

与此同时，大学图书馆还有条件建立完善艺术设计收藏和专题展示序列，尤其是在书籍装帧设计、字体设计等方面，大学图书馆有收藏、展示与开展数据库建设的条件。以北京大学图书馆为例，作为国务院批准的首批国家重点古籍保护单位，馆藏包括150万册中文古籍，其中20万册善本，这些古籍善本不仅具有极高的学术价值，其装帧、字体设计等本身也是设计史上的杰作。目前，北京大学图书馆的艺术文献收藏以拓片为大宗，初步建立了完整的拓片收藏序列。大学图书馆还可有意识地进行月份牌画、连环画、海报设计、“世界最美的书”等视觉传播、设计的专项收藏与展示、出版。当然，和其他收藏序列一样，对设计作品的收藏和展示也要建立严格的准入制度，才能在起到甄别品鉴作用的同时，更好地对广大师生用户进行审美设计和视觉传播素养的教育。

5 结语

“不同阶段，图书馆事业的发展重点会有不同领域。当前，通过馆员全面发展、资源全面升级和用户全面受益，力行服务空间优化、科研布局优化和事业生态优化，实现服务管理转型，恐怕是许多大学图书馆的重点领域。”[12]《北京大学图书馆“十四五”发展规划》中也提出“打造促进德智体美劳全面发展的地标式教育空间”和“充分发挥审美育人、环境育人功能”的具体任务。作为应用美育的一个重要途径，视觉传播的水平与专业程度无形中反映出大学图书馆的审美品位与文化软实力，当前已经开始为包括北京大学图书馆在内的各大学图书馆所重视，但无论从用户日益增长的现实需求还是视觉传播所能够触及的应用领域来看，都还存在着很大的改进空间。本文的目的在于抛砖引玉，以期引发更多对大学图书馆视觉传播问题的关注与讨论。

参 考 文 献

[1] 刘国钧．公共图书馆之广告术[J]．图书馆学季刊，1926（4）：759-760．
[2] 陶述先．图书馆广告学[J]．文化图书科季刊，1929（3）：267-274．
[3] 惠勒．广告术的研究[J]．图书馆学季刊，1932（1）：143．
[4] 豪．图像在图书馆新闻广告上之地位[J]．图书馆学季刊，1935（1）：152．
[5] 陈影鹤．图书馆广告之理论与实际[J]．厦门图书馆声，1933，2（5）：147-150．
[6] 李大钊．在北京高等师范学校图书馆二周年纪念会演说辞（一九一九年十二月十三日）[G]//李大钊．李大钊文集（下册）．北京：人民出版社，1984：166-167．
[7] 陈建龙，刘合翔．信息服务与可视化的关系辨析[J]．图书情报工作，2017（16）：31-37．
[8] 王波，傅新．论图书馆无障碍设计[G]//王波．图书馆学及其左邻右舍．北京：海洋出版社，2014．
[9] 郝平．图书馆是大学的心脏——北京大学陈建龙馆长采访郝平校长访谈录[J]．大学图书馆学报，2021（1）：5-7．
[10] 王波，支娟，陈建龙．图书馆现代化新征程上的创新发展——浅析北京大学图书馆东楼修缮重启的新意[J]．大学图书馆学报，2021，39（1）：33-43．
[11] 彭锋．美育不能等同于教育美学或艺术教育[N]．光明日报，2018-10-13（7）．
[12] 陈建龙．大学图书馆现代化转型发展刍议[J]．大学图书馆学报，2020（1）：5-12．

北京大學圖書館
PEKING UNIVERSITY LIBRARY

北京大学图书馆标志改良后设计